国家级一流本科课程配套教材
北京高等教育精品教材
高等学校国际经济与贸易专业主要课程教材

国际市场营销

（第四版）

主　编　崔新健

中国教育出版传媒集团
高等教育出版社·北京

内容简介

本书为高等学校国际经济与贸易专业主要课程教材，是在前三版基础上修订的第四版。本书除了介绍国际市场营销学的知识外，还补充了市场营销学的必备知识，融合经济与管理两门学科知识，以更好地适应国际经济与贸易专业的教学需求。

本书以中国企业充分利用"两个市场、两种资源"为目标，塑造"思想上全球化，行动上本土化"的理念，阐述国际市场营销的基本理论、基础知识和运作方法。以全球视野辨识分析全球环境、区域环境及东道国环境，形成企业普适性的国际市场营销环境分析框架；从中国视角探讨提出国际市场营销策略组合的中国方案，遵循知识学习规律，构建充分发挥主观能动性的线下教学与线上自学融合的支持体系；按照学以致用原则，贯通连接理论知识与中国企业实践，增强读者对中国企业开拓国际市场规律的思考及应用能力。

本书适合作为高等学校相关专业本科生、研究生、MBA 教材，也可作为政府、企业等人员专业性培训用书。同时可作为"中国大学 MOOC"国家级一流本科课程《国际市场营销》（中文版、国际版）的自学教材。

图书在版编目（CIP）数据

国际市场营销 / 崔新健主编. -- 4 版. -- 北京 : 高等教育出版社, 2025. 7. -- ISBN 978-7-04-064282-7

Ⅰ. F740.2

中国国家版本馆 CIP 数据核字第 20256C82Q7 号

Guoji Shichang Yingxiao

策划编辑 李欣航　责任编辑 王一鸣 黄 茜　封面设计 姜 磊　版式设计 杨 树
责任绘图 邓 超　责任校对 高 歌　责任印制 高 峰

出版发行 高等教育出版社
社　　址 北京市西城区德外大街 4 号
邮政编码 100120
印　　刷 北京新华印刷有限公司
开　　本 787mm×1092mm 1/16
印　　张 21
字　　数 520 千字
购书热线 010-58581118
咨询电话 400-810-0598
网　　址 http://www.hep.edu.cn
　　　　 http://www.hep.com.cn
网上订购 http://www.hepmall.com.cn
　　　　 http://www.hepmall.com
　　　　 http://www.hepmall.cn
版　　次 2008 年 6 月第 1 版
　　　　 2025 年 7 月第 4 版
印　　次 2025 年 7 月第 1 次印刷
定　　价 55.00 元

物 料 号 64282-00

第一版序

在经济全球化背景下,信息和交通技术的高度发展、以世界贸易组织(WTO)为基本框架的全球多边贸易体系的形成,使得国家、企业的经济活动跨越国界成为常态,并形成了超越国家地理疆域的全球大市场。全球大市场的实质是投融资跨越国界、生产跨越国界、服务跨越国界、营销跨越国界……有的学者说,今天的市场是"国内市场国际化,国际市场国内化",且不对这句话的准确度作出评价,但它足以说明国内市场与国际市场的边界是何等的模糊。现在市场上出现的商战越来越复杂,越来越激烈,但源自资源要素优势获得商战胜利的可能性越来越小,资源要素战略也被淡化,取而代之的是高新科学技术和高超的战略战术。

崔新健教授主编的《国际市场营销》是在充分研究了国际经济大环境和发展趋势,秉承了科学发展观和促进中国经济健康、有序、和谐发展的基础上,以提高我国企业核心竞争力为宗旨编写出的一本集坚实的理论基础,准确而宽广的专业知识,系统、严密、科学的框架结构,鲜活的"案例"及风趣幽默的"世界观察"于一体的对教者有吸引力而又能激发读者兴趣的优秀教材。出版这样高水平的教材,有助于教学水平的提高,是值得赞赏的,也是为国际市场营销学领域平添的浓墨重彩的一笔。

崔新健教授主编的《国际市场营销》最突出的特点可归纳为以下六个方面。

1. 将市场营销学的基础知识融入国际市场营销学理论体系中,这对于未学过市场营销学或市场营销学知识缺乏的学生是必要的专业知识的补充,减少了这些学生在接受国际市场营销学知识时的障碍。

2. 在教材中增添了"国际市场营销的理论基础"部分,这有益于学生打下坚实的理论基础。教材中选择的比较优势理论、要素优势理论、垄断理论、内部化理论、折中理论和生命周期理论等都是本科学生必须掌握的经济理论,有助于训练学生用经济学理论观察和解决经济运行中的实际问题,引导学生理论联系实际。

3. 第三章"国际市场营销的全球环境"的内容新颖。其中增添了经济全球化与世界贸易组织、经济全球化及其影响、世界贸易组织、世界贸易组织制度框架、国际公约、国际认证及可持续发展与环境保护等内容,这些内容有利于培养学生的环境观念,指导企业科学经营。在国际认证中,全面介绍了各种系列的标准体系,如 SA 8000、ISO 9000、ISO 14000、OHSAS 18000。其中企业社会责任标准体系和职业安全健康管理体系标准在教材中较少见,多见于有关的论文中,而该教材却将国际上公认程度较高的标准体系均纳入其中。

4. 该教材的研究框架结构、研究方法和角度都有独到之处。该教材重视理论和环境研究，这符合“厚基础”的原则。在方法上，一反以往教材分析环境的方法(从宏观环境与微观环境的角度进行)，而是用 SWOT 法切入，分析国际环境、国家环境和营销决策，分析母国环境和东道国环境，这种分析方法更具有实践价值。

5. 教材中突出了国际市场营销跨文化环境的特征，增加了全球环境分析、区域环境分析、东道国环境分析的内容，使其普遍适用于各国、各地区及具体企业进行国际市场营销战略的制定。

6. 各章均以“开篇案例”引出正文，案例具有实践性，有利于激发学生的学习兴趣和培养学生深入研究问题的精神。各章还增加了“世界观察”板块，以加深学生对专业知识的理解和对世界各地文化差异的了解，从而能正确理解不同文化背景下截然不同的国际营销战略。

该教材是一本框架结构独特，内容丰富，方法科学，知识准确，文字流畅，思路清晰，形式生动活泼，融经济理论、专业知识与趣味性于一体的教材，是教师、学生的好教材，是研究生、MBA、在职培训和机构高管人员自学的好课本，既可供高校教师进行国际市场营销教学使用，也可供实际工作者进行参考。

王巾英

2007 年 12 月 20 日

第四版前言

中国企业“走出去”对推进中国式现代化建设意义重大。党的二十大强调:“推进高水平对外开放。依托我国超大规模市场优势,以国内大循环吸引全球资源要素,增强国内国际两个市场两种资源联动效应,提升贸易投资合作质量和水平……推动共建‘一带一路’高质量发展。”这一新发展格局是根据我国发展阶段、环境、条件变化,特别是基于我国比较优势变化,审时度势作出的重大决策,将为实现中国经济长远发展、促进世界经济稳定复苏注入持久动力。习近平深刻指出:“站在新的历史起点,中国开放的大门只会越开越大。”当前,我国经济体量已占全球经济总量的18%左右,而油气资源、土地资源、淡水资源等分别仅占全球的3%~7%。为了突破这些短板对经济总量持续增长的制约,中国企业必须“走出去”,实现多样化能源资源供给。“两个市场、两种资源”是推进中国式现代化建设的重要保障。

中国企业“走出去”面对前所未有的机遇与挑战。党的二十大指出:“当前,世界百年未有之大变局加速演进,新一轮科技革命和产业变革深入发展,国际力量对比深刻调整,我国发展面临新的战略机遇。”与此同时,人工智能、大数据、量子信息、生物技术等新一轮科技革命和产业革命的大规模快速发展,催生大量新产业、新业态、新模式;逆全球化思潮抬头,多边主义和多边贸易体制受到严重冲击,世界进入新的动荡变革期,导致全球治理体系正发生深刻的重塑。世界经济正处于新旧动能转换的关键时期,必将给世界和人类文明发展带来巨大的变化。中国企业“走出去”必须以全面、辩证、长远的眼光揆情审势,深刻理解世界之变、时代之变、历史之变的大逻辑,客观分析企业内外部环境,准确判断企业面临的客观形势,科学辨析动荡变革期给中国企业国际市场营销带来的新机遇与挑战,把握前进方向并做出正确决策。

中国企业“走出去”具备自身优势,对国际市场营销人才和知识的需求上升。历经40余年改革开放,中国企业不仅在国内具有与国际一流企业同台竞争的实力,而且具备了“走出去”的优势和国际竞争力。2023年《财富》世界500强排行榜中,中国企业共有142家(含中国台湾地区),位居各国上榜企业数量第一。中国企业在国际直接投资领域也占有重要地位。联合国贸易和发展会议(UNCTAD)发布的《2023世界投资报告》显示,2022年全球外国直接投资(FDI)较上年下降12%,至1.3万亿美元。其中,流入发达经济体的外国直接投资下降37%。在这样的背景下,2022年进入中国的外国直接投资依然呈上升趋势,增加了4.5%,总额超过了1 891亿美元。《2022年度中国对外直接投资统计公报》显示,2022年,中国对外直接投资流量1 631.2

亿美元,居全球第二位,连续11年位列全球前三,连续7年占全球份额超过一成。2022年年末,中国对外直接投资存量达2.75万亿美元,连续6年排名全球前三。这一切表明,中国企业"走出去"的速度在加快,对国际化人才和国际市场营销知识的需求越来越迫切。

经过前三版的积累,本书逐渐形成了其独到之处,突出国际市场营销管理学科思维方式与国际贸易知识经济学科思维方式的融合;科学阐述国际市场营销的基本概念,塑造理论、环境、战略及策略四维国际市场营销知识体系架构;奠定扎实的知识基础,强调学习和掌握基础理论、逻辑主线、体系框架、专业方法;合理设计教材结构和准确选材,实现学以致用的教学目标。在各类高等学校相关专业教学中,本书的思想性、科学性、启发性和先进性得到广大师生的普遍肯定。正是在广大师生的厚爱和支持下,2013年本书入选北京高等教育精品教材,2023年以本书为主讲内容的"国际市场营销"慕课被认定为教育部第二批国家级一流本科线上课程。

本书此次修订以贯彻落实党的二十大精神为重点,立足中国探索国际市场营销领域所共同面临的问题,努力推进知识创新,探索中国理论、中国方案,构建中国自主的国际市场营销知识体系。经不断修订完善后,本书具有以下特色。一是坚持正确政治方向,坚持马克思主义指导地位,充分反映党的十八大、十九大、二十大精神及党的理论创新成果,注重发挥教材立德树人的作用。每一章开篇案例增加导言,以该章主题导入中国背景与中国之问,每一章结束增加"中国之问与实践探索"栏目,结合中国企业实践案例(电子资料),阐释党的二十大报告和习近平总书记指示的重要内容和重大意义。二是坚持价值引领,突出讲好中国故事、中国理论和中国方案,充分反映中国特色社会主义的伟大实践,重点突出改革开放以来中国企业经营管理水平和竞争力的快速提升。每一章增加中国企业实践内容(电子资料),根据教学目标和需要,从中国企业联合会第三十届"全国企业管理现代化创新成果"数据库案例中,选择相应的成果案例编入教材,这些由企业实践创造、总结提炼的成果案例不仅真实地反映了中国企业管理实践,而且具有很好的代表性和示范性,真正实现中国企业实践案例进教材、进课堂。三是反映时代变化和需求,吸收数字技术迅速发展给国际市场营销带来的最新变化和学术创新。数字化、智能化时代已经到来,本书将国际市场营销有关数字创新的最新内容编写进正文或世界观察栏目,与经典内容融会贯通。四是遵循教育规律,守正创新,更好地体现教育教学规律和人才培养规律,重视技能训练,通过"网上练习""国际市场营销技能网络训练"等项目,强调能力的提升并有效激发学生的创新潜能,支持学生发挥主观能动性,以角色模拟主动应用数字技术深化对知识的理解和应用,将价值塑造、知识传授和能力培养融为一体。五是对部分内容和文字进行修正和完善,诸如"开篇案例""开篇案例讨论""世界观察""思考题"等模块,反映党的二十大以来的最新发展及其趋势,以适应新格局的发展变化。六是充分应用最新技术手段和教学方法,丰富教学资源,增加更多电子资料。本书作为国家级一流本科线上课程建设项目之一,为更好地适应高等教育教学改革和开展翻转课堂(flipped classroom)等教学模式创新,大力支持教师教学和学生多种学习方式的需要,有效发挥中国大学MOOC在线开放课程平台——《国际市场营销》慕课(国家级一流本科线上课程,崔新健主讲)的作用,实现线上线下有机融合,极大地拓展教与学的时空环境,满足"处处能学、时时可学"的个性化需求。鼓励和支持学生获得多层次、全方位、宽领域的知识,以更广域的视野理解掌握所学知识、探索中国之问。

本次修订得到中央财经大学商学院博士生导师王巾英教授、南开大学跨国公司研究中心冼国明教授、美国乔治城大学John M. Kline教授以及高等教育出版社相关编辑的指导和支持;

获得国家自然科学基金项目（项目批准号：72374234）和国家级一流本科线上课程项目支持。在此表示感谢！本书写作中参阅了大量国内外教材、著作及报刊，在此一并表示感谢！感谢中央财经大学教务处、商学院等相关部门领导的支持！对于多年来一直给予支持和帮助的老师、同事、学生、朋友及家人表示感谢！

虽然经过再次修订，但是本书仍会存在疏漏与不妥之处，敬请各位教师、学生和读者交流指正（电子信箱：xinjiancui@ cufe. edu. cn）。欢迎大家参与和应用爱课程网"国际市场营销"在线开放课程平台。

崔新健

2024 年 3 月于北京

目　录

第一篇　概　　论

注：* 章节为工商管理专业教学中可以适当省略或简要介绍的内容。

☆章节为国际经济与贸易专业教学中可以适当省略或简要介绍的内容。

第二篇　国际市场营销环境

第三篇 国际市场营销调研与战略

第四篇 国际市场营销策略组合

第一篇 概论

第一章
国际市场营销导论

本章学习目标

- 掌握国际市场营销概念,辨识其与市场营销、国际贸易的异同
- 理解国际市场营销的任务及其发展阶段
- 掌握市场营销学的核心概念以及市场营销观念的演变
- 熟悉市场营销的基本分析框架以及市场营销管理的过程和方法
- 理解国际市场营销学的研究对象及其方法
- 了解国际市场营销学的产生与发展历史
- 思考“一带一路”背景下中国企业“走出去”面临的挑战

本章主要概念

市场营销(marketing)　国际市场营销(international marketing)　需要(need)　马斯洛需要层次理论(Maslow's hierarchy of needs)　欲望(want)　产品需求(demand)　产品(product)　价值(value)　交换(exchange)　交易(transaction)　市场(market)　生产观念(production concept)　产品观念(product concept)　市场营销近视(marketing myopia)　推销观念(sale concept)　营销观念(marketing concept)　顾客认知价值(customer perceived value)　社会营销观念(social marketing concept)　市场营销策略组合(marketing mix)　产品策略(product)　价格策略(pricing)　渠道策略(place)　促销策略(promotion)　大众营销(mass marketing)　目标营销(target marketing)　市场细分(market segmentation)　差异化(differentiation)　市场定位(market positioning)

开篇案例

TCL 的跨国经营之路

经济全球化背景下,国际竞争国内化与国内竞争国际化现象同时呈现,国际市场营销学知识成为企业管理人员必备基石。习近平总书记在党的二十大报告中强调:“推进高水平对外开放。”中国企业必须具备跨国经营践行“两个市场、两种资源”的能力。自 1999 年 TCL 开启国际化步伐,走过起

始阶段、发力阶段、调整阶段、攻坚阶段和全球营销阶段，实现从中国市场的区域性品牌成长为全球性品牌。TCL 的跨国经营之路可以借鉴之处在哪？

TCL 的跨国经营之路

第一节　国际市场营销的基本范畴

一、国际市场营销的概念

1.1 国际市场营销的概念【登录“爱课程网”搜索“国际市场营销（崔新健）”观看视频】

国际市场营销学是以市场营销学为基础发展起来的。美国市场营销学会(American Marketing Association)将市场营销(marketing)定义为：在创造、沟通、传播和交换产品中，为顾客、客户、合作伙伴以及整个社会带来价值的一系列活动、过程和体系。市场营销是一个企业的目标与资源聚焦于环境机遇和需求的过程。市场营销活动的核心是企业通过自身产品和服务满足其顾客的需求并创造富有竞争力的价值。营销策略组合构成了现代营销者的基本工具。市场营销学是一门以经济科学、行为科学和现代管理理论为基础，研究以满足消费者需求为中心的企业市场营销活动及其规律性的综合性应用科学。市场营销学是一门实践性的学科，其任务是为企业市场营销提供理论依据及实践指导。

国际市场营销(international marketing)是指对企业的商品和劳务进入一个以上国家的消费者或用户手中的过程进行规划、定价、促销和引导以便获取利润的活动。国际市场营销与市场营销的任务是一样的，企业通过产品、价格、渠道和促销满足市场需求而获取利润。市场营销的概念、程序和原理具有普适性，在全世界各国普遍适用，充分理解市场营销原理是国际市场营销成功的基础。

国际市场营销与市场营销定义中唯一的区别是国际市场营销在“一个以上国家”进行。这一区别看似微不足道，但却极大地增加了国际市场营销活动的复杂性和多样性。面对国际市场营销环境，企业无法影响环境中的不可控因素，只有通过调整自身的可控因素去适应不可控因素，才有可能实现企业目标。国际市场营销将资源投入全球市场，将面对一个更大范围、更加多变的营销空间，并且各国市场和消费者存在巨大的差异。虽然市场营销原理具有普适性，但是企业只有结合不同的市场和消费者去理解特定的概念、程序和原理，才有可能获得国际市场营销的成功。

国际市场营销与市场营销的区别不在于营销概念、程序和原理，而在于环境差异给制订和实施市场营销计划带来的挑战。国际市场营销是在母国以外的市场进行的，会面临外国市场特殊性所产生的一系列新问题，为了应对各国市场的不确定性，企业需要采取各种各样的策略。环境差异意味着企业不能轻易地将其成功经验从一个国家照搬或复制到另一国家。国际市场营销的一项重要任务就是识别某一营销计划、策略或方案多大程度上可在另一个国家或全球进行推广和移植，以及需要进行多大程度的调整和适应。国际市场营销决策的本质就是在标准化与本土化之间的抉择。成功的国际市场营销者必须具备“全球本土化”(global localization)的理念和能力,即“思想上全球化,行动上本土化”(thinks globally and acts locally)。

1.2 国际市场营销的任务【登录“爱课程网”搜索“国际市场营销(崔新健)”观看视频】

二、国际市场营销的任务

国际市场营销的任务是通过调整市场营销组合策略适应环境不可控因素,以实现企业的经营目标(见图 1-1)。有效的市场营销策略组合是能适应经营环境不确定性的策略组合,在企业拥有的资源条件下,营销者对产品、价格、渠道和促销这些可控因素进行综合运用,在满足目标市场需求的同时获得利润。为了适应市场环境的变化、消费者偏好的变化和企业目标的变化,就必须对企业可控因素进行相应的调整,市场营销策略组合的有效性取决于其是否适应环境不可控因素。国际市场营销者面临着多个层次的环境不可控因素,这些不确定性使国际市场营销者的任务比国内市场营销者的任务更为复杂。

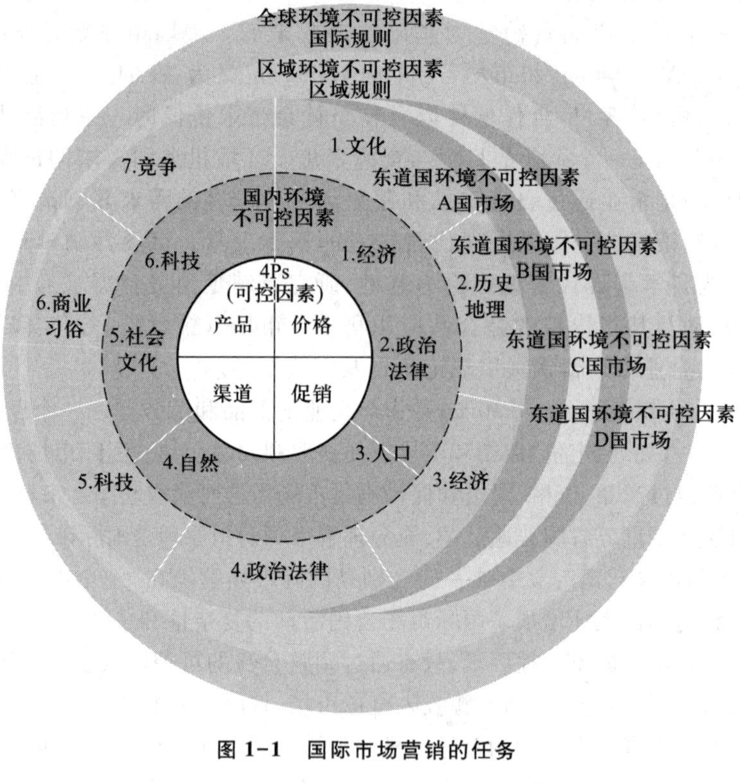

图 1-1 国际市场营销的任务

针对目标市场的产品、价格、渠道、促销构成的市场营销策略组合是营销者决策的可控因素。决策受到环境不可控因素的影响,包括国内环境不可控因素和东道国环境不可控因素。不确定性是由环境不可控因素造成的,每一个国家的环境都会存在一系列特殊的不可控因素。一个企业进入的国外市场越多,面临的不可控因素也越多。解决一国市场问题的策略或方法通常并不适用于另一国市场。

国内环境不可控因素(domestic environment uncontrollable factor)是指对企业的国外经营有

直接影响且超出营销者直接控制范围的母国要素。对企业进行国际市场营销有直接影响的不可控因素包括:政治法律变量(如涉外法规和制度)、经济变量(如通胀和汇率的变化)、社会文化变量等。企业进行国内市场营销同样会受到这些不可控因素的影响,但是由于属于母国环境因素,企业营销者对其相对熟悉和适应。而进行国际市场营销时,同样的环境不可控因素所产生的问题可能会发生变化,企业会遇到不同的问题,或者遇到相似的问题但其性质及影响程度截然不同。总之,这里国内环境不可控因素尤其强调与涉外经济相关的影响变量,这些变量会对国际市场营销决策产生直接影响。

东道国环境不可控因素(host country environment uncontrollable factor)是国外不确定性的重要来源。国内环境不可控因素在一定程度上可预测,但东道国环境不可控因素却难以预测。无论在国内还是国外经营,都会面临政治法律问题,但是在东道国的“外国企业身份”会使这一问题更加敏感和突出,“外国企业身份”意味着外国人控制企业和管理者不熟悉东道国文化。各国的不同环境要求进入每一个国家时都要认真研究该国的不可控因素。由于文化、历史地理、经济、政治法律、科技、商业习俗和竞争等存在着差异,某一市场营销策略组合在一国卓有成效,而在另一国则可能难以见效。适应东道国文化是国际市场营销者所面临的最富有挑战性和最重要的任务。

全球环境不可控因素(global environment uncontrollable factor)和区域环境不可控因素(regional environment uncontrollable factor)也是国际市场营销者必须面对的国外不确定性的来源。前者是指世界贸易组织(World Trade Organization,WTO)等国际组织及其制度,这些全球性制度及其公约涉及贸易、投资、货币、知识产权、环境保护、企业社会责任、国际标准化管理等,直接影响企业国际市场营销的诸多方面。后者是指区域经济集团组织及其规则。区域经济集团组织发展迅速,在区域经济发展中扮演着越来越重要的角色,企业进入某一区域的市场,必定受到这些区域经济集团组织及其制度的影响,诸如欧盟、北美、东盟等。尽管与东道国环境相比,全球环境和区域环境具有更高的透明度和稳定性,但是全球环境和区域环境及其变化对于国际市场营销的影响,已经成为企业进行国际市场营销决策,尤其是全球营销决策所不容忽视的两个重要影响变量。

世界观察:
“为中国而改变,打造新快餐”

三、国际市场营销的阶段

企业进行国际市场营销是以企业资源和能力为基础,分析和预测市场潜力,决定参与国际市场的程度以及准备承担风险的程度。为了规避国际市场风险,大多数企业开始会试探性地进行国际市场营销,以积累经验和人才,扩大市场范围,并会随着国际化程度推进而调整策略。中国多数企业缺乏跨国经营的经验,因此有必要充分认识国际市场营销不同阶段的特点,以便进行充分准备。从国际市场营销角度看,进入国际市场的程度与风险大小成正比,从出口销售产品到国际直接投资当地化生产,企业预期收益和面临的风险都在增加。按照企业对国际市场营销的参与程度,可以将国际市场营销划分为以下五个阶段。

1.3 国际市场营销的阶段【登录“爱课程网”搜索“国际市场营销(崔新健)”观看视频】

(一)非直接对外营销阶段

这一阶段的突出特点是企业并没有积极开展国际市场营销,没有主动地培育国外市场。企业的产品可能会销售到国外市场,但通常是通过国内贸易公司主动联系企业的国外客户，或者通过国内的批发商或分销商将产品销售到国外市场。这一阶段企业在全力以赴开拓和发展国内市场，偶尔的国外市场需求有时会引起企业的注意。

（二）非经常性对外营销阶段

这一阶段的突出特点是企业只进行暂时性或非连续性的国际市场营销，没有将国外市场视为持续性发展的目标市场。企业暂时的产品过剩会导致非经常性对外营销，但还没有将国外市场维持下去的打算。也就是企业以满足国内市场需求为主，为了满足国内市场增加的需求会减少或放弃国外市场。在此阶段，公司组织结构和产品很少针对国际市场营销进行调整，甚至没有调整。

（三）经常性对外营销阶段

这一阶段的突出特点是企业拥有固定的用于生产对国外市场持续销售所需产品的生产能力，并且依靠在国外市场的销售和利润来实现企业的目标。企业可通过国外或国内的国际业务中间商，或者在重要的国外市场拥有自己的销售力量进行国际市场营销。企业的生产和经营中心仍然是国内市场。但随着国外市场需求的增加，企业会不断加强针对国外市场的生产能力，并调整产品以满足国外市场的需要，以实现企业的经营目标。

（四）国际营销阶段

这一阶段的突出特点是企业全面地开展国际市场营销。企业在全球范围内寻找市场，有计划地将产品销售到多个国家。不仅如此，企业还会通过国际直接投资（对外直接投资）在国外市场进行本地化生产，并逐步迈入跨国公司的行列。

（五）全球营销阶段

这一阶段的突出特点是企业将全世界视为一个市场，包括国内市场。在全球营销阶段，最深刻的变化是企业的市场导向及其战略。在国际营销阶段，企业把世界看作一系列国家市场，这些国家市场具有各自的特征，企业需要为各个国家市场制订各自的营销策略；在全球营销阶段则不同，企业制定的战略要反映各个国家市场共同的需求，通过全球业务活动的标准化（在文化可行的前提下）实现企业收益最大化，整个企业的经营、组织结构、资金来源、生产及营销等都要从全球视角出发。

随着经济全球化的发展，各国经济相互依赖程度加深，越来越多的企业进入世界市场，市场竞争日趋激烈。“全球营销”和“全球公司”这两个术语常常用于描述此阶段企业的国际营销导向和经营范围。

世界观察：海尔的国际化战略与实践

尽管按照参与程度国际市场营销可划分为依次递进的五个阶段，但是需要注意的是：第一，五个阶段之间可能存在重叠区域；第二，某一企业可能同时处于不同阶段，因为其不同产品或事业部国际营销程度不同；第三，企业进行国际市场营销并非一定要按部就班，即从第一阶段逐步发展到第五阶段，而是可以从任何阶段起步；第四，各阶段本身没有绝对的优劣之分，企业拥有的资源及其国际化经营的历史决定了企业适合的国际市场营销阶段。

四、国际市场营销与国际贸易的比较

国际市场营销与国际贸易属于不同的学科范畴。国际市场营销的目标在于通过产品、价格、渠道和促销来满足市场需求而获取利润，其活动的内容是制定市场营销活动的规划，使企业的产品性能适应国外消费者的需求，同时确定一个有吸引力的价格，建立畅通的分销渠道，采用富有刺激作用的促销方式，以在满足消费者需求的前提下实现企业利润最大化。国际贸易是国与国之间的产品、劳务、资金等交换的过程，它是一国的生产拓展和生产在流通领域的对外延伸。从学术角度分析，国际市场营销属于微观范畴，是管理学的一个分支；国际贸易属于宏观范畴，是经济学的一个分支。

国际市场营销与国际贸易之间既有共性又有差异。两者的共性是都从事产品、劳务、资金等在一国以上的交换活动，都重视经济效益。但国际市场营销重视企业的利益，而国际贸易重视国家的利益。并且两者研究的着眼点、目标及范围都存在差异：国际市场营销不仅指企业的进出口贸易，还包括企业的国际直接投资、战略联盟、特许经营、直接销售等；国际市场营销必须是针对国外市场的连续性销售活动，偶尔通过国内外贸易公司从事进出口贸易不属于国际市场营销范畴，但属于国际贸易；国际市场营销中的产品并不一定跨越国界，在东道国当地生产当地销售也属于国际市场营销范畴，但没有出现国际贸易。两者之间的比较见表 1-1。

表 1-1　国际市场营销与国际贸易之间的比较

内容	国际市场营销	国际贸易
产品跨越国界	不一定	是
动机	企业利润	比较利益
信息来源	企业记录	国际收支
买卖行为	有	有
仓储运输	不一定	有
营销研究	有	通常没有
产品研发	有	通常没有
价格策略	有	通常没有
渠道管理	有	通常没有
促销活动	有	通常没有

*第二节　市场营销学基础

一、市场营销学的核心概念

市场营销学以管理学和西方经济学为理论基础，其核心概念源于西方经济学，主要由基本需要、欲望、产品需求、产品、价值、交换、交易、市场 8 个核心概念构成。8 个核心概念之间的逻辑关系诠释了市场营销以消费者为中心的内在理论逻辑（见图 1-2）。

1.4 市场营销的核心概念【登录“爱课程网”搜索“国际市场营销（崔新健）”观看视频】

（一）基本需要

基本需要既是人类活动的起点，也是市场营销的出发点。需要（need）是指某些没有得到基本满足的感受状态。人的基本需要是一个复杂的体系。马斯洛需要层次理论（Maslow's hierarchy theory of needs）把人类需要分成生理需要、安全需

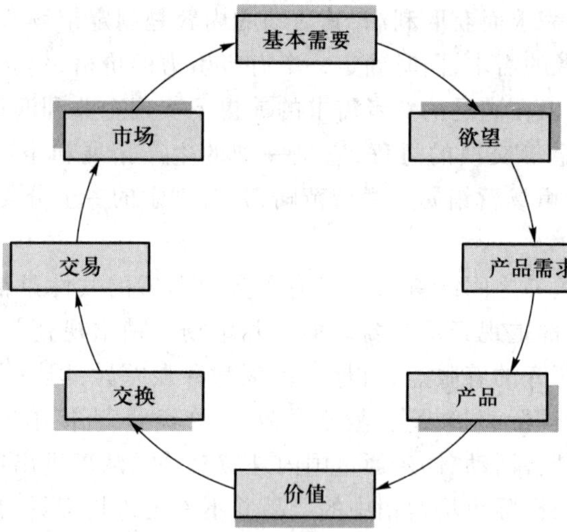

图 1-2　市场营销的核心概念

要、社会需要、受尊重需要和自我实现需要五个层次（见图 1-3）。生理需要是人维持自身生存最基本的需要，包括衣、食、住、行等方面的要求。生理需要是人生存的前提，也是人们行动的强大动力。安全需要是人对自身安全、生活稳定以及免遭痛苦、威胁或疾病等的需要。社会需要是人对友谊、爱情以及隶属关系的需要。受尊重需要是人对成就或自我价值的个人感觉，也包括他人对自己的认可与尊重。自我实现需要是实现个人理想、抱负，最大限度地发挥个人能力，完成与自己的能力相称的一切事情的需要。

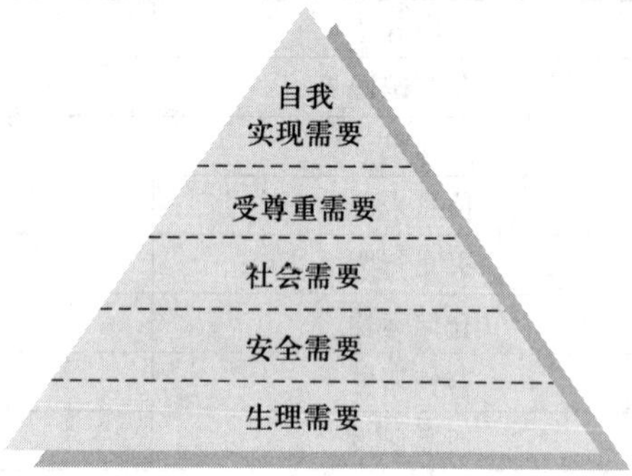

图 1-3　马斯洛需要层次理论

马斯洛需要层次理论假定：大多数人的需要结构很复杂，无论何时都有许多需要影响其行为；通常只有在较低层次的需要得到满足之后，个体才会有足够的精力追求较高层次的需要；已经满足的需要，不再是激励因素；满足较高层次需要的途径多于满足较低层次需要的途径。

人的基本需要是人的内在基本构成，并非是由市场营销活动产生的，市场营销只有符合基本需要的规律才能产生更大的作用。当一个人的基本需要没有得到满足时，他就会寻求满足其基本需要的东西，或者调整自己的基本需要。随着社会发展和科技进步，人类通过各种创新开发新产品以便更大程度地满足人的基本需要。

（二）欲望

欲望（want）是指人为了满足五种基本需要所渴望的“特定方式”或“特定物”，是需要经由文化和个性塑造后所采取的形式。市场营销无法创造人的基本需要，但是可以创造人的欲望，并通过开发和销售产品来满足这种欲望。

（三）产品需求

产品需求（demand）是指对有能力购买并且愿意购买的某个具体产品或服务的欲望，是某一特定产品的市场需求。市场需求同时反映消费者对某一产品的购买意愿和购买能力。一个人在其购买能力范围内选择最适合的产品满足自己的欲望,则欲望就变成了产品需求。

（四）产品

产品(product)是指任何能够用以满足人类某种需求或欲望的东西。产品最重要的属性是必须与消费者的欲望相吻合。一个产品与消费者欲望的一致性越强,则该产品的市场竞争力就越大。

（五）价值

价值(value)是指消费者对产品能够满足各种需求的能力的评价。需求系列与产品选择系列共同为消费者提供了评估选择的尺度,需求系列是指促使消费者产生某种欲望的各类需求,产品选择系列是指可供选择的能满足某种需求的各类产品。消费者通常根据自己的价值观念评估产品选择系列,从中挑选最能满足其需求的产品。产品的价值是由消费者的评价和选择决定的,而不是生产成本决定的。

（六）交换

交换(exchange)是指一方通过提供某种东西作为回报,从另一方取得所要求的东西的行为。交换是市场营销理论中的关键概念,因为人类通过自产自销、巧取豪夺、沿街乞讨等方式同样可以满足基本需要,但是只有交换才是符合现代社会规范、为人们所普遍接受的满足基本需要的方式。市场交换一般需要具备五个条件:一是至少有两个买卖(或交换)者;二是交换双方都拥有另一方想要的产品或服务(价值);三是交换双方都有沟通及向另一方运送产品或服务的能力;四是交换双方都拥有自由选择的权力;五是交换双方都觉得值得与对方交易。只有五个条件同时满足,交换才有可能发生。当双方都认为交换可以为自己提供更大的利益,并且同意交换的价值时,交换才会真正产生。

（七）交易

交易(transaction)是交换的最基本单位,它对交换双方都有贸易价值。交换是一个过程,并非是一次性的活动,交换双方要经历一个寻找满足需求的产品、交换条件谈判以及达成交换协议的过程。交易是交换过程中的一个关键环节。交易包括现金交易和非现金交易两种方式。

（八）市场

市场(market)是由那些具有特定的需要或欲望,而且愿意并能够通过交换来满足这种需要或欲望的全部潜在顾客构成的。市场营销中所说的“市场”不是简单地指交易地点,而是指一群有需求、有购买力,且愿意购买的消费者。市场与人口、购买力、购买欲望之间存在正相关关系,人口越多、购买力越强、购买欲望越高,则某一产品的市场就越大。

1.5 市场营销观念的演进【登录“爱课程网”搜索“国际市场营销(崔新健)”观看视频】

二、市场营销观念的演进

市场营销观念是市场经济发展的产物。随着经济发展和市场供需的变化,企业的市场营销观念也在演进。尽管西方学者对于市场营销观念发展阶段的界定不尽相同,但是其基本内涵是一致的。根据美国市场营销学的发展历程,通常将市场营销观念的演进过程划分为五个阶段(见图 1-4)。

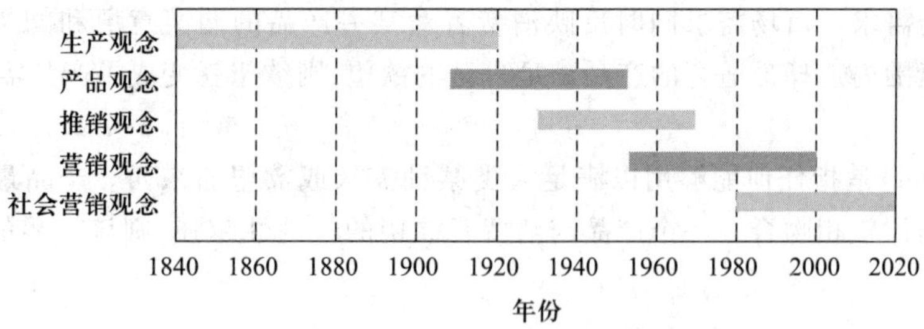

图 1-4 市场营销观念的演进

（一）生产观念

生产观念（production concept）产生于 20 世纪 20 年代前。生产观念认为，消费者会喜欢那些随处可以买到的、价格低廉的产品。生产观念在卖方市场条件下产生。产品供不应求，可供选择的产品品种有限，消费者关注价格合理的产品。针对市场供不应求的突出矛盾，生产导向型企业总是致力于获得高的生产效率和广泛的分销覆盖面，关注的焦点是提供满足人们基本需求的产品。

（二）产品观念

在生产观念阶段的末期，供不应求的状况得到缓解，产品观念应运而生。产品观念（product concept）认为，消费者欢迎那些质量最优、性能最好、特色点最多的产品。产品观念本质上与生产观念一样没有从消费者的需求和欲望出发，而是以企业研发和生产能力为起点，但是产品观念开始注意到消费者对于产品的选择。产品导向型企业总是致力于生产优质产品，并不断地改进产品，使之日趋完善。

产品观念的缺陷是显而易见的：一是所设计的产品并非以消费者的价值观来衡量；二是会导致产品质量和功能的过剩。因此，产品观念易产生市场营销近视（marketing myopia），即把注意力放在产品上，而不是放在市场需要上，在市场营销管理中缺乏远见，只看到自己的产品质量好，看不到市场需求的变化，致使企业经营陷入困境。

（三）推销观念

从 20 世纪 30 年代开始，在生产力提高、科学技术进步和科学管理的驱动下规模化生产产生了，产品产量迅速上升，产品质量不断提高，卖方市场转变为买方市场，消费者可以在市场上多种产品之间进行选择，以满足需要。市场竞争日趋激烈，企业要想方设法销售产品，才可能赢得竞争，销售的重要性推动企业转向推销观念。推销观念（sale concept）认为，企业产品的销售量与企业所做的推销努力成正比，大多数消费者的购买行为倾向于保守，不会主动购买足量的产品，因此企业必须主动促销。这一阶段企业销售部门的作用变得越来越重要，但是，销售人员通常使用高压战术推销其产品，并没有从消费者需求角度出发。

（四）营销观念

20 世纪 50 年代中期，工业化进程加速，工业品和消费品的供给剧增，供大于求的局面加剧，市场竞争更加激烈。企业开始意识到推销观念不再适应市场的发展，消费者的需求和欲望才是决定竞争成败的关键，企业要从以生产者为中心转向以消费者为中心。营销观念的产生是市场营销学理论的一次重大变革。营销观念（marketing concept）认为，实现组织目标的关键在于正确定目标市场的需要和欲望,并且要比竞争对手更有效、更好地满足目标市场的需求和欲望。企业更加重视营销职能和营销部门,营销部门在企业计划中发挥了更大的作用。

营销观念与推销观念都重视市场,但是两者具有本质的区别。推销观念以卖方需要为中心,营销观念以买方需要为中心。推销观念注重产品,先开发生产出产品再想办法销售;营销观念注重消费者,先判断消费者的需求和欲望再想办法开发生产产品。推销观念以销售量为导向,仅关注眼前利益;营销观念以利润为导向,同时关注长期和短期利益。

基于营销观念判断,消费者会从提供最高顾客认知价值的企业购买产品。顾客认知价值(customer perceived value,CPV)是指潜在消费者对某一产品认知的总顾客价值(total customer value)与总顾客成本(total customer cost)之差。总顾客价值就是顾客期望从某一特定产品或服务中获得的一组由经济、功能和心理利益构成的价值,包括产品价值、服务价值、人员价值和形象价值。总顾客成本是在评估、获得、使用及处理该产品或服务时而引起的一组顾客预计费用,包括货币成本、时间成本、精力成本和体力成本。

(五)社会营销观念

20 世纪 80 年代,随着社会经济的快速发展,能源短缺、环境恶化、贫困群体增加等问题为社会所关注,企业的营销观念理论中逐渐加入一些社会问题。在政府和法律逐步强化解决社会问题的压力下,企业营销观念也作出了改变,不仅强调消费者个人的需要,同时也开始突出社会整体的需要和利益。社会营销观念在营销观念的基础上增加了决策考虑的范畴,主要由消费者需求、消费者利益、企业利益和社会利益四个部分构成。社会营销观念(social marketing concept)认为,组织的任务是确定目标市场的需要、欲望和利益,并以一种能够维持或改善消费者和社会福利的方式向消费者提供更高的价值。

社会营销观念主要包括人类生存战略和人类中心战略两类。前者强调对自然资源(能源、清洁的空气和水等)供应减少问题的关心;后者强调不仅应向人们提供基本物质产品,而且应提供有助于人们生活质量提高的产品和服务。社会营销观念与营销观念并不矛盾,只是将消费者的需求和欲望的范畴,从一时延伸到一生,从单一拓展到多维,从个体扩充到全体,从微观放大到宏观,实质上是实现了从物质主义向人本主义的转变。

世界观察

数字营销从 1.0 到 4.0

数字化时代,是一个颠覆性的"弯道超车"时代,正如菲利普·科特勒所言"市场变得比市场营销更快",新的营销方式在不断升级甚至是彻底重构原有营销模式,数字营销正从 1.0 走向 4.0(见表 1-2)。

表 1-2 数字营销从 1.0 到 4.0

数字营销	1.0	2.0	3.0	4.0
时间	1994 年	2002 年	2013 年	2017 年
主题	单向营销	互动营销	精确营销	智慧营销
基础	Web1.0	Web2.0	大数据	人工智能

续表

数字营销	1.0	2.0	3.0	4.0
功能	通过网络浏览器获取信息	浏览者与内容制造者	挖掘消费者网络数据，分析消费者习惯和偏好	类似人类智慧
营销理念	销售产品	拉近与顾客距离，促进销售	比消费者更了解消费者，有的放矢	个性化精准营销
主要做法	线下公告搬到线上	企业与消费者平等对话	利用消费者在门户网站、搜索引擎、电商平台留下的数据	人工智能实现低成本的个性化定制产品或服务
主要特征	单向传播；受众被动接受；形式单一；横幅广告为主	用户发布创造；互动性、社交性、即时性	精准化、及时性、个性化	智能化、自动化
典型案例	雅虎、新浪、搜狐、网易、腾讯等门户网站	Facebook、Twitter、博客、微博等 SNS（社交网络服务）社会化媒体	小米手机通过社交媒体的“先进用户引导型创新”，销售额跃居国产手机第一	阿里巴巴人工智能设计师“鲁班”每秒自动创造 8 000 张海报，向不同人推送不同海报，实现“千人千面”

资料来源：根据相关文献编写。

三、市场营销的分析框架

（一）市场营销环境

企业是生存在客观环境之中的，必然受到客观环境的影响。市场营销环境是指影响企业市场目标实现及其营销活动的各种因素和动向。经营成功的企业一般是能够适应其相关环境的企业。相关环境是指与某一企业相互影响和相互作用的环境。

环境通常分为微观环境和宏观环境（见图 1-5）。微观环境是指对企业服务其顾客的能力形成直接影响的各种力量，包括企业本身及其供应商、下游企业、消费者、竞争者和各类公众，这

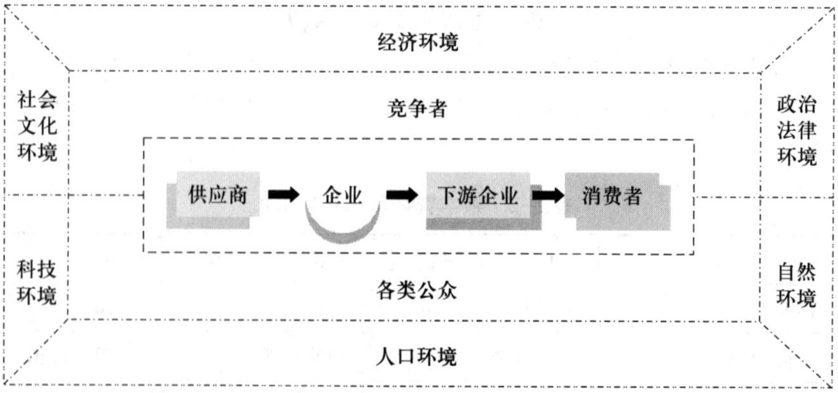

图 1-5　企业的市场营销环境

些因素直接影响企业的经营水平和竞争力。宏观环境是指那些给企业提供市场机会和产生环境威胁的主要社会力量,包括经济环境、政治法律环境、自然环境、人口环境、科技环境以及社会文化环境,这些主要社会力量是企业不可控制的变量。

经营成功的企业是那些能够辨识宏观环境中尚未被满足的需要及其趋势并能作出营利反应的企业,其中趋势是指某些势头和持久性事件的演进方向,趋势有较高的可预测性和连续性。环境发展趋势基本上分为环境机会和环境威胁两种类型,企业对这两种类型都要予以足够的关注。

(二)市场营销分析要素

企业以所拥有的资源适应客观环境的变化来实现组织的生存和发展目标。市场营销基于同样的逻辑展开,企业以所拥有的市场营销资源去适应客观环境,从而达成营销目标。除了分析和掌握客观环境变量,企业市场营销学分析要素集中于6O-4P-2C模型(见图1-6)。该模型表明,企业应以竞争者为参照系,以成本为约束条件,充分发挥自身优势,制定一套市场营销策略组合(4Ps),从而以最有效的方式满足目标市场的需求。换言之,即以2C为基准,构建有效的4Ps,以尽可能解决目标市场的6O。

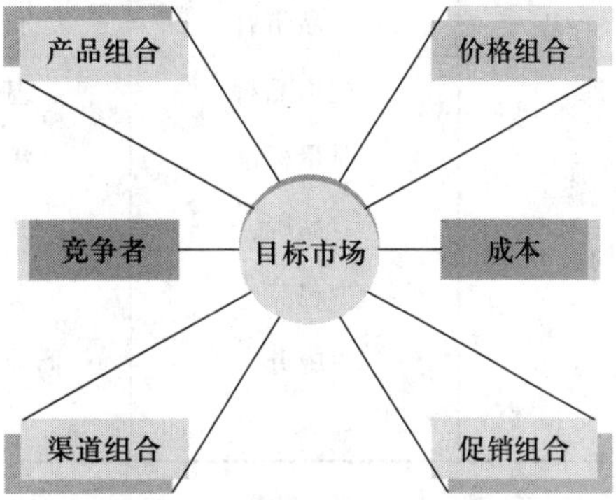

图1-6　6O-4P-2C模型

1. 2C

2C是指竞争者(competitor)和成本(cost)。竞争者是企业确定市场营销策略组合的参照系,因为实践中并不存在最好的市场营销策略组合,所以要寻求最适用的市场营销策略组合。"最适用"的标准不仅是指能使企业尽可能扬长避短,而且适合目标市场,更为重要的是能够击中竞争者的软肋。"最适用"还意味着只适用于某一时段的某一企业。成本是企业确定市场营销策略组合的约束条件,这里的成本并非局限于某一产品的制造成本,而是广义的企业成本,直接影响企业的竞争力。若一个企业相比竞争者的成本更低,则意味着企业市场营销策略组合拥有更大的选择空间,反之亦然。

2. 6O

6O是指构成目标市场的6个内容。企业只有对目标市场的这些内容有一个完全彻底的了解和认识,才有可能构建一个适合目标市场的市场营销策略组合。6O直接对应的6W更为清晰地反映了消费者的需求重点:

(1)购买何物(what)——购买对象(object);

(2)购买动机(why)——购买目的(objective);

(3)购买者(who)——购买组织(organization);

(4)购买行为(how)——购买方式(operation);

(5)购买时间(when)——购买时机(occasion);

(6)购买地点(where)——购买渠道(outlet)。

3. 4Ps

4Ps代表市场营销策略组合。市场营销策略组合(marketing mix)是指企业为实现营销目标针对目标市场所采用的一整套营销工具，麦卡锡（McCarthy）将这些工具概括为 4Ps：产品（product）、价格（price）、渠道（place）和促销（promotion）。因为一定程度上讲 4Ps 是由企业决定的，所以 4Ps 通常被称为可控变量。

市场营销策略组合是一个复合性组合，每一个策略又包含多项决策，各自形成一个组合（见表 1-3）。市场营销策略组合是一个动态性组合，每一个策略组合都有一定的适用时期，伴随环境的变化必须更新策略组合。市场营销策略组合还是一个系统性组合，每一个策略组合或每一个策略组合下的因素都是相关和相互影响的，必须统筹考虑各个因素形成一个相互支持的策略组合。

表 1-3 市场营销策略组合构成因素

4Ps	产品组合	价格组合	渠道组合	促销组合
构成要素	规格品种	基本价格	渠道类型	广告
	质量标准	差别价格	物流配送	人员推销
	品牌	折扣折让	网点设置	营业推广
	包装	支付期限	中间商选择	公共关系
	服务	商业信用条件	区域分布	
	…	…	…	…

4Ps 反映了企业的视角，即应用营销工具影响买方。从消费者的角度看，每一个营销工具都是为买方提供一定利益的。据此，劳特伯恩（R. Lauterborn）提出与 4Ps 相对应的消费者 4Cs（见表 1-4）。

表 1-4 4Ps 与 4Cs 的对应关系

4Ps	4Cs
产品（product）	消费者解决方案（customer solution）
价格（price）	消费者成本（customer cost）
渠道（place）	消费者便利性（convenience）
促销（promotion）	消费者沟通（communication）

数字技术的快速发展，给市场营销带来新的变化，企业不断创新市场营销策略组合，从 4Ps 演变和发展到 4Is、4Es（见表 1-5）。

表 1-5 4Ps、4Is、4Es 的对应关系

4Ps（产品逻辑）	4Is（互动逻辑）	4Es（数字化逻辑）
产品（product）	互动（interaction）	体验（experience）
价格（price）	兴趣（interest）	支出（expense）
渠道（place）	交互界面（interface）	电商（E-shop）
促销（promotion）	个性化（individualization）	展示（exhibition）

四、市场营销管理的过程与方法

市场营销管理过程是市场营销管理的内容和程序的体现。市场营销管理实际上是对市场营销策略组合(4Ps)进行设计、执行和控制的过程,目标是实现企业的战略规划。企业的战略规划是指企业最高管理层通过规定企业任务、确定企业目标、安排业务组合以及明确新业务计划,在企业的目标和资源(或能力)与迅速变化的经营环境之间发展和保持一种切实可行的战略适应性的管理工作。为完成企业任务和目标而发现、分析、选择、利用及实现市场机会是市场营销管理过程的主线,具体而言,市场营销管理的过程及其应用的方法如图 1-7 所示:① 运用 SWOT 法分析和发现市场机会;② 通过市场细分选择和明确目标市场;③ 利用差异化原理抉择和强化市场定位;④ 基于分析和决策形成针对目标市场切实可行的 4Ps,有效地将市场机会转变为能使企业营利的操作方案;⑤ 以企业的战略规划为方向执行和控制 4Ps。

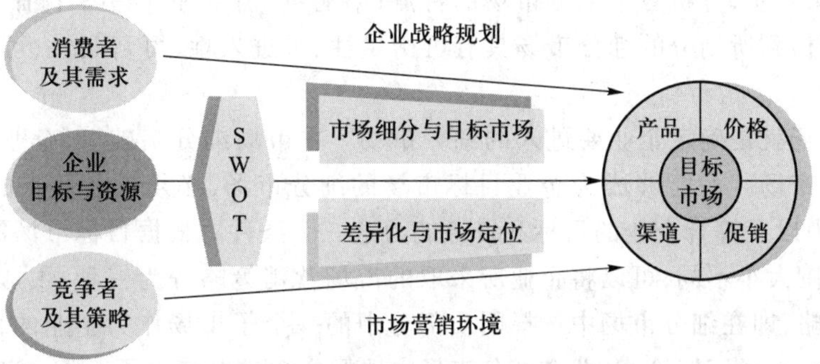

图 1-7 市场营销管理的过程与方法

(一)SWOT 法

SWOT 法又称态势分析法,是对企业的优势(strengths)、劣势(weaknesses)、机会(opportunities)和威胁(threats)的全面评估,是一种能够较客观和准确地分析企业及其环境的方法。从整体上看,SWOT 包括 SW 分析和 OT 分析两个部分。前者为内部环境分析,即企业的优势与劣势分析,主要是相对于竞争者而言。它们是企业在其发展中自身存在的积极和消极因素,属于主观因素。在调查分析这些因素时,不仅要考虑到历史与现状,更要考虑未来发展。后者为外部环境分析,即企业面临的机会与威胁分析,属于客观因素。其中机会是指企业通过经营活动能够营利的需求领域,也就是指市场上所存在的尚未满足或尚未完全满足的需求,它包括由于经济、人文、自然、科技等环境变化客观形成的市场机会。企业通过 SWOT 法发现、寻找和确定对企业最适当的市场机会。威胁是指一种由不利的发展趋势所形成的挑战,如果不果断地采取相应的营销行动,这种不利趋势将会侵蚀企业经营及其利润。

(二)市场细分与目标市场

目标营销是以市场细分为基础的。目标营销不同于以往的大众营销,大众营销(mass marketing)是指运用同样的营销组合,模糊地指向市场任何人,而目标营销(target marketing)是指某一营销组合是为了迎合某些特定的顾客而设计的,即针对目标市场开发相应的营销组合。选择目标市场与开发营销组合是相互联系的,营销战略的这两个部分必须一起制定。目标营销包括市场细分、选择目标市场及市场定位三个主要步骤。其中市场细分和选择目标市场是市场定位的基础。

市场细分是20世纪50年代中期由市场营销学家史密斯(Wendell R. Smith)提出来的。每个具有相同需求特点的顾客群称为一个细分市场,这种把某个产品市场按顾客需求上的差异划分为一系列细分市场的过程就称为市场细分(market segmentation)。市场细分有利于企业发现潜在的市场机会,调整形成针对性4Ps,提高市场营销效率,以获得最大的经营效益。营销者不能创造细分市场,而是通过某些细分变量辨别细分市场,并决定以某些细分市场作为目标市场。市场细分变量是进行市场细分的标准。消费者市场的主要细分变量有地理因素、人文因素、心理因素、行为因素等。细分变量的创新意味着可以发现潜在细分市场。

市场细分的步骤为:第一步,依据需求选定产品市场范围;第二步,明确潜在顾客的基本需求;第三步,分析潜在顾客的不同需求;第四步,去除潜在顾客的共同需求;第五步,划分不同需求的顾客群体;第六步,分析各个细分市场的特点;第七步,衡量和评估各个细分市场规模。有效市场细分必须做到所划分的细分市场具有可衡量性、可进入性、可营利性、可区别性、可操作性等特点。

选择目标市场就是确定企业要进入的细分市场。在市场细分基础上,企业发现市场机会,评估和选择细分市场。而能够成为企业目标市场的细分市场,必须具备适当的规模和发展潜力、良好的吸引力以及符合企业的目标和资源能力这三个条件。根据目标市场覆盖细分市场的范围大小不同,可以将企业所采取的市场营销策略分为三种:① 集中化市场营销策略,即在细分市场中选择同质部分中的一个子市场作为企业的目标市场;② 差异化市场营销策略,即在细分市场中选择两个或更多的子市场,然后把每个子市场看作一个单独需要不同营销组合的目标市场;③ 无差异化市场营销策略,即在细分市场中选择两个或更多的子市场组成一个使用一种营销组合的更大的目标市场。三种市场营销策略各有所长,具有不同的适用范围和条件,要根据企业资源、产品的同质性、产品所处生命周期阶段、市场同质性及竞争对手的策略等进行抉择。

世界观察:市场再细分——智能骑行夹克

(三) 差异化与市场定位

1. 差异化

差异化是企业实现市场定位的方法和途径。差异化(differentiation)是企业为其提供的产品增加一系列有意义、有价值的差异,从而与竞争者区分开来的一个过程。所有产品都可以实现某种程度的差异化,然而,并非所有品牌的差异化都是有意义或者有价值的。有效的差异化必须满足六项原则:① 重要性原则,差异化能向相当数量的顾客让渡较高的价值;② 独特性原则,差异化是其他企业所没有的,或者是该企业以一种突出、明晰的方式所提供的;③ 优越性原则,差异化明显优于通过其他途径而获得相同的利益;④ 专利性原则,差异化是竞争者难以模仿的;⑤ 可承受原则,差异化不会降低目标市场顾客的购买力;⑥ 营利性原则,差异化能够为企业创造相应的利润。

企业在产品、服务、人员、渠道和形象方面都可以进行差异化,在这五个方面都有相应的具有操作性的差异化变量(见表1-6),应该统筹协调运用这些差异化变量。

表 1-6　差异化变量

产品	服务	人员	渠道	形象
形式	订货便利	能力资格	覆盖面	标志
特色	交货	谦恭	专长	媒体
性能	安装	诚实	绩效	气氛
一致性质量	客户培训	可靠		事件
耐用性	客户咨询	负责		
可靠性	维修	沟通		
可维修性	多种服务			
风格				
设计				

2. 市场定位

市场定位(market positioning)是一种对企业提供的产品及其形象进行设计,从而使其能在消费者中形成一个独特的概念和位置的营销活动,是为了适应消费者心目中某一特定需求而设计公司产品和营销组合的行为。市场定位成功的标准是能创立一个以市场为重点的价值建议(value proposition),价值建议简单明了地阐述了目标市场购买企业产品的理由。定位是由里斯(Al Ries)和特劳特(Jack Trout)于 1972 年提出的。他们将定位视为对现有产品的创造性实践,定位始于产品,然而定位并非是对产品本身做什么。市场定位是指要针对潜在消费者的心理采取行动,即在消费者心目中为产品确定一个适当的位置。市场定位在企业市场营销中有三个层次:一是企业相对竞争者在市场中的整体定位;二是企业的产品相对竞争者的产品在市场中的产品定位;三是企业的某一产品在产品系列中的定位。通常所说的市场定位是指第二个层次的产品定位。

市场定位的任务是向目标市场传播企业或品牌的核心概念。企业进行市场定位首先要决定向目标市场宣传多少产品差异(如利益、特色),这种定位是单一利益定位、双重利益定位还是三重利益定位。单一利益定位就是企业为每一种产品制定一个唯一的销售定位(unique selling proposition,USP),并专营这一定位。这样可使企业更加容易与目标市场进行沟通,使得员工对企业目标理解得更加清楚,使得企业更加容易实现整个组织的定位重点。

市场定位具体体现在核心价值、有形价值和附加价值三个产品层次上,在定位中要注意避免定位过低、定位过高、定位混乱、定位怀疑等定位错误。

市场定位首先要明确产品的类别,然后是明确与其他产品的区别,主要程序为:① 明确定位层次;② 识别重要属性;③ 绘制定位图;④ 评估定位选择;⑤ 执行定位。市场定位的基础是消费者的需求,应该充分研究消费者对市场中现有品牌产品的评价及其需求,依据消费者需求决定市场营销组合的差异化和市场定位,建立目标市场,并在目标市场上传播该产品的关键特征与利益。

企业进行市场定位战略有四种:第一种战略是在消费者心目中加强和提高自己现在的定位;第二种战略是寻找一个未被占领的市场;第三种战略是在消费者心目中对竞争者进行反定

位（deposition）或重新定位（reposition）；第四种战略是高级俱乐部战略。在重新定位前，企业需要权衡定位从一个子市场转移到另一个子市场时的全部费用及由此增加的收入。为了支持定位战略，企业应在产品、价格、渠道和促销的每一个方面，强化与定位的协调。定位采用的方法很多，可以根据属性和利益定位、根据价格和质量定位、根据用途定位、根据使用者定位、根据产品档次定位、根据竞争局势定位以及根据各种方法组合定位。

世界观察

数字技术对市场营销战略经典框架 STP 的影响

STP 营销是现代市场营销战略的核心三要素，S、T、P 三个字母分别是市场细分（segmenting）、目标市场选择（targeting）和市场定位（positioning）。

第一步，市场细分，根据购买者对产品或营销组合的不同需要，将市场分为若干不同的顾客群体，并勾勒出细分市场的轮廓。第二步，目标市场选择，选择要进入的一个或多个细分市场。第三步，市场定位，在目标市场顾客群中形成一个印象，这个印象即为定位。

数字技术对市场营销战略经典框架 STP 产生了直接的影响。从市场细分看，数字技术时代，企业拥有大量消费者数据（海量、多样、流转速度快），数据颗粒度越来越小，对消费者的分析更加多维、精准、个性化。从目标市场选择看，在数字技术时代，"你的价值还由你的朋友的价值来决定"，所以对消费者营利性的评价更加多维化，目标市场中消费者的人口红利逐渐转变为流量红利，获取消费者的门槛降低，挽留消费者的难度提高。从市场定位看，从消费者群体定位发展为消费者个体定位，从消费者定位发展为消费者旅程环节定位。

资料来源：根据相关文献编写。

第三节　国际市场营销学的内容与发展

一、国际市场营销学的研究对象与方法

（一）国际市场营销学的研究对象

国际市场营销学就是研究企业国际市场营销的全过程的学说，换言之，国际市场营销学的研究对象就是企业为实现经营目标而组织协调各部门进行跨国界的一系列市场营销活动的过程。国际市场营销活动中最突出问题源于营销者对于实施市场营销方案的环境不熟悉，方案的评估和适应环境直接决定其成败。因此，探究国外市场营销环境及其对整个营销过程的影响是国际市场营销学的一个基本问题，也是学习国际市场营销学最有意义、最有效的一种方法。

本书在市场营销学基础上，重点从环境角度入手研究阐释国际市场营销学，力图将市场营销学的概念、程序和原理与国际环境联系起来，分析环境对于国际市场营销的影响，聚焦于环境对国际市场营销所产生的特殊难题。本书适用于各类企业，包括规模不同、国际化程度不同、国际化路径不同以及目标市场国家不同的企业，可为读者提供一个聚焦国际市场营销环境、影响及对策的普适性分析框架和知识体系，以便读者能够分析辨识环境变量对国际市场营销的冲击和影响，有能力构建和实施有针对性的国际市场营销策略组合。

（二）国际市场营销学的研究方法

国际市场营销学是一门实用价值很高的课程，属于经营管理学范畴，是企业国际市场营销活动实践经验的总结。根据这一突出特点，国际市场营销学的研究方法主要有以下几种。

1. 马克思主义唯物辩证法

将国际市场营销作为国际生产关系的组成环节，对企业由国内经营发展为国际经营的过程和国际生产、分配、交换及消费的关系加以研究，以便分析国际市场营销对各个国家、地区及企业本身产生的影响，从而加深对国际市场营销理论意义的理解。

2. 理论推演与实证分析相结合

以国际直接投资理论、市场营销理论、国际贸易理论、经济全球化理论等为基础，分析国际市场营销的必然性、必要性、规律性；以案例研究、问卷调研、专家访谈和数据库调研等多种方法剖析国际市场营销措施的科学性及其对环境的适应性，归纳和演绎国际市场营销的内在逻辑和规律，丰富国际市场营销理论，并指导国际市场营销实践，实现理论指导实践、实践推动理论的良性循环发展。

3. 定量分析与定性分析相结合的方法

遵循理论假设和实证检验的分析范式，采用因子分析、多元回归分析、相关分析、路径分析等多种统计方法，研究国际市场营销影响因素、绩效、环境等变量及关系问题。通过建立数学模型，比较分析不同国家市场营销与市场环境变量、绩效等的关系，预测和确立企业的营销目标。这些方法既有利于企业经营决策，又有助于支持相关理论的发展。

4. 系统理论分析方法

以事物的关联性为基础，寻求最优化方案和组合。国际市场营销管理过程是一个系统性工程。从国际市场营销进行的时间维度看，由国际环境分析、目标市场选择、制定营销策略组合、计划实施与控制等构成了国际市场营销系统；从国际市场营销进行的空间维度看，由不同国家或地区、不同种族或肤色、不同收入或消费、不同宗教或文化等构成了国际市场营销系统；从企业内部框架看，由不同职能部门、不同产品事业部、不同地区事业部构成了国际市场营销系统。系统中的各个元素相互作用、相互影响、共同决定整个系统的运行及效率。研究国际市场营销系统必须对各个视角的子系统进行分析，从而寻求最优的方案。应用系统理论分析方法研究国际市场营销可以更好地从整体上把握其本质。

二、国际市场营销学的产生与发展

（一）国际市场营销学的产生

国际市场营销学是在市场营销学基础上发展起来的，但是国际市场营销学比市场营销学更重视研究环境问题。国际市场营销学主要是以跨国公司在全球环境下的营销战略和策略为研究对象，分析全球化背景下国际市场营销的外部环境和内部环境等不可控因素的影响，从战略层面探讨营销职能的全球统筹协调，从策略层面探究国际市场营销策略组合的计划、实施及控制。

国际市场营销学最早产生于美国，国际贸易和市场营销是国际营销理论的两个重要来源。第二次世界大战后，科学技术蓬勃发展，生产力水平迅速提高，工业化国家之间的国际分工与国际合作进一步加强，商品、资本、技术的国际流动增加，国家之间相互依赖程度加深。美国企业纷纷走出国门，进入国际市场。为了指导企业进行国际市场营销，学者开始拓荒于相关领域。

1956年,美国学者帕莱·塔(Parley Tower)在《近代国际商业评论》一书中正式采用与国际营销比较接近的"出口营销学"一词,该词与国际市场营销学本质上并无差异。1959年,美国学者克莱默(Kramer)撰写的《国际市场营销学》正式出版,此后这一课程进入美国大学课堂。1965年,费耶威泽(Feyerwizer)的《国际市场营销学》一书阐述了一般国际贸易的经济理论,分析了国际经济、文化和政治环境,在此基础上着重研究了国际营销中的营销观念、营销调研和营销组合,是国际市场营销学的奠基之作。1966年,美国科罗拉多大学菲利普·凯特奥拉(Philip R. Cateora)的《国际营销》全面奠定了国际市场营销学的理论基础,系统建立了国际市场营销学的架构,并产生了持久的影响,该书于2020年推出第18版。① 20世纪90年代,国际市场营销学引入中国,各高等学校陆续开设这门课程。

(二)国际市场营销理论的发展

国际市场营销理论是构建国际市场营销学的主体内容,国际市场营销理论的发展过程就是国际市场营销学体系逐步确立和完善的过程。根据时间和研究主题划分,国际市场营销理论的发展经历了三个阶段。②

1. 起步阶段(20世纪60—80年代)

这一阶段主要是研究国际市场营销的一些零散问题,诸如国际广告、国际市场营销导向及标准化等。20世纪60年代,可口可乐、柯达等跨国公司开始尝试"全球性"经营活动,推行全球统一品牌和定位。克里斯琴(Christian,1961)明确指出,对于通用汽车、福特等跨国公司,国内市场与国外市场的差距逐渐消失,它们应该建立"全球视野"。法特(Fatt,1967)提出全球统一广告所培养的顾客基础能产生利益,即要在全球范围内考虑广告和营销策略,但这并不意味着要忽略地区和国家差异,进行适当的调整是十分必要的。巴泽尔(Buzzel,1968)第一个将"跨国标准化"界定为在不同国家以相同的促销方式,通过相同的分销渠道,以相同的价格提供相同的产品。并在强调标准化与适应性、集权与自治之间平衡的基础上,鼓励跨国公司尝试在区域和全球层面推行标准化战略。珀尔马特(Perlmutter,1969)认为跨国公司经历了本国导向、多国导向和全球导向三种国际化管理导向及阶段。

2. 发展阶段(20世纪80—90年代)

这一阶段的研究逐步集中于几个主要问题,诸如国际市场营销标准化与本土化的关系、国际市场营销策略组合的实施、国际化阶段等。莱维特(Levitt,1983)正式提出"全球营销"(global marketing)的概念,这标志着全球营销理论研究的开端。他指出,现代技术进步促进了整个世界市场的收缩和同质化,形成了全球市场,企业必须学会将世界看成一个大的市场来运作,要忽略地区和国家之间表面上存在的差异。

标准化与适应性是这一时期学术研究的焦点,也是国际市场营销中重要的研究主题。早期的研究主要强调两者的矛盾,而后期的研究更强调两者的统一,"标准化-适应性连续统一体"的观点得到广泛的认可。事实上,两者各有其理论支撑:标准化满足各国同质消费群体的需求,企业可获得规模经济、范围经济、降低成本、便于统一控制和协调、提供品牌全球影响力等优势;适应性是针对国家细分市场定位来满足消费者的差异性需求,企业可规避和消除政策限制和障

① 凯特奥拉,莫尼,吉利,等.国际营销:[M].崔新健,改编.英文版·18版.北京:中国人民大学出版社,2020.

② 吴晓云,邓竹箐.全球营销理论综述:发展阶段、主题和核心观念[J].营销科学学报,2007,3(2):100-120.

碍、文化差异、组织内部阻力,获取差异性产生的利益。“标准化-适应性连续统一体”辩证地对待了标准化与适应性,指出国际市场营销活动要在标准化与适应性两端之间寻求一个平衡位置,以最大限度实现两端战略的利益。换言之,企业的实践不应是绝对的标准化,也不应是绝对的适应性,而是要在不同战略层次和组合要素上倾向于某一端。“思想上全球化,行动上本土化”是对“标准化-适应性连续统一体”的继承和发展,在国际市场营销中应沿袭“核心要素标准化,外围要素适应性”的思路。

3. 提高阶段(20 世纪 90 年代至今)

这一阶段是从战略层面提炼和研究国际市场营销的核心问题,诸如国际市场营销战略模型、国际市场营销系统化理论等。资源基础理论认为,跨国公司内部资源是战略和业绩的决定因素,企业战略资源不同决定了最终绩效的差异。朱和卡斯哥尔(Zou and Cavusgil,1996)将国际市场营销战略归纳为标准化、配置和协调、整合三种观点。标准化观点主张营销战略应该在不同国家市场上使用标准化的营销计划和市场营销组合要素。配置和协调观点主张营销战略应该根据不同东道国培育的比较优势,挖掘要素成本差异,在全球范围内对价值链进行合理配置,并注重协调各市场之间的活动,由此获得规模经济、范围经济和协同效应等利益。整合观点主张营销战略的关键是参与主要世界市场,在全球关键市场上设点布局,力求更广的全球市场覆盖面,以获得在这些市场上的竞争杠杆和整合效果。

三、数字技术影响下的国际市场营销

数字技术和人工智能的快速发展引发了公司、雇员、顾客、交易商和供应商之间关系的变革,带来了国际市场营销领域发展中最为激烈的模式变革,使企业面临着新的竞争空间和新的竞争规则,对企业国际市场营销带来了巨大的影响。

(一)国际营销渠道发生了巨大变革

数字技术推动了营销渠道的变革,起初的影响来自新型的贸易方式——电子数据交换,即通过电子计算机和通信网络来处理业务文件。电子商务通过电子信息技术、网络互联技术和现代通信技术,使交易涉及的各方当事人借助电子方式实现整个交易过程的电子化。单纯的网上营销渠道可简化为浏览商品、网上下单确认、支付货款以及送货上门四个环节。在互联网虚拟市场中,企业只要在网上完成注册,就可以在网上进行销售,而且它的营销渠道会跟随着互联网一同延伸,犹如无铺面的商店、无边界的市场。企业无须到国外设分销机构,无须依靠进出口代理商,就可以直接在网上与消费者交易。无论经销商与消费者相距多远,都犹如近在咫尺。这一方式缩短了企业与消费者之间的营销距离,极大地拓展和延伸了企业的营销空间,尤其在国际市场营销中,突破了版图疆界的限制。

(二)国际营销调研技术更为可行

数字技术和人工智能的影响同样体现在国际营销调研中,数字技术的发展彻底颠覆了传统的调研场景——企业常常要借助调研中介机构或派调研人员到东道国市场中访问并进行手工的信息收集、统计、汇总,数字技术使当前的国际营销调研呈现出科学性、便捷性、准确性、时效性强的特点。整个国际市场调研的进程就可能演变为企业通过自身的营销信息管理系统识别所面临的问题之后,通过网络将要调研的问题以电子邮件的形式告知专业性的调研公司;调研公司接到企业的调研任务书后,可通过人工智能分析判断调研目标是否切中经营问题的要害,并依据人工智能的分析结构设计调研方案与抽样方案，合理设计访问地图和访问线路，甚至可通过无纸化的调查问卷直接在网上进行访问和记录；对从访问者那里获得的第一手资料，可采用相应的统计分析流程汇总分析，然后撰写调研报告，并通过网络反馈给企业。当然，企业也可以按照这一流程自己进行国际营销调研。在该流程下国际营销调研的整个进程都可以借助于计算机在网上进行，实现了无纸化调查，节省了大量的访问时间和调查费用，效率得到极大的提高，满足了企业经营决策对时间、成本的要求。

（三）国际营销手段更加丰富

数字技术和人工智能下的国际市场营销与传统营销的最大区别在于它利用互联网和人工智能来研究和服务顾客需求，从而建立营销方案，实现与消费者的互动沟通。这是一种新的全球营销模式，企业在网络站点上，尽可施展营销才智塑造自身形象，发布各类信息，如新产品介绍、折扣销售、品牌广告等。计算机制作、激光和光纤技术在计算机中的应用增加了广告的艺术感染力和再现能力。并且，由于在互联网上无须借助大众传播媒体，营销信息传播的速度提升、环节减少、费用降低。此外，消费者也可通过互联网直接向企业反馈意见，使营销体现出交互性的新特征。网络经济时代，网络媒体成为宣传企业及产品形象的最重要的媒体之一。

（四）国际营销队伍建设更加重要

数字技术时代的竞争归根结底是掌握新技术的人才竞争。在数字技术时代，国际经济环境瞬息万变，国际市场空间扩展、国际营销技术改进和国际营销渠道的变革，都对企业国际营销组织及其人员提出了新的要求。企业的国际市场营销组织能否对动态的国际市场作出迅速、准确的反应，直接影响到企业国际市场营销成败。国际营销队伍建设成为关键，由于国际营销人员需要直接参与网页的设计、网络的管理等，所以国际营销人员不仅需要具备敏锐的洞察能力、缜密的分析能力、优秀的管理能力，还要具备数字技术信息处理能力及一定的产品专业知识。

四、中国企业面临的机遇与挑战

国际市场营销是企业未来生存发展的必由之路。进入 21 世纪，经济全球化浪潮荡涤全世界每一寸土地，发达国家的跨国公司迅速发展，发展中国家的跨国公司也正在起步，跨国公司全球资源优化配置将全球各国紧密地联系在一起，国际市场营销遍布世界各地。企业开展国际市场营销是顺应世界经济发展趋势的战略选择，随着全球市场竞争日益加剧，国际化已不再是一种奢求，而是关系到每一个企业兴衰存亡的大事，每一个企业都面临着在一个相互依存度越来越高的市场环境中如何应对竞争和挑战的新问题。中国企业在网络通信设备、船务、建材玻璃、工程与建筑、工业机械、纺织、贸易等领域已经具备了一定的国际竞争力。2020 年，《财富》世界 500 强排行榜企业大约占据了全球生产总值的 40%、国际贸易额的 50%、国际技术贸易额的 60%和国际直接投资额的 90%。从 2023 年《财富》世界 500 强榜单看，中国有 142 家上榜企业，美国有 136 家上榜企业，中国自 2019 年后持续超过美国，已经成为全球上榜企业数量最多的国家。一大批具有国际竞争力的中国企业已经出现在世界各国市场，越来越多的企业面临着国际市场营销的挑战。

首先，国际市场已成为中国企业生存与发展不能忽视的空间。经历 40 多年的改革开放，中国已经确立了世界贸易大国的地位。2023 年，中国对外贸易稳中有进。2023 年中国货物进出口总额 41.76 万亿元人民币，其中，货物出口额 23.77 万亿元人民币，货物进口额 17.99 万亿元人民币，中国的货物贸易进出口规模位于世界货物贸易大国之列。2023 年，中国服务进出口总额65 754.3亿元人民币，比上年增长 10%，其中，服务出口 26 856.6 亿元人民币，下降 5.8%；服务进口 38 897.7 亿元人民币，增长 24.4%。2023 年中国服务贸易占对外贸易总额（货物和服务进出口之和）的比重为 13.6%。中国服务进出口规模继续保持世界领先地位。中国的对外贸易作为国民经济增长的三大动力之一，在经济社会的发展中发挥着巨大的作用。随着对外开放步伐的加快，特别是加入世界贸易组织以来，我国企业对外投资进入了快速发展时期。近年来，中国作为资本输出国，对外投资额在快速增长。2023 年中国对外直接投资净额为 1 478.57 亿美元，同比增长 5.7%。截至 2023 年年底，中国 2.9 万家境内投资者在国（境）外共设立对外直接投资企业 4.7 万家，分布在全球 190 多个国家（地区），其中，在共建“一带一路”国家（地区）设立的境外企业约 1.6 万家，近 60%分布在亚洲，北美洲占 13%，欧洲占 10.2%。中国对外直接投资流量和存量均居全球前三位。从宏观层面对中国对外贸易与对外投资地位的分析，足以表明国际市场对于中国企业的重要性在增加。

其次，中国企业无论是否“走出去”主动参与国际竞争，都无可避免地要面对外国企业的存在和竞争。联合国贸易和发展会议发布的《2023 世界投资报告》指出，2022 年中国吸引外国直接投资流量达到 1 891 亿美元，居于亚洲地区首位，投资大多来自欧洲的跨国企业，投资领域主要集中在制造业和高科技行业。外资经济是推动我国经济社会发展的重要力量，外商投资企业以不到 3%的企业数量，提供了约 1/10 的城镇就业机会，贡献了 1/5 的税收收入、1/4 的工业总产值、近 1/2 的进出口总额。国外著名的跨国公司大都看好中国巨大的市场及其发展潜力，纷纷进行直接投资进入中国市场，有的甚至在中国设立区域总部，外国企业与国内企业抢市场、争人才，并凭借其雄厚的资金、先进的技术和卓越的管理，渗透和占领国内市场。中国企业即使在国内市场，也无法避免外国跨国公司的激烈竞争。

再次，跨国经营对中国企业提出了更高的要求。国际市场营销为企业提供了广阔的国际市场、全球资源以及最新的科学技术，使企业可以在世界范围内更有效地配置资源，但是，国际市场营销也意味着企业必须面对世界范围内的竞争对手，必须及时准确地掌握国际市场信息，对国际市场的变化作出快速反应。不同所有制、不同行业的企业在国际市场营销环境中会面临不同的问题。WTO 有关市场开放、非歧视和公平贸易的基本宗旨无疑会给国内企业走向国际提供一个公平自由的竞争环境，这将有利于中国企业开拓国际市场，从而提高我国企业在国际市场上的竞争能力。同时，WTO 的一些具体条款也会对我们企业的战略调整带来不同的影响。企业要开展国际营销，必须着眼于全球市场，研究消费潮流，抓住消费热点，超前地开发出让全球消费者感到满意的产品或服务。国际市场营销不仅会给企业带来更多的利润，而且会使企业面临更大的风险，对企业及其人才的要求也更高。

最后，跨国经营不仅要着眼于企业长期发展的战略，还要应对瞬息万变的国际形势。党的二十大报告指出：“当前，世界百年未有之大变局加速演进，新一轮科技革命和产业变革深入发展，国际力量对比深刻调整，我国发展面临新的战略机遇。”纵观过去 30 余年全球外国直接投资（FDI）的演变，可以清晰观察到当前国际投资格局和全球生产体系正处于百年未有之大变局之中，其大致分为三个阶段。阶段一，高速增长阶段（1990—2007 年）。在 20 世纪 90 年代初，通过利用各国间劳动力成本和生产率的差异，跨国企业主要以自然资源和国际市场寻求为动机的相对简单的跨境结构开始逐渐演变为更复杂的全球产业链分工结构。在 6 万多家跨国公司及其 80 多万家附属子公司国际化的推动下，国际投资从 1990 年的 2 250 亿美元增长至 2000 年的 1.3 万亿美元，年均增幅 48%，创下国际投资流量历史新高。阶段二，滞缓阶段（2008—2018 年）。2008 年国际金融危机以后，国际直接投资及生产的增长开始停滞不前。受国际金融危机影响，2009 年全球 FDI 跌至 1.2 万亿美元并在此后围绕该金额波动。阶段三，分化重组阶段（2019 年至今）。新冠疫情以及乌克兰等地缘政治冲突加剧了国际生产体系面临的挑战，全球化正朝着区域化、地缘政治化等多极化方向发展，导致了全球一体化生产体系的分化和重组。从规模上看，2020 年全球 FDI 降至 2005 年以来的最低水平，跌至 1 万亿美元以下，降幅为 34.7%。2021 年，全球 FDI 反弹，上升至 1.5 万亿美元，但仍低于疫情前水平。2022 年 FDI 再次下跌，降幅为 12%。面对错综复杂的国际形势，习近平强调："今后一个时期，我们将面对更多逆风逆水的外部环境，必须做好应对一系列新的风险挑战的准备。"因此，中国企业参与国际市场竞争时，还需要客观分析国际形势，寻找进入国际市场的时机和适宜方式，高度重视和切实防范化解各种重大风险。

中国实现高质量发展，必须全面提高对外开放水平，形成国际合作和竞争新优势。党的二十大报告把"推进高水平对外开放"作为"加快构建新发展格局，着力推动高质量发展"的重要内容，依托我国超大规模市场优势，以国内大循环吸引全球资源要素，增强国内国际两个市场、两种资源联动效应，提升贸易投资合作质量和水平。中国企业要根据我国发展阶段、环境、条件变化，特别是基于我国比较优势变化，积极参与国际竞争和国际经济分工，发挥我国经济比较优势，充分利用国内国际两个市场、两种资源，优化资源配置，这是企业长期发展的方向。中国企业要不断寻求国际市场机会，增强跨国经营活动的意识，要认识到想发展就必须加速国际化进程，不仅要着眼于国内市场竞争，而且要主动"走出去"，走国际市场营销的道路。因此，中国企业将会越来越需要国际市场营销理论和知识来指导企业国际化的实践，国际市场营销理论在中国的应用和发展前景十分广阔。

中国之问与实践探索：加快建设世界一流企业

习近平总书记在党的二十大报告中指出，"完善中国特色现代企业制度，弘扬企业家精神，加快建设世界一流企业"，为我国企业改革发展指明了方向和目标。《中国培育具有全球竞争力的世界一流企业：进展，差距和策略》以世界 500 强为样本，从规模、效益、创新、国际化和品牌 5 个维度比较分析，揭示世界一流企业成长的内在规律，探讨中国加快建设世界一流企业之路。

中国培育具有全球竞争力的世界一流企业：
进展，差距和策略

本章小结

国际市场营销学是以市场营销学为基础发展起来的。本章明确了国际市场营销的概念、任务、阶段，回顾了国际市场营销学的产生与发展历程，介绍了国际市场营销学的研究对象与方法，较细致地介绍了市场营销学基础理论的内容。

思考题

1. 国际市场营销与市场营销和国际贸易之间的联系与区别有哪些？
2. 国际市场营销的任务及其本质是什么？
3. 市场营销观念是如何演变的？
4. 国际市场营销学研究的范围和重点是什么？
5. 中国企业为什么要“走出去”？学习国际市场营销学有何意义？

开篇案例讨论

1. TCL 全球营销是否产生协同效应？面对当前全球经济形势，TCL 会遇到哪些问题？
2. TCL 的跨国经营之路是否具有普遍性？中国企业“走出去”普遍面对的挑战有哪些？
3. 中国企业“走出去”应该选择哪种方式或路径？应该特别注意什么问题？

本章即测即评

第一章
即测即评

网上练习

主题：中国企业如何才能成功地“走出去”？

步骤 1：学生以某一中国企业跨国经营为主题（或教师明确某一企业），通过网络搜索整理该企业跨国经营的资料。

步骤 2：阅读和分析资料，结合本章“国际市场营销的阶段”内容，分析总结该企业跨国经营的发展阶段、发展路径及典型案例。

步骤 3：结合本章“国际市场营销的任务”相关内容，思考和分析该企业的目标是什么，拥有哪些资源，所进入的东道国环境如何，企业如何以所拥有的资源适应客观环境的变化实现企业目标，并列出企业的三点成功做法与三点欠缺之处。

步骤 4：针对企业的三点成功做法，提出可以推广的范围及推广中需要注意的问题。针对企业的三点欠缺之处，分析产生原因及改进的措施。

步骤5：围绕"三点成功做法与三点欠缺之处"的相关观点，学生之间进行交流讨论，由教师课堂上汇总点评。

步骤6：在教师指导或学生讨论基础上，学生进一步归纳总结适合中国企业"走出去"的路径和做法。

国际市场营销技能训练

主题："一个以上国家"意味着什么？——小失误、大损失

步骤1：教师选择一个跨文化国际市场营销失败的典型案例，并为学生提供案例背景资料。

步骤2：教师将班级学生分组，5~7人一组。

步骤3：根据"国际市场营销的概念"内容，每个学生分析案例失败的跨文化原因。

步骤4：学生就失败原因进行小组交流和讨论，分析哪些跨文化因素是根本原因，为什么会出现决策失误，并对所提出的原因形成共识。

步骤5：小组讨论若在决策者母国，这一决策是否也会出现类似的失误，并分析其原因。

步骤6：小组讨论这一决策失误是否可以避免，以及如何才能避免。

步骤7：在课堂上，各小组阐述讨论结果，教师和学生共同评选出最具说服力的观点。

推荐读物

第二章

国际市场营销的理论基础

本章学习目标

- 熟悉比较优势理论和 H-O 理论
- 掌握垄断优势理论和内部化优势理论
- 学会应用折中理论的 OLI 分析范式
- 了解国际产品生命周期理论
- 理解和应用国际管理定位理论
- 理解和思考“自我参照准则”障碍

本章主要概念

绝对优势(absolute advantage) 比较优势(comparative advantage) H-O 理论(H-O theory) 垄断优势理论(monopolistic advantage theory) 内部化理论(internalization theory) 折中理论(eclectic theory) OLI 分析范式(ownership location internalization paradigm) 国际产品生命周期理论(international product cycle theory) 种族中心(ethnocentric) 多重中心(polycentric) 区域中心(regiccentric) 全球中心(geocentric) 国内市场延伸观念(domestic market extension concept) 国别市场观念(multi-domestic market concept) 全球营销观念(global marketing concept) 自我参照准则(self reference criterion)

开篇案例

一个世界,一个福特:昨天、今天、明天

昨天,亨利·福特制造出百分之百的美国产汽车;今天,福特实现全球化研发、制造和销售;面向明天,福特正在打造全球化产品。理论创新源自实践,立足中国实践探索国际市场营销的自主知识体系,既要站在经典理论之上,又要开阔无限的纵横视野研读现实演化。习近平总书记提出“当前,我国处于近代以来最好的发展时期,世界处于百年未有之大变局”。“一个世界,一个福特”浓缩的百年之变对现代中国企业有何启示?

一个世界，一个福特：
昨天、今天、明天

☆第一节 国际贸易理论

党的二十大报告提出："推动货物贸易优化升级，创新服务贸易发展机制，发展数字贸易，加快建设贸易强国。"中国正从贸易大国走向贸易强国，熟悉国际贸易理论有助于更好地理解国际贸易对全面建设社会主义现代化国家的重要作用，数字技术的广泛应用也为中国加快建设贸易强国提供了机遇。早在公元前 4 世纪，古希腊著名的学者色诺芬(公元前 440—前 355 年)在他的《经济论》中就谈到对外贸易对一国经济的影响。但现在人们普遍认为，国际贸易理论始于重商主义。① 在重商主义出现之前，所有的论述没有形成一套完整的理论，而且大多数只是涉及国际贸易。形成于 15 世纪末期的重商主义经历了早期和晚期两个阶段，这两个阶段的基本思想是一致的，区别在于两者对通过贸易顺差来获取金银货币的看法和主张不同。早期重商主义主张在国际贸易中尽量不买或少买；晚期重商主义主张将拥有的金银投入流通领域，强调在国际贸易中多卖。

一、比较优势理论

古典经济学产生于 17 世纪中叶的英国，并于 19 世纪流行于英、法等国。古典经济学中成熟的国际贸易理论，以亚当·斯密(Adam Smith)和大卫·李嘉图(David Ricardo)的绝对优势和比较优势理论为代表。亚当·斯密的绝对优势(absolute advantage)学说认为，国际贸易是社会分工的必然结果，分工的最大好处是降低生产成本，提高劳动生产率。由于存在国际分工也就产生了国际贸易，各国会集中生产具有自然条件优势的产品。大卫·李嘉图发展和修正了斯密的理论，他认为在国际贸易中起决定作用的是比较优势(comparative advantage)，而不是绝对优势。在所有阐明国家之间的差异如何导致贸易所得的区别的理论中，李嘉图理论是最为简单明了的一个。

世界观察：
亚当·斯密

李嘉图理论所阐述的贸易的利益性是绝对的，既不需要国家有"竞争实力"，也不要求"公平交换"。其理论明确了三点：第一，即使一个国家所有产业的劳动生产率都比它的贸易伙伴低，它也能从贸易中获利；第二，即使外来竞争的优势是建立在低工资的基础上的，一国也能从贸易中获利；第三，即使一个国家的出口产品所包含的劳动投入大于它的进口产品的劳动投入，贸易对它也是有益的。若将李嘉图两种产品的单一要素模型扩展到具有多种产品的世界市场范围，也不会改变这些结论。唯一的区别是，后者需要通过对劳动的相对需求来确定相对工资率，而

① LINDER P H. International Economics[M].8th ed. Homewood:Richard D. Irwin,Inc.,1986:15.

前者是通过对产品的相对需求来确定相对工资率。

世界观察：
大卫·李嘉图

李嘉图模型对于研究国际贸易产生的原因和国际贸易对各国福利的影响非常有用。但李嘉图理论也存在一些显而易见的问题。第一,李嘉图模型预测了极端的专业化分工,而这在现实世界中根本不可能存在;第二,李嘉图模型忽视了国际贸易对国内收入分配的影响,并据此认为国家作为一个整体是始终能够从国际贸易中获利的;第三,李嘉图模型忽略了各国资源的差异,这是国际贸易产生的一个重要原因,也是国际贸易体系中的一个重要方面;第四,李嘉图模型忽视了规模经济也可能是国际贸易的起因,这使他的理论无法解释明显相似的国家之间为何有大量的国际贸易往来。尽管李嘉图理论中的一些预测明显不切合实际,而且很少有经济学家认为李嘉图理论对世界贸易的起因和结果做了完全恰当的描述,但是其基本理论,即国家倾向于出口劳动生产率相对高的产品,已经被许多研究证实。一些学者使用第二次世界大战后初期的数据,对美国和英国两国的生产率和双边贸易进行研究,结论充分证明了李嘉图的基本观点:国际贸易靠的是比较优势而非绝对优势。但新近的理论证据却不是十分明确,部分原因在于世界贸易的增长以及由此带来的国家间的专业化生产意味着难以寻觅这些国家的弱项。

二、H-O 理论

19 世纪 70 年代,西方经济学出现了一次方法论上的变革,即“边际革命”,后来用边际分析方法解释李嘉图等人理论的经济学被称为“新古典经济学”。

由瑞典经济学家伊利·赫克歇尔(Eli Heckscher)和贝尔蒂·俄林(Bertil Ohlin)提出的,用各国之间的资源差异来解释国际贸易原因的学说,通常被称为 H-O 理论(H-O theory)。因为这一理论强调了不同生产要素在不同国家的资源中的比例,和它们在不同产品的生产投入中所占的比例这二者之间的相互作用,所以又被称为要素比例理论。H-O 理论是在比较优势理论的基础上发展起来的,克服了斯密和李嘉图模型中的某些局限性,提出生产产品需要不同的生产要素而不仅仅是劳动力,资本、土地以及其他生产要素也都在生产中发挥重要作用并影响劳动生产率和生产成本。

世界观察：
伊利·赫克歇尔

一个国家的某种资源相对于其他资源的供给比较大,就称这种资源为这个国家的充裕资源,该国将生产充裕资源密集型产品。这就是 H-O 理论的基本结论:各国倾向于出口其国内充裕资源密集型产品。俄林是这样阐述的:“出口那些需要多用本国充裕的生产要素而少用本国稀缺的生产要素的产品,用以交换其要素比例正好相反的产品。因此,间接地讲,充裕供给的要素用于出口,稀缺供给要素则进口。”①

世界观察：
贝尔蒂·俄林

为了理解资源在国际贸易中扮演的角色,可以假设一个用两种生产要素来生产两种产品的模型。这两种产品具有不同的要素密集程度,也就是说,对任一给定的工资-地租比率,其中一种产品的土地-劳动比率要高于另一种产品的土地-劳动比率。只要一国两种产品都生产,则这两种产品的相对价格和用以生产这两种产品的要素的相对价格之间就存在一一对应的关系。

① OHLIN B. Interregional and International Trade[M].Cambridge:Harvard University Press,1933.

劳动密集型产品的相对价格上升，将使收入分配急剧地向有利于劳动的方向转变：不管对哪种产品，劳动的实际工资都将上升，与此同时土地所有者的实际收入都会下降。一种生产要素的供给增加会扩张生产可能性，但却有强烈的偏向性：在商品相对价格不变的情况下，该要素密集型产品的产出会增加，而同时另一种产品的产出实际上会下降。

由于产品相对价格的变动对要素所有者的相对收入有很大的影响，而贸易导致了相对价格的改变，所以国际贸易有很强的收入分配效应。一个国家相对充裕资源的所有者会从贸易中获利，而稀缺资源的所有者则会遭受损失。在理想的模型中，国际贸易会导致两国要素（如劳动和资本）价格相等化。实际上，由于资源差异、贸易壁垒和技术差异的原因，完全的要素价格相等化是不存在的。

H-O 理论是国际经济学中最具影响力的理论之一，因此成为大量实证分析的课题。经济学家瓦西里·里昂惕夫（Wassily Leontief）发现美国出口产品的资本密集程度要低于其进口产品的资本密集程度。① 这一结论被称为里昂惕夫悖论。这是 H-O 理论与实际对立的一个最大的证据。但许多学者的研究证实 H-O 理论应用于南北贸易时比应用于整个国际贸易时更为有效。② 尽管实证研究的结果有反对 H-O 理论的，也有支持的，但大多数研究者并不相信单单资源差异就能解释世界贸易模式或世界要素价格。他们认为似乎有必要充分研究国际上实际存在的技术差异。但无论如何，H-O模型仍然相当有效，尤其是在分析贸易对收入分配的影响时。

世界观察：瓦西里·里昂惕夫

☆第二节　国际直接投资理论

国际直接投资理论是西方经济学中派生出来的一个重要分支。1960 年，海默（Stephen H. Hymer）的博士论文《国际经营：国际直接投资研究》③在理论上开创了以国际直接投资为研究对象的崭新研究领域。国际直接投资理论一直在试图解释跨国公司国际直接投资的动机、决定因素和条件。从微观和宏观的视角考察，国际直接投资理论可以分为两大体系。一是从微观角度出发，即从企业层面出发进行分析，主要包括垄断优势理论、内部化理论、折中理论等。这些理论存在三个共同点：理论假设前提是不完全市场；比较优势理论和资源禀赋理论是重要的理论基石；跨国公司具有对外扩张的优势。二是从宏观角度出发，即以国际贸易理论为基础的体系，主要有国际产品生命周期理论等，其重要假设之一是市场完全竞争。

世界观察：史蒂文·赫伯特·海默

一、垄断优势理论

垄断优势理论（monopolistic advantage theory）形成的基础有两个。一是传统的工业组织理

---

① LEONTIEF W. Domestic Production and Foreign Trade; The American Capital Position Re-Examined[J]. Proceedings of the American Philosophical Society, 1953, 97(4): 332-349.

② WOOD A. Give Heckscher and Ohlin a Chance! [J]. Weltwirtschaftliches Archiv, 1994, 130(1): 20-49.

③ HYMER S H. The International Operations of National Firms: A Study of Direct Foreign Investment[D]. Massachusetts Institute of Technology, 1960.

论。海默第一个将工业组织理论研究范围拓展到国际领域,将国际直接投资与有价证券投资区别开来。二是国际贸易与资本运动理论中的传统资源禀赋理论。海默创造性地将企业垄断优势(企业所有权优势)作为国际直接投资理论的核心,他用前卫的认识厘清了国际投资理论与国际贸易理论之间的混乱关系。

垄断优势理论设置的假设前提突破了新古典贸易理论有关生产要素的不可移动性、产品功能的同一性和自由竞争三个基本假设条件。金德尔伯格(Charles P. Kindleberger)指出,垄断优势理论的假设前提有两个:一是外国企业比本地企业具有一些优势;二是国际直接投资属于垄断性竞争理论的范畴。

市场不完全性和垄断优势是垄断优势理论的核心。在海默研究的基础上,金德尔伯格强调:"在一个产品和要素完全竞争的世界里,国际直接投资不可能存在。"①因为在这种情况下,没有企业拥有确保国际直接投资获利的优势。金德尔伯格认为,国际直接投资者反对共享权益或合资的主要原因,正是外国企业比本地企业具有这些垄断优势,而且外国企业不愿与本地企业分享专有知识。垄断优势的主要来源有以下几个方面。

第一,产品市场不完全性的优势。例如,产品差异、商标、营销网络、技术以及价格操纵等。

第二,生产要素市场不完全性的优势,包括专利、专有技术、资金实力、管理技能等。专利和专有技术可以使企业的产品区别于其他企业,因此可以使企业获得对价格和营销的控制能力。专利等知识优势可以限制竞争者的进入,维护企业的垄断地位。跨国公司一般拥有雄厚的资金实力,在资本市场上可以获得较低利率的贷款,或者优先得到贷款,在需要巨额资本的行业具有得天独厚的优势。

第三,内外部规模经济的优势。跨国公司通过水平的或垂直的一体化经营,可以取得本地企业所不能达到的生产规模,从而可以实现规模经济,并且对产品价格或原材料价格拥有一定的议价能力,可以通过提高产品价格或压低原材料价格获取更多的利润。跨国公司还可以运用国际专业化生产,避免本国或东道国市场对规模经济的制约,利用各国生产要素的差异,合理布置企业生产区位,实现企业内部与外部规模经济,增强企业竞争力。

第四,政府对进出口限制的优势。跨国公司在世界范围的生产布局,可以使其在实现水平的和垂直的一体化经营的同时有效地配置和调度资源。跨国公司通常运用的转移定价法就具有转移资金、减少税负、调节利润、降低风险、提高竞争力和避免东道国的价格控制等诸多功能。在应对母国和东道国的各种限制方面,跨国公司拥有本地企业无法比拟的优势。

垄断优势理论是阐释国际直接投资的重要理论,较好地解释了跨国公司对外直接投资的动机和条件。但是,这一理论也具有明显的局限性:其一,该理论只说明了企业对外直接投资的条件,而没有涉及投资区位;其二,垄断优势只是对外直接投资的必要条件,而非充分条件,该理论无法说明为何放弃出口方式而选择直接投资;其三,该理论是一种静态分析,缺乏动态分析,企业的优势是相对的,随着时间的推移而变化;其四,该理论是以资本或技术密集型行业的垄断企业为研究对象得出的结论,在时空上缺乏普遍性。

---

① KINDLEBERGER C P. American Business Abroad[M].New Haven:Yale University Press,1969:13.

世界观察：垄断优势理论的推论与历史事实

二、内部化理论

（一）内部化理论的假设与内部化的动机

1. 内部化理论的假设

内部化理论（internalization theory）以市场不完全性作为关键性假设，这里市场不完全性的含义并非仅指规模经济、寡占或关税壁垒等，而是指由于某些市场失效（market failure）、某些产品的特殊性质或垄断势力的存在，导致企业的市场交易成本增加。具体地讲，内部化理论是建立在三个假设条件之上的：① 企业追求利润最大化是在一个不完全市场里；② 当企业置身于不完全市场时，企业具有创造市场内部化以便回避这种市场的动力，企业内部化方式包括控制股权以及市场连接的活动；③ 跨越国界的市场内部化产生了跨国公司。[①]

2. 内部化的动机

内部化理论认为，第二次世界大战后，科技的进步使现代企业经营活动的内容与范围发生变化，企业日益重视研究与发展、销售、劳动力培训与金融资产管理等。所有这些经营活动都相互依赖，中间产品的流动是连接这些活动的纽带，其中知识产品的流动对企业的经营具有决定意义。企业协调其经营活动需要一整套中间产品市场，但某些中间产品市场，特别是知识产品市场是不完全的。这使得企业不能利用外部市场来有效地协调其经营活动。因此，企业必须对外部市场不完全性实行内部化。内部化就是建立企业内部市场，利用企业管理手段来协调企业内部资源配置与产品交换，避免外部市场不完全性对企业经营的影响。由于市场内部化把不同的经营活动置于统一的所有权之下，因而减少了市场交易成本，从而可以提高企业的经营效率和利润。

巴克利和卡森（Peter J. Buckley and Mark O. Casson）认为，影响企业交易成本的因素主要有四种：一是产业特定因素，包括产品性质、外部市场结构、规模经济等；二是地区特定因素，包括与市场相联系的地区地理、社会心理、文化环境等所带来的交易成本变化；三是国家特定因素，包括国家相关的政治制度、法律制度和财政金融政策等；四是企业特定因素，包括企业的组织结构、管理经验、控制和协调能力等。这四种要素是内部化决策的关键性变量，其中，产业特定因素最为重要。他们认为这些因素尤其适合阐释中间产品市场内部化和知识产品市场内部化的内在原因。

企业对不完全市场实行内部化的动机与企业产品的性质及相应的市场结构有关。按照内部化理论的观点，由于知识产品的特殊性质和市场结构以及知识产品在现代企业经营中的重要地位，知识产品市场内部化的动机最强。这一切是由知识产品及其交易的特点直接决定的。这里的特点包括以下几方面。

（1）知识产品形成的成本较高。在技术的研究与开发过程中，企业要投入大量的人力和财力，与此同时，知识产品的形成需要较长的时间，有的长达几十年。但是，由于研究与开发结果的不确定性，知识产品的成果无法得到保证，并且在外部市场的一次性转让的收入通常难以弥补全部成本费用。

---

① BUCKLEY P J，CASSON M. The Future of the Multinational Enterprise[M]. New York：Holmes and Melers，1976：33.

(2) 知识产品在一定时期内具有自然垄断的性质。如果知识产品在外部市场进行转让,那么必定会扶持企业的竞争对手,并削弱企业自身竞争力,而实行差别性定价相比发放许可证更能有效地利用知识产品的垄断优势,获得更大的收益。

(3) 知识产品交易定价难度较大。由于市场的不完全性,尤其是知识产品市场的不完全性,知识产品的价格往往难以确定。知识产品的唯一性以及它的效益只有在投入生产过程以后才能确定,这造成了买方的不确定性。外部市场难以协调交易价格,交易风险增加,只能通过市场内部化来解决。

(4) 知识产品具有共享性的特点,而且交易中只涉及使用权的转让,这就使得交易双方都无法保证对方不再向第三者重新销售。知识产品通过市场交易有泄密风险,这也是一种交易成本。

由于这些原因,企业必须对知识产品实行内部交易,即控制在公司内部使用。对于其他一些行业或产品,如制造业中资本密集的中间产品、受自然条件影响较大的农产品以及地理分布集中的矿物原料产品等,企业也具有实行内部化经营的愿望与动机。

(二) 内部化的收益与成本

内部化程度取决于企业对内部化的收益与成本的比较。内部化理论认为:市场内部化是指在市场失效时,跨国公司为保障其自身利益,将交易改在企业所属各单位之间进行,形成一个内部市场的情况。跨国公司进行国际直接投资并不一定需要拥有独特的垄断优势,只需要创造出比外部市场更有效的行政结构或内部市场。巴克利和卡森将跨国公司视为多工厂企业的一个特例,进一步推进了国际直接投资理论的研究。内部化的目的是获得内部化本身的收益,但内部化也会增加企业的成本。为此,他们提出了合理的假设:只要边际利润大于边际成本,企业就有市场内部化的动力。后来,巴克利在探索内部化理论检验问题时,重申了这一理论的两个公理:其一,企业应选择经营成本最低的地点;其二,企业内部化应增长到边际成本等于边际利润的那一点。①

1. 内部化的收益

内部化的收益来自克服下述市场不完全性所带来的经济收益。第一,当相互独立的活动是由存在明显时间滞后的市场所连接,并且市场难以实现协调时,以市场为纽带的各种经营活动会产生时滞,使得某些产品的期货市场难以组织,由此企业会缺乏适当的价格信号来协调其短期生产经营活动和长期投资计划。此时,通过创造内部市场,企业可以把相互依赖的经营活动置于统一的控制之下,从而可以协调不同生产阶段的长期供需关系,产生经济效益。第二,当利用市场力量控制中间品价格失效,在外部市场无法兑现其价格差异时,企业通过前向和后向投资或合并建立内部市场,可以实行在外部市场无法实现的差别价格,以充分利用在中间品市场的势力,增加总利润。第三,当双方的市场力量导致谈判势力的不确定或不稳定时,若市场存在双边垄断,则交易条件不稳定,讨价还价会增加合同成本和交易时间,给企业经营活动带来更多的不确定性。消除或弱化这些不确定性将给企业带来经济效益。第四,当买卖双方有关产品的价值或性质等知识方面信息不对称时,往往会影响交易价格和延长交易时间,而通过市场内部

① BUCKLEY P J. The limits of Explanation:Testing the Internationalization Theory of the Multinational Enterprise[J].Journal of International Business Studies,1988,19(2):181-193.

化可以消除市场的不完全性，产生经济效益。第五，当政府进行诸如从价关税、资本流动限制等干预时，由于在外部市场上，价格是公开的，企业很难躲避各国政府的干预。而内部化后，企业可以运用转移定价避开政府的干预，获得诸如转移资金、减少税费等收益。

2. 内部化的成本

内部化的成本主要包括四项。第一，资源成本。内部化把一个完整的市场分割成若干独立的内部市场。这些内部市场对企业取得最优规模经济起着限制作用，企业被迫在低于最优规模的水平上经营，造成资源浪费。第二，通信联络成本。由于与其他企业共用同一个通信联络系统存在泄密风险，因此每个企业都必须建立独立的信息系统，其结果会引起通信联络以及管理费用大幅增加。而且其生产地点分布在世界各地加上语言、社会经济环境的差异，这些地理距离与心理距离也会增加这方面的成本。第三，国际风险成本。企业在东道国的国际直接投资和生产经营活动有可能对当地市场产生一定程度的垄断和对当地企业的生产经营活动产生负面影响，因此往往会引起东道国政府的干预。东道国政府可能使用歧视性政策、对外资股权份额加以限制、实行国有化等手段，这样一来，企业在东道国的生产经营活动风险必然增加，成本也会相应提高。第四，管理费用。内部化以后，企业内部可能缺乏有效的激励竞争机制，由此企业必须在监督管理方面投入更多的人力和物力，导致管理费用增加。

（三）简评

内部化理论是西方学者跨国公司理论研究的一个重要转折。海默等人从不完全市场结构来研究发达国家企业海外扩张的动机和决定因素，而内部化理论则转向研究各国企业之间的产品交换形式和企业国际分工与生产的组织形式。在内部化理论中，跨国公司正是企业国际分工的组织形式，因此，解释了跨国公司的性质与起源，国际直接投资也就容易加以说明了。内部化理论的本质是明确了世界范围市场的不完全性严重制约了国际直接投资和国际贸易的运行效率，跨国公司国际内部化就是以高效率的行政结构替代被扭曲的低效率的市场结构。

内部化理论与其他国际直接投资理论相比，具有较高的适用性，既可以用来解释发达国家的国际直接投资行为，也可以阐释发展中国家的国际直接投资行为。但是，该理论依然存在一定的局限性。例如，该理论无法科学解释国际直接投资的区位分布，跨国公司的垄断行为也未被纳入分析体系等等。

三、折中理论

（一）折中理论产生的背景

2.1 折中理论【登录“爱课程网”搜索“国际市场营销（崔新健）”观看视频】

邓宁（J. H. Dunning）于 1977 年在《贸易、经济活动的区位与多国企业：折中理论探索》一文中，首次提出其独特的国际直接投资理论——折中理论（eclectic theory）。折中理论的基础是垄断优势理论、内部化理论和区位理论。邓宁尝试将已有的各种国际直接投资理论相互补充、融合，纳入一个统一的分析框架。他将折中理论定义为一个可应用于国际贸易和国际生产的系统的企业所有权优势理论。他认为，折中理论的形成基于以下两方面的原因。

1. 第二次世界大战后国际直接投资格局发生了重大变化

第二次世界大战后，国际直接投资的实践使得建立一套新的具有普遍意义的国际直接投资理论变得十分迫切。长期以来,国际直接投资领域一直以美国跨国公司为主,投资主要集中于制造业,资本大部分流向加拿大和拉丁美洲国家,国外子公司以独资形式为主。20 世纪 60 年代之后,国际直接投资这种单一的格局发生了重大变化:① 国际直接投资主体呈现多样化发展趋势,西欧各国和日本成为国际直接投资的重要力量,发展中国家国际直接投资也在兴起;② 国际直接投资的行业趋于分散化,除制造业以外,资源开发业、服务业及其他行业的国际直接投资都有较快的增长;③ 国际直接投资的资本流向复杂化,既有传统的发达国家对发展中国家的垂直投资,也有发达国家之间的水平投资,还有发展中国家对发达国家的逆向投资;④ 国际直接投资中独资以外的少数股权安排或非股权安排的形式在不断增加。国际直接投资格局的重大变化产生了修正国际直接投资理论的需要。

2. 缺乏具有普遍意义的国际直接投资理论

这是折中理论形成的直接动因。20 世纪 60 年代之前,国际直接投资理论主要是应用国际贸易理论和尚不完善的国际资本运动理论。60 年代之后,这两种理论面临极大的挑战,国际直接投资理论在此情形下诞生,并呈现多种发展方向:① 根据工业组织理论,研究国际直接投资中的垄断优势,如海默的垄断优势理论;② 采用动态分析方法,将国际直接投资与国际贸易结合起来进行研究,如国际产品生命周期理论;③ 根据生产区位理论研究国际直接投资区位决策的内在原因,如区位理论;④ 根据产权理论,强调市场不完全性对国际直接投资行为的影响,如内部化理论。邓宁认为,这些理论各有所长,但对国际直接投资都只是做了部分解释,缺乏一个一般性的理论,他正是在综合了这些理论的基础上提出了折中理论。

(二)折中理论的核心:OLI 分析范式

折中理论的基本假设是企业要进行国际直接投资必须满足三个条件:第一,在当地市场,企业比竞争对手拥有所有权优势;第二,企业控制这些优势比以出租或许可证方式转给当地企业获利更大;第三,企业将这些优势至少与某些投入要素(包括自然要素)联系在一起是可行的,否则完全可以采用出口方式。这三个基本条件可简单地概括为企业优势、区位优势和内部化优势。这一分析模式就是著名的 OLI(ownership-location-internalization)分析范式。

1. 企业优势

企业优势是指一国企业拥有或能够获得的、东道国企业所不具备或无法获得的资产及其所有权。这里"资产"一词含义较广泛,指任何能够带来未来收益的东西。企业优势可分为三类:

(1) 在同一区位内,企业拥有的相对外国企业的优势。这些优势来自对有形资产和无形资产的占有。有形资产包括规模经济、多样化经营以及对产品市场和原材料市场的垄断;无形资产包括技术专利权、商标和管理技能等。无形资产的流动性使其在任何地方都可以使用,因此,拥有无形资产对国际直接投资而言极为重要。

(2) 企业分支机构在生产管理上的集中所形成的优势。

(3) 企业由于多国经营所形成的优势。

2. 区位优势

区位优势是指企业在投资区位方面所具有的优势,主要体现在不同国家或地区的劳动力、能源、原材料等生产要素具有不同的价格结构和质量差异。区位优势取决于:要素投入和市场的地理分布状况、各国的生产要素成本和质量、运输成本与通信成本、基础设施、政府干预与调节措施的范围和程度、各国的金融状况和金融制度、国外市场与国内市场类型的差异程度,以及由于经济条件不同形成的国内市场与国外市场的物质和经济距离，或由于历史、文化、语言、风俗、偏好、商业惯例等形成的心理距离等。企业进行国际直接投资要受这些因素的影响，只有当某国区位优势较大时，企业才可能进行国际直接投资。

区位优势是一个相对的概念。区位优势分为直接区位优势和间接区位优势，前者是指东道国的某些有利因素所形成的区位优势，后者是指由于投资国的某些不利因素而形成的区位优势。这两种区位优势都可以形成企业国际直接投资的区位优势。区位优势的大小决定了企业是否进行国际直接投资以及投资区位的选择，还决定了国际直接投资的类型和部门结构。

3. 内部化优势

内部化优势是指企业将所拥有的所有权优势在内部使用而带来的优势。由于某些产品或技术通过市场转移时会提高交易成本，因此企业可以通过国际直接投资将不完全市场内部化，从而减少交易成本。企业进行国际直接投资不仅取决于其所拥有的各种所有权优势，而且取决于企业将各种所有权优势加以内部化的意愿和能力。邓宁认为，企业将其所拥有的各种所有权优势内部化的动机在于，避免外部市场的不完全性所产生的不利影响，实现资源的最优配置，继续保持和充分利用其所有权优势的垄断地位。企业对所有权的利用途径一般有两条：① 将其所拥有的资产或资产的使用权出售给其他企业，也就是将资产的使用外部化；② 由企业自己使用这些资产，也就是将资产使用内部化。邓宁强调内部化对企业国际生产具有重要意义，企业的国际竞争力不是来自对技术的占有，也不是来自传统的垄断优势，而是来自技术优势的内部化。

4. 三类优势与国际直接投资

邓宁认为，这三类优势都不能单独用来解释国际直接投资，企业只有同时具备这三类优势才可能进行国际直接投资。换言之，企业优势是国际直接投资的必要条件，而非充要条件。若外国区位优势缺乏吸引力，企业可以选择出口方式。若外国区位优势缺乏吸引力，而且企业无须保持内部化优势，那么企业就可以选择许可证方式进行跨国经营而不是国际直接投资。这三类优势是相互关联、紧密联系的，在国际直接投资决策中发挥着各自的作用（见表 2-1）。

表 2-1 三类优势与跨国经营决策的关系

	企业优势（O）	区位优势（L）	内部化优势（I）
国际直接投资	有	有	有
出口贸易	有	无	有
许可证协议	有	无	无

资料来源：DUNNING J H. International Production and the Multinational Enterprise[M].London：George Allen and Unwin，1981.

（三）简评

折中理论是被广泛接受的国际直接投资理论。以 OLI 分析范式为核心的折中理论可以简单概括为：跨国公司的国际生产由企业优势、区位优势和内部化优势这三组变量决定。这三组变量的不同组合决定了跨国公司在国际直接投资、出口贸易与许可证协议之间的选择。同时这三组变量的结合又决定了各国跨国公司国际生产的类型、行业及地理分布。邓宁的理论在内容上虽然没有多少新颖之处，但它的贡献在于综合吸收其他理论关于国际直接投资决定因素的分析，从中归纳出三组变量，并利用这些变量解释国际直接投资所应具有的各种条件。需要指出的是，邓宁的理论并非是对其他理论分析变量的简单归纳，而是将它们系统地联系起来，从跨国公司国际生产这个高度，讨论这些变量对于国际直接投资的作用。

客观地讲，折中理论是至今为止国际直接投资理论中最具影响力、适用范围最广的理论，代表了国际直接投资理论发展趋势。但是，这一理论还存在一些有待解决的问题，这使其适用范围存在一定的局限性。正如西方学者所指出的，折中理论对于三类优势的相互关系及其随时间的变化的阐述有所欠缺，三类优势之间还存在逻辑上的重叠。并且这一理论更适用于阐释发达国家企业的国际直接投资行为，但对于解释发展中国家企业的国际直接投资行为却缺乏说服力。

四、国际产品生命周期理论

弗农（Raymond Vernon）于 1966 年 5 月在《经济学季刊》发表了《产品周期中的国际投资和国际贸易》一文。由于他认为美国企业的国际直接投资活动与产品生命周期相关，因此他对美国企业第二次世界大战后国际直接投资的解释便被称为国际直接投资的产品生命周期理论，一般简称为国际产品生命周期理论。

世界观察：雷蒙德·弗农

（一）国际产品生命周期理论的形成

国际产品生命周期理论（international product cycle theory）的假设条件是：① 消费者偏好与收入相关；② 企业之间以及企业与市场之间的沟通和协调费用随地理距离的增大而增加；③ 产品生产技术和营销活动的变化存在一定的规律性；④ 国际技术转让市场具有不完全性。

弗农认为，垄断优势理论没有完全说明企业需要通过国际直接投资去占领海外市场而不是通过出口贸易和许可证协议的根本原因，而国际产品生命周期理论则可以解释发达国家从出口贸易、许可证协议到国际直接投资的发展过程。企业的国际直接投资是企业在产品生命周期运动中，由于生产条件和竞争条件变动而做出的决策。国际产品生命周期可分为三个阶段：产品创新阶段、产品成熟阶段及产品标准化阶段（见图 2-1）。

1. 产品创新阶段

企业产品创新的方向受到最能促进创新的市场条件的影响。在市场经济中，任何产品的初始创新方向都会受到市场消费者需求的引导，而消费者需求偏好和其对产品的选择会随着收入的高低而变化。弗农的研究是从他所在的美国市场开始的。他认为，由于美国的人均收入高、市场容量大、开发与研究资金多，所以在开发新产品和采用新技术方面居于优势地位。这一阶段，美国企业的生产一般都集中在国内，主要原因是：① 这时产品尚未标准化，产品需要不断改进设计以适应消费者的要求与偏好；② 产品所需的生产要素投入和加工工艺及规格的变化很大，企业需要同材料供应厂家，甚至同竞争者保持迅速和有效的联系，以便迅速了解市场动态，距离市场越近，通信成本也就越低；③ 此时企业的产品与其他产品的差别程度较高，产品特异性强，存在着某种程度的产品垄断，新产品的需求价格弹性很低，生产成本对企业生产区位选择的影响不大，企业主要利用产品差别等手段竞争，或力图通过垄断技术与产品生产来占领市场；④ 对于其他发达国家如西欧国家，由于经济结构与消费结构大致相同，对新产品也有需求，美国企业可通过出口来满足国外市场的需求。这些原因导致这一阶段的产品生产集中在国内进行。

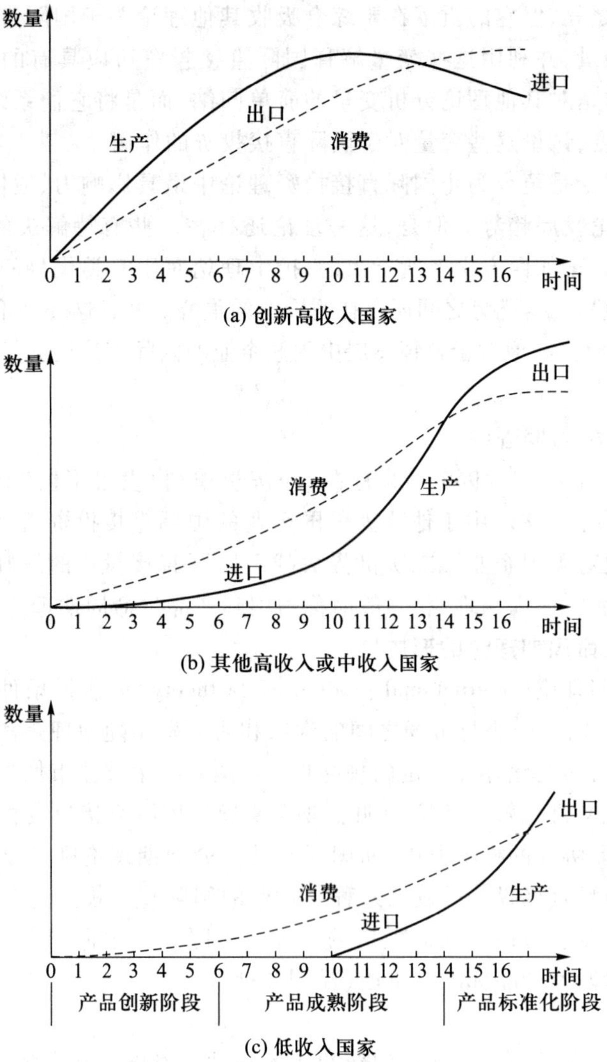

图 2-1 国际产品生命周期理论①

2. 产品成熟阶段

这一阶段的主要特点有以下几点。

(1) 随着国内外需求的增加，产品样式开始稳定，产品逐渐标准化。产品与技术的稳定使企业愿意进行长期投资，扩大生产规模，进行大批量生产，以降低产品价格，扩大市场，取得规模经济效益。

(2) 消费者对价格的敏感度增加，产品的需求弹性增加。同时，由于新产品的种类和样式日益增多，产品的交叉需求弹性也增加了。企业这时必须重视价格因素在竞争中的作用。随着

① VERNON R. International Investment and International Trade in the Product Cycle[J]. The Quarterly Journal of Economics, 1966, 80(2): 190-207.

新产品和新技术的稳定，仿制品出现并且不断增多，生产新产品的企业，其技术垄断地位及寡占市场结构被破坏，价格竞争占据主导地位，生产成本成为企业考虑的首要因素。

(3) 国内市场趋于饱和，加上需要降低成本和追求规模经济，迫使企业日益重视国外市场，考虑国际直接投资。20世纪50年代末，西欧国家经济迅速恢复，市场扩大，因此美国企业可在西欧国家进行大规模生产，同时西欧国家的劳动力成本也低于美国，因此在这些国家投资生产可降低成本。

(4) 由于产品出口量急剧增加，生产企业拥有的垄断技术也逐渐扩散到国外竞争者手中，西欧国家企业的实力增强，可以仿制美国企业的产品来排挤美国产品，运输成本及西欧国家的关税壁垒也使美国企业处于不利的竞争地位。这些因素导致美国企业对西欧国家进行直接投资，以弥补出口减少带来的损失，预先防止西欧国家企业的潜在竞争。

3. 产品标准化阶段

此时，产品的生产技术、规模及样式等都已完全标准化。企业的寡占优势已不复存在。企业之间的竞争基础是价格与成本。这时企业最关心的是寻找成本低的区位。于是劳动力成本低的发展中国家便成为跨国公司的最佳生产区位选择。弗农认为，那些生产过程需要大量劳动投入、对外部条件依赖较小、产品需求弹性高的标准化产品最有可能转移到发展中国家生产。在发展中国家生产的这些产品或是运往国内供应国内市场，或是销往其他国家。

概括地讲，该理论认为许多产品都经历了周期循环。在这一周期循环中，高收入、高消费国家从初始的出口国，发展到逐渐失去其国际市场，最终成为这种产品的进口国。与此同时，其他一些中收入的国家从进口国转变为出口国。再后来，低收入国家也从这种产品的进口国转变成出口国。以弗农的研究为例，美国推出新产品后，出口增加，而当西欧各国开始以较大规模生产这种产品时，美国的出口高峰就开始下降，到西欧各国产品开始出口时，美国的出口已下降到接近零，并随后开始进口。当西欧各国上升到出口高峰时，美国可能正向生产的低谷下落，但是，当发展中国家从开始生产这种产品转向大规模向欧美出口时，西欧各国也会从出口高峰转为下降，并步美国的后尘，逐渐向生产的低谷下滑。与此同时，发展中国家则开始向出口高峰上升(见图2-1)。

弗农的理论解释了第二次世界大战后美国企业在西欧大量投资的动机、原因和特征，并对国际直接投资理论的发展产生了重大影响，为当时的跨国公司理论增添了动态分析或时间因素。与垄断优势理论的创始人海默等不同，他将企业的技术优势及垄断视为伴随产品生命周期的动态变化过程，分析了技术优势变化对企业国际直接投资的影响。在分析方法上，他把美国宏观经济结构的特征与美国企业创新方向联系起来，说明了美国企业技术优势的特征及在海外生产的动机与区位分布格局。他还力图将贸易理论与国际直接投资理论统一起来。

(二) 国际产品生命周期理论的发展

到20世纪70年代，弗农本人也承认，国际产品生命周期理论已不能作为一个完整的理论来解释以美国为基地的跨国公司的行为了。在国际分工越来越细的条件下，同一产品的不同零部件，甚至不同工序之间的分工，都已成为推动国际直接投资的重要因素，国际产品生命周期理论更难以解释这种国际直接投资行为。为此，弗农修正了这一理论，引入国际寡占行为来解释跨国公司的投资行为，将国际产品生命周期重新划分为以创新为基础的寡占阶段、成熟的寡占阶段和老化的寡占阶段。在各个阶段中，跨国公司根据不同类型的进入壁垒来建立和维持自己的垄断地位。不同的进入壁垒对跨国公司在国内和国外的生产区位的选择具有重要的意义。

1. 以创新为基础的寡占阶段

在这一阶段,美国跨国公司的产品创新仍然首先以国内作为生产基地,以便及时协调研制、生产和营销活动,并受到国内生产要素禀赋状况的影响。当然,跨国公司也可能针对国外市场研制新产品。为了维护垄断优势,跨国公司投入大量的资金和技术力量,以扩大现有产品的差异,加强对新产品和技术的垄断。由于各国资源禀赋不同,例如美国企业在满足高收入阶层的需求、节约劳动力的产品创新方面拥有比较优势;欧洲企业在节约土地和原材料的产品创新方面拥有比较优势;日本企业在节约原材料的产品方面拥有比较优势。当新产品技术扩散,产品和工艺标准化以及国外竞争者出现时,跨国公司就会将生产移往国外,维持和延续以创新为基础的优势。但由于各国的经济发展程度不同,各国跨国公司的技术水平和生产成本不同,所以国际直接投资的区位选择也不同。西欧和日本公司一般不会到美国投资生产需要较多劳动成本的新产品,而美国则可能将这类产品生产迁往西欧和日本。

2. 成熟的寡占阶段

在这一阶段,跨国公司以创新为基础的优势消失,但跨国公司会利用生产、营销与研制的规模经济来替代创新优势,阻止竞争者进入,以规模经济构筑寡占优势的基础。各国跨国公司主要采取相互牵制战略或盯住战略来维持各自的市场份额与地位。前者是指跨国公司各自到对方的主要市场上投资经营,以此避免竞争对手在自己的市场削价竞争;后者是指寡占反应理论中的防御性投资。两种战略均旨在稳定寡头成员在世界市场上的份额。

3. 老化的寡占阶段

到了这一阶段,跨国公司以规模经济为基础的垄断优势也已经消失。为了赢得竞争,跨国公司一般通过组成卡特尔、依靠商标和广告宣传等建立新的进入障碍,以阻止竞争者进入。当大量竞争者不断涌入,成本竞争和价格竞争的压力将越来越明显,一些生产成本高的企业不得不退出该产品的生产。这时,影响国际直接投资区位选择的主要因素是生产成本,而市场距离和寡占反应则变成了次要因素。

第三节　国际市场营销理论

2.2 管理定位理论【登录“爱课程网”搜索“国际市场营销(崔新健)”观看视频】

一、国际管理定位理论

(一) EPRG 框架

管理定位通常是一种关于世界环境属性的无意识或有意识的假设或信念。一个企业对全球市场机会作出反应的形式和内容很大程度上取决于企业决策者对世界环境的假设或信念,即决策者的管理定位。霍华德·玻尔马特(Howard Perlmutter)认为①,国际企业管理决策者用于指导其工作的定位有种族中心(ethnocentric)、多重中心(polycentric)、区域中心(regiccentric)和全球中心(geocentric)四种,这四种定位共同构成一个框架,被称为 EPRG 框架(见图 2-2),即国际管理定位理论。

① PERLMUTTER H V. The Torturous Evolution of Multinational Corporations[J]. The Columbia Journal of World Business, 1969,4(1):9-18.

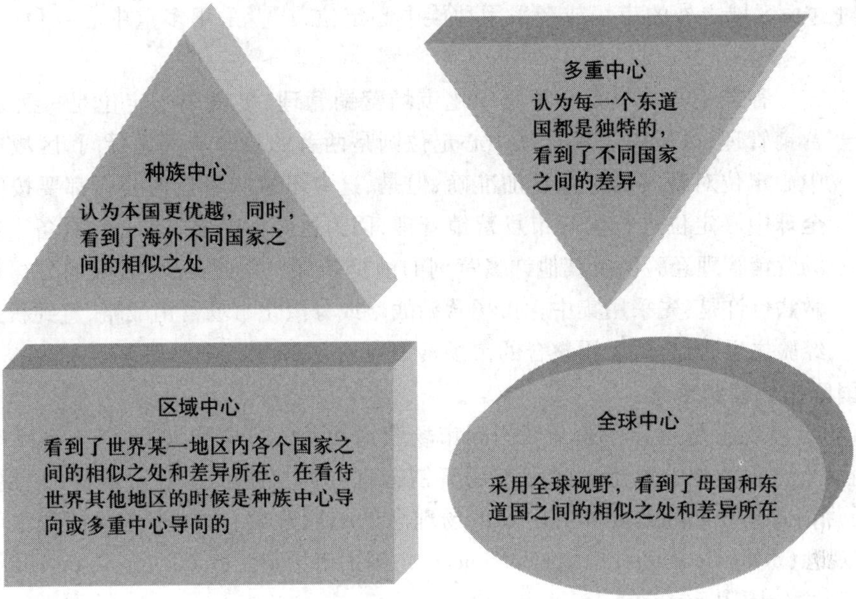

图 2-2　EPRG 框架

1. 种族中心

种族中心定位的前提假设或信念是本国最优越,因此定位者主要关注市场的共性。因为本国最优越,所以在本国获得成功的产品及营销计划在世界各地都普遍适用。在这类公司里,海外业务只是被视为国内业务之下的二类业务,是处理国内富余产品的一种途径。对海外市场的开拓由国内人员按照与国内完全相同的策略和方式进行,根本没有指导海外业务的系统的市场营销调研;没有对产品进行适应性改造;没有真正关注海外市场消费者的需求。

世界观察：拍立得公司在法国的惨败

2. 多重中心

多重中心与种族中心观念正好相反。它的观念是每个国家之间都存在差异,每个国家都是独一无二的。由于各国文化、经济和市场条件都存在巨大差异,所以引入在其他国家采用的产品、策略或计划都是不会获得成功的。要想在各个国家获得成功就必须适应每个国家的特点。以此观念定位,公司会在海外市场建立子公司,而且每个子公司相互独立地制定自己的市场营销目标和计划,独立地开展业务。市场营销以国家为单位来组织,在各个国家执行不同的市场营销策略。

3. 区域中心与全球中心

区域中心和全球中心的前提假设是各个国家之间实际存在的相似性和差异性与想象的不同。现实中各个国家之间的相似性和差异性是可以鉴别的,并且在此基础上可以形成一个整合的区域或全球市场营销战略。奉行区域中心与全球中心的公司将整个区域或全球视为一个市场,寻求发展整合的区域或全球市场战略。全球中心定位是种族中心与多重中心的综合,它以一种世界眼光审视各个国家及其市场的相似性与差异性,寻求能够完全适合各个市场需求的全球战略。区域中心是将全球中心限定在区域范围内的一种定位,也就是说,以全球中心对待某一区域，而对这一区域之外的市场或者采用种族中心定位，或者采用多重中心定位，或者两者兼而有之。

世界观察：华为全球一体化管理系统

种族中心定位是一种集中化市场营销管理，多重中心定位是一种分散化市场营销管理，区域中心和全球中心定位则是两者的整合。毫无疑问，区域中心和全球中心定位对现实的把握更加准确，但是，这并不意味着任何公司都要按区域中心和全球中心定位进行国际市场营销管理，因为这两种定位要求必须具备丰富的国际市场营销管理经验以及其他许多苛刻的前提条件。因此，经验有限的公司最为明智的做法也许是：先采用集中化市场营销战略或分散化市场营销战略，直到积累了足够的经验之后，再尝试运用整合的市场营销规划。

（二）国际市场营销观念

国际市场营销观念是指导企业开展国际市场营销活动的方向和理念，其内容反映了企业国际市场营销演变过程的相关思想。国际市场营销管理导向决定了企业营销活动的复杂性。根据国际市场营销管理导向的差异和对国际市场理念的不同理解，国际市场营销观念可概括为国内市场延伸观念（domestic market extension concept）、国别市场观念（multi-domestic market concept）和全球营销观念（global marketing concept）三种。

1. 国内市场延伸观念

这一观念是指企业力图把面向国内市场生产的产品销售到国外市场去。将国际市场营销看作国内市场营销的延伸，其主要动机是解决生产能力过剩问题。在这种观念下，企业优先考虑国内市场，国外市场处于一种附属或补充的地位。其对国际市场营销的观点是如果产品在母国市场畅销，就一定会在其他国家或地区畅销。企业试图寻找与国内市场需求相似的市场，很少针对国外市场调整市场营销策略组合，企业的导向就是用与国内市场营销同样的方式将产品销售给国外客户，这种市场延伸策略可能带来很多利润。出口型企业基本都是这样的做法，这种做法即使在国际市场营销中投入大量的资源，也属于国内市场延伸观念。这一观念是以 EPRG 框架中的种族中心定位为基础的。

2. 国别市场观念

这一观念是指企业高度意识到各国市场之间的差异性，认为需要对每一个国家制定几乎独立的市场营销策略组合，才有可能取得销售成功。以此为导向的企业是以国别为基础进行销售，各国子公司会独立制订营销计划和目标，对于每一个国家，分别采取不同的市场营销策略组合。这一观念认为为适应各个国家市场的特殊性就需要进行本土化营销，强调适应每一个国家市场，而不考虑或极少考虑各个国家市场之间的协调问题。这一观念是以 EPRG 框架中的多重中心定位为基础的。

3. 全球营销观念

这一观念是指企业将整个世界视为一个市场，以此来制定全球营销策略，尽可能在全球范围做到标准化，确定的市场营销策略组合一部分在全球范围内可普遍适用，而另外一部分则需根据本地化要求进行修正。全球营销观念的重要前提是世界市场趋同，消费者以近乎相同的方式满足其需求和欲望，因而在世界范围存在对同一产品具有相似需求的细分市场。全球营销观念的本质是寻求市场共性，实行跨区域或跨国家的标准。

以全球营销观念为指导的企业进行的市场营销活动是全球营销，所选择的目标市场范围涵盖整个世界。企业开发具有可靠质量的标准化产品,以适中的价格销往全球市场,并追求规模效益。一般而言,只要市场营销策略组合在文化上可行,就寻求标准化;一旦不同国家、不同文化的独特性要求调整,则进行相应的修正。这一观念是以 EPRG 框架中的区域中心或全球中心定位为基础的。

(三)国际管理定位、国际市场营销观念及国际市场营销阶段的关系

尽管世界并没有成为一个大同市场,然而,确实有证据表明存在跨越国界、价值观、需求和行为方式的相似的消费者群体(细分市场),因此全球营销观念是一个非常适应经济全球化背景的经营导向。企业可以将经营范围内的所有国家市场(包括母国市场)看成一个可以进入的全球市场,只要成本合理、文化上可行,就采用标准化营销组合。然而,全球市场复杂多变,不能采用绝对一成不变的指导思想。事实上,企业的营销观念大多数为三种观念的复合。

国际管理定位、国际市场营销观念及国际市场营销阶段之间存在着内在的联系(见图 2-3)。国际管理定位的 EPRG 框架奠定了国际市场营销观念的基础,反映了其决策者的内在思想如何演变为指导观念;国际市场营销观念决定了决策者对于国际市场营销的态度和做法,换言之,决定了决策者对于国际市场营销阶段的选择;当然,一个企业所处的国际市场营销阶段并非是决策者所能够完全选择的,因此,反过来看,企业处于不同的国际市场营销阶段,则需要不同的国际市场营销观念及与其相适应的国际管理定位。

国际管理定位(EPRG框架)	国际市场营销观念	国际市场营销阶段
种族中心	国内市场延伸观念	非直接对外营销阶段 非经常性对外营销阶段
		经常性对外营销阶段
多重中心	国别市场观念	
		国际营销阶段
区域中心/全球中心	全球营销观念	全球营销阶段

图 2-3　国际管理定位、国际市场营销观念及国际市场营销阶段的关系

随着经济全球化的发展和中国对外开放的深化,越来越多的中国企业开始"走出去",进行国际市场营销,开拓国际市场。企业所处国际市场营销阶段不同,参与国际市场的程度和投入不同,对于国外业务会有不同的定位和观念,并且这种定位和观念会随着企业从一个阶段演变到另一个阶段而发生变化。一般来说,从非直接对外营销阶段、非经常性对外营销阶段、经常性对外营销阶段、国际营销阶段到全球营销阶段,随着国际市场营销活动的复杂性不断增加,管理者走向国际化的决心不断增强,对国际市场营销的定位和观念也会发生根本性改变。

2.3 自我参照准则【登录"爱课程网"搜索"国际市场营销(崔新健)"观看视频】

二、"自我参照准则"障碍

(一)"自我参照准则"及其影响

国际市场营销成功的关键在于适应不同国家文化环境之间的差异。为了达到适应的目的,国际市场营销者应有意识地探究和预测国内外不可控环境因素对

市场营销策略组合的影响，据此调整市场营销策略组合以使其适合相应的文化环境。在认识和判断不同国家文化环境的过程中，国际市场营销者面临一系列的问题或障碍，“自我参照准则”是影响国际市场营销成功的障碍之一。

自我参照准则（self reference criterion，SRC）是指个人按照在本国文化环境中所养成的思维方式和行为准则，无意识地参照自己的文化价值观、经验和知识，未加改变地分析在他国所遇到的问题，并以此作为决策的基础。这一概念由美国学者詹姆斯·A. 李（James A. Lee）首先提出。① 他认为人们分析和认识问题总是基于一定的准则或参照系，所谓自我参照准则，是指个人确定自己的判断、信念和行为时用作参考的那类标准，它受一个人的经历、见识、价值观、生活方式、期望值、个性、信仰甚至周围发生的个人事件的影响。面对一系列事实，一个人总是根据生活中积累的知识（这种知识是自身文化的历史产物）无意识地迅速作出自发反应，这一反应过程中极少会有思考和理性分析。当一个人在陌生国家的文化环境中，根据“自我参照准则”本能地作出反应时，所得到的观点和决策通常存在问题，因为引发反应的基础是与个人自身文化相关的意义、价值观、符号和行为，而这些意义、价值观、符号和行为在外国文化中的性质往往不同，有时甚至相反，所以由此得到的观念和决策难以达到预期的效果。

“自我参照准则”是国际管理定位中以种族为中心的认识世界的方法，种族中心和自我参照准则妨碍了个人正确认识和评价国外市场环境，甚至会导致整个国际市场营销计划的失败。“国内成功的经验已证明是正确的”这种观念导致人们容易先入为主且使成见根深蒂固，从而忽略各种观念行为在不同区域、条件下具体运用时所产生的差异，无意识地参照了自己以往的文化价值观而忽视了现在环境的不同特点。“自我参照准则”会产生极大的负面影响，它可能使人们认识不到文化差异的存在，或者认识不到这些差异的重要性，或者影响对国际市场营销组合方案合理性的评估，认为针对本国市场设计的市场营销策略组合也适用于国外市场。因此，在国际市场营销行动中，要么会认识不到采取行动的必要性，小看不同国家之间的文化差异；要么会我行我素，无视文化差异的存在，导致方案失败；要么会单凭自己的经验评估市场营销策略组合方案，无法全面地理解需要适应文化差异所进行的调整。

世界观察：“自我参照准则”与交谈的距离

（二）控制“自我参照准则”的影响

控制“自我参照准则”影响的最有效方法，是承认“自我参照准则”存在于我们的行为之中，并对不同文化的差异保持足够的敏感性。尽管对于任何一个人来说，深入了解各种文化并认识到各种文化所有重要的差异几乎不可能，但是如果在另一文化环境中从事经营时，明确识别文化差异的必要性，谦虚好学、不耻下问，就可以避免许多失误。虽然可以肯定各国文化之间相似性会多于差异性，但是通常尚未发现的相似性不会导致问题，而忽略微小的差异性可能导致彻底失败。文化之间的相似性可能使国际市场营销者产生一种明显相同的错觉，这种错觉伴随着“自我参照准则”，常常是国际市场营销重大失误或失败的起因。

理解并应对“自我参照准则”是国际市场营销的两个重要层面。在承认“自我参照准则”存在的前提下，为了避免经营决策中的错误，必须进行跨文化分析，理解各个国家包括母国的文化。针对克服“自我参照准则”的影响，詹姆斯·A. 李提出了以下具体行动步骤。

---

① LEE J A. Cultural Analysis in Overseas Operations[J].Harvard Business Review，1966（Mar-Apr.）：106-114.

第一步，按照母国的文化特征、习惯或规范界定业务问题或目标。

第二步，按照外国的文化特征、习惯或规范界定经营问题或经营目标，但不进行价值判断。

第三步，分离“自我参照准则”的影响，仔细分析“自我参照准则”的影响如何使问题复杂化。

第四步，在没有“自我参照准则”影响的情况下，重新界定问题，并解决问题，谋求最佳经营目标。

世界观察：每天晨会需要吗？

中国之问与实践探索：中国国际企业管理理论体系构架

习近平总书记指出，“要深刻理解中国式现代化理论是基于中国国情、中国现实的重大理论创新”。立足中国企业实践探索中国式现代化自主知识体系，建构中国国际企业管理理论体系构架是学者理应书写的里程碑。《中国国际企业管理理论体系构架研究——基于演化，内容，情境三维度分析》，采用 16 478 个中国文献样本，通过扎根理论研究分析，建构中国国际企业管理理论体系。

中国国际企业管理理论体系构架研究——基于演化，内容，情境三维度分析

本章小结

基本理论是理解和构筑课程体系框架的基础。本章阐述了比较优势理论和 H-O 理论两个国际贸易理论，对垄断优势理论、内部化理论、折中理论和国际产品生命周期理论四个国际直接投资理论进行了介绍和评述，重点阐释了国际管理定位理论和自我参照准则，分析了国际管理定位、国际市场营销观念及国际市场营销阶段之间的内在联系。

思考题

1. 比较优势理论与绝对优势理论有何区别？
2. 垄断优势理论是否可以阐释发展中国家企业的对外直接投资行为？为什么？
3. 折中理论对于中国企业“走出去”有何理论指导价值？
4. 你认为 EPRG 框架中哪种定位比较适合中国企业？为什么？
5. 你认为“自我参照准则”存在吗？应该如何消除或减少“自我参照准则”的影响？

开篇案例讨论

1. “今天”与“昨天”相比，福特为什么会发生变化？试从理论角度分析。

2. “明天”与“今天”相比，福特将发生哪些变化，为什么？

3. “同一个福特”在中国面临的挑战意味着什么？

4. 福特的变化对中国企业有何启示？

本章即测即评

第二章
即测即评

网上练习

主题：我也存在“自我参照准则”吗？

步骤1：利用网络资源，学生搜索一个自己陌生的国家，了解该国文化风俗（衣、食、住、行），找出与自己原来想法不同的习俗或做法，尤其是大相径庭的。

步骤2：将自己原来的想法与该国实际习俗或做法进行比较分析，观察有哪些地方出乎意料，试想如果按照自己原来的想法去做，在当地是否会引起“笑话”或问题。

步骤3：分析自己为什么没有正确预判“出乎意料的地方”，重点从自己的生活经历和经验，以及中国的习俗方面加以思考。

步骤4：利用网络资源，寻找该国“出乎意料的地方”产生的合理性，从当地历史、地理、经济、法律及文化等方面重点思考。

步骤5：将步骤3和步骤4的结论进行比较分析，看看哪些固有的潜在观念影响了自己的判断。

步骤6：教师可以选择有代表性和普遍性的案例，让学生在课堂上进行交流和讨论。

国际市场营销技能训练

主题：国际管理定位假设或信念真的会影响你的决策吗？

步骤1：教师明确一家中国企业准备将一消费品打入国际市场，并为学生提供企业和产品的背景资料，或者相关网络资源。

步骤2：教师将班级学生分成4个小组（每组最好5~7人），规定4个小组的国际管理定位分别是种族中心、多重中心、区域中心和全球中心，并且各组只能按照规定角色进行思考和决策。以下步骤中，教师需要注意和纠正各小组与角色不符的言论和决策。

步骤3：课堂下，各个小组分别根据其角色分析案例，进行讨论，形成打入国际市场的基本思路和方案。

步骤4：课堂上，各小组分别用5分钟左右的时间介绍其基本思路和方案及其合理性。

步骤5：课堂上，每个小组依次就其他3组的基本思路和方案提出质疑和问题，相应的小组进行回答。

步骤 6：课堂上，教师将各小组角色变换。角色变换后，同一国际管理定位角色的小组仍然沿用前一小组的基本思路和方案重复步骤 5。

步骤 7：教师和学生共同分析总结 4 种基本思路和方案各自的优缺点。学生讨论国际管理定位如何限制了思考和决策。

推荐读物

第二篇
国际市场营销环境

☆第三章

国际市场营销的全球环境

本章学习目标

- 思考经济全球化对国际市场营销的影响
- 了解 WTO 的发展历史及现状
- 熟悉 WTO 的制度框架
- 了解有关知识产权保护的国际公约
- 熟悉有关可持续发展和环境保护的国际公约
- 了解 SA 8000 认证及其意义
- 掌握 ISO 9000 认证及其作用
- 熟悉 ISO 14000 认证及其意义
- 掌握 OHSAS 18000 认证及其作用

本章主要概念

经济全球化(economic globalization)　世界贸易组织(World Trade Organization)　关税与贸易总协定(General Agreement on Tariffs and Trade)　《保护工业产权巴黎公约》(*Paris Convention for the Protection of Industrial Property*)　《与贸易有关的知识产权协议》(*The Trade-Related Aspects of Intellectual Property Rights*)　《保护文学艺术作品伯尔尼公约》(*Berne Convention for the Protection of Literary and Artistic Works*)　《商标国际注册马德里协定》(*Madrid Agreement for International Registration of Trademarks*)　《世界版权公约》(*Universal Copyright Convention*)　《里约环境与发展宣言》(*Rio Declaration*)　《21 世纪议程》(*Agenda 21*)　《变革我们的世界:2030 年可持续发展议程》(*Transforming our World:The 2030 Agenda for Sustainable Development*)　《联合国气候变化框架公约》(*United Nations Framework Convention on Climate Change*)　《生物多样性公约》(*Convention on Biological Diversity*)　《控制危险废物越境转移及其处置巴塞尔公约》(*Basel Convention on the Control of Transboundary Movements of Hazardous Wastes and their Disposal*)　《保护臭氧层维也纳公约》(*Vienna Convention for the Protection of the Ozone Layer*)　《关于持久性有机污染物的斯德哥尔摩公约》(*Stockholm Convention on Persistent Organic Pollutants*)　企业社

会责任(corporate social responsibility)　社会责任国际标准(SA 8000)　国际标准化组织(International Organization for Standardization)　质量管理体系标准(ISO 9000)　环境管理体系标准(ISO 14000)　职业健康安全管理体系标准(OHSAS 18000)

开篇案例

中国企业走向国际市场的新壁垒——“技术篱笆”

全球环境影响企业国际化的进程和方式。国际组织及其制度、国际公约和国际认证构成了现行的国际营商环境,作为新加入者,中国面临着方方面面的挑战,从“技术篱笆”可窥一斑。党的二十大报告将“推动构建人类命运共同体”列为中国式现代化的本质要求之一,中国企业国际化肩负着建设者使命,要跨越“技术篱笆”,形成共建美好世界的最大公约数。当今,地缘政治的变化又给中国企业走向国际市场增添了哪些新壁垒?

中国企业走向国际市场的新壁垒——“技术篱笆”

第一节　经济全球化与 WTO

一、经济全球化及其影响

(一)经济全球化的概念与发展阶段

1985 年,莱维在其发表的《市场全球化》一文中正式提出了经济全球化的概念。自此以来,关于这一现象的研究便迅速扩展到社会、政治、文化和经济等各个领域。对经济全球化的各种界定从不同的角度探讨了其内涵。就本质而言,经济全球化(economic globalization)是指商品、服务和生产要素在全球范围内自由流动、合理配置的趋势不断扩大和加深,在这一趋势中,各国逐渐建立起统一的市场经济运行体制,各国之间经济的依赖性、渗透性日益增强。经济全球化具体体现在三个方面:一是世界各国经济联系加强和相互依赖程度日益提高;二是各国国内经济规则不断趋于一致;三是国际经济协调机制强化,即各种多边或区域组织对世界经济的协调和约束作用越来越强。

3.1 全球环境【登录“爱课程网”搜索“国际市场营销(崔新健)”观看视频】

经济全球化大致经历了三个阶段。第一阶段是从 16 世纪初期到第二次世界大战之前。这一时期各国之间的经济联系日益增强,国际贸易繁荣,国际资本、劳动力大规模流动。铁路和航运业快速发展,运输成本急剧下降,贸易壁垒减少,在很大程度上推动了经济全球化的发展。这一时期的全球化以殖民主义国家掠夺殖民地、半殖民地的人力、自然资源为主要特征。第二阶段是从第二次世界大战到冷战结束以前。第二次世界大战后,世界政治经济格局发生了重大变化,以欧洲为中心的相对稳定的国际经济格局不复存在,取而代之的是美国成为资本主义世界的

世界观察:什么是经济全球化?

头号强国。1945 年，国际货币基金组织和世界银行成立，1947 年，成立了关税与贸易总协定这一国际经济组织。这三大国际经济组织的成立在推动世界经济发展、全球贸易谈判等方面起到了巨大作用，也是经济全球化进入一个新阶段的重要标志。但是由于社会主义与资本主义两大阵营的存在，世界市场的融合受到一定程度的限制。第三阶段是冷战结束以后至今。冷战结束后，经济发展成为各国的主要任务，许多发展中国家开始走向市场化，世界经济得到前所未有的发展，特别是 20 世纪 80 年代以来，几乎所有的国家都被纳入世界经济运行的体系之中。

自 2008 年国际金融危机爆发后，经济全球化从高速推进期进入调整期，呈现出以下的新特点。第一，经济全球化的推进速度明显下降。跨境贸易与投资快速发展，是经济全球化深入推进的重要表现。1998—2007 年，全球货物贸易出口、服务贸易出口和跨境直接投资年均增速分别达到 10.9%、10.8%和 11.9%；2008—2017 年，全球货物贸易出口和服务贸易出口年均增速分别下降到 1.0%和 3.2%。第二，经济全球化的内容与格局发生变化。从内容变化看，服务贸易在经济全球化中的地位有所上升，占比从 2008 年的 19.9%上升到 2017 年的 23.2%。从格局变化看，发展中国家的地位明显上升，越来越多的发展中国家持续推进贸易投资自由化、便利化，积极参与到全球生产价值链中，在跨境贸易与投资中的地位不断提升。以吸收外商直接投资为例，发展中国家占全球直接投资流入额的比重从明显低于发达国家发展到与发达国家接近的程度，在个别年份甚至超过了发达国家。第三，全球经济治理体系加速调整。全球经济治理体系是由理念、规则和机构组成的一套复杂的国际体系，为经济全球化提供制度保障。

（二）经济全球化的特征

经济全球化进程不断加速是当今世界经济发展的主要趋势，几乎所有的国家都已被纳入到这一趋势之中。20 世纪 90 年代以来，随着以信息技术革命为中心的高新技术迅猛发展，生产要素已冲破国界，在全球范围内加速流动，各国各地区间的经济相互交织、相互融合，逐渐统一成一个整体即全球统一的市场，同时建立起世界范围内规范经济行为的贸易规则。概括起来，经济全球化的主要特征有以下几个方面。

1. 贸易全球化

贸易全球化主要体现为国际贸易自由化程度在不断加深，国际贸易范围和数量不断扩大。WTO 多边贸易体制框架使得世界贸易进一步规范化，国际贸易障碍逐步消除，为贸易自由化提供了巨大的动力。国际贸易参与国家和贸易范围不断增加，许多国家从单一的邻国贸易发展到跨越大洲的全球性贸易。国际贸易自由化的范围也不断扩大，不仅包括货物，也包括服务、技术、知识产权等一些新的领域。国际贸易规模迅速增长。国际贸易手段、商品标准以及合同格式逐步统一和规范。

2. 生产全球化

生产全球化既表现在全球经济分工进一步细化和国际经济协作的多样化，也反映在实力雄厚的跨国公司将自身的生产经营活动拓展至全球范围。生产全球化促进全球生产要素与资源配置不断优化，企业的生产经营不再是以一个或几个国家为基地，而是向高度的全球化发展，形成了全球的研发、生产、销售、服务网络，使每个国家都成为这个网络中的一部分。由于跨国公司的“交易内部化”大大减少了交易成本和阻碍国际分工的各种壁垒，生产国际化的程度不断加深,进一步促使全球各国间的经济关联程度提高。

世界观察

单一企业自由点模式

许多国家采用了单一企业自由点模式,不论地点如何,都向个别企业提供与特殊经济区企业相同的优惠政策。主要的例子有哥伦比亚、多米尼加、危地马拉、墨西哥、韩国和坦桑尼亚。这一模式类似于制造业保税仓模式,但带来了更大的收益。政府目标往往与产业政策目标相一致。

政府可以针对特定行业实行单一企业自由点模式,同时不需要对投资者划定具体地理位置。由于不在划定的区域内,自由点企业有可能避免“飞地风险”,而且可以相信这类公司能更好地融入当地经济。但是,给予现有企业特殊经济区地位,可能仅会吸引现有的已享受优惠政策的企业而不是新的投资,从而会减少课税基础,最终导致特殊经济区项目费用的增加。

通常,这种模式在运作中最困难的部分是海关合规与监管。实际的监管措施,包括在许可证的企业派驻海关人员等,会耗费大量的资金。这就是为什么在许多情况下,各国已从有形监管转向以文件和会计为基础的系统监管。

资料来源:联合国贸易和发展组织.世界投资报告 2019:特殊经济区[R].冼国明,葛顺奇,译.天津:南开大学出版社,2019:162.

3. 金融全球化

20 世纪 70 年代以来,各国相继放松金融管制,推进金融自由化,放松了外资金融机构进入和退出本国金融市场的限制,拆除了不同金融业务的隔离墙,加快了金融业的整合。自由宽松的法律与政策环境,加上计算机、通信和网络技术的广泛应用促进了金融市场的全球化,从而形成了时间上相互接续、价格上相互联动的统一国际金融大市场。金融全球化最明显的表现是银行资本和证券资本在全球范围内流动的规模急剧扩大和流动速度急剧提升;跨国银行间的兼并和重组进一步提高了商业银行和投资银行的国际竞争力和规模效益;国际直接投资的资本流量大幅增长。

4. 治理全球化

全球经济治理体系是由理念、规则和治理平台组成的一套复杂的国际体系,为经济全球化提供制度保障。经济治理改革成为经济全球化新的利益诉求。全球经济治理体系在加速调整。从理念层面看,一直处于主导地位的自由贸易理念正受到所谓“公平贸易”理念的挑战。从规则层面看,新的经贸规则从以往的边境措施向边境后措施深度拓展。从治理平台看,以世界贸易组织为核心的多边贸易体制已经成为国际贸易的基石,在推动全球贸易发展、建设开放型世界经济方面发挥了中流砥柱作用。与此同时,区域贸易安排显著增多,区域合作进程加快,为世界经济注入了强大活力。

5. 产业全球化

从经济全球化的内容、实质上来看,过去经济全球化主要是整体产业的全球转移——制造业、钢铁业从美国、欧洲转移到其他发展中国家;当今经济全球化主要是产业链的延伸和产业链网络体系的建立,制造业的转移是部分劳动力密集型工厂转移到发展中国家,而高精尖制造业以及研发仍然保留在发达国家,形成新的产业全球化动态格局。

6. 信息全球化

信息全球化对经济全球化进程与水平起到至关重要的影响作用。经济信息的全球共享化是建立在新技术革命基础之上的，它将极大地改变和提高人类现有的生产方式和生产力水平。信息技术及其产品和服务在社会经济生活中的普遍应用提高了生产效率，且通过信息技术的渗透促进了产业结构的升级和优化，使生产方式由粗放型向集约型转变。互联网极大地改变了人类的生产和生活方式，互联网的普及提供了加强各国经济联系的新纽带，并提高了企业全球经营的效率和质量。

（三）经济全球化对国际市场营销的影响

经济全球化是对当代世界市场经济发展趋势的高度概括，它的出现必然会带动新的管理思想和方法、新的生产方式与营销方式的出现，同时必将对企业的国际市场营销活动产生巨大影响。经济全球化使企业国际营销活动的外部环境发生了巨大的改变，增加了企业国际市场营销活动的复杂性和风险性，因此企业在国际市场营销中需要进行相应的调整和变化。

1. 企业要更新国际市场营销理念

企业需要具备全球视角和树立全球营销观念。经济全球化将导致未来全球市场成为一个联动的整体，将形成全球性的国际分工体系，在全球性的产业链中，各国都需要找准自己的位置。随着市场范围的扩大，企业对外部环境的监控能力将逐渐弱化，这就要求企业拥有全球视角，树立全球营销观念。换言之，一是强调各主要职能的全球分工与整合；二是寻求市场共性，即寻求各国消费者需求的共性而非差异性，实行跨地区或跨国家的标准化；三是使用标准化的策略来服务全球的目标顾客。

2. 企业要确立可持续发展战略

当今生态环境日益恶化，世界各国渐渐意识到生态环境对人类的影响，在世界贸易规则中，环境保护已经成为新的主题，联合国等国际组织都将可持续发展纳入日常。经济全球化突出了国际组织及其国际协定和国际公约的影响力，企业进行国际市场营销必须关注国际制度环境，适应可持续发展的趋势。可持续发展战略要求企业在营销活动中，把市场需求与环境保护有机结合起来，大力开发绿色产品，节约地球资源，尽量减少乃至消除环境污染所造成的危害。企业在国际市场营销中只有适应低碳经济新的形势要求，才可能保证企业的长期生存与发展。

3. 企业要突出适应性文化营销方向

适应性文化营销是指企业经营活动中，针对企业面临的目标市场的文化环境采取一系列的文化适应策略，以减少或防止与目标市场文化的冲突，进而使营销活动适应和融入当地文化的一种营销方式。经济全球化使得企业的竞争无国界化，企业会进入各种不同文化背景的市场，各国消费者在行为特征、思维方式、价值取向方面相去甚远，必然会给企业国际市场营销带来巨大挑战，企业只有强调适应性文化营销方向才能有效地迎接挑战。随着经济全球化的到来，异域体验需求日益强烈，异域需求有了现实的经济基础，企业创造的产品应能承载异域文化的精髓，充分满足人们对体验异域文化的渴望。企业在进行适应性文化营销时，不是被动地适应当地文化特色，而是积极主动地采用各种文化营销手段，在吸收当地文化的同时，也向当地市场传递融入母国文化和企业的经营理念。

4. 企业要更加重视消费者需求研究

企业进入陌生的国家本身就要求企业更加关注市场调研，准确把握消费者需求。经济全球化更加放大各国消费者需求的差异性和模糊性，给企业满足消费者需求提出巨大挑战。因为随着经济全球化，各国买方市场特征更为突出，消费者生活水平不断提高，需求的个性化越来越突出，面对日益丰富的市场供给，消费者需求的理性化越来越显现，所以面对各国市场消费者需求，企业满足消费者的难度倍增，企业只有更好地调研和准确地把握消费者需求，才有可能提供满足消费者需求的产品和服务。

5. 企业要转变市场竞争方式

经济全球化使企业面对全世界范围内的竞争对手，竞争的激烈程度大大加强，竞争方式也面临深刻的变革。企业必须注重研究企业、顾客及竞争对手三者之间的关系，寻求更加有效的竞争方式战胜竞争对手。企业要注意以创新能力为核心构造整体营销的"和谐组合"竞争优势，形成企业独具特色的、能够更好地满足顾客需求的核心创造能力。企业需要实行资源共享、优势互补的战略联盟和企业间合作，采用"竞合"的营销战略，实现"双赢"。

二、WTO 组织及其历史

1996 年 1 月 1 日，1995 年 1 月 1 日正式成立的世界贸易组织（World Trade Organization，WTO）彻底取代关税与贸易总协定，开始正常运行。从此，WTO 并列于国际货币基金组织和世界银行，在国际经贸体系中发挥至关重要的作用。WTO 承担监督和执行各项国际经贸法律和规定的职责，是负责政府间有关多边贸易关系契约协定的管理、执行和谈判的机构，是国际贸易体系的法律和组织基础。WTO 规定了主要的协定义务，以决定各成员国政府如何制定和执行国内贸易法律制度和规章。它还是各国通过集体辩论、谈判和裁决，发展其贸易关系的场所。WTO 的诞生是关税与贸易总协定乌拉圭回合谈判的最重要成果，对推动全球贸易自由化具有深远的历史意义。

WTO 在世界经贸活动中发挥着越来越重要的作用，促进了世界范围的贸易自由化和经济全球化，改变了世界市场的竞争方式与竞争手段，转变了传统的贸易政策措施。它一方面致力于扩大货物贸易、服务贸易和与贸易有关的投资措施的自由化；另一方面致力于加强与贸易有关的知识产权的保护，并允许成员对贸易予以必要的保护。

WTO 的前身是关税与贸易总协定（General Agreement on Tariffs and Trade，GATT）。GATT 是在美国的倡导和推动下，由美国、英国、法国、中国等 23 个国家于 1947 年缔结的关于关税和贸易政策的政府间多边协定。世界经济格局在第二次世界大战期间发生了重大变化，美国工业生产总量居于世界首位，工业产品产量大幅度提高，黄金储备高达 247 亿美元，相当于全世界货币性黄金储备的 2/3，而其他国家则饱受战争摧残，工业停滞，储备严重短缺。美国意识到两次世界大战形成的高关税壁垒对战后美国经济发展不利，因此，美国就在盟国中倡议战后建立国际贸易组织，在多边的基础上相互消减关税，促进世界贸易自由化。1946 年 2 月，联合国理事会接受美国建议，成立了筹备委员会。1947 年 4 月，在瑞士日内瓦包括中国在内的 23 个国家参加了"世界贸易和就业会议"筹备委员会第二次会议，谈判草拟国际贸易组织宪章，并进行了首轮关税减让谈判，签订了 123 项双边关税减让协议，由此形成了 GATT。

GATT 的宗旨在其序言中得以明确：缔约国"认为在处理它们的贸易和经济事务关系方面，应该以提高生活水平，保证充分就业，保证实际收入和有效需求的巨大持续增长，以扩大世界资源的充分利用以及发展商品的生产与交换为目的"。为了实现这一宗旨，其采取的措施是"切望达成互惠互利协议，导致大幅度地消减关税和其他贸易障碍，取消国际贸易中的歧视待遇，以对上述的目的作出贡献”。GATT 的基本原则包括无歧视原则（rule of non-discrimination）、最惠国待遇原则（most favoured nation treatment）、国民待遇原则（national treatment）、互惠原则（reciprocity）、透明度原则（transparency）、关税减让原则（customs duties as means of protection）、取消数量限制原则（elimination of quantitative restrictions）。

世界观察：中国与 WTO（GATT）大事记（1948—2024 年）

GATT 的建立具有深远的历史意义。它是历史上第一个准国际贸易体系，对于降低关税壁垒和促进世界贸易发挥了重要的作用。回顾其 47 年的历程，GATT 发挥的作用主要体现在以下几个方面：一是通过多次多边贸易谈判，在互惠互利的基础上消减关税；二是致力于消除各种非关税贸易壁垒；三是处理国际经济贸易纠纷；四是为各国在经济贸易上提供谈判和对话的场所；五是增强贸易政策的透明度；六是促进国际服务贸易、知识产权和投资的发展。

三、WTO 制度

WTO 的宗旨在其序言中得以明确：“本协议各成员，承认其贸易和经济关系的发展，应旨在提高生活水平，保证充分就业和大幅度稳步提高实际收入和有效需求，扩大货物与服务的生产和贸易，为持续发展之目的扩大对世界资源的充分利用，保护和维护环境，并以符合不同经济发展水平下各自需要的方式，加强采取各种相应的措施。”换言之，WTO 的目的在于，通过实施非歧视原则，削减贸易壁垒，促进贸易自由化，在可持续发展的基础上，充分扩大商品的发展和交换。

WTO 继承了 GATT 的基本原则，主要有以下几个方面。一是无歧视原则。是指各成员在国际贸易多边谈判中要本着互惠互利的原则相互开放市场并减让关税，以推动贸易自由化的发展和统一大市场逐步形成。它主要体现在最惠国待遇原则和国民待遇原则两大法律体系之中，前者是要维持各成员之间的非歧视，后者是要维持外国和本国之间的非歧视。二是自由贸易原则。所谓自由贸易，就是在 WTO 的多边规则和框架下，通过多边贸易谈判实质性地减低关税和非关税措施，扩大各成员之间的货物、服务和知识产权贸易，逐步降低和消除阻碍贸易发展的各种贸易壁垒、障碍和歧视。这一原则以共同的规则为基础，以多边谈判为手段，以争端解决为保障，以贸易救济为“安全阀”，以过渡期方式体现差别待遇，使各成员逐步开放本国（地区）的货物、服务市场，逐步实现全世界的贸易自由化。三是公平贸易原则，是指各成员为了维护公平竞争的原则应该尽量避免采取扭曲市场竞争的措施，反对和纠正不公平贸易行为，在货物贸易、服务贸易和知识产权领域，创造和维护公开、公平、公正的市场环境，它既涉及各成员的政府行为，也涉及企业行为。四是政策的统一性和透明度原则。政策的统一性原则是指成员的中央政府和地方政府在贸易法律法规和规章中都应该遵守世界贸易组织的各项规定，地方政府必须和中央政府保持一致，同时各地方政府之间的立法也应该保持一致。政策的透明度原则是指各成员的贸易法律、规章与措施应该具有透明度，即对于新制定的或修改的贸易政策应立即向世界贸易组织有关机构和各成员通报，使其能够熟悉、了解和适应这些新的政策。五是发展中国家优惠的原则。在 WTO 的各个协议和规定中一般都强调了对发展中国家的特殊优惠政策，以保障这些国家经济和贸易的发展。这体现在非互惠原则、保护幼稚工业原则及国际收支恶化时的数量限制等方面。

WTO 制度由 WTO 管辖的协定所构成，这些协定主要是指《乌拉圭回合多边贸易谈判结果最后文件》(1994 年 4 月 15 日)中所包含的内容，同时也包括 WTO 成立以来继续谈判的成果。主要由以下 7 个方面构成：① 有关货物贸易的多边协定，具体包括《1994 年关税与贸易总协定》《农业协定》《卫生与植物卫生措施协定》《纺织品与服装协定》《技术性贸易壁垒协定》《与贸易有关的投资措施协定》《关于履行〈1994 年关税与贸易总协定〉第六条的协定》(《反倾销协定》)、《关于履行〈1994 年关税与贸易总协定〉第七条的协定》(《海关估价协定》)、《装船前检验协定》《原产地规则协定》《进口许可程序协定》《补贴与反补贴协定》《保障措施协定》《国际收支平衡协定》《货物贸易的市场准入协定》和《贸易便捷化协定》；②《服务贸易总协定》及附件，具体包括《服务贸易总协定》《基础电信服务协定》《金融服务协定》以及其他附件；③《与贸易有关的知识产权协议》，该协议制定了 WTO 范围内加强知识产权国际保护的有关原则和具体实施措施，包括对版权、商标权、专利权等的规定；④《争端解决规则与程序的谅解》，该谅解是对关税与贸易总协定争端解决机制的完善与加强，它使贸易争端的解决更为公平、有效和快捷；⑤《贸易政策审议机制》，该机制在于保障成员贸易政策的透明度和可预见性，并监督各成员贸易政策法规是否与 WTO 相关协定、条款规定的权利义务相一致，以及各成员实施 WTO 有关协定的状况；⑥《信息技术协定》，该协定旨在分阶段将信息技术产品的关税削减至零。中国在加入 WTO 谈判中承诺加入该协定，并于 2003 年 4 月加入该协定；⑦ 诸边贸易协定，WTO 成员可以自愿选择参加《民用航空器协定》《政府采购协定》《国际奶制品协定》及《国际牛肉协定》，只有参加方才受这些协定的约束。

第二节　国际公约

一、知识产权保护

19 世纪以后，随着国际经济贸易的发展，知识产权的国际保护也得到发展。尤其是在第二次世界大战后，知识产权国际保护的步伐进一步加快，协调各国专利、商标、版权等知识产权内容的国际公约和协议不断出现，其中最具影响力的有《保护工业产权巴黎公约》《与贸易有关的知识产权协议》《保护文学艺术作品伯尔尼公约》《商标国际注册马德里协定》《世界版权公约》《专利合作条约》。1970 年，世界知识产权组织这一政府间组织成立，并于 1974 年成为联合国下属的一个专门机构。上述的公约及组织，在协调各国知识产权保护、促进创造性智力活动的开展等方面起到了积极的作用。中国已经加入这些主要保护知识产权的国际性公约。

（一）《保护工业产权巴黎公约》

《保护工业产权巴黎公约》(*Paris Convention for the Protection of Industrial Property*，简称《巴黎公约》)是世界上最早签订的有关商标、专利等工业产权保护的国际公约，于 1883 年 3 月 24 日在法国巴黎签订，1884 年生效，生效时只有 14 个成员国，而到 2018 年年底已有 177 个成员国。中国于 1985 年 3 月 19 日正式成为该公约的成员国。《巴黎公约》是工业产权方面现行 10 多个条约、协定中最重要的一个国际公约。《巴黎公约》的保护范围涉及专利、实用新型、工业品外观设计、商标、服务商标、厂商名称、产地标记或原产地名称、制止不正当竞争等。该公约还规定，对"工业产权"应作广义的理解，不仅应适用于工业和商业本身，而且应同样适用于农业和采掘业，适用于一切制成品或者天然产品。在实质性问题方面，《巴黎公约》规定了各国之间关于保护工业产权的一些基本原则。有关工业产权方面的一些条约和协定明文规定,只有《巴黎公约》的缔约方才能参加这些条约和协定,这说明了《巴黎公约》是保护工业产权的一个基本条约。

在《巴黎公约》规定的共同规则中涉及商标的最主要的规定是商标注册独立原则,即一个商标在本联盟的任何一个国家注册,同它在其他国家包括其原属国的注册,是各自独立的。每个国家的商标申请和注册条件,由各国国内法律规定。所以,一个缔约国的国民在另一个缔约国新申请或者取得的商标注册,不得因为在原属国没有申请、注册、续展或者遭拒绝等被撤销。同样,一个商标注册在某一国家已过期或者被撤销,并不影响它在其他国家注册的效力。《巴黎公约》关于驰名商标保护的规定已经成为世界上很多国家国内法在这一领域规定的主要原则。《巴黎公约》关于驰名商标国际保护的规定,已经被中国商标法吸收。

中国是《巴黎公约》组织成员国,中国申请人可以在国内申请的基础上,直接向其他《巴黎公约》成员国提出专利申请。申请人通过《巴黎公约》途径申请某一国家的专利,必须到该国去申请,经该国专利局批准后方可获得。通过这种途径,申请人可以根据《巴黎公约》的“优先权原则”享有在先申请的申请日(对于发明和实用新型申请为 12 个月,对于外观设计申请为 6 个月),在中国申请专利后,必须在优先权日期截止前按照不同国家的要求准备申请文件,委托当地专利代理机构,递交专利申请。在超过优先权期限之后,如果原申请尚未公开,申请人仍可申请外国专利,但此时不再享有优先权。利用《巴黎公约》途径申请专利的特点是迅速快捷,申请情况可作为其他后授权国的审查参考,而且费用较低。

(二)《与贸易有关的知识产权协议》

《与贸易有关的知识产权协议》(*The Trade-Related Aspects of Intellectual Property Rights*,简称《TRIPS 协议》)于 1995 年 1 月 1 日生效。《TRIPS 协议》的目标是减少国际贸易中的扭曲和阻力,促进对知识产权进行充分、有效的保护,保证知识产权执法的措施与程序不至于变成合法贸易的障碍。《TRIPS 协议》是当前世界范围内知识产权保护领域中涉及面广、保护水平高、保护力度大、制约力强的一个国际公约。中国正式加入 WTO 时对我国生效。

《TRIPS 协议》把有关的知识产权国际公约分为以下 3 类。① 基本完全肯定、要求全体成员必须遵守并执行的国际公约。这类国际公约共有 4 个:《巴黎公约》《保护文学艺术作品伯尔尼公约》《保护表演者、录音制品制作者与广播组织公约》《集成电路知识产权条约》。《TRIPS 协议》对这 4 个国际公约的个别条款做了修改和保留,它要求 WTO 全体成员遵守和执行上述 4 个公约。② 基本完全肯定、要求全体成员按对等原则执行的国际公约,这类国际公约共有 10 余个,主要是《巴黎公约》的子公约。③ 不要求全体成员遵守并执行的国际公约。凡是《TRIPS 协议》没有提到的也不属于上述两类的国际公约,均不要求全体成员遵守并执行,主要有《世界版权公约》《录音制品公约》等。

《TRIPS 协议》由序言以及 7 个部分共 73 个条款构成。为了使发展中国家成员以及最不发达国家成员在全面实施《TRIPS 协议》之前有一个准备的时间,《TRIPS 协议》第六部分特别规定了“过渡期安排”。《TRIPS 协议》确立了知识产权保护的多项基本原则,其中在以往的国际知识产权保护条约中出现过而由《TRIPS 协议》重申的原则包括:国民待遇原则,保护公共秩序、社会公德、公众健康原则,对权利合理限制的原则,权利的地域性独立原则,专利商标申请的优先权原则,著作权自动保护原则等。由《TRIPS 协议》新提出的原则包括:最惠国待遇原则,透明度原则,争端解决原则,对行政当局决定的司法审查和复审原则,知识产权为私权的原则等。

《TRIPS协议》对驰名商标的客体、保护范围在《巴黎公约》的基础上有所拓展。与《巴黎公约》不同的是,《TRIPS协议》要求获得保护的商标必须是注册商标,并规定对于注册商标的保护期限,商标的首期注册及续展注册的有效期不得低于7年。在以商标未被连续使用为由申请撤销的程序中,不使用的时间至少应该为连续3年,且商标的注册人没有出示其不使用的合理证据。另外,由注册人控制的被许可人的使用,应视为注册人的使用。商标可以连同也可以不连同商标所属的经营一并转让。《TRIPS协议》规定商标保护国际争端首先应由争端方协商解决,解决不了的由世界贸易组织的成员多边协商解决。这一点同《巴黎公约》规定的由国际法院解决有根本不同。

世界观察:中国PCT国际专利申请量连续4年位居世界第一

(三)《保护文学艺术作品伯尔尼公约》

《保护文学艺术作品伯尔尼公约》(*Berne Convention for the Protection of Literary and Artistic Works*,简称《伯尔尼公约》)是1886年9月9日,由英国、法国、德国、意大利、西班牙、比利时、瑞士、利比里亚、海地、突尼斯10个国家发起,在瑞士首都伯尔尼召开的第一次版权国际会议上通过的公约。这是版权保护的第一个世界性公约,于1887年12月15日生效,这标志着国际版权保护体系初步形成。截至2023年8月,共179个国家参加了这个联盟。中国于1992年7月10日正式加入该公约,未做任何保留。

《伯尔尼公约》对受保护的作品的类型、由各成员国自己决定是否给予保护的对象、公约规定不受保护的对象、著作权的主体、著作权产生的条件、权利内容、著作权限制、著作权的保护期、著作权保护的溯及力等一些实质性的基本内容做了规定。其主要内容包括以下几个方面。① 文学艺术作品,不论其表现形式如何均享受保护。②《伯尔尼公约》包括五项基本原则:作者权利原则、国民待遇原则、自动保护原则、最低保护原则和独立保护原则。③ 对文学艺术作品的保护期为作者有生之年加死后50年,摄影和实用艺术作品的保护期为作品完成之日起25年。④ 公约由联合国专门机构——世界知识产权组织(总部设在日内瓦)管理。

(四)《商标国际注册马德里协定》

《商标国际注册马德里协定》(*Madrid Agreement for International Registration of Trademarks*,简称《马德里协定》)是1891年由法国、比利时、西班牙等国按照《巴黎公约》成员国有权在不与公约抵触的前提下,进一步缔结的有关商标保护的协定。它是对《巴黎公约》中关于商标的国际保护的补充,该协定的参加者必须是《巴黎公约》成员国。该协定对商标的国际注册、国际注册的效力和有效期以及国际注册与国内注册之间的关系做了具体规定。2023年2月6日毛里求斯正式加入马德里体系,该议定书缔约方达到114个成员。中国分别于1989年10月4日和1995年12月1日成为协定和议定书的成员国,因此中国企业可以通过商标国际注册在协定或者议定书的成员国取得商标的法律保护。

《马德里协定》主要内容有以下几个方面。① 商标所有人必须是《马德里协定》的成员国之一的国民,或是在某成员国有居所或设有从事实际商业活动的营业所的人。商标所有人在其所属国办理了商标注册后,就可通过本国商标管理部门或代理组织向世界知识产权组织的国际局提交国际注册申请。国际局对申请进行形式审查后,即予公告,并通知要求保护的缔约国。一年之内,有关缔约国未表示拒绝,即视为该商标在该国核准注册。② 国际局注册的商标在任何国家生效后,保护期均为20年。期满后可以请求续展,每次续展期也为20年。③ 商标所有人从获得国际注册之日起5年内，商标所属国保护权利范围发生变化，该商标的国际保护也应予以变化。5年之后，由国际注册转变成各国国内的注册时，商标才具有独立性。

国际注册的领土延伸是指商标在指定的协定及议定书缔约国直接受到法律保护，从而产生与在这些国家逐一进行商标注册相同的法律效力。商标权具有严格的地域性，要使企业商标在所销售的国家获得保护，就必须通过一定的方式履行一定的手续。中国企业既可以委托销售所在国的商标代理人直接在所在国申请商标注册，也可以选择商标国际注册的领土延伸。要实现商标国际注册的领土延伸，申请商标国际注册须向商标局提出，其手续既可委托代理人办理也可以自己办理。商标局收到申请书及必要的附件、费用后，将有关的申请书件寄交设在瑞士日内瓦的世界知识产权组织国际局，由其办理商标注册。按照协定所进行的商标国际注册的有效期为10年或者20年，两种有效期缴纳费用不同，由申请人选择。商标国际注册申请时只需使用一种语言（英语或法语）、缴纳一次费用、使用一种货币（瑞士法郎）、填写一份表格，因此通过商标国际注册的方式在国外取得商标保护既节省费用和精力，也节约时间。

（五）《世界版权公约》

《世界版权公约》（*Universal Copyright Convention*）1947年由联合国教科文组织主持筹备，1952年在日内瓦缔结，1955年生效。公约的产生主要是为解决《美洲国家间版权公约》（*Inter-American Convention*）与《伯尔尼公约》之间的矛盾。其日常事务由联合国教科文组织管理，成员国不必交纳会费。目前，《世界版权公约》与《伯尔尼公约》仍然是两个最重要的版权国际保护公约。中国于1992年7月30日递交了加入《世界版权公约》的官方文件，同年10月30日该公约对中国生效，1995年中国又加入该公约的政府间委员会。

公约由7条实体条文与14条行政条文组成。它的实体条文不像《伯尔尼公约》规定得那么具体，而是比较笼统。但是，公约不允许参加它的国家做任何保留。该公约保护的作品版权主要包括文学、艺术和学术三个方面。根据修正文本第一条设立的政府间委员会负责研究有关版权的国际保护与合作。公约对版权保护对象、保护范围、取得保护的条件、保留及解决争端、执行机构，以及关于翻译、复印他人作品等问题做了具体规定。公约所定的保护水平，反映在它对成员国国内法的最低要求上。最低要求可以归结为6点：① 国民待遇原则；② 非自动保护原则（必须加注“版权保留”标记方予保护）；③ 受保护作品范围；④ 经济权利；⑤ 保护期；⑥ 无追溯力规定。

世界观察：中国保护知识产权大事记（1978—2023年）

《世界版权公约》与《伯尔尼公约》都承认双国籍国民待遇原则，并对版权所有人应享有的权利作了类似的规定。两者主要区别是：① 前者规定受保护主体包括“作者和其他版权所有人”，而后者规定只能是作者本人；② 在保护期限上，前者规定为死后25年，后者为死后50年；③ 在作品保护内容和范围上，前者只作原则性规定，后者具体规定了受保护作品的种类，并包括精神权利；④ 在取得保护的条件上，前者规定必须在出版的作品上注明版权符号，后者则实行自动产生版权原则；⑤ 版权保护的追溯力方面，前者对此未加规定，后者则规定对缔约国过去、现在和将来的版权均给予保护。

二、可持续发展与环境保护

20世纪下半叶，众多有关环境与发展的会议在国家、区域或世界范围内召开，相关的双边、多边条约或国际公约陆续产生。1992 年 6 月在巴西里约热内卢召开的联合国环境与发展大会具有里程碑意义,会议通过了《里约环境与发展宣言》《21 世纪议程》《关于森林问题的原则声明》等重要文件,并签署了《联合国气候变化框架公约》和《生物多样性公约》,确定了相关环境责任原则,可持续发展(sustainable development)的观念形成。这一系列行为充分体现了当今人类社会可持续发展的新思想,是关于环境与发展领域合作的全球共识和最高级别的政治承诺。2015 年 9 月 25 日,联合国可持续发展峰会在纽约总部召开,联合国 193 个成员国在峰会上正式通过了《变革我们的世界:2030 年可持续发展议程》(*Transforming our World*:*The* 2030 *Agenda for Sustainable Development*)这一文件。截至 2020 年,中国政府已经签署了 50 余个可持续发展与环境保护方面的国际协定。

(一)《里约环境与发展宣言》

《里约环境与发展宣言》(*Rio Declaration*,简称《里约宣言》),又称《地球宪章》(*Earth Charter*),是一项包括 27 项指导环境政策的广泛原则的无约束力声明,在 1992 年 6 月 14 日里约热内卢举行的联合国环境与发展大会上通过。该大会重申了 1972 年 6 月 16 日在斯德哥尔摩通过的联合国人类环境会议的宣言,目标是通过国家、社会重要部门和人民之间新水平的合作来建立一种新的公平的全球伙伴关系,为签订尊重大家的利益和维护全球环境与发展体系完整的国际协定而努力。宣言的重点在于:各国有责任确保在本国境内开展的一切活动不会损害别国的环境,环境保护构成"发展进程中的一个组成部分",发展中国家尤其是最不发达国家和"环境方面最薄弱的国家"的需要应得到重视。

为了更好地处理环境恶化问题,各国应该合作促进一个起支持作用的、开放的国际经济制度。这项文件还提出,受压迫、遭统治和被占领的人民,其环境和自然资源应予保护。各国应遵守国际法关于在武装冲突期间保护环境的规定,并按照《联合国宪章》用适当方法和平地解决一切环境争端。

(二)《21 世纪议程》

针对全球气候变化,大气臭氧层破坏、土地沙漠化、生物多样性减少等引起的一系列全球性经济、社会、资源和环境重大问题,联合国经过两年的筹备和谈判,于 1992 年 6 月 14 日在里约热内卢的联合国环境与发展大会上通过《21 世纪议程》(*Agenda 21*)。1992 年,中国政府签署了《里约宣言》《21 世纪议程》等文件,向国际社会表明了我国政府积极推进可持续发展的立场。

《21 世纪议程》是将环境、经济和社会关注事项纳入一个单一政策框架的具有划时代意义的成就。《21 世纪议程》载有 2 500 余项各种各样的行动建议,包括如何减少浪费和消费形态,扶贫,保护大气、海洋和生活多样化,以及促进可持续农业的详细提议。《21 世纪议程》是一份没有法律约束力、旨在鼓励发展的同时保护环境的全球可持续发展计划的行动蓝图。地球首脑会议的组织者说,这项计划若实施,每年将耗资 1 250 亿美元。里约热内卢联合国环境与发展大会以后,根据《21 世纪议程》要求,各国政府根据本国情况制定各自的可持续发展战略、计划和对策,中国制定了《中国 21 世纪议程——中国 21 世纪人口、环境与发展白皮书》(简称《中国 21 世纪议程》),将可持续发展战略作为实现现代化的一项重大战略,在纳入计划、能力建设、宣传教育、地方试点等方面做了大量工作。

(三)《变革我们的世界:2030 年可持续发展议程》

《变革我们的世界:2030 年可持续发展议程》(*Transforming our World*:*The 2030 Agenda for*

Sustainable Development，简称《2030 年可持续发展议程》)，包括 17 项可持续发展目标和 169 项具体目标的纲领性文件，将推动世界在今后 15 年内实现三个史无前例的非凡创举——消除极端贫穷、战胜不平等和不公正以及遏制气候变化。《2030 年可持续发展议程》于 2016 年在联合国大会第七十届会议上通过。2016 年 9 月 19 日，中国正式发布《中国落实 2030 年可持续发展议程国别方案》。

联合国可持续发展目标(sustainable development goals)是一系列新的发展目标。可持续发展目标旨在从 2015 年到 2030 年以综合方式彻底解决社会、经济和环境三个维度的发展问题，转向可持续发展道路。具体包括：消除贫困；消除饥饿；良好健康与福祉；优质教育；性别平等；清洁饮水与卫生设施；廉价和清洁能源；体面工作和经济增长；工业、创新和基础设施；缩小差距；可持续城市和社区；负责任的消费和生产；气候行动；水下生物；陆地生物；和平、正义与强大机构；促进目标实现的伙伴关系。新的 17 个可持续发展目标旨在呼吁世界各国在人类、地球、繁荣、和平、伙伴的五个关键领域采取行动，并认识到消除贫困的工作必须在应对气候变化的同时，与构建经济增长和解决一系列社会需求的努力并肩而行。可持续发展目标的落实将惠及世界各国和所有人。

(四)《联合国气候变化框架公约》

《联合国气候变化框架公约》(*United Nations Framework Convention on Climate Change*, UNFCCC，简称《框架公约》)是 1992 年 5 月 22 日联合国政府间谈判委员会就气候变化问题达成的公约，于 1994 年 3 月 21 日正式生效。截至 2016 年 6 月，公约已拥有 197 个缔约方。《框架公约》是世界上第一个为全面控制二氧化碳等温室气体排放，应对全球气候变暖给人类经济和社会带来不利影响的国际公约，也是国际社会在应对全球气候变化问题上进行国际合作的一个基本框架。

《框架公约》由序言及 26 条正文组成。这是一个有法律约束力的公约，旨在控制大气中二氧化碳、甲烷和其他造成"温室效应"的气体的排放，将温室气体的浓度稳定在使气候系统免遭破坏的水平上。公约对发达国家和发展中国家规定的义务以及履行义务的程序有所区别。公约要求发达国家作为温室气体的排放大户，采取具体措施限制温室气体的排放，并向发展中国家提供资金以支付它们履行公约义务所需的费用。而发展中国家只承担提供温室气体源与温室气体汇的国家清单的义务，制定并执行含有关于温室气体源与汇方面措施的方案，不承担有法律约束力的限控义务。公约建立了一个向发展中国家提供资金和技术，使其能够履行公约义务的资金机制。

《框架公约》规定每年举行一次缔约方大会。1997 年 12 月 11 日，第 3 次缔约方大会在日本京都召开。149 个国家和地区的代表通过了《〈联合国气候变化框架公约〉京都议定书》(《京都议定书》)。2005 年 2 月 16 日，《京都议定书》正式生效。《京都议定书》第二承诺期修正案规定了发达国家在 2012—2020 年的减排承诺。2018 年该修正案已得到 111 个国家的批准，并将在获得另外 30 个国家批准后生效。2018 年 4 月 30 日，《联合国气候变化框架公约》框架下的新一轮气候谈判在德国波恩开幕，关注重点之一是如何在 2020 年之前扩大各国的气候目标和实施行动。此外，2015 年年底，各国在气候变化巴黎大会上就《巴黎协定》达成一致，该协定将取代于 2020 年到期的《京都议定书》。2023 年年底，《框架公约》第 28 届缔约方就多项议程达成"阿联酋共识"，包括首次全球盘点各国落实自主贡献的进程与差距、设立损失与损害基金、适应目标框架等。包括中国在内的近 120 个国家还签署了《全球可再生能源和能源效率承诺》,即到 2030 年将全球可再生能源产能增加 2 倍、能源效率提高 1 倍。

(五)《生物多样性公约》

1992 年 6 月 1 日,由联合国环境规划署发起的政府间谈判委员会第七次会议在内罗毕通过《生物多样性公约》(*Convention on Biological Diversity*);1992 年 6 月 5 日,该公约在巴西举行的联合国环境与发展大会上由签约国签署。中国于 1992 年 6 月 11 日签署该公约,1992 年 11 月 7 日获批,1993 年 1 月 5 日交存加入书。《生物多样性公约》是一项保护地球生物资源的国际性公约,于 1993 年 12 月 29 日正式生效。常设秘书处设在加拿大的蒙特利尔。联合国《生物多样性公约》缔约国大会是全球履行该公约的最高决策机构,一切有关履行《生物多样性公约》的重大决定都要经过缔约国大会通过。截至 2021 年 10 月,该公约已经有 196 个缔约方包括 195 个国家和以 1 个整体缔约的欧盟。

《生物多样性公约》是一项有法律约束力的公约,旨在保护濒临灭绝的植物和动物,最大限度地保护地球上多种多样的生物资源,以造福于当代和子孙后代。生物多样性指的是地球上生物圈中所有的生物,即动物、植物、微生物,以及它们所拥有的基因和生存环境。它包含三个层次:遗传多样性、物种多样性和生态系统多样性。公约规定:发达国家应以赠送或转让的方式向发展中国家提供新的补充资金以补偿它们为保护生物资源而日益增加的费用,应以更实惠的方式向发展中国家转让技术,从而为保护世界上的生物资源提供便利;签约国应为本国境内的植物和野生动物编目造册,制订计划保护濒危的动植物;发达国家建立金融机构以帮助发展中国家实施清点和保护动植物的计划;使用另一个国家自然资源的国家要与那个国家分享研究成果、盈利和技术。

(六)《控制危险废物越境转移及其处置巴塞尔公约》

《控制危险废物越境转移及其处置巴塞尔公约》(*Basel Convention on the Control of Transboundary Movements of Hazardous Wastes and their Disposal*,简称《巴塞尔公约》)于 1989 年 3 月 22 日在联合国环境规划署于瑞士巴塞尔召开的世界环境保护会议上通过,1992 年 5 月正式生效。到 2018 年 10 月,已有 186 个缔约方。中国于 1990 年 3 月 22 日在该公约上签字。

《巴塞尔公约》旨在遏止越境转移危险废料,特别是向发展中国家出口和转移危险废料。公约要求各国把危险废料数量减到最低限度,用最有利于环境保护的方式尽可能对其进行就地储存和处理。危险废料指国际上普遍认为具有爆炸性、易燃性、腐蚀性、化学反应性、急性毒性、慢性毒性、生态毒性和传染性等特性中一种或几种特性的生产性垃圾和生活性垃圾,前者包括废料、废渣、废水和废气等,后者包括废食、废纸、废瓶罐、废塑料和废旧日用品等,这些垃圾给环境和人类健康带来危害。

《巴塞尔公约》明确规定:如出于环保考虑确有必要越境转移废料,出口危险废料的国家必须事先向进口国和有关国家通报废料的数量及性质;越境转移危险废料时,出口国必须持有进口国政府的书面批准书。《巴塞尔公约》还呼吁发达国家与发展中国家通过技术转让、交流情报和培训技术人员等多种途径在处理危险废料领域中加强国际合作。1995 年 9 月 22 日,100 多个国家的代表在日内瓦通过了《巴塞尔公约》的修正案。修正案禁止发达国家以最终处置为目的向发展中国

世界观察:是谁在输出危险废料?

家出口危险废料，并规定发达国家在 1997 年年底以前停止向发展中国家出口用于回收利用的危险废料。

（七）《保护臭氧层维也纳公约》与《关于消耗臭氧层物质的蒙特利尔议定书》

1985 年 3 月，联合国环境规划署在奥地利维也纳组织召开了“保护臭氧层外交大会”，28 个国家通过并签署了《保护臭氧层维也纳公约》（*Vienna Convention for the Protection of the Ozone Layer*，简称《维也纳公约》），该公约于 1988 年 9 月生效。截至 2020 年 9 月，已经有 198 个国家或地区加入这一公约。

《维也纳公约》申明了臭氧层变化可能对人类健康和环境产生有害的影响，指出保护臭氧层需要国际合作与行动，并依靠科学技术的发展。《维也纳公约》要求各国采取法律、行政、技术等方面的措施保护人类健康和环境，减少臭氧层破坏的影响，并鼓励政府间在研究和有计划地观测臭氧层、监督 CFC（氟氯烃）的生产和信息交流等方面开展合作。尽管该公约只是一项框架性协议，不包含任何具有法律约束效力的控制目标，但《维也纳公约》在保护臭氧层国际合作中所起到的历史作用仍是巨大且不可替代的。

1987 年 9 月，由联合国环境规划署组织的“保护臭氧层公约关于含氯氟烃议定书全权代表大会”在加拿大蒙特利尔召开，会议通过了《关于消耗臭氧层物质的蒙特利尔议定书》（*Montreal Protocol on Substances that Deplete the Ozone Layer*，简称《蒙特利尔议定书》）。《蒙特利尔议定书》具体规定了 5 种氯氟烃物质和 3 种哈龙物质的生产、使用控制时间表，并对缔约国中的发达国家和发展中国家赋予了不同的责任，是第一个反映发达与发展中国家承担不同义务的国际环境公约。此后，对《蒙特利尔议定书》的调整和修正主要是扩大了所控制物质的范围，加快了淘汰进程，先后将甲基溴、氟溴烃、含氢氟氯烃、溴氯甲烷等列入受控物质清单。

（八）《关于持久性有机污染物的斯德哥尔摩公约》

2001 年 5 月 23 日，在斯德哥尔摩，127 个国家的代表通过了直接关系到人类健康的《关于持久性有机污染物的斯德哥尔摩公约》（*Stockholm Convention on Persistent Organic Pollutants*，简称《POPs 公约》）并开放供各国签署。该公约旨在通过全球努力共同淘汰和消除持久性有机污染物（POPs）污染，保护人类健康和环境免受 POPs 的危害。POPs 是指持久存在于环境中，通过食物网积聚，并会对人类健康及环境产生不利影响的化学物质，是一类具有环境持久性、生物累积性、长距离迁移能力和高生物毒性的特殊污染物。公约于 2004 年 5 月 17 日正式生效，是继《保护臭氧层维也纳公约》和《联合国气候变化框架公约》之后，第三个具有强制性减排要求的国际公约，是国际社会对有毒化学品采取优先控制行动的重要步骤。截至 2018 年 6 月，已有 182 个国家或区域组织签署了《POPs 公约》。中国是 2001 年 5 月 23 日首批签署公约的国家之一。

《POPs 公约》规定，各缔约方应采取必要的法律和行政措施，以禁止和消除会排放 POPs 的产品的有意生产及其使用，并严格管制其进出口；促进最佳实用技术和最佳环境实践的应用，以持续减少并最终消除无意排放的 POPs；查明并以安全、有效和对环境无害化方式处置 POPs 库存及废弃物。

《POPs 公约》列出的首批受控名单共有三类、12 种 POPs：第一类是有意生产的有机氯杀虫剂，包括滴滴涕、氯丹、灭蚁灵、艾氏剂、狄氏剂、异狄氏剂、七氯、毒杀酚；第二类是有意生产的工业化学品，包括六氯苯和多氯联苯；第三类是无意排放的工业生产过程或燃烧生产的副产品，包括二噁英（多氯二苯并-p-二噁英）、呋喃（多氯二苯并呋喃）。

第三节 国际认证

一、企业社会责任与SA 8000

企业社会责任(corporate social responsibility,CSR)的概念和理论历经了一个长期发展的过程。企业社会责任是跨国公司在我国推行社会责任国际标准(SA 8000)认证时才引起国人的关注。事实上,"企业社会责任"的提法可以溯源到1899年美国钢铁集团公司创始人安德鲁·卡内基所著的《财富福音》一书。20世纪20年代,美国管理学者韦波林与程序学派的柯门斯提出"企业社会责任"主张,并得到学术界重视。① 1924年,欧利文·谢尔顿(Oliver Sheldon)提出"企业社会责任"的概念,并对其内涵作出阐述。② 迄今为止,企业社会责任的概念仍存在着分歧。③ 但是,本质上讲,企业社会责任不同于经济责任和法律责任,它是指企业作为社会的基本成员,基于经济伦理对其自身行为的自我约束。社会责任是影响企业发展的一种自律责任。

企业社会责任理论发展经历了三个阶段:第一阶段,20世纪30—40年代,主要是探讨企业经营者的职能问题。第二阶段,20世纪50—60年代,主要是探讨企业的慈善捐赠问题和深化经营者社会责任职能。第三阶段,20世纪70年代之后,按70年代、80年代和90年代划分,主要探讨的问题焦点依次为:公司是否应承担道德责任和社会义务,公司对利益相关者承担的社会责任,跨国公司是否应该做一个合格的"企业公民"。

世界观察

SA 8000认证全球概况

SA 8000,认证体系致力于为所有类型、所有行业和所有国家或地区的企业提供一个框架,使企业为劳动者创造公平和体面的环境开展工作。截至2021年4月,SA 8000在全球56个国家58个行业认证的企业数达4 729家,涵盖2 168 679名劳工。在认证企业或组织当中,排在首位的国家是意大利(1 309家),其次是印度(977家)和中国(606家),其他靠前国家的情况如表3-1所示。

表3-1 按国别分通过SA 8000认证的企业数及比例

认证国家(地区)	企业数	比例
意大利	1 309	28%
印度	977	21%
中国	606	13%
罗马尼亚	56	1.2%

① 田祖海.美国现代企业社会责任理论的形成与发展[J].武汉理工大学学报:社会科学版,2005,18(3):5.

② SHELDON O. The Philosophy of Management[M]. London: Sir Isaac Pitman and Sons Ltd., 1924: 70-99.

③ ARTHAUD-DAY M L. Transnational Corporate Social Responsibility: A Tri-Dimensional Approach to International CSR Research[J]. Business Ethics Quarterly, 2005, 15(1): 1-22.

续表

认证国家(地区)	企业数	比例
巴基斯坦	55	1.2%
以色列	63	1.4%
越南	118	2.6%

资料来源:SAI官方网站。

经统计,发达国家认证的企业占比接近50%,主要集中在西欧等资本、知识密集型国家。按产业划分范围看,认证企业大都属于制造业和服务业等发达国家具有比较优势的产业。发达国家以外,获得认证企业较多的国家是印度、中国和越南等外向型经济体。从长远的角度分析,SA 8000对劳动密集型产业重塑竞争力具有正向作用,出口企业需要申请SA 8000认证以迎合消费者和进口商,达到进入国际市场的目的。

资料来源:倪武帆,吕锫峰,邓思雨. SA 8000标准对我国纺织服装出口的影响——基于跨国面板数据的实证检验[J].现代商业,2022(30):87-90.

针对企业社会责任,各国际组织推出了不同的规范标准。SA 8000是全球第一个有关道德规范的国际标准。从实践操作层面看,国际组织和著名的跨国公司都推出了各自的社会责任衡量标准。《OECD跨国公司行为准则》(2000年修订版)规定,企业应以谋求可持续发展为前提,切实关注环境保护,鼓励竞争,反对垄断,抑制商业腐败等。联合国推行的《全球公约》(*Global Compact*)(2000年)要求商业领袖在各自的影响范围内遵守,支持以及施行一套在人权、劳工标准、环境及反腐败方面的十项原则。2014联合国全球公约报告指出,《全球公约》是世界最具影响力的公司社会责任公约,全球有遍布170多个国家的13 000多家企业参与其中,中国共有200余家企业和机构加入《全球公约》计划,名列全球第11位。1997年,总部设在美国的社会责任国际(Social Accountability International,SAI)联合欧美跨国公司和其他国际组织,制定了适用于企业实施的社会责任国际标准(Social Accountability 8000 International Standard, SA 8000)。SA 8000是根据《国际劳工组织公约》《世界人权宣言》及《联合国儿童权益公约》制定的,适用于世界各地、任何行业、不同规模的公司。其宗旨是确保生产商及供应商所提供的产品皆符合社会责任的要求。SA 8000对童工、强迫性劳动、健康与安全、结社自由及集体谈判权利、歧视、惩戒性措施、工作时间、报酬和管理系统九个方面的社会责任作出明确规定。SA 8000自1997年10月发布之后多次修订,最新版本于2020年正式发布。

SA 8000的主要特点有以下几点。① SA 8000不是政府行为,而是一种民间的认证。这一特性决定了它是企业共同自觉遵守的同盟协议,不带有强制性。加入者会受到社会的赞誉,产品也会受欢迎,因此市场力量是促使企业加入的主要因素。② SA 8000标准通常高于销售地法令标准的水平。③ SA 8000约束的对象主要存在于劳动领域,目的是废除工厂或企业不公正的、非人道的劳动惯例,防止企业通过压低劳动开支赢得国际竞争优势。④ SA 8000对发达国家和发展中国家的企业都有约束力。⑤ SA 8000有严格的认证制度。企业要取得资格必须接受严格的调查和检查,而且即使获得了资格,也要在六个月到一年的间隔期内接受定期检查。认证资格的有效期只有三年。

SA 8000 对中国企业国际市场营销的影响越来越直接。中国企业与各国跨国公司的贸易往来越来越多,无论是中国企业直接进入国际市场,还是跨国公司在中国进行的采购,SA 8000 已成为一个无法回避的条件。中国企业进行 SA 8000 认证,不仅可以改善自身的社会形象,赢得进口商和消费者的信赖,而且有助于自身管理行为的规范、劳资关系的协调、生产效率的提高,以及在国际市场竞争力的增强。

二、ISO 9000 质量管理体系标准

国际标准化组织(International Organization for Standardization,ISO)成立于 1947 年 2 月 23 日,是世界上最大的国际标准化专门机构,它的前身是 1928 年成立的"国际标准化协会国际联合会"。ISO 的宗旨是:"在世界上促进标准化及其相关活动的发展,以便于商品和服务的国际交换,在智力、科学、技术和经济领域开展合作。"截至 2020 年 7 月,ISO 有包括中国在内的 165 个成员(国家或地区)。

ISO 组织机构包括全体大会、主要官员、成员团体、通信成员、捐助成员、政策发展委员会、理事会、ISO 中央秘书处、特别咨询组、技术管理处、标样委员会、技术咨询组、技术委员会等,其最高权力机构是每年一次的全体大会,日常办事机构是中央秘书处,设在瑞士的日内瓦。ISO 通过它的 2 850 个技术委员会、分委员会及工作组和 30 000 名专家参加的国际化机构有效运转。截至目前,ISO 已经发布近 14 000 项国际标准、技术报告及相关指南,而且尚在不断增加之中,主要涉及各行各业各种产品(包括服务产品、知识产品等)的技术规范。为制定这些标准,平均每个工作日有 15 个 ISO 会议在世界各地召开。ISO 的工作引起了各国际组织的兴趣,535 个国际组织与 ISO 的技术委员会和分委员会建立了联络关系。为沟通信息,ISO 建立了情报网,已经有 82 个国家的标准信息中心向该网提供资料。该网络已经收入 500 000 件标准、技术法规和其他标准类出版物以及 10 750 个国际标准和 2 700 个国际标准草案。

1903 年,现代的第三方产品品质认证制度发源于英国,是由英国工程标准委员会(英国标准协会的前身)首创的。产品品质认证工作在 20 世纪 30 年代后发展很快。到了 50 年代,认证制度在所有工业发达国家基本得到普及。20 世纪 70 年代认证制度在第三世界的国家多数逐步推行。1971 年,ISO 成立了"认证委员会",1985 年更名为"合格评定委员会",该委员会促进了各国产品品质认证制度的发展。现在,全世界各国的产品品质一般都依据国际标准进行认证。国际标准中的 60%是由 ISO 制定的,20%是由 IEC① 制定的,20%是由其他国际标准化机构制定的。也有很多是依据各国自己的国家标准和国外先进标准进行认证的。我国在 1981 年 4 月成立了第一个认证机构——中国电子器件质量认证委员会。产品品质认证包括合格认证和安全认证两种。依据标准中的性能要求进行认证叫作合格认证,依据标准中的安全要求进行认证叫作安全认证。前者是自愿的,后者是强制性的。

ISO 在正式发布改版条文之前,会经过四大修改阶段。国际标准化组织表示,所有相关利益团体都可以提交反馈,经市场调查和全球企业意见回馈后,可推出新版条文。通常来说ISO 9000 系列逢 5 年进行小改,改版转换期限通常会设定为两年;另逢 10 年进行较大幅度的改版作业,

① IEC 即国际电工委员会,1906 年在英国伦敦成立,是世界上最早的国际标准化机构。IEC 主要负责电工、电子领域的标准化活动,而 ISO 负责除电工、电子领域之外的所有其他领域的标准化活动。

世界观察：ISO 9000 认证的流程和所需资料

改版转换期限通常会设定为 3 年。但每个改版之内容状况及转版期限仍会由每个版本实际的运作状况来决定。1987 年 ISO 9000 源自英国标准 BS 5750，此后，分别于 1994 年、2000 年、2008 年和 2015 年改版，ISO 9000：2015 已发展到国际标准版（International Standard，IS 版）。

ISO 9000 认证对于中国企业国际市场营销有重要的意义。国际标准化组织鼓励各行各业的组织采用新版标准来规范组织的质量管理，并通过外部认证来达到增强客户信心和减少贸易壁垒的作用。因此，ISO 9000 认证对于中国企业国际市场营销的作用有：第一，有助于强化品质管理，提高效益，增强客户信心，扩大市场份额；第二，有利于消除国际贸易壁垒，获得国际贸易“通行证”；第三，有利于节省第二方审核的精力和费用；第四，有助于在国际市场产品品质竞争中立于不败之地；第五，能有效地避免在国际市场上的产品责任；第六，有利于国际经济合作和技术交流。

三、ISO 14000 环境管理体系标准

ISO 14000 环境管理体系标准是国际标准化组织环境管理技术委员会（ISO/TC 207）组织编制的，其标准号从 14001 到 14100，共 100 个标准号，统称为 ISO 14000 系列标准。它顺应国际环境保护的发展，是依据国际经济与贸易发展的需要而制定的。ISO/TC 207 工作的宗旨是支持环境保护工作，改善并维持生态环境质量，减少人类各项活动所造成的环境污染，使之与社会经济发展相平衡，促进经济持续发展。主要工作范围是环境管理工具和体系方面的标准化。

在 1992 年 6 月 6 日联合国环境与发展大会上，可持续发展已成为各国环境的重要课题，大会通过《21 世纪议程》等文件。在此背景下，1993 年 6 月成立了 ISO/TC 207，正式开展环境管理工具及体系方面的国际标准化工作。ISO/TC 207 由来自五大洲的 80 个成员国和 16 个国际组织组成，中国是成员国之一。1996 年环境管理技术委员会推出 ISO 14000 系列国际标准。

ISO 14000 融合了世界上许多发达国家在环境管理方面的经验，是一种完整的、操作性很强的体系标准，包括制定、实施、实现、评审和保持环境方针所需的组织结构、策划活动、职责、惯例、程序过程和资源。ISO 14000 系列标准的用户是全球企业、政府、非营利性组织和其他用户，推出该系列标准的目的是规范所有组织的环境行为，以达到节省资源、减少环境污染、改善环境质量、促进经济持续与健康发展的目的。ISO 14000 系列标准对组织的活动、产品和服务从原材料的选择、设计、加工、销售、运输、使用到最终废弃物的处置进行全过程的管理。尽管ISO 14000 是自愿标准，但中国政府已将实施 ISO 14000 宣布为国家环境政策的目标。

ISO 14000 系列标准号从 14001 至 14100，其中 ISO 14001 是环境管理体系标准的主干标准，它是企业建立和实施环境管理体系并通过认证的依据。ISO 14001 中文名称是《环境管理体系规范及使用指南》，是组织规划、实施、检查、评审环境管理运作系统的规范性标准，内容包括环境方针、规划、实施与运行、检查与纠正措施、管理评审，目标是保证组织内部环境管理体系不断完善和提高。ISO 14000 最新版本为 2015 年推出的 ISO 14000：2015。到 2017 年，世界 171 个国家的 30 多万个机构都已经获得了 ISO 14001 认证。

中国企业进行 ISO 14000 认证能获得的收益是多方面的。一些著名的跨国企业已开始将 ISO 14000 作为对其供应商环境管理的考核标准。进行 ISO 14000 认证是中国企业突破贸易壁

垒、增强国际市场竞争力的有效手段。实施 ISO 14000 认证会在许多方面为企业带来明显的绩效：降低废弃物品管理的成本；节约资源和能源的消耗；提高企业在立法者、消费者和公众心目中的形象；提高信贷信誉，降低环境风险；为持续改进环境行为提供框架；树立优秀企业形象，获取国际贸易的"绿色通行证"；增强企业国际竞争力，扩大国际市场份额；等等。

世界观察：ISO 14000 认证现状

四、OHSAS 18000 职业健康安全管理体系标准

OHSAS 18000 职业健康安全管理体系标准（Occupational Health and Safety Assessment Series，OHSAS）是英国标准协会、挪威船级社等 13 个国际著名机构于 1999 年提出的，包括 OHSAS 18001《职业健康安全管理体系——规范》（*Occupational health and safety management systems——Specification*，OHSAS 18001）、OHSAS 18002《职业健康安全管理体系——OHSAS 18001 实施指南》（*Occupational health and safety management systems—Guideline for the implementation of OHSAS 18001*，OHSAS 18002）。职业健康和安全政策影响着一个组织的所有业务，职业健康安全管理体系（OHSAS）是 20 世纪 80 年代后期在国际上兴起的现代安全生产管理模式，它与 ISO 9000 和 ISO 14000 等标准规定的管理体系一并被称为后工业划时代的管理方法。推出 OHSAS 18000 的目的是用以现代管理科学理论为基础制定的管理标准来规范企业的职业健康安全管理行为，促进企业建立预防机制，控制事故的发生率，降低事故的危害性，保障人员的健康与安全。OHSAS 18001：2007 年版标准与 ISO 14000 和 ISO 9000 更加协调，融入了更加现代和行之有效的职业健康安全管理体系理念，并且其内容和定义更加科学、规范、合理、完善且更便于操作。

OHSAS 18000 产生的主要原因有两个。一是企业自身发展的要求。随着企业的发展壮大，企业必须采取更为现代化的管理模式，将包括质量管理、职业健康安全管理等管理在内的所有生产经营活动科学化、标准化和法律化。二是由国际一体化进程的加速进行而引起的。由于与生产过程密切相关的职业健康安全问题正日益受到国际社会的关注和重视，与此相关的立法更加严格，相关的经济政策和措施也不断出台和完善。在这样的背景下，20 世纪 80 年代，一些发达国家率先研究和实施职业健康安全管理体系活动，英国、美国、澳大利亚、日本、挪威的一些组织也制定了相关的指导性文件。国际标准化组织于 2018 年 3 月发布了 ISO 45001，ISO 45001 将逐步取代 OHSAS 18001，如果已经获得 OHSAS 18001 认证的组织想保留公认的认证，可以在 2021 年 3 月之前迁移到 ISO 45001。

ISO 9000、ISO 14000、OHSAS 18000 三个标准体系的相同或相似之处在于：第一，都是推荐采用的管理标准；第二，都采用相同的管理模式；第三，都有审核的内容，体系的原理都是 PDCA（计划—执行—检查—改进）循环；第四，都适用于各种类型的企业组织；第五，制定的宗旨都是通过管理体系的建立、实施和改进，对企业内的活动过程及要素进行控制和优化，达到预期的方针目标；第六，均可成为国际贸易准入的条件，有利于企业消除贸易壁垒，进入国际市场。三个标准体系也存在不同之处。一是对象不同。ISO 9000 建立的质量管理体系，其对象是顾客；ISO 14000建立的环境管理体系，其对象是社会和相关方；OHSAS 18000 建立的职业安全健康管理体系，其对象是员工。二是标准的级别不同。ISO 9000、ISO 14000 是 ISO 正式发布的国际性标准，而 ISO 未统一发布 OHSAS 18000，因此其不是国际性标准。三是要素内容完全不同，结构

不完全对应。四是主管部门不相同。在中国,ISO 9000 由技术监督部门主管,ISO 14000 由环境保护部门主管,OHSAS 18000 由安全生产监管部门主管。

若企业进行了 OHSAS 18000 认证,表明企业已经建立了职业健康和安全体系,在企业管理各方面都有所提高,从而可以增强企业的国际竞争力。企业进行 OHSAS 18000 认证的意义在于:第一,强化职业健康安全管理,提高管理水平;第二,减少职业安全卫生风险,实现永续经营;第三,改善内部管理,避免职业安全卫生问题所造成的直接和间接损失;第四,提升形象,增强市场竞争力;第五,顺应国际贸易的新潮流,避开贸易非关税壁垒。

中国之问与实践探索:大型能源央企融入全球油气体系的跨国经营管理

习近平总书记在党的二十大报告中强调:“推进高水平对外开放。依托我国超大规模市场优势,以国内大循环吸引全球资源要素,增强国内国际两个市场两种资源联动效应,提升贸易投资合作质量和水平。”中国石油天然气集团有限公司跨国经营践行“两个市场、两种资源”,国际竞争力持续提升,有效地推动了国内油气全产业链升级发展,切实保障了国家 8 能源安全。

大型能源央企融入全球油气体系的跨国经营管理

本章小结

在经济全球化的背景下,中国企业要“走出去”就必须熟悉全球国际市场的制度和规则。本章主要分析了经济全球化的发展趋势及其影响,讲述了 WTO 的发展历史及其制度框架,说明了对企业国际市场营销有直接影响的国际公约以及对企业国际竞争力有直接影响的国际认证。

思考题

1. 经济全球化的发展趋势是什么?
2. 中国加入 WTO 对企业“走出去”有何意义?
3. 可持续发展和环境保护将会对企业产生哪些影响?
4. 在东道国,跨国公司是否需要承担社会责任? 为什么?
5. ISO 9000、ISO 14000 和 OHSAS 18000 有何异同? 这些认证各有哪些意义?

开篇案例讨论

1. 中国企业越来越多地遇到技术性贸易壁垒,你对此如何评价?

2. 中国企业进入国际市场,必须熟悉哪些与知识产权相关的规则?

3. 中国企业应该如何应对技术性贸易壁垒?

本章即测即评

第三章
即测即评

网上练习

主题:中国企业的产品进入国际市场会遇到哪些全球环境问题?

步骤 1:教师明确或学生选择一家中国企业及其产品,通过网络搜索该企业及其产品涉及的 WTO 规则、国际公约、国际认证等相关信息资料。

步骤 2:阅读和分析资料,结合本章相关内容,分析归纳企业及其产品面临的主要问题。

步骤 3:根据 WTO 规则、国际公约、国际认证相关规定,提出企业的具体应对策略。

步骤 4:分析测算各个具体应对策略需要投入的资源,包括机构设置、人员编制、固定资产投资、资金投入、时间计划等。

步骤 5:根据以上分析,学生撰写和提交“××企业××产品全球环境分析报告”。

步骤 6:教师根据产品类型分组(若教师明确一种产品,则根据人数分组即可),将分析产品类似的学生分在一组交流讨论。学生相互启发、共同完善,形成大家认可的报告。

步骤 7:课堂上,各组最终报告进行交流,教师进行适当点评和指导。

国际市场营销技能训练

主题:知识产权纠纷责任在谁?

步骤 1:教师明确一个国际商标纠纷或国际知识产权保护案例,并为学生提供案例的背景资料,或者相关网络资源。

步骤 2:教师将班级学生分成 4 个小组(每组最好 5~7 人),规定 4 个小组的角色分别为诉讼方、被告方、法官、消费者,并且各组只能按照规定角色进行思考和决策。

以下各个步骤进行中,教师需要注意和纠正各小组与角色不符的言论和决策。各小组需要明确所依据的国际规则、国家法律及其合理性。

步骤 3:课堂下,各个小组分别根据其角色分析案例资料,进行交流讨论,形成该角色维护自身利益或职责的观点和论据。

步骤 4:课堂上,诉讼方和被告方小组分别用 5 分钟左右的时间介绍其基本观点和论据。

步骤 5:课堂上,法官和消费者针对诉讼方和被告方的基本观点和论据,提出质询,相应的小组进行回答。

步骤 6:课堂上,法官宣布判决结果,诉讼方和被告方对结果进行质疑,法官根据法律依据进行回答。消费者针对此结果进行评论，提出其基本观点和依据。

步骤 7：教师和学生共同分析总结国际商标或国际知识产权保护中的主要问题、成因及中国企业的应对策略。

推荐读物

☆ 第四章
国际市场营销的区域环境

本章学习目标

- 了解区域经济集团化的发展历程和现状
- 掌握区域经济集团的形式及其特点
- 熟悉中国参与区域经济合作的目的和现状
- 熟悉欧盟等主要区域经济集团的发展变化
- 认识世界上主要的新兴市场及其特点
- 思考新兴市场营销的特殊性及挑战

本章主要概念

区域经济集团化(regional economy collectivization)　优惠贸易安排(preferential trade arrangements)　自由贸易区(free trade area)　关税同盟(customs union)　共同市场(common market)　经济联盟(economic union)　完全经济一体化(complete economic integration)　欧洲联盟(European Union)　北美自由贸易区(North American Free Trade Area)　东南亚国家联盟(Association of Southeast Asian Nations)　中国-东盟自由贸易区(China-ASEAN Free Trade Area)　亚太经济合作组织(Asia-Pacific Economic Cooperation)　大型新兴市场(big emerging markets)　金砖国家(BRICS)

开篇案例

中国-东盟自由贸易区

区域环境是企业"走出去"区位决策的一个重要决定因素,全球区域环境正在发生着深刻的变化。党的二十大报告指出,"推动共建'一带一路'高质量发展","一带一路"建设为中国企业国际化提供了广阔的商业平台,中国-东盟自由贸易区是中国"一带一路"建设发展最快的区域之一,金砖国家(BRICS)等区域经济集团发展同样为中国企业提供了新的机遇。这些区域环境变化将如何影响中国企业国际化的区位抉择?

中国-东盟自由贸易区

第一节　区域经济集团化的发展及其影响

一、区域经济集团化的发展及特点

（一）区域经济集团化的发展

区域经济集团化又称区域经济一体化，在经济领域最初用来表示企业之间各种形式形成的经济联合体。20 世纪 50 年代初，人们开始用“区域经济一体化”来表示各国在经济上结合起来形成一个经济联合体的趋势或过程。区域经济集团化（regional economy collectivization）是指成员国相互取消贸易障碍，进行某种程度的合作与协作，以促进参与国之间的贸易经济发展。

4.1 区域经济集团【登录“爱课程网”搜索“国际市场营销（崔新健）”观看视频】

区域经济集团化伴随着时代变迁在不断发展。第二次世界大战后的 20 世纪五六十年代，随着世界政治和经济发展的不平衡，区域经济集团化组织也开始出现。1949 年 1 月，苏联和东欧国家成立了经济互助委员会；1958 年 1 月 1 日，由法国、联邦德国、意大利、比利时、荷兰和卢森堡 6 国组织的欧洲经济共同体（European Economic Community）正式成立；1960 年，英国联合瑞典、丹麦、挪威、瑞士、奥地利和葡萄牙建立了欧洲自由贸易联盟（European Free Trade Association）；发展中国家建立了 20 多个区域经济和贸易组织，诸如东南亚国家联盟、南亚地区合作组织、拉丁美洲一体化协会、海湾合作委员会、阿拉伯合作委员会等。20 世纪 60 年代，全球有 19 个区域经济集团组织；20 世纪 70 年代，数量增加到 28 个；进入 20 世纪 80 年代，达到 32 个。20 世纪 70 年代中期到 20 世纪 80 年代中期，一些区域经济集团化组织遭受挫折或解体，整个区域经济集团化发展处于停滞阶段。

20 世纪 80 年代中后期，区域经济集团组织开始迅猛发展，并成为世界经济发展的一大趋势。尤其进入 90 年代以后，区域经济集团化步伐进一步加快，在广度和深度方面都发展迅猛，广度方面突出表现在 20 世纪 90 年代区域经济集团如雨后春笋般建立起来。1948—1994 年世界先后出现过 109 个地区性经济合作组织，其中 2/3 是在 1990 年以后出现的，与此同时，原有区域经济集团的规模在不断扩大。深度方面以经济集团的组织形式高级化为重要标志，1999 年 1 月 1 日欧元区正式启动，欧洲一体化向纵深发展。

进入 21 世纪，区域经济集团化显示出更加突出的发展势头。20 世纪末期，世界范围内掀起了新一轮区域经济一体化浪潮，双边自由贸易协定和区域贸易协定大量涌现，世界贸易组织统计显示，截至 2018 年 7 月 10 日，世界贸易组织收到共计 739 个区域贸易协定（regional trade agreements，RTAs），已经生效 456 个。全球 GDP 排名前 30 位的国家或地区，无一例外参与了不同区域经济合作组织，几乎所有 WTO 成员都隶属于一个或多个区域经济合作组织。世界银行估算，平均每个发展中国家参加了 5 个区域贸易组织。一些传统对多边贸易体制过分依赖的国家也越来越将区域贸易协定作为其商业政策的中心，还有一些国家把区域政策作为与多边贸易体制并行不悖的政策目标，连一些微型国家和小岛国都不同程度地参与了所在地区的区域贸易协定。

（二）区域经济集团化的特点

1. 区域经济集团化与经济全球化并行发展

区域经济集团化和经济全球化在 20 世纪后期同时获得迅速发展。经济全球化过程虽然囊括了全世界，但经济全球化发展的不平衡促成了区域经济集团化的发展。首先，发达国家与发展中国家之间存在明显的不平衡，发展中国家在当今国际经济活动中所占份额无法与发达国家相比。其次，发达国家之间或发展中国家之间的发展也呈现不平衡。美国的经济实力相对削弱，而日本和西欧国家的实力则相对加强。发展中国家和地区之间的分化更为加剧。最后，由于地缘经济因素的作用，各地区内部经济关系与外部经济关系不平衡。各国因地理位置接近，交往方便，往往在历史上就有较密切的经济联系；位于同一地区的国家与其他相距遥远的国家经济联系相对较少。在经济全球化发展不平衡的背景下，各个地区相邻的国家为了提高国际竞争力和谈判实力，需要通过联合发挥地缘优势，而且由于联系密切、差异较小、交通便利等原因更易于寻找共同利益点，因此区域经济集团化趋势必然会得到加强。

2. 贸易大国热衷区域经济集团化，世界形成三大区域经济集团板块

冷战结束后，世界经济和国际经济关系领域中，以大国为中心的区域经济集团化趋势进一步增强，尤其是以欧盟、北美自由贸易区和亚太经合组织为代表，形成三大区域经济集团板块。美国等贸易大国带头搞区域经济集团，正在积极推动建立包括南、北美洲 34 个国家的美洲自贸区，并正在与亚洲、大洋洲、非洲的一大批国家谈判和签署自贸协定。欧盟除加快自身的经济集团化外，还与欧洲以外的很多国家商谈和建立自贸区，并已经启动了跟韩国的自贸协定谈判。日本正积极与许多国家和地区建立自贸关系，已经与泰国签订了自贸协定，启动了与澳大利亚、印度和韩国的自贸谈判。在全球相继出现的北美、南美、斯堪的纳维亚、欧洲/地中海、东亚五个发展相对比较成熟的功能性贸易区中，北美、欧洲和东亚成为三个核心贸易区，在国际贸易和世界经济发展中占有越来越重要的地位。

3. 区域经济集团的形式多样化，成员结构发生变化

区域经济集团不再表现为单一的模式，而是日益多样化。区域经济集团既有发达国家之间的联合，也有发展中国家之间的联合；既有多数国家之间的联合，也有少数国家之间的联合；既有相同类型国家之间的联合，也有不同类型国家之间的联合；既有成员之间紧密的制度性联合，也有成员之间松散的经济合作性联合。

4. 区域经济集团之间跨区域经济合作日益频繁

区域经济集团之间跨区域经济合作成为区域经济集团化新的趋势。在各区域经济集团组织内部一体化向纵深发展的同时，区域经济集团组织之间进行经济合作、加强跨区域经济联系的活动日益频繁。一些区域经济集团组织采取了开放性的做法，不再局限于区域内的国家间合作，而是开始积极寻求与区域外的一些国家或其他经济组织加强协作。

二、区域经济集团的形式与影响

(一)区域经济集团的形式

关于区域经济集团的形式,不同的学者有不同的分类依据,划分结果也不尽相同。英国经济学家彼得·罗布森(Peter Robson)将区域经济集团分为关税同盟、自由贸易区、共同市场、货币联盟和经济与货币联盟五种形式。经济学家贝拉·巴拉萨(Bela A. Balassa)将区域经济集团化的进程分为四个阶段:一是贸易一体化,即取消对商品流动的限制;二是要素一体化,即实行生产要素的自由流动;三是政策一体化,即在集团内达到国家经济政策的协调一致;四是完全一体化,即所有政策的全面统一。

区域经济集团的组织形式是基于各参加国的生产力发展和经济技术水平,以及它们所制定的发展目标要求而形成的。不同的组织形式反映经济集团化的不同发展进程,反映成员国之间贸易壁垒取消的程度以及经济相关联的深度和广度。经济学家理查德·利普塞(Richard Lipsey)根据生产要素流动程度的级别,将区域经济一体化分为以下6种等级递增的形式。

1. 优惠贸易安排

优惠贸易安排(preferential trade arrangements)是指成员国之间通过协定或其他形式,对全部商品或一部分商品实行特别的关税优惠。这是区域经济集团化最低级和最松散的一种形式。典型的有1932年英国与一些以前大英帝国的殖民地国家之间实行的英联邦特惠制。

2. 自由贸易区

自由贸易区(free trade area)是指由签订自由贸易协定(free trade agreement, FTA)的国家组成的贸易区。成员国之间废除关税与数量限制,实现区内商品完全自由流动,但各个成员国仍保留对非成员国的原有贸易壁垒,并且各自对内政策也是独立的。

3. 关税同盟

关税同盟(customs union)是指成员国之间完全取消关税及其他贸易壁垒,同时协调其相互之间的贸易政策,对非成员国实行统一的关税率而缔结的同盟。它在集团化程度上比自由贸易区更高一个层次。它除了包括自由贸易区的基本内容外,还在成员国之间建立统一的关税税率。结盟的目的在于使成员国的商品在统一后的市场上占据有利的地位,排除了非成员国商品的竞争,多少带有超国家的性质。典型的有欧洲经济共同体。

4. 共同市场

共同市场(common market)是指成员国之间以关税同盟作为基础和主要内容以外,进一步消除对生产要素流动的限制,使成员国之间不仅实现贸易自由化,而且实现技术、资本、劳动力等生产要素的自由流动。典型的如欧洲统一市场。

5. 经济联盟

经济联盟(economic union)是指在共同市场的基本内容上,成员国之间不但实现商品和生产要素的自由流动,建立起对外的共同关税,而且进一步协调内部的经济政策和社会政策,逐步消除各自政策方面的差异,同时强化超国家领导机构及其权力,从而制定和执行某些共同政策,并建立统一的货币制度和货币基金组织,从而实现一个庞大的经济实体。典型的如欧洲联盟。

6. 完全经济一体化

完全经济一体化(complete economic integration)也叫政治同盟(political union),是指区域内

各成员国在经济、金融、财政及国际贸易政策上实现完全的统一化，在国家经济决策中采取同一立场，区域内商品、资本、人员等完全自由流动，使用共同货币。这是区域经济集团化的最高形式。

这6种区域经济集团化形式的基本特征与区别如表4-1所示。

表4-1 各种区域经济集团化形式的特征与区别一览表

特征形式	相互贸易优惠	相互自由贸易	对外共同关税	生产要素自由流动	经济政策相互协调	统一国家政治政策
优惠贸易安排	是	否	否	否	否	否
自由贸易区	是	是	否	否	否	否
关税同盟	是	是	是	否	否	否
共同市场	是	是	是	是	否	否
经济联盟	是	是	是	是	是	否
完全经济一体化	是	是	是	是	是	是

（二）区域经济集团的影响

区域经济集团化作为一个全球突出的发展趋势正处在高速发展的过程中，并且随着覆盖面越来越广，它对世界经济的影响也越来越深刻。

1. 推动世界经济格局走向多极化

区域经济集团化既是世界经济格局多极化的基础，又是世界经济格局多极化的表现形式。冷战结束后，由于世界经济的不平衡发展，德国和日本经济迅速崛起，发展中国家经济实力不断壮大，在国际事务中的发言权越来越大。随着欧盟东扩、北美自由贸易区以及亚太经合组织制度化，世界经济三足鼎立的局面逐渐清晰，再加上独联体同盟不断深化和亚、非、拉区域性经济集团（组织）逐步发展，世界经济格局正朝着多极化方向发展。世界经济格局多极化是区域集团化的必然结果，而区域经济集团化必将加快世界由单极向多极的转变过程。

2. 区域经济集团之间竞争与协调的重要性增加

区域经济集团导致国际竞争与协调由国家间转向区域经济集团组织间。建立区域经济集团已成为发达国家进行竞争、抗衡和划分世界势力范围的重要手段和方式。为了争夺世界市场，美国、欧盟、日本都在以邻国为基础组成区域经济集团，构筑各自的势力范围。欧盟率先采取行动，宣布建立统一大市场；美国和加拿大、墨西哥也签订协议，成立了自由贸易区；日本为了与之抗衡，积极谋划在亚洲建立经济圈。在经济全球化和区域经济集团化的形势下，发展中国家也在积极组建区域经济集团。从发展趋势看，虽然国际经济关系中主权国家之间的较量仍为主体，但是区域经济集团之间的竞争与协调的重要性也在不断增加。

3. 促进区域经济集团的贸易发展

区域经济集团内部贸易壁垒逐步降低直至消除，将直接促进集团内部贸易的发展。集团内国际分工深化发展，使成员间经济上的依赖性加强，结果使集团内各成员国之间商品的营销条件比集团外成员更为有利。集团内国际分工使商品的营销渠道趋于稳定，加之推行的内外有别的关税和贸易政策，排斥非成员国的进入与竞争，从而提高了成员在集团内部的国际竞争力，集团内部贸易得到迅速的增长。这提高了成员国之间内部贸易在对外贸易中的比重，区域经济集团内的贸易得以优先发展，贸易出口增长率高于世界平均水平。

区域经济集团是一种国际竞争的新形态。区域经济集团内部的优惠措施具有排他性，这无疑增加了成员国与非成员国开展贸易的难度。所以区域经济集团外的国家，为了打进该集团的内部市场和适应集团市场对产品技术规格的需求，必须努力提高产品的竞争力，从而将国际贸易抬升到一个新的水平。

4. 推进区域经济集团内结构调整及经济发展

世界观察：空中客车：欧洲经济共同体的产物

在以市场经济为基础的区域经济集团市场内，取消关税壁垒与非关税壁垒无疑会使市场扩大，商品流通更加畅通，产品更新速度加快，同时也促进了生产要素在集团内部的自由流动，使生产要素得到更加合理的配置，各成员国的经济优势进一步得到发挥，区域内生产布局更趋合理，劳动分工进一步加深，促进了科学技术的国际协调和合作，加快了区域内部产业结构跨国界调整。区域经济集团通过协调发展，充分发挥了各个成员国的优势，为集团内的联合大生产创造了有利的条件，对成员国的经济发展也起到了促进作用。

三、中国参与区域经济合作的现状

中国一直致力于深化对外开放和区域经济合作的建设。十八届三中全会提出要以周边为基础加快实施自由贸易区战略，构筑立足周边、辐射“一带一路”、面向全球的高标准自由贸易区网络。十九大报告再次指出，要促进自由贸易区建设，推动建设开放型世界经济。作为 WTO 规则的例外，区域经济合作已成为当今世界经济发展的重要趋势，如果中国游离于区域经济合作之外，作为区域外国家必然会受到歧视，从而面临着原有市场被区域内成员挤占、新市场难以开拓的危险。2008 年国际金融危机爆发以来，国际社会在全球范围内的联动性和依存性更强，各国重新审视和反思了第二次世界大战后区域一体化进程的经验和教训，在理念和观念上有了新发展，更强调地区合作的地域开放性和领域协调性。国际社会日益接受区域合作应当更加开放的理念。许多国家认识到区域合作在某种程度上弥补了国际体系和秩序的不足，从而能更加有效地应对诸如金融危机、气候变化和恐怖主义等非传统安全威胁。因此，中国要在推进多边自由贸易合作的同时，推进区域自由贸易合作和双边自由贸易合作。

中国参与区域经济合作是一个从无到有、稳步发展的过程。1991 年，中国参加了亚太经合组织，这是中国参加的第一个区域经济论坛，是中国参与区域经济合作的开端。中国在 2001 年加入了《曼谷协定》（现更名为《亚太贸易协定》），这是中国参与的第一个区域贸易安排。中国签署的第一个真正意义上的自由贸易协定是 2004 年 11 月与东盟十国签署的自贸区《货物贸易协议》。2010 年 1 月 1 日，中国-东盟自由贸易区正式成立。到 2023 年年底，中国已与 29 个国家和地区签署了 22 个自由贸易协定。作为新时代中国对外开放的重要内容，自由贸易协定战略在促进中国对外贸易持续发展、拓展国际市场、参与国际经济规则制定以及构建地缘经济格局等方面具有积极效应。

中国参与区域经济合作具有自己的特点。首先，中国广泛地参与了各种区域经济合作。其次，中国参与区域经济合作，除贸易自由化外，还包括经济贸易政策对话、贸易投资便利化和经济技术合作。再次,中国参与区域经济合作,既有中央政府的大力推动,也有地方政府的积极参与。最后,中国参与区域经济合作的时间还不长,达成合作的数量有限,还没有涉及世界上主要经济体。

世界观察

中国参与区域经济合作的现状

通过签署自由贸易协定,中国与自由贸易伙伴实现了比 WTO 水平更高的相互开放。截至 2018 年 11 月底,中国共签署了 16 个自由贸易协定,涉及 24 个国家和地区,分别是中国与澳大利亚、韩国、瑞士、冰岛、哥斯达黎加、秘鲁、新加坡、新西兰、智利、巴基斯坦、格鲁吉亚、马尔代夫的双边自由贸易协定(FTA),中国与东盟 10+1 自由贸易协定。

2023 年,我国在自由贸易协定谈判和签署方面创造了一个新的历史纪录,新签署的协定达到 4 个,即与厄瓜多尔、尼加拉瓜、塞尔维亚签署自由贸易协定,并将与新加坡签署的自由贸易协定进一步升级为议定书,还和洪都拉斯实质性完成了自由贸易协定早期收获谈判。截至 2023 年年底,我国已经和 29 个国家和地区签署了 22 个自由贸易协定,占中国对外贸易总额的 1/3 左右。

资料来源:根据相关文献编写。

区域经济合作会促进贸易增长;会促成市场多元化,摆脱对传统市场的依赖;会减少消费者的开支,增加消费者的选择;会吸引外资,承接产业转移;会带动相关产业的发展,创造新的就业机会。从理论上讲,自由贸易区建立以后,因为双方的市场准入条件都得到了大幅度改善,可提供更多的优惠贸易待遇,贸易和投资环境更加规范、更加透明,所以中国企业进行贸易和投资会更加便利。实践中,企业只有充分利用这些优势和优惠条件,才能够真正抓住机遇,对企业发展产生真正的积极效应。根据通常惯例,自由贸易伙伴之间会减少和消除服务贸易和投资壁垒。但据统计,中国仍有 70% 的企业未能充分利用区域经济合作优惠。为此,企业需要注意:一是应及时掌握自由贸易谈判信息,充分利用政府网站及其各种信息渠道,关注中国参与区域经济合作的最新进展;二是企业应注意及时领取自由贸易区“身份证”,也就是优惠原产地证书,这是产品在进出口过程中享受自由贸易区优惠待遇的证明;三是应留意自由贸易区建成后对方政策体制的改善,比如海关、质检、投资环境等;四是应利用自由贸易区所提供的机遇“走出去”。

第二节　主要的区域经济集团及其规则

一、欧洲联盟

(一)欧洲联盟的形成过程

欧洲联盟(European Union,EU,简称欧盟),是由欧洲共同体(European Communities)发展而来的,是一个集政治和经济实体于一身、在世界上具有重要影响的区域一体化组织。1993 年欧盟正式诞生,总部设在比利时首都布鲁塞尔。

由欧洲共同体诞生演变到欧盟历经多年的发展。1951 年 4 月 18 日,法国、联邦德国、意大利、荷兰、比利时和卢森堡在巴黎签订了《建立欧洲煤钢共同体条约》(又称《巴黎条约》),1952年7月25日,欧洲煤钢共同体正式成立。1957年3月25日,这6个国家在罗马签订了《建立欧洲经济共同体条约》和《欧洲原子能共同体条约》,二者统称《罗马条约》。1958年1月1日,欧洲经济共同体和欧洲原子能共同体正式组建。1965年4月8日,6国签订的《布鲁塞尔条约》决定将三个共同体的机构合并,统称欧洲共同体,但三个组织仍各自存在,具有独立的法人资格。1967年7月1日《布鲁塞尔条约》生效,欧洲共同体正式成立。1973年后,英国、丹麦、爱尔兰、希腊、西班牙和葡萄牙先后加入欧洲共同体,成员国扩大到12个。欧洲共同体12国间建立起关税同盟,统一外贸政策和农业政策,创立了欧洲货币体系,并建立了统一预算和政治合作制度,逐步发展成为欧洲国家经济、政治利益的代言人。1991年12月11日,欧洲共同体马斯特里赫特首脑会议通过了以建立欧洲经济货币联盟和欧洲政治联盟为目标的《欧洲联盟条约》,又称《马斯特里赫特条约》。1993年11月1日,《欧洲联盟条约》正式生效,欧洲共同体更名为欧盟,这标志着欧洲共同体从经济实体向经济政治实体过渡。

欧盟的成员国在不断增加。1995年,奥地利、瑞典和芬兰加入,使欧盟成员国扩大到15个。2004年5月1日,塞浦路斯、匈牙利、捷克、爱沙尼亚、拉脱维亚、立陶宛、马耳他、波兰、斯洛伐克和斯洛文尼亚10个中东欧国家正式成为欧盟的成员国。这是欧盟历史上规模最大的一次扩充,此次扩充后的欧盟成员国增加到25个,总体面积扩大近74万平方千米,人口从约3.8亿增至约4.5亿,整体国内生产总值增加约5%,从9万多亿美元增加到10万多亿美元,经济总量与美国不相上下。2013年7月1日,克罗地亚成为欧盟正式成员国,欧盟成为一个涵盖28个国家的世界上经济实力最强、一体化程度最高的国家联合体。2020年英国脱欧后,欧盟现拥有27个成员国。

(二)英国脱离欧盟

英国脱欧(Brexit)是指英国现时已采取的政治行动用以推动英国脱离欧洲联盟,使英国不再受欧盟法律、欧洲单一市场及若干自由贸易协定约束,并可取回对移民政策的控制权。1973年1月1日,英国加入欧洲共同体,1975年全民公投确认了英国成为欧共体成员国。20世纪70年代和80年代,脱欧提议主要由工党和工会人员提出。从20世纪90年代起,主要提议者是新成立的英国独立党和保守党的脱欧派。在2016年6月23日的全民公投中,有51.9%的英国选民投票支持离开欧盟。支持脱欧的包括英国脱欧党、英国独立党、多数保守党与少数工党的支持者。公投后,促成英国国内立法通过《退出欧盟法案》(*European Union (Withdrawal) Act* 2018),该法案已由英国女王签署并生效。根据该法案,英国将在2019年3月29日23时退出欧盟。但是,英国脱欧进程坎坷。2017年3月29日,英国首相特雷莎·梅领导的英国政府正式触发《欧洲联盟基本条约》第五十条,不论是否与欧盟达成协议,英国将于2019年3月29日正式离开欧盟。特雷莎·梅辞职后,新任英国首相约翰逊继续推进英国脱欧,最终与欧盟达成协议。2020年1月31日,英国正式脱欧,进入脱欧过渡期。

世界观察:英国脱欧大事记

(三)欧洲联盟的组织结构及规则

欧盟包括以下几个主要机构。① 欧洲议会(European Parliament),是直选产生的民意机构,联盟的监督和咨询机构,所通过的决议一般没有法律约束力,但有部分预算决定权,可以否定委员会的预算草案并要求提出新方案,还可以以2/3多数弹劾欧洲委员会。② 欧洲委员会(European Commision),是欧盟执委会,负责实施欧盟条约和欧盟理事会做出的各项决定,向理事会和欧洲议会提交报告和决议草案,处理欧盟日常事务,代表欧盟对外联系和谈判。在欧盟共同外交和安全政策方面,只有建议权和参与权。③ 欧盟理事会(Council of European Union),是一个由来自欧盟成员国各国政府部长所组成的理事会,是欧盟的主要决策机构之一。欧盟理事会的主要任务是协调欧盟各个国家间事务,制定欧盟法律和法规。理事会的另一主要权利体现在货币方面,它负责引导利率方面的政策。④ 欧洲法院(European Court of Justice),是欧盟最高仲裁机构,以欧盟规章法律为准绳,负责维护欧盟所有决议的执行,保障欧盟规章得到尊重,并对条约和规章作出终裁性解释,审理和裁决在执行欧盟条约和有关规定中与成员国同类规定相矛盾的各种争议。法院设在卢森堡。⑤ 欧洲审计院(European Court of Auditors),负责审查欧盟收支状况,审计欧盟各机构的财务,确保欧盟财政的正常管理。审计院设在卢森堡。

欧盟的规则主要有以下几个方面。

第一,统一货币政策。1992 年的《欧洲联盟条约》决定在 1999 年 1 月 1 日开始施行单一货币欧元,并在实行欧元的国家实施统一货币政策,从 2002 年 1 月 1 日起,欧元货币正式流通。截至 2020 年,欧元区共有 19 个成员国:奥地利、比利时、塞浦路斯、爱沙尼亚、芬兰、法国、德国、希腊、爱尔兰、意大利、拉脱维亚、立陶宛、卢森堡、马耳他、荷兰、葡萄牙、斯洛伐克、斯洛文尼亚和西班牙。欧元区共有超过 3.3 亿人口。在欧元区内,欧洲中央银行是最高货币权力机构,其总部设在德国的法兰克福。欧元区的货币政策通过欧洲中央银行体系予以实施,保持价格稳定和维护中央银行的独立性是欧洲中央银行的两个主要原则。欧洲中央银行货币政策战略的核心就是要对物价目标给予明确的量化规定,同时通过对主要中间目标的选取,有效地运用货币政策进行调控,确保最终目标的实现。

第二,财政预算政策。《欧洲联盟条约》规定了成员国的财政赤字和公共债务占国内生产总值(GDP)的比重分别不能超过 3%和 60%的总原则,1997 年 6 月执行的《稳定与增长公约》对这一原则做了更详细的规定。《稳定与增长公约》由《欧盟理事会关于稳定与增长公约的决议》《欧盟理事会关于加强预算状况监督和加强经济政策监督与协调的规定》和《欧盟理事会关于加快实施过度财政赤字程序和对有关问题说明的规定》(一个“决议”和两个“规定”)组成,它们对成员国财政预算政策的制定、协调、监督和惩罚做出了明确的规定和说明,形成了欧盟财政预算政策的基本框架。

第三,地区发展政策。欧盟的地区发展政策是欧盟为促进各地区经济和社会均衡发展而采取的法律、经济和行政措施的总和。一方面,欧盟的每一项经济政策会对各成员国的经济发展产生影响;另一方面,各成员国的经济政策都可以看作欧盟的地区政策。地区政策主要包括结构基金、团结基金、金融手段、行政措施四大方面。

第四,共同农业政策。共同农业政策的目标包括农业收入目标、农产品市场目标、农业结构目标和农村发展目标,具体内容在发展中不断深化和具体化,主要包括:促进技术进步,保证农业合理生产和对生产要素特别是劳动力的充分利用,提高农业生产率;在不断提高农业劳动生产率的基础上,增加农民收入,保证农民合理的生活水平;稳定农产品市场,保障供应的可靠性,为消费者提供价格合理的农产品;保护生态环境和动物生存环境,保证食品安全;进行农业结构调整,促进农村经济和社会全面发展。

世界观察：香肠、巧克力都一样吗?

第五，标准化政策。协调欧洲的标准化和认证程序是欧洲统一市场的一项重要任务。1985年欧盟理事会通过的《技术协调和标准化新方法》就事关安全、健康等的产品的技术要求以指令形式做出了法律的规定，并指派欧盟的标准化机构CEN、CENELEC和ETSI制定相应的标准，发布了20个产品指令，主要包括玩具安全、机械安全、压力设备、个人保护设施等涉及安全和健康的产品。目前，欧盟在国际标准化领域的地位是其他任何国家难以抗衡的。

二、北美自由贸易区

1994年1月1日，《北美自由贸易协定》正式生效，标志着北美自由贸易区（North American Free Trade Area，NAFTA）诞生。1989年1月1日，美国和加拿大两国签署了《美加自由贸易协定》。经过长期谈判，美国、加拿大及墨西哥三国于1992年8月12日签署了《北美自由贸易协定》，该协定于1994年1月1日正式生效。北美自由贸易区拥有4.5亿人口，国民生产总值约17.3万亿美元，年贸易总额1.37万亿美元，其经济实力和市场规模都超过欧盟，是当时世界上最大的区域经济一体化组织。2018年9月30日，美国、墨西哥和加拿大就更新《北美自由贸易协定》达成一致，新的贸易协定被命名为《美国-墨西哥-加拿大协定》（*United States-Mexico-Canada Agreement*，USMCA）简称《美墨加协定》，亦被称为“北美自由贸易协定2.0”。

北美自由贸易区的宗旨在《北美自由贸易协定》第1章第2条有明确的阐述：① 消除缔约方之间货物与服务贸易的障碍，便利缔约方之间货物与服务的流动；② 促进自由贸易区内的公平竞争；③ 实质上增加缔约方境内的投资机会；④ 在第一缔约方境内为知识产权提供充分有效的保护，并使其能够得到强制执行；⑤ 为《北美自由贸易协定》的使用和实施、北美自由贸易区的共同管理和缔约方之间争端的解决建立有效的程序；⑥ 为进一步发展三个缔约方之间的、区域间的和多边的合作建立机制，以扩大和提高北美自由贸易区协定项下的利益。为了实现上述宗旨，协定确立了国民待遇原则、最惠国待遇原则、透明度原则三项基本原则。这三项原则贯穿于整个协定之中，从而最终保证区内贸易自由化的实现。协定一共包括19个主要条款，约2万条规定，主要包括关于货物贸易的规定、公共部门的采购制度、关于服务贸易和投资的规定、关于知识产权的界定、解决争端的程序规定几个部分。

北美自由贸易区有一套固定的运行机制以及宏观经济政策的定期协商机制，其组织机构由自由贸易委员会、秘书处、专门委员会、工作组和专家组几个部分组成。① 自由贸易委员会是最高级别的机构，由三国负责国际贸易的部长组成，每年至少召开一次会议，委员会主席由各成员国轮流担任。自由贸易委员会负责定期评审三国间的贸易关系，研究特定问题，监督检查自由贸易协定的实施，并根据协定条款解决纠纷。② 秘书处是一个独立的机构，下设加拿大、墨西哥和美国分部门，每个部门由一个国家秘书领导，并在各国首都设立办公室。秘书处负责对《北美自由贸易协定》中争端解决条款进行公平管理，它对自由贸易委员会负责，协助自由贸易委员会和工作组工作，为协定的运行提供便利条件。③ 专门委员会是在自由贸易委员会下设的专门负责某一领域事项的委员会，包括商品贸易委员会、服装贸易委员会、农业贸易委员会、卫生及检疫卫生措施委员会、有关标准实施委员会、小型商业促进委员会、金融服务业委员会和私人商务纠纷咨询委员会。这些专门委员会在各自领域发挥着具体的职能。④ 工作组和专家组的职能主要是解决某一领域的专业问题，并就此向自由贸易委员会、专门委员会和仲裁庭提供咨询意见。自由贸易委员会建立的工作组主要有原产地规则工作组（海关分工作组）、农业工作组、美国和墨西哥双边工作组、加拿大和墨西哥双边工作组、贸易工作组、临时入境工作组。工作组由5人组成，通常工作组成员的构成是双边的，即由争端双方贸易部长在与对方协商的基础上任命两名小组成员，而第5个成员则可来自两国中的任一国，通常轮流任命。在争端双方要求小组评审的请求递交后315天内，工作组必须做出最终决议。

《北美自由贸易协定》的签订，对北美各国乃至世界经济都产生着重大的影响。虽然北美自由贸易区在美国、加拿大、墨西哥这三个经济发展水平不同的国家之间建立，不同于一体化程度极高的欧盟，但是《北美自由贸易协定》又超出了传统贸易制度的调整范围。这为区域经济集体化组织创造了新的模式，为发达国家与发展中国家的经济合作开创了先例。

世界观察：《美墨加协定》的变化

三、东南亚国家联盟

东南亚国家联盟（Association of Southeast Asian Nations，ASEAN，简称东盟），前身是马来西亚、菲律宾和泰国于1961年7月在曼谷成立的东南亚联盟。1967年8月，印度尼西亚、马来西亚、菲律宾、新加坡和泰国的外交部部长在曼谷举行会议，正式宣布成立东南亚国家联盟，从而取代原先的东南亚联盟，并由以前的军事结盟转向经济合作。这样，东南亚国家联盟就转变成为一个区域性的经济合作组织。1976年，在巴厘岛举行的东盟第一次首脑会议签署了《东南亚友好合作条约》和《东南亚国家联盟协调一致宣言》，也就是《巴厘第一协约宣言》，确定了东盟的宗旨和原则，成为东盟发展的重要里程碑。之后，文莱（1984年）、越南（1995年）、老挝和缅甸（1997年）、柬埔寨（1999年）陆续加入东盟。截至2023年，东盟成员国包括菲律宾、马来西亚、泰国、新加坡、文莱、印度尼西亚、越南、缅甸、老挝和柬埔寨10国，总面积约450万平方千米，人口约6.72亿。东盟秘书处设在印度尼西亚首都雅加达。东帝汶、巴布亚新几内亚为东盟观察员国。

东盟的宗旨和目标在《东南亚国家联盟成立宣言》中有明确的阐述：① 以平等与协作精神，共同努力促进本地区的经济增长、社会进步和文化发展；② 遵循正义、国家关系准则和《联合国宪章》，促进本地区的和平与稳定；③ 促进经济、社会、文化、技术和科学等问题的合作与相互支援；④ 在教育、职业和技术及行政训练和研究设施方面互相支援；⑤ 在充分利用农业和工业、扩大贸易、改善交通运输、提高人民生活水平方面进行更有效的合作；⑥ 促进对东南亚问题的研究；⑦ 同具有相似宗旨和目标的国际和地区组织保持紧密和互利的合作，探寻与其更紧密的合作途径。

东盟包括以下几个主要组织机构。① 首脑会议。首脑会议就东盟发展的重大问题和发展方向作出决策。2000年第四次非正式首脑会议决定取消正式与非正式之分，每年召开一次首脑会议。② 外长会议。它是制定东盟基本政策的机构，每年轮流在成员国举行。东盟外长还不定期举行非正式会议。③ 常务委员会。由各国外交部高官组成，并由当年东盟轮值主席国外长任主席，每两个月举行一次会议，主要就东盟外交政策进行讨论，并落实具体合作项目。④ 经济部长会议。它是东盟经济合作的决策机构，每年不定期地召开1~2次会议。⑤ 其他部长会议。此类会议包括财政、农林、劳工、能源、旅游等部长会议，不定期在东盟各国轮流举行，讨论相关领域的问题。⑥ 秘书处。它负责东盟各领域具体事务协调和规范。⑦ 专门委员会。专门委员会包括9个由高级官员组成的委员会，即工业、矿业和能源委员会，贸易和旅游委员会，粮食、

世界观察：中国–东盟自贸区建设进程回顾

农业和林业委员会，内政和银行委员会，交通运输委员会，预算委员会，文化和宣传委员会，科学技术委员会，社会发展委员会。⑧ 民间和半官方机构。此类机构包括东盟议会联盟、工商联合会、石油理事会、新闻工作者联合会、承运商理事会联合会、船东协会联合会、旅游联合会和博物馆联合会等。

四、亚太经济合作组织

亚太经济合作组织（Asia-Pacific Economic Cooperation，APEC，简称亚太经合组织）是覆盖亚太区域的重要组织，1989 年 11 月在澳大利亚堪培拉成立，当时有东盟 6 国、日本、韩国、澳大利亚、新西兰、美国、加拿大共 12 国外交和经济部长参加了会议。这次会议将亚太经济合作机制由民间、半官方性质推向官方、政府间的合作，成为官方论坛。1991 年的《汉城宣言》正式确立该组织的宗旨与目标：相互依存，共同受益，坚持开放性多边贸易体制和减少区域贸易壁垒。中国倡导的“相互尊重、协商一致”等 5 项合作原则已经成为 APEC 合作的基本原则。

APEC 成立后，成员数量不断增加，总体经济规模不断扩大。1991 年，APEC 韩国汉城（现名首尔）第三届部长级会议同时接纳中国、中国台北和中国香港为正式成员，中国作为主权国家，中国台北和中国香港作为地区经济体参加。截至 2023 年年底，亚太经合组织已拥有 21 个成员，包括中国、日本、韩国、中国台北、中国香港、泰国、越南、文莱、印度尼西亚、马来西亚、新加坡、菲律宾、澳大利亚、新西兰、巴布亚新几内亚、美国、加拿大、墨西哥、俄罗斯、智利、秘鲁。东盟秘书处、太平洋经济合作理事会和太平洋岛国论坛为该组织观察员，可参加 APEC 部长级及其以下各层次的会议和活动。APEC 接纳新成员需全部成员的协商一致。APEC 成员生产总值之和约占世界的 60%，贸易量约占世界的 47%，在全球经济活动中具有举足轻重的地位。

APEC 是经济合作的论坛平台，不同于其他经由条约确立的政府间组织，其运作是通过非约束性的承诺与成员的自愿，强调开放对话及平等尊重各成员意见。APEC 在促进成员的贸易投资自由化和经济合作方面，尤其是实施单边行动计划方面取得了较大成绩，使得各成员方在区域内的贸易依存度日益增大。但是，APEC 的作用也受到以下特点的限制：首先，在迄今为止的区域经济集团中，APEC 是成员最多的，成员的经济发展水平存在极大差异；其次，APEC 无固定的组织机构，自身的运行主要靠会议和协商，并沿用 WTO 规则，缺乏制度基础，强调非约束性；最后，APEC 具有“大组织中有小组织”的复合型结构，诸如东盟、北美自由贸易区和澳新自由贸易区等。

世界观察：APEC 贸易自由化进程中的重要里程碑

经过多年的发展，APEC 形成了领导人非正式会议、部长级会议、高官会、委员会、分委员会和工作组、秘书处等多个层次的工作机制。第一个层次是领导人非正式会议，每年下半年举行。第二个层次是部长级会议，于每年的领导人非正式会议前举行，由各成员的外交部部长（中国台北、中国香港除外）和经贸部部长出席。第三个层次是高官会，每年举行 3~4 次会议，一般由各成员副部、司局或大使级官员组成。高官会的主要任务是负责执行领导人和部长级会议的决定，并为下次领导人和部长级会议做准备。第四个层次是委员会。高官会下设贸易和投资委员会、经济委员会、高官会经济技术合作分委员会和预算管理委员会 4 个委员会，贸易和投资委员会负责贸易和投资自由化方面的工作，经济委员会负责研究本地区经济发展趋势和问题，高官会经济技术合作分委员会负责指导和协调经济技术合作，预算管理委员会负责预算、行政和管理方面的工作。第五个层次是分委员会和工作组。各委员会下分别设立分委员会和工作组,负责具体领域中的工作。其中贸易和投资委员会下设市场准入工作组、服务专家组、投资专家组、政府采购专家组、知识产权专家组、竞争政策和放宽管制专家组、商务人员流动专家组及标准一致化分委会和海关分委会。此外,1993 年 1 月 APEC 在新加坡设立秘书处,为 APEC 各层次的活动提供支持与服务。秘书处最高职务为执行主任,任期一年,由 APEC 当年的东道主指派。副执行主任由下届 APEC 会议东道主指派,一年之后成为执行主任。其中最重要的是领导人非正式会议,会议形成的领导人宣言是指导亚太经合组织各项工作的重要纲领性文件。

APEC 的规则主要集中于贸易投资自由化和便利化以及经济技术合作三个方面。1995 年日本大阪会议通过的《大阪行动议程》,基本上确立了 APEC 贸易投资自由化和便利化以及经济技术合作的内容框架。

第一,贸易投资自由化方面。《大阪行动议程》第一部分的"自由化"方面详细规划了 APEC 贸易投资自由化的主要内容,包括关税减让、非关税措施减少或消除、服务领域的市场准入、投资领域实行非歧视性原则。

第二,贸易投资便利化方面。《大阪行动议程》中涉及增加政策和标准的透明度、与国际标准接轨、增进 APEC 成员间信息交流、各项认证标准的相互承认等 11 个领域,在每个领域中又制定了各自的目标、行动准则和集体行动内容,具体包括标准化和一致化、海关程序、知识产权、竞争政策、政府采购、放松管制、原产地规则、争端调解、商业人员流动、乌拉圭回合结果执行、信息收集与分析。

第三,经济技术合作方面。APEC 的经济技术合作不同于传统的发展援助,是在自愿参与、主动倡议的基础上,实现互惠互利。APEC 倡导的经济技术合作是指由成员共同投入资源,共同分享利益,其中资源包括资本、技术、设备、人员等有形资源,也包括经验、专门知识、信息等无形资源。通过资源的双向流动、相互交流,使合作双方均能从中受益。APEC 经济技术合作强调"共同投入资源"和"共享利益",使参加 APEC 经济技术合作的各方成员都获益。与此同时,根据《大阪行动议程》确定的 13 个经济技术合作领域,APEC 马尼拉会议在各 APEC 成员提出各自选择的优先领域基础上,经协商重新整合确定了人力资源开发、基础设施、资本市场、科学技术、环保和中小企业 6 个优先经济技术合作领域。

第三节 新兴市场

一、主要的新兴市场及其特点

(一)主要的新兴市场

新兴市场已从全球经济的边缘走向中心,成为国际生产、贸易和金融不可分割的一部分。党的二十大报告强调"推动共建'一带一路'高质量发展"。截至 2023 年 6 月底,中国与 150 多个国家、30 多个国际组织签署了 230 多份共建"一带一路"合作文件。共建"一带一路"国家大多数是发展中国家,并涵盖了所有的大型新兴市场国家。据估计,未来二十年,将有 75%的世界贸易增长额发生在 130 多个发展中国家或地区。新兴市场的整体投资前景持续改善,吸引了海外直接投资及基金组合流入,将成为"一带一路"高质量发展的重要区位,包括亚洲、东欧、中东、非洲和拉丁美洲等在内的新兴市场,会呈现出更具吸引力的营商环境和经济增长,成为全球工商界的焦点。

4.2 新兴市场【登录“爱课程网”搜索“国际市场营销（崔新健）”观看视频】

大型新兴市场(big emerging markets,BEMs)的情形类似于第二次世界大战后的欧洲,当时由于战后重建而引起了巨大的市场需求。目前,大型新兴市场的消费市场已趋兴旺,为世界各国提供了巨大的机遇。但是与第二次世界大战后的情形相比竞争将更为激烈,因为日本、欧洲、新兴的工业化国家或地区和美国都在为争夺这些大型新兴市场而角逐。大型新兴市场国家人口占世界人口的一半;其国内生产总值为整个工业化国家的25%;进口额达到发达国家进口额的50%。美国商务部已将中国、印度、巴西、墨西哥、波兰、土耳其和南非等列为主要的大型新兴市场国家。大型新兴市场的名单并非固定不变,会随着国家环境及其经济状况的变化而发生变化。

世界观察

“一带一路”为新时期世界走向共赢带来中国方案

“一带一路”(The Belt and Road,B&R)是“丝绸之路经济带”和“21世纪海上丝绸之路”的简称。2013年9月和10月,中国国家主席习近平先后开创性提出共建“丝绸之路经济带”和“21世纪海上丝绸之路”的重大倡议。依靠中国与有关国家既有的双边与多边机制,借助既有的、行之有效的区域合作平台,“一带一路”旨在借用古代丝绸之路的历史符号,高举和平发展的旗帜,积极发展与合作伙伴的经济合作关系,共同打造政治互信、经济融合、文化包容的利益共同体、命运共同体和责任共同体。

“一带一路”倡议自提出以来不断拓展合作区域与领域,尝试与探索新的合作模式,使之得以丰富、发展与完善,但其初衷与原则却始终如一。“一带一路”合作范围不断扩大,合作领域更为广阔。2013—2022年,中国与共建国家进出口总额累计达到19.1万亿美元,年均增长6.4%;与共建国家双向投资累计超过3 800亿美元,其中中国对外直接投资超过2 400亿美元。它不仅给参与各方带来了实实在在的合作红利,也为世界贡献了应对挑战、创造机遇、强化信心的智慧与力量。

2023年11月29日,中国同约旦签署《中华人民共和国政府与约旦哈希姆王国政府关于共同推进丝绸之路经济带和21世纪海上丝绸之路建设的谅解备忘录》。至此,中国同全部22个阿拉伯国家和阿盟签署了共建“一带一路”合作文件。

资料来源:根据相关文献编写。

1. 拉丁美洲

拉丁美洲是美洲的一部分,狭义上包括了以拉丁语族(也称罗曼语族,主要是西班牙语、葡萄牙语和法语)语言为官方语言的美洲国家和地区;广义上包括了美国以南的全部美洲国家与地区。拉丁美洲拥有将近13%的地球陆地面积。2023年拉丁美洲的人口规模约为4.7亿人,2023年拉丁美洲的经济增长率为2.2%。拉丁美洲国家大都位于“一带一路”或签署了共建“一带一路”合作文件,包括墨西哥、危地马拉、洪都拉斯、尼加拉瓜、萨尔瓦多、哥斯达黎加和巴拿马等中美洲国家,巴西、阿根廷、智利、秘鲁、哥伦比亚、乌拉圭、巴拉圭、玻利维亚、委内瑞拉、圭亚那、苏里南和厄瓜多尔等南美洲国家,古巴、多米尼加、海地、牙买加、特立尼达和多巴哥、巴哈马、巴巴多斯、圣卢西亚、格林纳达、圣文森特和格林纳丁斯、安提瓜和巴布达、圣基茨和尼维斯、多米尼克、伊罗圭岛和马提尼克等加勒比海国家。这一地区主要使用西班牙语和葡萄牙语,主要的宗教是罗马天主教。

拉丁美洲正在进行市场经济体制的改革,积极融入经济全球化浪潮之中。在过去的三十多年里,拉丁美洲发生了巨大的变化,大多数国家不再实施军事独裁统治,取而代之的是经选举而产生的政府。同时,席卷而来的经济和贸易自由化正在取代拉丁美洲遵循数十年的经济模式。国有企业私有化及其他经济政策、货币政策和贸易政策的改革都表明其内向的进口替代政策和以往十分流行的保护主义政策发生了根本的转变。在绝大多数国家,市场经济和对外开放逐渐取代了以往的政策。

许多拉丁美洲国家的自由化程度几乎达到与亚洲在20世纪八九十年代经济开始成长时的水平。近几年,一些拉丁美洲国家开始注重发展地区的局部共同市场。许多专家认为,这些迹象表明拉丁美洲地区将形成一个大的自由贸易区。拉丁美洲进口自由化、地区内贸易组织低关税前景以及建立更加有效的地区性生产的潜力等,已经日益为跨国公司所关注。投资者将数十亿美元投资于制造业、航空公司、银行、公共事业及电信业等。基于其庞大的市场规模和丰富的资源,拉丁美洲一直被认为具有巨大的市场潜力。

世界观察

金砖国家

金砖国家(BRICS),源自巴西(Brazil)、俄罗斯(Russia)、印度(India)、中国(China)和南非(South Africa)的英文首字母。2001年,高盛公司首席经济师吉姆·奥尼尔首次提出"金砖四国"这一概念,用以特指世界新兴市场。2006年,巴西、俄罗斯、印度和中国四国外长在联合国大会期间举行首次会晤,开启金砖国家合作序幕。2011年,南非正式加入金砖国家,金砖国家扩为五国,英文名称定为BRICS。金砖五国国土面积占世界领土总面积26.46%,人口占世界总人口41.93%。据估算,2021年五国经济总量约占世界的25.24%,贸易总额占世界的17.9%。2022年,五国在世界银行的投票权为14.06%,在国际货币基金组织的份额总量为14.15%。

金砖国家遵循开放透明、团结互助、深化合作、共谋发展原则和"开放、包容、合作、共赢"的金砖国家精神,致力于构建更紧密、更全面、更牢固的伙伴关系。金砖国家合作机制成立以来,合作基础日益夯实,领域逐渐拓展,已形成以领导人会晤为引领,以安全事务高级代表会议、外长会晤等部长级会议为支撑,在经贸、财金、科技、农业、文化、教育、卫生、智库、友城等数十个领域开展务实合作的多层次架构,成为促进世界经济增长、完善全球治理、推动国际关系民主化的建设性力量。

我国国家主席习近平指出,发展是新兴市场国家和发展中国家的共同任务。面对当前各种风险挑战,加强新兴市场国家和发展中国家团结合作,比以往任何时候都更为重要。五国要同更多新兴市场国家和发展中国家开展对话交流,增进理解互信,拉紧合作纽带,加深利益交融,让合作的蛋糕越做越大,让进步的力量越聚越强,为实现构建人类命运共同体的美好愿景作出更大贡献。

2023年8月8日,南非国际关系与合作部部长(外交部部长)娜莱迪·潘多尔在新闻发布会上表示,23个国家的领导人已正式表达加入金砖国家的意愿。

2024年1月1日,沙特阿拉伯、埃及、阿拉伯联合酋长国、伊朗和埃塞俄比亚成为金砖国家正式成员国。

资料来源:根据相关文献编写。

2. 东欧

东欧包括巴尔干国家(阿尔巴尼亚、波黑、保加利亚、克罗地亚、北马其顿、罗马尼亚、斯洛文尼亚、塞尔维亚和黑山)、波罗的海国家(爱沙尼亚、拉脱维亚和立陶宛)、部分独联体国家、捷克、斯洛伐克、匈牙利以及波兰。这些国家基本都位于"一带一路"或签署了共建"一带一路"合作文件。这一区域主要的语言为俄语,主要信仰东正教和罗马天主教。

20 世纪 90 年代,东欧开始了巨大的经济变革,各国开始推行政治、社会和经济改革,这个拥有 3.38 亿人口的市场实施对外开放。在波兰、匈牙利、捷克、保加利亚等中东欧国家,大规模的基础设施建设随处可见,折射出这一地区的经济活力。据世界银行统计数据,2023 年与前一年相比,东欧国家中塞尔维亚(+4.7%)、马耳他(+4.6%)以及黑山(+4.4%)GDP 增长率最高,而爱沙尼亚(-2.4%)、捷克(-0.6%)和拉脱维亚(-0.5%)的 GDP 则有所下降,波兰 GDP 同比增长 0.2%、人均 GDP 超过两万美元,已达发达国家水平。但整个东欧的情况不能一概而论,因为东欧各国面临各自的经济问题,而且处于向市场经济过渡的不同阶段(见表 4-2)。随着经济增长,东欧不仅有低成本制造业的商机,而且是世界重要的新兴市场。

表 4-2 东欧市场区域基本市场指标

国家	人口/万人	GDP/亿美元	商品出口/亿美元	商品进口/亿美元	经商便利指数(2020 年)	人均 GDP/万美元	互联网用户比例(2022 年)/%
保加利亚	643	1 016	479	536	72	1.58	79
克罗地亚	385	827	249	432	73.6	2.15	82
捷克共和国	1 087	3 309	2 555	2 306	76.3	3.04	85
爱沙尼亚	137	407	197	230	80.6	2.97	91
匈牙利	959	2 124	1 610	1 560	73.4	2.21	90
拉脱维亚	188	436	224	271	80.3	2.32	91
立陶宛	287	778	426	484	81.6	2.71	88
波兰	3 669	8 112	3 815	3 701	76.4	2.21	87
罗马尼亚	1 906	3 510	1 006	1 319	73.3	1.84	86
斯洛伐克	543	1 328	1 173	1 135	75.6	2.45	89(2021 年)
斯洛文尼亚	212	682	730	714	76.5	3.22	89
阿尔巴尼亚	275	230	43	86	67.7	0.84	83
马其顿	183	148	8	1	80.7	0.81	83(2021 年)
黑山共和国	62	74	7	41	73.8	1.19	88
塞尔维亚	662	752	309	398	75.7	1.14	84

注:除标注栏目外,其他均为 2023 年数据;

资料来源:世界银行数据库。

东欧地区已成为当前世界上除中国及东南亚地区的几个国家之外经济发展最为迅速的地区。中东欧地区波兰、捷克、匈牙利、斯洛伐克、斯洛文尼亚、立陶宛、拉脱维亚、爱沙尼亚、罗马尼亚和保加利亚加入欧盟给这些国家提供了完全的市场准入机会,对促进这些国家的经济增长产生了积极作用,这些国家当前的对外贸易大约有70%是在欧盟内部市场进行的。据欧委会评估,欧盟东扩使新成员国的GDP每年增加了1.3%~2.1%。

东欧新兴市场是一个潜在的巨大市场。中东欧国家在欧洲长期被视为经济社会发展的“第二梯队”——体量小、起步晚、发展不平衡。但近年来,中东欧国家的自身优势逐渐显现。相对廉价的劳动力、比较宽松的生产环境,使中东欧地区成为西欧制造业转型升级的主要承接国,在制造业的带动下经济发展进入快车道。例如在捷克,约有35%的劳动力从事制造业,是欧盟国家中比例最高的。该地区发展速度较快的波兰、匈牙利、捷克、罗马尼亚等国,主要承接了西欧国家的汽车制造业,欧洲经济稳健之时,其经济发展就会更加迅速。整体营销水平的提高无疑是东欧国家促进经济发展的关键。但这些国家仍需推进市场经济的基础设施建设,建立起市场经济所需要的基础结构以及法律和契约架构,发展适合的商业文化。东欧的分销渠道基础比较薄弱,批发商有待发展,缺乏良好的仓储设施,在乡村零售点数量有限。很多东欧的消费者非常熟悉和信任西欧国家的产品品牌,因此西欧跨国公司生产的消费品在东欧市场上销售只需做很小的调整。

3. 亚太地区

亚太地区包括除了中东之外的所有亚洲国家以及澳大利亚和新西兰。亚太地区是共建“一带一路”地区中发展最快的区域。这个地区的人口约占世界人口的52%。主要语言是汉语和北印度语。整个亚太地区有数以百计的语言和方言,仅印度尼西亚就有365种独立的语言和方言。这一地区有佛教、印度教、儒教、道教和日本的神道教等很多不同的宗教。在这一文化多样性的地区,一些文化价值观会直接影响企业的市场营销。亚太地区部分国家和地区的概况见表4-3。

表4-3 亚太市场区域基本市场指标

国家	人口/万人	GDP/亿美元	商品出口/亿美元	商品进口/亿美元	经商便利指数(2020年)	人均GDP/万美元	互联网用户比例(2022年)/%
中国	141 071	177 948	33 800	25 568	77.9	1.26	76
日本	12 452	42 129	7 173	7 856	78	3.38	83(2021年)
韩国	5 171	17 128	6 322	6 426	84	3.31	97
文莱	45	151	91	63	70.1	3.36	98(2021年)
柬埔寨	1 694	318	235	244	53.8	0.19	60(2021年)
印度尼西亚	27 753	13 712	2 589	2 219	69.6	0.49	66
老挝	763	158	84	77	50.8	0.21	62(2021年)
马来西亚	3 431	3 996	3 128	2 658	81.5	1.16	97

续表

国家	人口/万人	GDP/亿美元	商品出口/亿美元	商品进口/亿美元	经商便利指数(2020年)	人均 GDP/万美元	互联网用户比例(2022年)/%
缅甸	5 458	648	136	156	46.8	0.12	44(2021年)
菲律宾	11 734	4 371	729	1 330	62.8	0.37	53(2021年)
新加坡	592	5 014	4 763	4 234	86.2	8.47	96
泰国	7 180	5 149	2 846	2 898	80.1	0.72	88
越南	9 886	4 297	3 538	3 258	69.8	0.43	79
澳大利亚	2 664	17 238	3 709	2 877	81.2	6.47	96(2021年)
新西兰	522	2 535	415	500	86.8	4.86	96(2021年)
印度	142 863	35 499	4 320	6 727	71	0.25	46(2021年)
孟加拉国	17 295	4 374	558	669	45	0.25	39(2021年)
中国台湾	2 342	7 560	4 324	3 514	80.9	3.23	84

注:除标注栏目外,其他均为 2023 年数据;

资料来源:世界银行数据库。

在过去的 40 年里,亚洲一直是世界上经济增长最快的地区,而且从长期来看,该地区也有较好的经济增长前景。亚洲“四小龙”——韩国、中国台湾、新加坡和中国香港创造了世界上最迅速的经济发展神话。中国、泰国、马来西亚和越南等国家经济的快速增长使亚太地区形成了新的巨大潜在市场。

印度是近年来受到关注的一个潜在的巨大市场。自从政治上完全脱离英国以来,印度开始了意义最为深远的改革。改革的方向就是要修改过去自给自足以至于走向极端的哲学,并提出要向世界开放市场。印度宣布的五点措施包括:改善投资环境;制定全面的 WTO 策略;改革农业、食品加工业和小企业;消除官僚作风;建立更好的公司治理制度。已经采取的措施包括:除了出售股票之外,对国有企业实施私有化改革;改变电信部门的管理权力,消除国有企业享有的垄断利益;与美国签署贸易协议,撤销全部的进口数量限制;继续进行对石油部门的改革;对外国直接投资开放国内长途电话、房地产业及零售业。

印度巨大的发展潜力对外国直接投资有着巨大的吸引力。2023 年印度人口已达到约 14.4 亿,联合国经济和社会事务部发布《世界人口展望 2024》报告显示,印度人口将于 21 世纪 60 年代初达到大约 17 亿的峰值,预计 21 世纪末时,将会降至 15 亿左右,但仍将稳居“全球人口最多国家”。印度的中产阶级人口约等于美国的总人口。中产阶级中许多是大学毕业生,其中 40%的人拥有理科和工程学位。印度有着种类多样的工业基础,并正发展成为一个计算机软件中心,印度正处于信息技术的起步阶段,这些优势为印度的发展提供了巨大助力。一项对在印度从事经营活动的美国制造商调查表明,有 95%的企业已计划扩大业务,没有企业准备离开。因为它们看重印度廉价的劳动力以及巨大的市场潜力。印度形成了一种独特的、与东亚尤其与中国截然不同的经济增长模式：主要依赖国内市场而非出口，依赖消费而非投资，依赖服务业而非工业，依赖高技术而非低技能制造业。在印度，GDP 增长的 30% 来自生产率提高，而不是出自资本或劳动投入增加。印度的增长是企业驱动的，印度私人企业家获得了超过 80% 的贷款。目前，印度已涌现了二三十家世界级公司。

世界观察：印度的经济改革与发展

（二）大型新兴市场的特点

由于新兴市场的发展潜力巨大，正以其独特的魅力吸引各国跨国公司的进入。美国、欧洲等发达国家和地区从战略上制定了针对新兴市场的政治、经济、教育等方面的政策，以应对新兴市场国家的挑战，并出台了一些诸如降低政治风险和增加进出口银行贷款等举措，鼓励本国企业进入新兴市场。美国商务部将印度、中国、巴西、墨西哥、波兰、土耳其和南非等国家列为大型新兴市场，诸如埃及、菲律宾、委内瑞拉、越南和哥伦比亚等国家在未来则极有可能加入这一行列。大型新兴市场的名单随着世界各国经济状况的变化而变化，某些国家跻身行列，某些国家被排出名单。

大型新兴市场具有一些共同的特点：一是地理规模很大；二是拥有众多人口；三是为各类产品提供规模巨大的市场；四是市场增长速度快或具有快速增长的潜力；五是已经采取重要的经济改革计划；六是在所位于的区域具有重要的政治影响；七是成为所在区域经济发展的重要推动者；八是随着新兴市场的壮大，可带动邻近市场进一步发展。尽管这些特点具有普遍性，但并不是每个新兴市场都完全一样，各个市场也存在差异，消费模式各异（见表 4-4）。

表 4-4　各个大型新兴市场国家的消费模式（2022 年）

国家	家庭人均支出/美元（占比/%）											
	食物	烟酒	衣服	住房	健康与服务	交通	通信	休闲	教育	家用	餐饮旅宿	杂项开支
中国	890 (18.54)	223 (4.64)	281 (5.85)	990 (20.62)	406 (8.46)	420 (8.75)	124 (2.58)	217 (4.52)	172 (3.58)	242 (5.04)	626 (13.04)	210 (4.37)
印度	450 (31.03)	31 (2.14)	73 (5.03)	200 (13.79)	73 (5.03)	230 (15.86)	37 (2.55)	11 (0.76)	72 (4.97)	37 (2.55)	18 (1.24)	218 (15.03)
印度尼西亚	920 (34.60)	7 (0.26)	88 (3.31)	360 (13.54)	196 (7.37)	580 (21.81)	37 (1.39)	24 (0.90)	21 (0.79)	25 (0.94)	268 (10.08)	133 (5.00)
菲律宾	870 (32.78)	35 (1.32)	59 (2.22)	660 (24.87)	57 (2.15)	190 (7.16)	68 (2.56)	31 (1.17)	118 (4.45)	86 (3.24)	296 (11.15)	184 (6.93)
越南	900 (39.77)	40 (1.77)	86 (3.80)	290 (12.81)	92 (4.07)	160 (7.07)	100 (4.42)	52 (2.30)	125 (5.52)	84 (3.71)	234 (10.34)	100 (4.42)
巴西	970 (17.26)	136 (2.42)	290 (5.16)	1 400 (24.91)	456 (8.11)	480 (8.54)	252 (4.48)	44 (0.78)	171 (3.04)	501 (8.91)	380 (6.76)	541 (9.62)
墨西哥	2 260 (27.84)	288 (3.55)	170 (2.09)	1 480 (18.23)	316 (3.89)	1 120 (13.80)	194 (2.39)	377 (4.64)	114 (1.40)	496 (6.11)	292 (3.60)	1 010 (12.44)

续表

国家	家庭人均支出/美元(占比/%)											
	食物	烟酒	衣服	住房	健康与服务	交通	通信	休闲	教育	家用	餐饮旅宿	杂项开支
哥伦比亚	990 (20.81)	171 (3.59)	250 (5.26)	790 (16.61)	405 (8.51)	280 (5.89)	160 (3.36)	287 (6.03)	191 (4.02)	207 (4.35)	486 (10.22)	540 (11.35)
阿根廷	1 780 (19.61)	314 (3.46)	476 (5.24)	1 450 (15.98)	743 (8.19)	730 (8.04)	320 (3.53)	578 (6.37)	364 (4.01)	450 (4.96)	771 (8.49)	1 100 (12.12)
秘鲁	1 420 (31.05)	13 (0.28)	211 (4.61)	850 (18.59)	312 (6.82)	550 (12.03)	124 (2.71)	325 (7.11)	88 (1.92)	433 (9.47)	7 (0.15)	240 (5.25)

资料来源:Statista 数据库。

新兴市场对各国企业市场营销都具有重大的战略意义。在未来相当长的时间内,大型新兴市场将是世界消费增长的主要动力,各国企业必须从战略的高度来对待这些前景良好的新兴市场。新兴市场人口众多,日益增长的收入使他们不只是购买生活必需品的消费者,还会产生从手机到汽车的各种需求。从规模、人口和发展的角度评价,有许多较为重要的新兴市场,五个大型新兴市场(中国、印度、巴西、墨西哥和印度尼西亚)拥有的购买力已超过西方七国的一半。现在一些消费品跨国公司的实践已展示出新兴市场所蕴含的潜力,联合利华、可口可乐、雀巢、高露洁等公司 1/3 以上的收入来自上述新兴市场。

二、新兴市场营销的特殊性与原则

(一)新兴市场营销的特殊性

企业进入新兴市场不可以照搬过去的经营模式和市场营销模式,新兴市场在政府政策法规、消费市场结构、分销系统和竞争规则等方面都存在差异。因此,在新兴市场进行市场营销时,企业要注意新兴市场营销的一些特殊性,并调整市场营销的原则。与发达国家相比,新兴市场在资本市场、劳动力市场、产品市场和市场监管等方面存在特殊性。

1. 新兴市场的资本市场一般都处于发展阶段

在发达国家的资本市场,相对健全和成熟的市场管理体制机制和管理经验,使那些冒进的企业家难以被误导进行不成熟的投资,因此,外来投资者有大量的准确的投资信息,可以最大限度地减少投资风险。而在新兴市场中,由于资本市场通常不够发达,股票市场流动性相对较差,银行多为国家所有,政府符合市场规律的监控能力较弱。在新兴市场国家或地区的资本市场,小企业寻找合适的融资机会较难,而大型企业筹集资金的能力强,在资金方面具有巨大优势。

2. 新兴市场的专业人才供需缺口相对较大

美国有 600 多所商学院,每年培养成千上万的管理人才,在发达国家有很多咨询公司,这些商学院和培训机构会给受培训的人员提供证书,为企业提供了甄别人才的途径,因此会有效地增强人才市场的流动性。但是,在新兴市场国家或地区培养专业人才的商学院和管理咨询公司数量相对有限,而新兴市场高速发展需要更多的专业人才,由此导致新兴市场专业人才缺口问题比较突出。

3. 新兴市场的产品市场信息和监管在逐步完善

在新兴市场上，一般而言，通信基础设施不够发达；有效机制没有建立起来，政府的监督力度不够，少数评估产品质量的专家的成熟水平远比发达国家的水平低；产品的交易不能如约履行的概率较大，消费者缺乏获取赔偿的机制，法律的执行变化无常，法律机构效率有限，无法确保合同的执行。而这一切在发达国家相对比较完善。在新兴市场通常缺乏确保合同执行的有效机制，因而买卖双方的行为常常是不可预测的，又由于合同执行的不确定性，交易双方很少能通过司法渠道解决问题。外国先进技术或资金的提供者需要新兴市场内的合作伙伴，但由于产品市场中合同执行的不确定性，他们又怕被欺骗，使投资者不愿进行资金或技术的投资。

4. 新兴市场的市场监管处于规范时期

新兴市场中的政府部门对商业运行的干预程度很大，企业对管理部门的行为难以预测。由于部分政府在执行法规时存在任意性，而且政府在商业决定中的干预非常严重，贿赂和腐化行为在商业交往中还很难避免。

（二）新兴市场营销的原则

针对新兴市场营销的特殊性，企业进行国际市场营销，需要遵循以下五条原则。

1. 适合当地购买力的定价

随着经济开放、收入增加，新兴市场的消费者对高品质产品有着强烈的渴望，然而，这些新兴市场消费者的购买力还相对较低。这些市场的消费者更多地考虑产品的性价比。降低价格往往会导致消费市场大幅增长，对于高附加值的产品更是如此。只有使产品让大多数消费者买得起，企业才能在新兴市场上把生意做大。

2. 构建高效广泛的分销渠道体系

分销渠道体系是消费品公司在新兴市场所面临的最具挑战性的问题之一。新兴市场处于市场经济发展或转轨时期，普遍存在的现象是分销渠道体系不完善或根本不存在，企业刚刚进入新兴市场时多倾向于进入主要城市的大型连锁店，它们的策略是不建设昂贵的销售与分销体系而快速形成市场规模。但是这种策略存在明显的问题，就是由此远离了新兴市场中50%～90%的消费者，并使企业依赖于已有零售商，从而在合作中处于被动的地位。如果没有迅速建立高效广泛的分销渠道，在与当地竞争者竞争中将处于不利的地位。企业在新兴市场需要创新性的分销渠道体系方案，企业可以联合几家消费品公司，在选定的新兴市场上耐心地建立面向小客户的排他性分销渠道体系，以便能够取得更好的效果。在新兴市场分销渠道替代也是行之有效的一种方法。

世界观察：微软开启个人计算机零售新模式

3. 确立强势的品牌地位

一般意义上讲，强势品牌意味着产品质量上的保证，许多厂商塑造了能带来附加价值的品牌。品牌因素在新兴市场上甚至比在欧美发达国家市场上更为重要，这是因为著名品牌对低收入消费者有强烈的吸引力，尤其是那些具有象征意义的产品。因此，企业需要投入资源建立强势品牌。品牌作为无形资产成为跨国公司面临各种竞争时维护其市场地位的重要武器。企业还可以通过收购拥有一定顾客忠诚度的当地品牌，快速扩大新兴市场规模，尤其是以中等收入者为目标顾客时效果更加明显。

世界观察：可口可乐：不遗余力的应变者

4. 吸取教训，不断调整国际市场营销方案

在陌生的市场，尤其是日新月异的新兴市场进行国际市场营销，即便是最富有国际市场营销经验的企业也难以避免会出现错误或失误。此外，企业在注意产品是否适合当地市场的同时，又要对具有发展前景的产品给予关注。

5. 适应新兴市场快速变化的特点

新兴市场通常具有市场因素变化较快的特点，因此市场的经营方法不同于常规，它所需要的管理技巧也有别于成熟市场。对于新兴市场的国际市场营销者，严重的通货膨胀、浮动的币值、新税赋和不断变动的交易规则都应被视为常见的宏观经济环境。新兴市场消费也极易产生波动，在经济低迷时期，消费者会降低消费档次或干脆停止某些消费，当经济反弹时，消费水平又可能出现剧烈的向上波动。并且新兴市场国际市场营销者所面临的挑战不只是宏观经济环境，还必须战胜假冒伪劣等违规竞争行为，以及无视当地劳工与税收法规的非法竞争者。有经验的国际市场营销者还需懂得厘清在外界看起来模糊的关系网，妥善处理公共关系。在动荡的新兴市场上，保持敏锐与灵活的能力是一个非常重要的竞争优势。

中国之问与实践探索：北极特大型清洁能源项目建设与运营管理

习近平总书记在党的二十大报告中指出，“推动共建‘一带一路’高质量发展”。共建“一带一路”核心内容是促进基础设施建设和互联互通，对接各国政策和发展战略，深化务实合作，促进协调联动发展，实现共同繁荣。历经十多年实践探索，中国石油俄罗斯公司成功建成了“一带一路”倡议后的首个海外特大型天然气项目，推动了中俄油气合作进入规模和效益的新时代，被中俄两国领导人高度评价为中俄合作的“压舱石”和“风向标”。

深化国际合作的北极特大型清洁能源项目建设与运营管理

本章小结

区域经济集团化在经济全球化大背景下迅速发展，构成企业进行国际市场营销时不容忽视的重要区域环境。新兴市场的发展为企业国际市场营销提供了前所未有的机遇。本章回顾了区域经济集团化发展历程，明确了区域经济集团化的定义、形式及影响，说明了中国参与区域经济合作的现状，较细致地讲述了欧盟、北美、东盟和 APEC 几个主要区域经济集团的现状及其规则，概括了世界上主要的新兴市场及其特点，分析了在新兴市场进行国际市场营销的特殊性与原则。

思考题

1. 什么是区域经济集团?

2. 各种形式的区域经济集团之间有什么异同点?

3. 中国-东盟自由贸易区会对东盟的发展产生哪些影响?

4. 世界上哪些国家或地区属于新兴市场? 新兴市场国家或地区有什么特点?

5. 中国企业在新兴市场进行国际市场营销会遇到哪些问题? 这些问题与国内营销有何不同?

开篇案例讨论

1. 建设中国-东盟自由贸易区对于中国有什么意义? 最新升级版有何发展?

2. 中国-东盟自由贸易区属于哪种形式的区域经济集团组织? 与欧盟和北美自由贸易区比较有什么特点?

3. 中国企业应该如何应对中国-东盟自由贸易区建设提供的机遇与挑战?

本章即测即评

第四章

即测即评

网上练习

主题:某区域经济集团变化趋势及其影响的分析

步骤1:学生围绕某一区域经济集团主题或教师明确某一区域经济集团,搜索整理该区域经济集团的资料。

步骤2:阅读和分析资料,分析总结该区域经济集团发展历史及趋势。

步骤3:思考和分析该区域经济集团等最新变化或发展趋势,并列出最新变化或发展趋势的具体内容,比较变化前后的差异。

步骤4:针对变化前后的差异,分析对国际市场营销的影响,尤其是对中国企业进入该区域经济集团内市场的影响,并提出对策。

步骤5:学生撰写和提交"某区域经济集团变化趋势、影响、对策"的报告。

步骤6:课堂上,教师选择部分报告进行交流和讨论,进一步总结归纳适合中国企业进入该区域经济集团的策略或注意事项。

国际市场营销技能训练

主题:中国企业应该关注哪个新兴市场?

步骤1:教师将班级学生分组,5~7人一组。

步骤 2:课堂下,每个小组经过讨论,选择一个新兴市场国家或地区,收集和整理该新兴市场国家或地区的数据和资料。

步骤 3:课堂下,每个小组经过分析讨论,选择适合进入该新兴市场或地区的中国企业及其产品,撰写“中国企业进入××新兴市场报告”,重点突出该新兴市场的特点,以及选择的理由。

步骤 4:课堂上,各个小组介绍选择的新兴市场国家或地区,以及选择的理由。

步骤 5:课堂上,在教师主持和指导下,学生针对其他小组学生的介绍进行提问,相应小组成员进行回答。

步骤 6:课堂上,学生对各小组报告进行评分。

步骤 7:课堂上,教师总结和评点报告。

推荐读物

第五章
国际市场营销的国家环境

本章学习目标

- 明确国家环境与营销决策的关系
- 掌握 SWOT 分析方法
- 熟悉企业母国环境分析框架
- 理解东道国环境的特殊性
- 学会应用东道国环境的分析框架
- 掌握东道国环境的评价方法

本章主要概念

国家环境(national environment)　母国环境(home country environment)　东道国环境(host country environment)　SWOT 分析方法(SWOT analysis method)　文化环境(cultural environment)　经济环境(economy environment)　政治环境(political environment)　法律环境(law environment)　科技环境(technology environment)　商业习俗(business customs)　竞争环境(competitive environment)　障碍分析法(obstacle analysis method)　冷热国对比分析法(hot-and-cold country contrastive analysis method)　抽样评估法(sample analysis method)　动态分析法(dynamic analysis method)　等级评分法(rank analysis method)

开篇案例

中国打火机走向世界市场

东道国国家环境直接决定着企业对外直接投资的区位决策,尤其是地缘政治影响下的"脱钩断链"等极端举措正在改变着中国国际贸易和投资的地理分布格局。党的二十大报告指出,推动货物贸易优化升级,加快建设贸易强国。当前,中国成为全球打火机第一大生产国和出口国,小小的打火机是中国产品及其产业链国际化的一个缩影。面向未来,大浪淘沙留下的中国打火机企业到底应当如何抉择?

中国打火机走向世界市场

*第一节 SWOT 分析方法

一、国家环境与营销决策

国家环境是营销企业国际市场营销决策的外部变量。国家环境(national environment)是指国家层面对企业进行国际市场营销产生影响的外部环境。企业进行国际市场营销是将企业生产的商品或劳务引导到一个以上国家的消费者或用户中去的经营活动。国际市场营销对象扩展到国外顾客,将同时面临国外的各种诸如经济、政治、法律、文化等不可控因素,因此,企业不仅需要考虑母国的市场环境,还必须密切研究东道国乃至全球的市场环境。

国际市场营销的国家环境包括母国环境和东道国环境。母国环境(home country environment)由企业母国间接环境因素和直接环境因素构成,包括政治、经济、文化、法律等诸方面因素,这些因素不仅影响企业的国内经营,也影响其海外业务。尤其需要关注的是那些对国际营销影响较大的环境要素,诸如母国政府对于对外投资及与国际贸易相关的政策措施。各国为了保护国内市场,增加国内就业机会,以及更好地与国际惯例接轨,都制定了明确的法律规定,涉及对外投资、出口控制、进口控制、外汇管制等方面。东道国环境(host country environment)是指企业在某外国市场上经营时在当地所面临的各种间接和直接环境因素。虽然表面上各个国家的环境因素都是由政治、经济、文化、法律变量所构成,具有相同的国际环境分析框架,但是这些环境因素的实质却是不同的,而这会给企业带来全新的挑战。

东道国环境对国际市场营销决策产生了更为重要的影响。在国际市场营销中,企业将面临的是一个与母国存在诸多差异的国家环境,包括经济环境、政治环境、法律环境、社会环境、文化环境等。企业对于这些东道国环境的陌生或者错误的认识,都会阻碍其决策,甚至一些在母国被认为是微不足道的细节或环节都可能直接决定企业营销方案的成败。东道国环境之所以比母国环境更为重要,主要原因在于:① 企业在东道国进行市场营销,东道国环境因素是影响市场营销更为直接的变量;② 企业对东道国环境相对陌生;③ 决策者存在“自我参照准则”,这对决策者做出正确的判断和决策是一个重大的障碍;④ 企业在东道国经营会遇到更多的困难,跨国企业相比东道国企业在许多方面存在劣势,诸如政府的支持、消费者的民族情结、市场的领先优势等。

二、SWOT 分析方法的步骤与特点

(一) SWOT 分析方法的步骤

SWOT 分析方法又称态势分析法,是对企业的优势(strengths)、劣势(weaknesses)、机会(opportunities)和威胁(threats)的全面评估,是一种能够较客观和准确地分析企业及其环境的方法。

SWOT 分析方法综合了迈克尔·波特等学者的竞争理论和能力学派管理学家的价值创造思想，将企业的内部分析与产业竞争环境的外部分析结合起来，形成了自己结构化的平衡系统分析体系。这一方法的重要贡献在于用系统思想将一些似乎独立的因素相互匹配起来进行综合分析，使得企业战略计划的制订更加科学全面。SWOT 分析方法适用于企业在制订国际市场营销战略和进行决策时，根据自身优势和劣势，对东道国环境进行分析，发现可能的市场机会，预防潜在的市场威胁。

应用 SWOT 分析方法的主要步骤如下：第一步，分析内外部环境因素，明确外部环境对企业产生直接影响的有利和不利因素，以及企业内部的长处与短处；第二步，构造 SWOT 矩阵，将分析得到的各种因素根据轻重缓急或影响程度等方式排序，构造矩阵；第三步，制定行动计划，运用系统分析方法，将排列与考虑的各种环境因素相互匹配起来形成组合，得出一系列公司未来发展的可选择对策。

世界观察

印度汽车产业发展 SWOT 分析(1)

对印度汽车产业发展的 SWOT 分析如表 5-1 所示。

表 5-1 印度汽车产业发展 SWOT 分析(1)

优势(S)	机会(O)
• 国内汽车市场大。印度人口多，市场庞大，2009 年汽车千人拥有量仅为 18 辆 • 制造成本低。印度人口庞大，劳动力的数量庞大，且拥有占世界前列的人才储备，劳动力成本远远低于欧美等发达国家，是世界第六大生产制造国 • 小型车优势大。印度交通不便，经常出现交通堵塞，而小型车的占用空间小，便于人们通行	• 消费者需求增加。印度是一个人口大国，且印度的经济经历了二十多年快速增长，中层消费者迅速增加 • 小型车需求潜力大。印度交通不便，人们对小型车的需求大 • 大量低廉劳动力。由于拥有庞大的劳动力数量、居世界前列的人才储备及低廉劳动力，印度的制造成本低
劣势(W)	**威胁(T)**
• 道路建设不足，交通不便。大多数道路较窄。2012 年印度只有 200 千米严格意义上的高速公路 • 汽车厂商规模较低。印度的汽车生产企业数量多，居世界前列，但规模较小 • 环境污染严重。印度空气中的一些有害物超标上万倍。长期的污染会引发一系列问题，从而阻碍汽车产业的发展	• 交通基础设施限制。印度的交通严重不便，道路交通的基础设施和交通管理人员等不足 • 汽车产业竞争不充分。汽车生产数量巨大，外资占据高端市场的主导位置，印度汽车品牌只有塔塔 • 环境保护制约。汽车产业对环境的破坏和污染严重。印度每年在环境污染上要损失 800 亿美元

资料来源：汤春华，王先祥. 基于 SWOT 分析法的印度汽车产业探究[J]. 中外企业家，2015(26)：15，17.

1. 分析东道国环境因素

环境因素可分为内、外两方面，即外部客观环境因素和内部主动能力因素。外部客观环境因素包括机会因素和威胁因素，它们是存在于外部客观环境中对组织发展产生直接影响的有利和不利因素，一般由外部宏观环境的经济因素、政治法律因素、社会因素、文化因素等构成。内部主动能力因素包括企业自身的优势和弱点，它们是组织发展的积极和消极因素，一般包括较为微观的因素，如管理、经营、人力资源等。

分析东道国环境因素尤其要关注企业的行业背景与竞争对手。东道国环境因素包括文化、历史地理、经济、政治法律、科技、商业习俗和竞争等不可控因素。行业背景决定了行业内的机会与威胁。行业背景因素即当前和未来一段时间内，行业环境中存在的或可能出现的、将对企业和竞争对手都发生重大影响的外界因素。竞争对手是企业竞争力的参照系，竞争对手不仅决定了行业的竞争程度激烈与否，而且决定了企业的竞争力强弱。企业所具备的关键技能和资源，构筑了企业不同于竞争对手的核心竞争力。

世界观察

印度汽车产业发展 SWOT 分析(2)

对印度汽车产业发展的进一步 SWOT 分析如表 5-2 所示。

表 5-2 印度汽车产业发展 SWOT 分析(2)

		内部分析	
		优势(S)	劣势(W)
外部分析	机会(O)	OS 对策 ● 扩大内需 ● 扩大小型车的研发和生产 ● 积极研发新车型 ● 推广新能源车	OW 对策 ● 加大交通基础设施建设 ● 扩大汽车厂商规模 ● 注重环保和创新车型开发
	威胁(T)	TS 对策 ● 加大交通基础设施建设 ● 自主研发新能源汽车 ● 增加小型车生产规模	TW 对策 ● 完善道路交通体系，加快道路建设 ● 引进或研发新能源汽车 ● 推进产业优化和升级 ● 调整产业结构，注重市场作用与政府引导相结合

资料来源：汤春华，王先祥.基于 SWOT 分析法的印度汽车产业探究[J].中外企业家，2015(26)：15，17.

2. 构造 SWOT 矩阵

将调查得到的各种因素根据轻重缓急或影响程度等方式排序，构造 SWOT 矩阵。在此过程中，将那些对组织发展有直接的、重要的、大量的、迫切的、久远的影响因素优先排列出来，而将那些间接的、次要的、少许的、不急的、短暂的影响因素排列在后面。

3. 制定行动计划

在完成环境因素分析和构造 SWOT 矩阵后，便可以制订出相应的行动计划。制定计划的基本原则是发挥优势因素,克服劣势因素,利用机会因素,化解威胁因素,在考虑过去和立足当前的基础上着眼未来。运用系统分析的综合分析方法,将排列与考虑的各种环境因素相互匹配起来加以组合,得出可选择对策。方法有:

(1) 一般分析方法。应用头脑风暴法列出 S、W、O 和 T 的问题,区分各个问题和因素的优先次序,整合利用 S、W、O 和 T。

(2) 最大最小法。该方法立足点在于最大化优势的同时最小化劣势,最大化机会的同时最小化威胁。具体包括:① 最小与最小对策(TW 对策),即考虑威胁因素和劣势因素,回避威胁、减少劣势,目的是努力使这些因素的影响都趋于最小;② 最大与最小对策(OW 对策),即着重考虑机会因素和劣势因素,利用机会、克服劣势,目的是努力使机会趋于最大,而劣势的影响趋于最小;③ 最小与最大对策(TS 对策),即着重考虑威胁因素和优势因素,回避威胁、利用优势,目的是努力使威胁因素的影响趋于最小,使优势因素的影响趋于最大;④ 最大与最大对策(OS 对策),即着重考虑机会因素和优势因素,利用机会、发挥优势,目的在于努力使这两种因素的影响都趋于最大。

(二) SWOT 分析方法的优缺点

SWOT 分析方法广泛应用于企业战略研究与竞争分析,成为战略管理和竞争情报的重要分析工具。即使没有精确的数据支持和更专业化的分析工具,使用该方法也可以得出有说服力的结论。分析直观、使用简单是 SWOT 分析方法的重要优点。具体来讲,其主要优点有以下两点。① 结构化。在形式上,SWOT 分析方法表现为构造 SWOT 结构矩阵,并对矩阵的不同区域赋予了不同分析意义;在内容上,SWOT 分析方法的主要理论基础也强调从结构分析入手对企业的外部客观环境和内部主动能力进行分析。② 系统化。SWOT 分析方法利用系统的思想,将涉及企业内部优势、劣势,外部机会、威胁这些似乎独立的因素互相匹配起来进行综合分析,使企业战略计划的制订更具科学性和合理性。

SWOT 分析方法的直观和简单也导致它存在精度不够的缺陷。其主要缺点有以下几点。① 事实依据不精确。因此在罗列作为判断依据的事实时,要尽量真实、客观、精确,并提供一定的定量数据弥补 SWOT 定性分析的不足,构造高层定性分析的基础。② 判断过程可能过于主观。SWOT 分析采用定性方法,通过罗列 S、W、O、T 的各种表现,形成一种模糊的对企业竞争地位的描述,而以此为依据作出的判断,不免带有一定程度的主观臆断,因此在决策时,往往需要综合考虑企业成长策略和价值取向来判断。③ 没有考虑企业的主动性。SWOT 分析方法没有考虑企业改变现状的主动性,企业可以通过寻找新的资源来创造企业所需要的优势,从而达到过去无法达到的战略目标。

第二节 企业的母国环境

企业的母国环境属于国内环境不可控因素,即企业的国内市场营销环境。但是,由于国际市场营销更为强调的是与涉外经贸相关的环境变量,因此母国环境变量通常为企业国内市场营销所忽略或极少注意。母国环境由微观环境和宏观环境构成。

一、微观环境

母国微观环境因素是指对企业服务其顾客的能力构成直接影响的各种力量,包括企业本身、上下游企业、市场、竞争者和公众,这些因素直接影响企业的经营水平和竞争力。

母国微观环境为企业所熟悉,由于文化背景相同,企业对于母国微观环境拥有丰富的知识,在进行相关分析时不涉及自我参照准则、跨文化、跨国界、客人身份、本土化等问题,也没有跨国公司的内部转移定价等诸多财务问题,因而相对简单。

(一)企业本身

企业本身是指企业内部环境条件,包括市场营销管理部门、其他职能部门和最高管理层。企业为实现其目标,各个部门分别进行着不同的业务活动,如制造、采购、研究与开发、财务管理、市场营销等。对于市场营销部门而言,不仅要考虑其他各部门(如制造部门、采购部门、研究与开发部门、财务部门)的情况,妥善处理、协调好同各部门之间的关系,与之密切协作共同研究制定年度及长期计划;而且要为最高管理层的决策及时提供相关的市场信息,并以最高管理层制定的企业任务、目标、战略和政策为依据,制定市场营销计划。

(二)上下游企业

上下游企业是与中间企业形成上下游营销链条的企业,包括上游的资源供应商、下游的营销中介以及一些服务机构,由各类供应商、经销商、代理商及辅助商共同构成。资源供应商为企业提供必要的资金、能源、原材料、零部件和劳动力等生产要素。营销中介包括批发商、零售商、经纪人、制造代理商、销售代理商等。服务机构是为企业营销活动提供各种便利和服务的机构,包括金融机构、广告公司、市场营销咨询企业等。企业能否在营销活动中与自己的营销渠道企业建立起稳定、有效的协作关系,对其服务于目标市场的能力的最终形成有着直接的影响作用。

(三)市场

市场通常分为消费者市场、生产者市场、中间商市场、政府市场和国际市场。

消费者市场是由为满足个人或家庭生活的需要,而对消费品产生需求的消费者形成的。

生产者市场、中间商市场、政府市场都属于组织市场,是由对企业产品和劳务产生需求的各种组织机构构成的。生产者市场是由一切购买商品和服务,将它们用于生产其他商品或服务,以供销售、租赁或供应给他人的组织所形成的市场;中间商市场是指那些通过购买商品和服务以转售或出租给他人来获取利润的个人和组织形成的市场;政府市场是指由那些为执行主要职能而采购或租用商品的各级政府单位形成的市场。不同市场类型有着不同的需求和购买特点,这决定着企业的营销策略和营销方式。企业对市场特点的了解是企业营销成败的关键。

生产者市场、中间商市场、政府市场这些组织市场与消费者市场对比,相同点在于都是为满足某种购买需要而存在。组织市场不同于消费者市场之处在于:第一,需求是派生的需求;第二,需求缺乏弹性;第三,需求变动影响的范围很大;第四,需求方具有充分的专业性和知识性;第五,购买者数量少、地理位置集中、采购量大;第六,存在直接采购、互购与互惠、租赁的情况。

国际市场是与国内市场平行的概念,是指企业母国以外的市场。随着经济全球化和中国改革开放的深化,国际市场对企业越来越重要,它不仅是跨国企业或大型企业必须重视的市场,而且是中小企业所不容忽视的市场。

(四)竞争者

竞争者一般是指那些与本企业提供的产品或服务相类似,并且所服务的目标顾客也相似的其他企业。从供给方面形成的产业竞争观念讲,提供同一类产品或可相互替代产品的企业构成一种产业;从需求方面形成的市场竞争观念讲,竞争者是那些满足相同市场需要或服务于同一目标市场的企业。根据不同的标准，竞争者可以分为现实竞争者与潜在竞争者、直接竞争者与间接竞争者、国内竞争者与国际竞争者。

从消费者的产品替代维度考虑，竞争者可分为欲望竞争者、类别竞争者、形式竞争者和品牌竞争者。欲望竞争者指满足购买者当前各种不同愿望的竞争者；类别竞争者指以各种不同产品来满足消费者某种愿望的竞争者；形式竞争者指以某种产品的不同款式或型号来满足消费者某种愿望的竞争者；品牌竞争者指以某一产品的不同品牌来满足消费者同种愿望的竞争者。

企业产品传递到消费者手中的过程，也是企业与竞争者争夺市场的过程，竞争者是企业制定营销策略组合的参照系和较量的对象。因此，对竞争者的监测和情报的收集是企业营销决策的基础。

（五）公众

公众是指对企业实现其市场营销目标构成实际或潜在影响的团体。企业面临的公众包括：

1. 金融公众

金融公众指那些关心和可能影响企业取得资金能力的组织或机构，如银行、投资公司、财务公司、证券公司等。

2. 媒体公众

媒体公众主要指具有广泛影响的大众媒体。这些媒体对企业的声誉具有举足轻重的影响，如报纸、杂志、广播、电视等。

3. 政府公众

政府公众指与企业业务经营活动有关的政府机构，如行政主管、财政、税收、工商、物价、商检等部门。

4. 地方公众

地方公众也称当地公众，指企业所在地附近的居民群众、地方官员和社区组织。企业要协调好与当地公众的关系，避免与当地公众发生利益冲突，同时还应该对公益事业作出贡献。

5. 一般公众

一般公众指社会上的社会民众和消费者。企业需要了解一般公众对企业、企业活动及企业产品的印象和态度，力争在一般公众中建立起良好的形象，这对企业的长远发展有着重要的影响。

6. 市民行动公众

市民行动公众又称团体公众，指保护消费者权益组织、环境保护组织、少数民族组织及其他群众组织。他们是企业不可忽视的力量。

7. 企业内部公众

企业内部公众指企业内部的公众，包括董事会、经理、员工等。企业要经常对员工进行沟通和激励，因为企业内部公众的态度会影响企业与外部公众的关系。

各种公众都与企业的市场营销活动有着直接的联系，也是对企业行为进行监督、约束的力量。处理好与公众的关系，有助于树立企业形象、改善企业微观环境。

二、宏观环境

宏观环境是指那些给企业提供市场机会和产生环境威胁的社会力量，包括经济环境、政治法律环境、自然环境、人口环境、科技环境，以及社会文化环境，这些社会力量是企业不可控制的变量。

（一）经济环境

企业市场营销的基本功能是交换。人们要进行交换，必须具备购买能力。影响消费者购买能力的因素有间接影响因素与直接影响因素两大类。

1. 间接影响因素

间接影响因素包括经济发展阶段、经济体制、产品分配形式和通货膨胀的压力等。

2. 直接影响因素

直接影响因素包括消费者收入、消费者支出和消费者储蓄与信贷。反映消费者收入水平的指标主要有国民收入、人均国民收入、家庭收入、个人收入、个人可支配收入和个人可随意支配收入。此外，货币收入和实际收入，过去收入、现在收入和未来收入（预期收入）对消费者也有较大的影响。消费者支出情况与消费结构密切相关。所谓消费结构是指消费者个人收入用于各种消费的支出比例及其相互关系，恩格尔系数和恩格尔定律清晰地反映了这一点。消费者储蓄的形式很多，包括银行存款、公债、股票、保险、不动产和其他财产等，这些储蓄是购买大金额商品所需资金的重要来源。消费者信贷的形式主要有短期赊销、分期付款和信用卡信贷等。

（二）政治法律环境

政治法律环境是指一个国家或地区的政治制度、体制、方针政策、法律法规等方面。政治法律环境直接与国家的体制、宏观经济政策相联系，它不仅确定了整个国家的发展方向、发展速度，也直接关系到社会购买力的提高和市场消费需求的增长。

研究政治环境需要关注政局与政治事件、国家政策。关注政局与政治事件，就是要关注某一国家的政治制度、外交政策、战争、执政党改变、政府更替、要员更换、政策变化、社会治安变化、罢工、暴乱、压力集团活动、民族矛盾以及社会动乱等情况。国家政策是一国政府确定的规则，企业必须遵循，政策分析的内容包括政策构成分析、政策倾向分析和政策持续性分析三个方面。

法律环境包括法律法规、司法执法机关和企业法律意识。国家的法律法规，特别是与经济有关的立法，不仅能规范企业的行为，而且能使消费需求数量、质量和结构发生变化，能鼓励或限制某些产品的生产和消费。司法执法机关包括法院、检察院、警察部门、司法行政部门等，一国的司法执法机关能为市场秩序和法律公正提供保障。企业市场营销人员必须有很强的法律意识，对与市场营销活动相关的法律法规要非常熟悉，否则很难适应复杂多变的市场营销环境。此外，企业还要了解公众利益团体的动向。公众利益团体被称为压力集团，对立法、执法和舆论有很大的影响力。

政治法律环境直接影响企业的经营状况，一旦影响到企业，就会使企业发生十分迅速、明显而又无法控制的变化。相对来说，企业对母国的政治法律环境较容易把握。

（三）自然环境

自然环境包括自然资源及其地理分布两方面。自然资源是进行商品生产和实现经济繁荣的基础，与企业生产经营活动息息相关。自然资源分为无限资源、可再生的有限资源和不可再生资源三大类。无限资源原指用之不竭的资源，比如空气、太阳能等。可再生的有限资源指通过自然力以某一增长率保持或增加蕴藏着的自然资源，比如森林、农作物等。随着城市化的进程加快和土壤沙化、水土流失造成的耕地面积的减少，粮食和其他作物的供应将受到严重影响。不可再生资源即有限资源，指经人类开发利用后相当长时间内不可能再生的自然资源，比如石油、煤炭等矿产资源。

近年来，自然环境在发生更明显的变化：首先，一些自然资源短缺或即将短缺；其次，环境污染日益严重；最后，国际组织与各国政府对自然资源管理的干预日益加强。

（四）人口环境

人是市场的主体，是企业市场营销活动的基础和最终对象。人口环境与企业市场营销活动有着极为密切的联系。

1. 人口总量

研究人口总量，是从“量”的角度来分析人口环境对企业市场营销活动的促进与制约，主要涉及人口总数和人口增长率两个指标。

2. 人口分布

研究人口分布，是从“质”的角度来分析人口环境对企业市场营销活动的促进与制约。任何企业的生产，都不可能面向所有的人口。因此，企业除了要分析构成人口总量的指标外，还要分析构成人口分布的指标，包括人口地理分布、人口性别分布、人口年龄分布和人口民族分布。

3. 家庭单位与家庭生命周期

家庭是社会组织的一个基本单位，对消费者购买行为有着重要影响。一个人在其一生中一般要经历两个家庭：第一个是婚前与父母组成的家庭；第二个是婚后与配偶、子女组成的家庭。儿童在成长过程中主要通过家庭获得基本的价值观和各种喜好，所以婚前家庭对消费者成年以后的消费行为有着潜移默化的影响。但在日常的购买行为中，婚后家庭有着更直接的影响。家庭生命周期一般由青年单身阶段、新婚夫妇阶段、满巢期Ⅰ、满巢期Ⅱ、满巢期Ⅲ、空巢期Ⅰ、空巢期Ⅱ、老年单身阶段八个阶段构成。

（五）科技环境

科技是第一生产力。科技的发展水平不仅是经济发展水平的集中体现，而且决定着一个国家经济建设的未来。科技环境作为企业市场营销环境的一部分，不仅直接影响企业内的生产经营，还同时与其他环境因素相互依赖、相互作用，共同影响企业的市场营销活动。新技术、新材料的出现，会给企业带来新的机会，也会给企业造成威胁，使老的产品与产业被淘汰，从而使商品市场发生变化。

（六）社会文化环境

社会文化环境是指一个国家、地区或民族的传统文化背景，通常由价值观念、信仰、风俗习惯、行为方式、社会群体及相互关系等内容构成。社会文化环境是影响人们欲望和行为的重要因素。人们在不同的文化背景下生活，就会建立起不同的观念和信仰，遵循不同的行为规范，因而也会具有不同的购买理念和不同的购买行为。

社会文化主要分为社会核心文化、社会亚文化和从属文化。社会核心文化有较强的持续性，社会亚文化和从属文化比较容易发生变化。划分亚文化群应遵循一定的原则，如能够明显地区分不同亚文化群的物质文化、社会组织形态、语言文字、文学、审美观念、教育、宗教信仰、商业习惯等。每一种社会和每一种文化，都可以按某种标志分为若干不同的亚文化群，亚文化群通常有地理亚文化群、民族亚文化群、宗教亚文化群、职业亚文化群和种族亚文化群之分。

企业只有全面了解社会文化环境，认真、准确地判断和分析消费者所处的社会文化环境，才能较准确把握消费者的需求，制定切实可行的营销方案。由于企业根植于母国和本民族的文化之中，对母国社会文化环境非常熟悉，企业在国内经营决策会比在国外更简单容易并且更符合客观现实。

第三节　企业的东道国环境

一、东道国环境的特殊性

东道国环境属于国外环境不可控因素，是企业在某外国市场上经营时在当地所面临的各种间接和直接环境因素。虽然东道国环境的分析框架与母国十分相似，但是跨文化使东道国环境与母国环境相比在复杂性、多样性、多变性维度有根本性不同。同样的环境因素在母国也存在，只是在东道国，这些因素的状况与母国可能大不相同。东道国环境因素难以评价和预测，企业对环境陌生，又缺乏信息，常常会出现评价和预测的失误。企业需要特别关注以下东道国环境的特殊性。

5.1 东道国环境【登录“爱课程网”搜索“国际市场营销（崔新健）”观看视频】

（一）东道国经济环境会增加影响因素

企业在东道国会面临在母国所无须考虑和涉及的诸多影响因素。与在母国经营相比，企业在东道国会受到国外更多经济因素的影响。在东道国，企业要考虑东道国与母国之间公司所得税的差别、劳动力工资的差别、东道国贷款利率的变化、跨国公司系统内部的技术转让等相关问题。企业还要考虑母国货币与东道国货币之间的汇率变化及风险。在同样的业务范围和规模情况下，企业在东道国比在母国面临的外部经济影响因素要复杂得多。

（二）东道国文化环境的陌生化

企业在东道国面临的社会文化及政治法律环境完全不同，会受到更多环境因素的影响。企业不仅对东道国文化环境十分陌生，而且在了解和认识东道国文化环境的过程中存在天然的屏障——“自我参照准则”，不同的社会文化环境对长期生活在其中的人们势必产生深刻而持久的心理定式，从而可能导致不相容于异国文化环境下的“偏见”，由此更增加了认识东道国环境的难度。此外，企业不但受到母国政策法规的影响，而且还受到国际及东道国的政治、法律和体制的影响。

（三）东道国环境的不可控性

无论母国环境还是东道国环境都是企业经营不可控的影响因素，但比较而言，在东道国企业会面临更多的不可控因素。国内营销的范围局限于本国市场，仅受国内环境的制约，国际市场营销则必须面对更加复杂和难以控制的市场环境，不仅受企业母国环境的影响，而且要充分适应目标国家市场的环境。

世界观察：家乐福退出印度市场

如果企业进入多个国家市场，适应市场环境的难度就更大。由于各国地理位置、自然条件、资源构成、人口状况、生产水平、传统文化、宗教信仰以及社会制度等方面都有很大差异，各国政府对企业经营干预的程度不同，企业经营中的不可控变量及风险会更多，企业在进行国际营销的过程中会遇到各种意想不到的困难。

（四）东道国环境中的“客人身份”

在东道国环境中，企业作为一家外国公司，无论在当地经营多长时间，都无法改变外来者身份，东道国政府和国民总会将其定位于“客人身份”。这一身份的界定本身就意味着企业与东道国本地企业之间存在着本质的差异，这种差异会使企业面临更多的约束及障碍。

国际市场营销涉及企业与企业之间、企业与消费者之间、企业与国家之间和国家与国家之间各种利益的联系。“客人身份”使企业在东道国面临这些复杂关系的纠缠，尤其是涉及国家或民族概念时，企业则难以被视为一个纯粹的经营实体。

（五）企业员工观念上的差异

企业在东道国的员工主要为当地国民，这些本土的员工与企业文化存在观念上的差异。企业在母国的员工中，其文化背景是相同的，行为模式、管理习惯等都较为相似；对于来自不同国家的员工来说，由于观念不同，对同一事物有着不同的理解。由此，必然增加企业管理和协调的难度和成本。

企业在多个国家经营，还会遇到国家之间协调的问题。一方面要保持企业的核心文化及管理体制，另一方面要适应东道国的文化及制度，由此企业必将面临两难选择。在进行国际市场营销的过程中，企业分布在各国的子公司的营销活动会影响总体战略的实施，因此，企业的计划、执行、控制等管理活动都变得更为复杂和困难。

世界观察：不同国家在企业权力与规章方面的差异

二、东道国环境的分析框架

国际市场营销的任务是通过调整市场营销组合策略适应环境不可控因素，以实现企业的经营目标。东道国环境不可控因素包括文化、历史地理、经济、政治法律、科技、商业习俗、竞争（见图 1-1）。这些变量是影响国际市场营销活动的外部因素和条件。虽然东道国环境分析框架与母国环境分析框架在理论上没有区别，但是由于东道国环境存在特殊性，对于东道国环境的分析重点会有所不同。

（一）文化环境

文化环境（cultural environment）由东道国的社会组织、社会结构、社会价值观、社会风俗习惯、历史传统、生活方式、教育水平、宗教信仰等文化层面因素构成。企业必须将营销活动融合于目标市场文化环境中，符合当地消费者的价值观念、文化教育水平、风俗和消费习惯，这是实现企业有效经营的必要条件。

文化环境可以分为宏观和微观两方面。前者指一个国家在历史和文化背景下所形成的民族性的价值观、信仰和传统习俗，它在深层次上影响着一国的社会组织、结构和行为方式等；后者指行业或组织内部形成的商业惯例，它直接作用于微观主体的行为。对商业习俗能够产生重要影响的文化因素有价值观、伦理道德、宗教、礼仪、交往方式、风尚习俗、人的性格和语言等。

文化渗透于营销活动的各个方面，对国际营销会产生影响。文化环境能在根本上影响人们对世界的看法和社会行为，是人类行为的自我参照准则，因此营销活动在本质上应当是对文化的适应和迎合，营销活动和营销环节也应当围绕着这一目的进行。如产品应当符合东道国的文化习惯和偏好，分销要根据文化传统和商业惯例选择渠道，促销要根据国民特点进行方式的设计等。文化差异会给在东道国开展的营销活动带来困难，成功的营销通过"文化适合战略"完成，而失败的营销则恰好相反。

世界观察

减小文化风险要自问的几个问题

一个国家的商业习惯与该国的文化是密切相关的，它是文化环境的组成部分。国际营销人员应当学会调整自己，适应东道国的文化，这样才能将营销风险降到最低。在接触一种新文化之前，营销人员应该学会自问几个问题：

- 我对东道国文化，特别是商业习惯到底了解多少？
- 东道国的文化与本国文化差异体现在哪里？在商业习俗中，哪些是跨文化经营最需要注意的地方？
- 我对东道国公民的看法如何？如何将这些看法与本民族的文化区别开来？
- 我如何让自己的营销活动去适应东道国的文化？目前哪些营销习惯需要改变？
- 我对东道国居民的性格特点和消费习惯了解吗？如何去了解？

资料来源：根据相关文献编写。

（二）历史地理环境

历史地理环境是一国文化形成的基础，一国历经的历史事件和拥有的独特地理特性会铸造其当代的社会行为和态度。

洞悉一国的历史有助于理解政府及企业的角色、劳资关系、管理权力的来源，以及当地对外国企业的态度。历史对于理解一个国家的行为固然很重要，但是需要注意的是，历史往往存在视角问题，人们总会按照"自我参照准则"看待历史事件。人们的视角不仅会影响其历史观，而且在一定程度上会影响人们对其他事物的看法。理解任何国家的商务和政治文化的一个关键因素在于对其历史的主观理解。

地理是有关地貌、气候、陆地、国家、民族、产业和资源的研究。地理环境分析不仅在于记住一些国家的首都及河流的名称，更重要的是了解一国在有限的自然条件下，为了满足国民生活所需而进行的努力对其社会经济文化所带来的影响。因此，地理研究对市场及环境评估都是非常重要的。地理特征对国际市场营销的影响包括从显而易见的产品适应性直到深层次的营销系统开发。纬度、湿度和温差等气候特征会对产品和设备的用途及功能产生影响。地理障碍会对一国经济、市场及相关的运输和销售活动产生直接影响，自然屏障会对经济增长与贸易发展构成严重的障碍。为了寻求经济发展的机遇，一些国家投资基础设施建设以克服自然屏障。

世界观察：气候的影响无处不在

（三）经济环境

经济环境（economy environment）分为宏观经济环境和微观经济环境。前者主要是指东道国的经济发展现状和发展趋势，具体体现在东道国经济的发展阶段和发展水平、经济制度与市场体系、人口和收入水平、消费结构、贸易与国际收支状况等方面。后者主要是指市场、企业、产品的发展状况。

宏观经济环境对于企业国际市场营销战略和决策影响巨大。东道国的经济繁荣会给企业带来更广大的市场机会,也会吸引来更多的竞争对手,而经济萧条则带来反面效果。值得注意的是,经济环境是动态变化的,对未来经济前景向好的国家,虽然目前进入其市场的利润较小,但企业耐心等待经济好转也是明智的。

1. 经济发展阶段和发展水平

经济发展可分为五个阶段,其相应的发展水平如下。① 传统社会。生产力水平和知识化水平低,基本没有现代化生产方法,尚处于自给自足的经济状态。② 起飞前夕。现代科技开始运用于经济社会中,基础设施开始逐步建立,教育开始在少部分人中普及,出现财富的贫富悬殊状况。③ 起飞阶段。经济已具备现代化雏形,工业逐渐发达。④ 趋于成熟阶段。更加现代化,也主动参与国际分工。⑤ 高度消费时期。经济发展和社会福利均衡,注重消费和服务。处于前三个阶段的国家可划入发展中国家,后两个阶段的国家则可划入发达国家。

处于同一经济发展阶段的国家呈现一定共性,而处于不同经济发展阶段的国家的经济特征则表现不一。一国在向高级阶段发展的过程中,居民收入分配渐趋均衡,消费能力增加、市场扩大,消费质量提升;分销渠道呈规模化发展;愈加强调产品的款式、性能和质量。企业在制定营销策略时,应当针对处于各个发展阶段的多个国家制定考虑产品、定价、风险等各因素的整体战略。

2. 经济制度与市场体系

经济制度是关于生产要素的所有与配置、生产成果的分配的制度。从原始经济时代的公有制到如今的知识经济制度,每种经济制度都有着自身的特点(见表 5-3)。市场体系则是指相互联系的各类市场的总和。它的基本特征是统一、开放、竞争和有序。市场体系包括消费品市场、生产资料市场和要素市场,现代市场体系中这三大市场的发展都比较完善、规范、健全,平衡。

表 5-3 基本经济制度

经济时间	农业经济时代	工业经济时代	知识经济时代
经济形态	农业经济	工业经济	知识经济
基本制度	农业经济制度	市场经济制度①	知识经济制度(形成中)
生产制度	农业生产制度	工业生产制度	弹性工作、知识化生产
流通制度	地区性贸易、关税	全国性市场、高关税	市场全球化、低关税
分配制度	按权力和地权分配	按资本或按劳动分配	按贡献分配、按需要调解
消费制度	自行消费	赋税消费、高消费	绿色消费、合理消费
环境制度	适应自然	改造自然	生态与经济协调

① 工业经济时代还存在着计划经济制度、混合经济制度、福利经济制度、社会市场经济制度等亚种。

资料来源:中国科学院中国现代化研究中心,中国现代化战略研究课题组。

3. 收入水平与消费结构

收入是反映市场规模和质量的重要指标,可以通过国民收入、人均收入、可自由支配收入来衡量,市场规模还可以采用国内生产总值来衡量。收入水平是决定消费者需求的基本因素。收入水平越高，居民的购买能力越强，从而潜在的市场需求越大，它是国际企业的产品出口或在当地生产有销路的保证。

世界观察

全球经济规模排名：中国居第二

2022 年，世界经济总量前十分别是美国、中国、日本、德国、印度、英国、法国、俄罗斯、加拿大、意大利。这也是全球 GDP 总量在 2 万亿美元以上的 10 个国家（见表 5-4）。

表 5-4　2022 年世界国家和地区 GDP 总量

位次	国别	2022 年 GDP 总量/亿美元	2021 年 GDP 总量/亿美元	名义增量	名义增速	人口/万	2022 年人均 GDP/美元
1	美国	254 645	233 151	21 494	9.2%	33 353	76 348
2	中国	181 000	177 593	3 407	1.9%	141 255	12 814
3	日本	42 335	50 055	−7 720	−15.4%	12 517	33 822
4	德国	40 754	42 628	−1 874	−4.4%	8 379	48 636
5	印度	33 864	31 503	2 361	7.5%	142 333	2 379
6	英国	30 706	31 232	−526	−1.7%	6 779	45 295
7	法国	27 840	29 574	−1 734	−5.9%	6 565	42 409
8	俄罗斯	22 153	18 366	3 787	20.6%	14 344	15 444
9	加拿大	21 398	20 015	1 384	6.9%	3 885	55 085
10	意大利	20 120	21 158	−1 037	−4.9%	5 898	34 113

资料来源：国际货币基金组织。

从中国视角看，一是 2022 年，中国大陆 GDP 总量为 18.1 万亿美元，与美国 GDP 对比，相当于美国的 71.1%，如果将中国两岸四地合并计算（中国大陆、中国香港、中国澳门、中国台湾），则 GDP 合计 19.2 万亿美元，为美国的 75.6%。二是中国大陆 GDP 总量是第三名日本的 4.3 倍，且超过日本、德国、印度、英国、法国 GDP 之和，也超过了欧盟 27 国 16.6 万亿美元的 GDP 总量。

消费结构表明了消费者用于各种消费的支出比例及其相互关系。根据国际经验，在人均 GDP 超过 1 000 美元以后，消费结构升级显著加快，食品和衣着类等生存型消费比重下降，发展享受型消费比重迅速上升。消费结构向发展型、享受型升级，过去的奢侈品将转化为居民的必需品。

世界观察：收入与消费变化

4. 贸易与国际收支

一国贸易额和国际收支状况可以引导营销方向。贸易额多的国家往往意味着更多的营销机会和更开放的营销环境。而在国际收支困难的情况下，一国则更倾向于采取限制进口的措施，调整国际收支状况。

世界观察

2022 年全球商品贸易前 10 强榜单

从各国海关和经合组织公开的信息来看,2022 年全球前 10 大贸易国为中国、美国、德国、荷兰、日本、法国、韩国、意大利、比利时和英国(见表 5-5)。成员与往年一致,但排名发生了改变。

表 5-5　2022 年全球商品贸易前 10 强榜单

位次	国别	进出口/万亿美元
1	中国	6.31
2	美国	5.363
3	德国	3.228
4	荷兰	1.865
5	日本	1.654
6	法国	1.433
7	韩国	1.415
8	意大利	1.347
9	比利时	1.255
10	英国	1.242

资料来源:世界贸易组织。

(四)政治法律环境

政治法律环境是企业跨国经营的强制性影响因素。一个对企业有利的政治法律环境会给企业创造一个宽松和稳定的外部环境。不利的政治法律环境不仅使企业难以正常运营,承担一定的风险,不能很好地把握市场变动,而且有可能使企业难以实现公平竞争,甚至受政治形势与势力的摆布,失去了发展的真正意义。因此,企业要在东道国站稳脚跟,就必须学习、熟悉东道国的法律法规,认真分析东道国的政治形势和发展趋势,以避免政治动荡和违反法律对企业产生的巨大负面冲击。

政治环境(political environment)主要是指一国的政治制度、政治形势、政府效率以及对外国投资的政策等。分析东道国政治环境必须关注以下几方面。

1. 政治稳定性

政治稳定性通常包括许多方面。一是东道国政权变更的频繁程度和更迭的形式。如果政权更替频繁且突然,对企业的正常经营会产生很大冲击。二是政治冲突、暴力事件、治安混乱和示威游行等。轻微的影响将导致政府对外来投资的态度和政策上的变化,势态严重时,常常造成对管理人员的人身伤害和企业财产的破坏。三是文化分裂。亚文化在具有主文化共性的同时,还保持着自身的一些独立性和特殊性,若缺乏对各亚文化特性的了解,跨文化营销会落入文化冲突的陷阱。四是宗教对立。不同宗教或不同教派之间的对立可能导致敌对行为,甚至引起动乱,从而会给当地经营活动带来风险。

2. 东道国政府的干涉

东道国政府对外商和母国政府的态度是需要特别关注的。如果是多党执政的情况，还需要关注各党派的政策主张。因为每一个政党的主张及其政治发展的长远方向都会对政府政策产生影响。政府干预经济活动不仅体现在宏观政策上，而且会直接针对外国企业采取一些特别措施，诸如没收、征用、本土化、外汇管制、进口限制、市场控制、税收控制、价格控制、劳动力使用限制等。东道国政府对外国企业的歧视性政策会产生更大的负面影响。

3. 经济民族主义

任何国家包括发达国家在内都会或多或少地存在经济民族主义倾向。经济民族主义认为，一国的经济发展要更多地依靠本国自己的经济力量，要特别维护本国民族工业的发展，不允许外国企业对其市场和经济无限渗透，主张采用削减进口、推动本国产品出口、控制外国资本进入等方式限制外国企业的经营发展。经济民族主义对企业在东道国的营销影响相当大，因此企业关注东道国经济民族主义的激烈程度也是非常必要的。

法律环境（law environment）包括影响企业国际市场营销的相关法律，是由企业母国法律、国际法律和东道国法律共同构成的。法律代表一个国家书面的或正式的政治意愿。在这种意义上，一个国家的政治与法律制度是密切相关的。世界各国不同的政治制度，不同的政治局势，具有不同法律效力的条约、公约及协定等，使得企业在不同的国家开展营销时，面临着不同的法律环境。有些国家法律体系很宽泛，解释权由法院掌管，而有的国家法律则详尽到每个细节。不同的法律制度对同一事物可能有不同的解释。企业必须对国外市场的法律环境进行慎重而明确的分析。

世界观察：玩具娃娃的价格之争

（五）科技环境

科技环境（technology environment）是指一个国家的技术状态、新技术的成就及技术发展动向等，也包括国际上相关的技术发展动态。技术基础可以反映一国当前各行业的基本技术状况，它是企业进行生产和经营活动的基础。国家的技术基础决定了一国的生产力现状。技术创新分为狭义和广义两种。狭义的技术创新主要指产品创新和工艺创新等，是学习、引进、开发和应用新技术并产生经济效益的过程，技术创新过程中，涉及研究与发展活动，但这种研究与发展是围绕某个产品或工艺创新开展的；广义的技术创新不仅包括产品创新和工艺创新，还包括产品和工艺创新过程中开展的技术改进及其相关的研究与发展活动等。技术创新能够改变企业生产、经营和管理组织模式，同时改变市场运行模式和机制，良好的技术环境会影响和促进企业的技术开发，增加产品的技术含量。

科技环境在跨国公司的发展上起着举足轻重的作用，对国际市场营销产生直接的影响。近年来的信息技术革命带来经济全球化，推动知识经济发展，改变了传统工业经济时代的营销模式和竞争策略。技术发展推动着生活水平的提高、消费层次的提升、消费偏好的个性化、消费质量的提高，刺激着需求的增长；技术发展使得企业可以对产品进行创新，缩短开发和设计周期，有利于产品销售到目标市场，促进供给的增加；技术革命特别是信息技术革命，使得全球经济呈现出网络化、数字化特征，国际市场营销更加便捷、快速、成本低廉而灵活，使得时间和空间限制都大大缩小了，从而催生出更有效的交易方式；技术发展既为企业带来无限契机，也提高了技术开发投入的风险，企业间的战略联盟关系成为如今企业组织结构的重要特征，企业在竞争与合作中开展经营活动,催生了新的竞争战略。

(六)商业习俗

商业习俗(business customs)主要是指企业层面的管理模式与风格,各国不同的文化会产生不同的管理理念和行为,由此必然会形成不同的管理模式与风格。

企业管理模式与风格主要涉及权力和决策、管理者目标和志向、沟通方式、礼仪与工作节奏、谈判重点、时间观等维度。各个国家文化不同,管理模式与风格不同会反映在这些方面的差异上,虽然这些都不是大事,但是有时会左右整个商业谈判的成败。

国际市场营销中的文化冲击,更多地体现在日常的琐事上,国际营销者无论事先做了多少准备,由于接触程度不同、沟通重点不同、工作节奏和礼仪不同,仍会引发各种难以预料的矛盾。

世界观察

不同国家的商业习俗比较

不同国家的商业习俗如表5-6所示。

表5-6 商业习俗

商业惯例	国家或地区	特点
谈判时接触的层次	欧洲	在高层间进行
	美国	可能在中下层进行
	地中海	与负责人接触
礼节	美国	不拘小节,但对待工作很认真
	日本	工作和个人生活相结合,同时谈论
	拉丁美洲	讲究友谊,但与工作划清界限

资料来源:根据相关文献编写。

(七)竞争环境

竞争环境(competitive environment)是指对企业经营构成直接挑战的各种相关因素,竞争环境分析主要集中于对竞争对手、竞争中的优势和劣势、行业的竞争环境的分析。

企业在东道国的竞争对手有三种类型:东道国的企业、在东道国设立的外资企业以及东道国以外的企业。分析竞争对手的主要步骤是:① 识别企业的主要竞争对手;② 了解和确定竞争对手的目标;③ 识别竞争对手的战略;④ 评估竞争对手的强弱;⑤ 估计竞争对手所作出的反应;⑥ 选择对竞争对手采取攻击或规避的策略。

当企业进入东道国市场后,面对竞争对手,企业需要分析超越竞争对手的现有和潜在优劣势。在分析东道国市场竞争状况时,需要回答以下问题。第一,当前市场中有哪些竞争对手,未来还会有哪些企业进入?第二,竞争对手的战略、长期及短期目标是什么?第三,东道国市场对竞争对手的重要程度如何?它们是否有实力开拓该市场?第四,竞争对手有何特别优势?第五,竞争对手有何特别劣势?第六,竞争对手未来的战略变化怎样?第七,竞争对手在市场上、行业中和行业内部分别实施什么战略?通过分析这些内容,可以找出竞争对手的劣势和优势,发现企业赢得竞争的机会,并找出直接或间接影响某种产品在特定市场推广的关键因素,这样企业就比较容易寻找市场的突破点,并以此抢占竞争对手的市场份额。

竞争环境是企业分析东道国环境的重要方面。除竞争对手外,供应商、经销商、潜在进入者以及替代产品等方面也会影响企业的竞争环境。

世界观察

竞争对手实力评价表

对竞争对手进行实力评价参照表 5-7。

表 5-7 竞争对手实力评价表

序号	评价项目	序号	评价项目
1	在产品设计或加工方面是否具有优势	11	设施利用率、利用成本
2	生产或分销的成本、效率	12	是否拥有或控制低成本的稀有资源
3	产品革新能力	13	对分销渠道或机构的控制力
4	客户服务	14	资金能力
5	与客户关系紧密程度	15	顾客对公司的品牌(声誉)的接受度
6	运输和物流的效率	16	供货是否充足、方便
7	促销是否有效	17	顾客忠诚度
8	商品化能力如何——库存或资金周转快慢	18	市场地位
9	变现能力	19	广告是否得力
10	是否有影响立法的能力	20	营销队伍素质

资料来源:苏比哈什·C.贾殷.国际市场营销:第 6 版[M].吕一林,等,译.北京:中国人民大学出版社,2004:203.

三、东道国环境的评价方法

东道国环境即企业进行国际市场营销的国际环境,国际投资环境评价方法同样适用于对东道国环境的评价。对东道国投资环境进行评价通常采用的方法包括:障碍分析法、冷热国对比分析法、抽样评估法、动态分析法和等级评分法。

(一)障碍分析法

障碍分析法(obstacle analysis)是依据潜在的阻碍国际投资运行因素的多少与程度来评价投资环境优劣的一种方法。这是一种宏观层次上的定性分析,主要是从投资活动的阻碍因素存在与否和多寡来对国际投资环境进行一般性的评估。

障碍分析法的基本出发点是,如果在没有考虑优惠的情况下,一国的投资环境是可以接受的话,那么再加上优惠的因素就更可以接受了。因此,判断一国的投资环境是否适合外国投资,只要考虑该国的投资阻碍因素就可以有一个基本的结论,这也符合企业竞争的一般原则。主要考虑的障碍因素有:① 政治障碍;② 经济障碍;③ 资金融通障碍;④ 缺乏技术人员和熟练工人;⑤ 国有化政策和没收政策;⑥ 对外国投资者实行歧视性政策;⑦ 政府对企业过多的干预;⑧ 普遍实行进口限制;⑨ 实行外汇管制和限制汇回;⑩ 法律和行政体制不完善。

障碍分析法的优点在于能够迅速、便捷地对东道国环境做出判断,并减少评估过程中的工作量和费用。但是这一方法仅根据个别关键因素就做出判断,有时会使企业对环境的评估产生错误,失去好的机会。

(二)冷热国对比分析法

冷热国对比分析法(hot-and-cold country contrastive analysis)是由美国经济学家利特法克(I. A. Litvak)和班廷(P. M. Banting)于1968年创建的。他们在20世纪60年代后期对美国、加拿大、南非等国大量工商界人士进行了调查,并在《国际商业安排的概念构架》论文中提出通过七种因素对各国投资环境进行综合、统一尺度的比较分析法,从而产生了投资环境的冷热国对比分析法(也称冷热国对比法或冷热法)。

冷热国对比分析法是从投资者和投资国的立场出发,选定政治稳定性、市场机会、经济发展与成就、文化一元化、法律阻碍、自然阻碍、地理文化差距七个因素,据此对目标国逐一进行评估。不利于投资的因素作为冷因素,打负分;有利于投资的因素作为热因素,打正分。冷因素与热因素分值汇总,总分值的正负、高低可以定性和定量地反映出该地投资气候的优劣。一般热因素多的国家投资环境优良,冷因素多的国家投资环境较差。

世界观察:
冷热评价表

(三)抽样评估法

抽样评估法(sample analysis)是对东道国的外商投资企业进行抽样调查,了解它们对东道国投资环境的一般看法。该方法是事前选定评估项目,然后进行抽样调查,再统计出各个项目的调查结果。它没有确定的指标体系,但遵循的思想是因素分析。

抽样评估法的基本程序是:① 选定或随机抽取不同类型的外企;② 列出投资环境评估要素;③ 请外企高级管理人员进行口头或书面评估。

抽样评估法的最大优点是能使调查人得到第一手信息资料,它的结论对潜在投资者的投资来说具有直接的参考价值。这一方法的缺点是,评估项目的因素往往不可能列举很多,因而无法进行全面评估。此外,评估结果还带有评估人的主观色彩。

(四)动态分析法

动态分析法(dynamic analysis)是由美国道氏化学公司制定的方法。由于对国际直接投资者来说,投资环境不仅仅因国别而异,即使在同一国家也会因不同时期而发生变化,所以在评价东道国投资环境时,要看过去、现在和今后的变化,以动态化的角度进行风险和影响因素分析。

动态分析法有以下基本步骤。① 将公司在国外投资所面临的风险分为两类:一类是"正常企业风险",或称"竞争风险",这类风险存在于任何基本稳定的企业环境中,它们是商品经济运行的必然结果;另一类是"环境风险",即某些可以使企业环境本身发生变化的政治、经济及社会因素。② 把影响投资环境的诸因素按其形成的原因及可能作用范围不同分为两部分评估:一是企业生产经营的条件,即评估企业现有业务条件(包括40项因素);二是有可能引起这些条件变化的主要压力(包括40项因素),即评估社会、政治、经济事件对今后投资环境可能生产的影响(有利、不利或中性)。③ 对该投资项目在某国获得成功的8~10个有利因素和假设进行汇总。④ 制定出4套预测方案。

动态分析法的优点是,充分考虑了未来环境因素的变化及其结果,从而有助于企业减少或避免可能的风险,以确保预期收益。这一方法的缺点是过于复杂,工作量庞大,并且常常带有一定的主观性。

世界观察:
动态分析法的基本内容

（五）等级评分法

等级评分法(rank analysis)又称多因素分析法,是美国经济学家罗伯特·斯托伯(R. B. Stobaugh)提出的。这种方法从东道国政府对外国直接投资者的限制和鼓励政策着眼,注重软环境的研究,用于具体分析影响投资环境的微观因素。

世界观察：等级评分法计分表

等级评分法的基本步骤如下。① 从东道国政府对外国投资者的限制和鼓励政策着眼,具体对影响投资环境的八个关键因素进行分析,包括:抽回资本、外资股权、对外商的管制和歧视程度、货币稳定性、政治稳定性、给予关税保护的意愿、当地资本的可供程度、近五年的通货膨胀率。② 根据八个关键因素对投资环境所起的作用和影响程度不同来确定其不同的等级分数。③ 对东道国每个因素中的有利或不利的程度给予不同的评分。④ 把各个因素的得分进行加总作为对投资环境的总体评价。总分越高表示投资环境越好,越低表示投资环境越差。

等级评分法的优点在于:一是引导企业辨认那些重大的影响因素;二是要求决策部门的专家对所考虑的国家进行深入研究;三是有助于改进有关投资决策部门之间的沟通。等级评分法的局限性是:第一,该方法所列的因素范围偏窄(如未考虑文化因素、经济发展水平等);第二,有些因素难以适当加权;第三,不同行业和不同目标的项目,对某些环境因素的敏感程度是不一致的。若以技术优势为先导,出于独占市场目的而进行投资的企业对于"准许外资股权"政策的关注比以从事成熟生产为目的而进行投资的企业大得多。

中国之问与实践探索:复杂环境下的中老铁路建设管理

新时代中国向世界呈现出人类命运共同体的美好愿景。党的二十大报告指出,"构建人类命运共同体是世界各国人民前途所在",并将"推动构建人类命运共同体"列为中国式现代化的本质要求之一。中国企业是构建人类命运共同体的重要建设者,2016 年正式开工的中老铁路项目是一个典型代表,中国铁路国际有限公司认真贯彻落实两党两国决策部署,秉持"合规、协调、创新、共享"理念,共商共建共享这一中老友谊标志性工程。

复杂环境下的中老铁路建设管理

本章小结

国家环境分析是企业进行国际市场营销决策的基础。本章介绍了 SWOT 分析方法,重点阐释了母国环境分析框架与东道国环境分析框架,明确了东道国环境的特殊性,较全面地说明了各种东道国环境的评价方法。

思考题

1. 为什么要重视分析国家环境?
2. SWOT 分析方法的原理是什么?
3. 东道国环境有何特殊性?
4. 你认为东道国环境分析框架中,哪个问题最为重要? 为什么?
5. 东道国环境的评价方法中,你认为哪一种最为有效? 为什么?

开篇案例讨论

1. 你如何评价中国打火机企业的现状及国际竞争力?
2. 中国打火机先后在美国、欧洲和日本遇到的“CR 法规”问题有何异同? 一国经验在他国是否可行?
3. 从中国打火机企业走向国际市场之路看,中国企业“走出去”会遇到哪些突出的障碍? 应该如何应对?

本章即测即评

第五章
即测即评

网上练习

主题:对某一东道国的环境分析

步骤 1:学生围绕某一东道国环境主题或教师明确某一东道国,搜索整理该东道国环境的数据和资料。

步骤 2:阅读和分析资料,根据东道国环境七个不可控因素分析归纳东道国环境。

步骤 3:思考和分析该东道国环境七个不可控因素中的有利因素和不利因素。

步骤 4:假设某一中国企业针对该东道国进行国际市场营销决策,应用 SWOT 分析方法,重点分析该东道国存在的机会和威胁。

步骤 5:对在该东道国进行国际市场营销做出决策,并且列出主要依据。根据教师要求提交书面报告或者准备 PPT 在课堂上分享。

步骤 6:课堂上,教师选择部分报告进行交流和讨论,学生进一步完善其决策及其依据。

国际市场营销技能训练

主题:对东道国环境分析的方法比较

步骤 1:教师明确一家中国企业准备将一消费品打入某一东道国,并为学生提供企业基本背景资料。学生根据各自需要进一步收集相关数据和资料。

步骤 2:教师将班级学生分成 5 个小组(每组最好 4~6 人),规定 5 个小组分别采用障碍分析法、冷热国对比分析法、抽样评估法、动态分析法、等级评分法进行东道国环境分析评估。

步骤 3:课堂下,各个小组分别根据其采用的方法,收集、整理和分析东道国环境的相关数据资料,完成对东道国环境的整体性评价,提供是否进入该东道国市场的决策及其主要依据。

步骤 4:课堂上,各小组分别用 5 分钟左右的时间介绍方法分析过程和结论,并说明据此得到的决策及其主要依据。

步骤 5:课堂上,每个小组依次就其他 4 组的方法、结论、决策和主要依据,提出问题,相应的小组进行回答。

步骤 6:课堂上,教师根据 5 个小组的决策,将支持进入该东道国市场的分为一组,不支持进入该东道国市场的分为一组,仍需要进一步评估环境的分为一组。三个小组进一步讨论完善其决策。

步骤 7:教师和学生共同分析讨论 5 种评价方法之间的异同及其各自的优缺点,5 种方法在实践中应该如何选择及如何结合应用。

推荐读物

第六章 东道国的文化环境

本章学习目标

- 理解历史及其对当代产生的影响
- 了解地理环境和世界人口变化趋势
- 掌握文化构成要素及其分析框架
- 辨识事实性知识与解释性知识
- 思考文化借鉴及其意义
- 学会分析文化变革的阻力
- 学习运用有计划变革策略与无计划变革策略
- 明确文化适应程度及其意义
- 掌握文化价值观的分析方法
- 熟悉管理风格分析维度及方法
- 思考跨文化企业伦理问题的复杂性

本章主要概念

社会历史观(conception of society and history) 历史的主观性(history subjective) 地理环境(geographical environment) 自然环境(natural environment) 人口(population) 文化(culture) 物质文化(material culture) 社会制度(social institute) 人和宇宙(human and cosmos) 美学(aesthetics) 语言(language) 事实性知识(factual knowledge) 解释性知识(interpretive knowledge) 文化变革(culture change) 文化借鉴(cultural reference) 无计划变革(unplanned change) 有计划变革(planned change) 文化适应(cultural adaptation) 强制性(imperatives) 选择性(electives) 排他性(exclusives) 权力距离指数(power distance index) 个人主义(individualism) 不确定性规避指数(uncertainty avoidance index) 男性化指数(masculinity) 长期取向文化(long-term orientation) 高语境文化(high-context culture) 低语境文化(low-context culture) 单一时间观(monochronic time) 多种时间观(polychronic time) 企业伦理(business ethics) 索贿(extortion) 行贿(bribery)

打点(lubrication) 代理费(agent fee) 收买(subornation)

开篇案例

巴拿马 67 小时诞生记

一个国家的地理和历史会对其文化产生重要影响，东道国文化环境是国际市场营销的重要影响变量。习近平总书记指出“增强中华文明传播力影响力”，关键是“要树立平等、互鉴、对话、包容的文明观”。以巴拿马运河闻名于世的巴拿马国家的建立仅用了 67 个小时，这是否影响当地及其周边国家的文化？对当今地缘政治和文化还有着哪些影响？

巴拿马 67 小时诞生记

第一节 文化环境的基础：历史与地理

6.1 东道国历史与地理环境【登录“爱课程网”搜索“国际市场营销（崔新健）”观看视频】

世界观察：谁的看法符合历史事件？

一、历史及其对当代的影响

历史由人类社会过去的发展、对过去事件的记载和人的历史认识三个层次构成，其最终形成人类对世界的认识，即社会历史观。社会历史观(conception of society and history)是关于人类社会的起源、本质和发展规律等一般问题的观点和理论体系，是人类对本身相互交往活动的条件、过程和结果的反思，它以社会现象的内在联系及其发展过程为研究对象。

历史的主观性(history subjective)是指人们按照自我参照准则看待和理解历史事件。历史对于理解一个国家的行为非常重要，但是，不同的史学家对历史事件会有不同的记载，不同文化背景的史学家尤其如此。史学家一直力图客观，但是真正能够超越自身文化偏见的历史事件记录者极为少见。人们的视角不仅会影响其历史观，而且多少会影响人们对其他事物的看法，最为典型的是各国销售的地图，都将自己置于地图中央。

历史对现代的影响是深远的，无论是对文化环境的形成，还是经济环境的引导，甚至对人类本身发展的影响都是巨大的。

世界观察

多元历史主体介入的历史评价

2016 年 11 月，法国国民议会在巴黎公社 145 周年纪念之际，依据《宪法》通过了“为所有遭镇压的 1871 年巴黎公社社员平反”的第 907 决议，宣称这是一次“尽历史责任”的“庄严行动”，其主导力量就是执政的法国社会党。以集团形式存在的不同历史主体在历史观和历史价值观上的差异，确实能够在相当程度上影响人们对历史事实的认知与评价，甚至构建出相当不同的历史图像。

多元历史主体介入对历史评价有一定的影响。以国家或集团的形式存在的历史主体，如国家、民族、阶级、政党等，主要是以集体意识形态和主流价值侵入的方式对历史评价产生影响。一方面，在国家层面，由于国家利益、主流意识形态和占统治地位的核心价值不同，各国的历史价值观和历史评价体系也不同。另一方面，在民族、种族层面，不同的民族、种族之间会因为历史命运、价值认同、民族心理和民族特色之间的差异而具有不同的历史价值观，进而形成完全不同甚至相互对立的历史评价。

资料来源：涂成林.历史阐释中的历史事实和历史评价问题——基于马克思唯物史观的基本理论和方法[J].中国社会科学，2017(8)：4-24，203.

当代各国的文化都是在数千年历史长河的自我传承和互相影响中形成和发展的。从四大文明古国的文字与建筑，到当今的文明与发展，悠久的历史孕育出了各国丰富多彩的文化传统。

一国的政治和经济形态脱离不了该国的历史发展。作为人类社会文明的重要组成部分，政治和经济本身并不是脱离一定的社会历史条件而孤立存在的，而是在历史积淀中形成其独特的特点。政治和经济形态受政治、经济、文化、历史传统、民族特征的影响。

世界观察：历史、地理和人口冲突：美国重返多世同堂的家庭生活

二、地理环境

地理环境(geographical environment)是指生物，特别是人类赖以生存和发展的地球表层。广义的地理环境包括自然环境(或自然地理环境)、经济环境(或经济地理环境)和社会文化环境。这三种环境在地域上和结构上互相重叠、互相联系，从而构成统一的整体。狭义的地理环境主要是指自然环境。

世界观察：微软适应“当地历史”

自然环境(natural environment)是经济环境和社会环境的基础，是人类赖以生存的物质基础，是指环绕在人们周围的各种自然因素的总和，如大气、水、植物、动物、土壤、岩石等。自然环境可分为天然环境和人工环境。天然环境(原生自然环境)指只受到人类间接或轻微影响的而原有自然面貌未发生明显变化的地方。人工环境(次生自然环境)指在人类直接影响和长期作用下自然面貌发生重大变化的地方，如农业、工矿、城镇等利用地。

地理环境是企业生存和发展的重要条件，但在不同的生产力发展的历史时期及不同的行业领域，其所处的地位及作用是不一样的。矿产资源、森林资源、土地资源、水力资源等具有分布的不均衡性。企业所生产的产品需要利用物质自然环境，如果就地设厂，可以节省运输费用等，因此自然资源与目标市场相距较近时，有助于降低企业营销活动的成本。

地理环境中地形、地貌和气候一方面影响了产品的性能和使用，另一方面决定了目标市场的产品偏好。地理环境的差异不仅会造成各个国家和地区生产不同产品，以及不同特性的相同产品，而且会形成不同的营销体系与消费行为。

世界观察：地理与文化

三、人口及其变化趋势

人口(population)是在一定时间、一定地域内,与一定社会生产方式的社会经济关系相联系,进行其生命和生产活动的个体。人口有着自然和社会双重属性。在人类进化过程中,人口的自然属性变化不大,但数量和质量、物质生活和精神生活、平均寿命等社会属性却发生了很大的变化。人口指标包括人口规模、人口结构、人口分布等因素。

自 1951 年起,联合国经济和社会事务部已经出版了 28 版《世界人口展望》报告。2024 年 7 月,联合国经济和社会事务部发布《2024 年世界人口展望》(World Population Prospects 2024)报告,提供了 237 个国家从 1950 年至 2024 年的最新人口数据,以及直至 2100 年的预测数据,对监测可持续发展目标至关重要。该报告预测,世界人口发展趋势将发生重要变化,主要有以下几个特点。

一是人口生育率下降,报告预测在 21 世纪 80 年代达到人口峰值。世界总体生育率正在下降,2023 年,全球生育率为平均每名女性生育 2.25 个孩子,低于 1990 年的 3.31 个。2023 年全球 55%的国家和地区的生育率低于更替水平(2.1),更替水平是没有移民的情况下人口长期保持恒定规模所需的生育率。与此同时,将近五分之一的国家和地区,包括中国、意大利、韩国和西班牙,面临“超低生育率”,女性一生平均生育子女数少于 1.4 个。报告预测全球人口将在 21 世纪 80 年代中期达到约 103 亿的峰值,随后人口数量将会缓慢下降,在 21 世纪结束前回落至 102 亿人,较 10 年前的预测数据降低 6%。

二是世界各国或地区人口峰值将先后出现。全球人口变化不均,占 2024 年世界人口 28%的 63 个国家和地区,其人口规模在 2024 年前已经达到峰值,未来 30 年内,其人口数量将下降超过 14%,其中阿尔巴尼亚、波黑、立陶宛、波多黎各、摩尔多瓦人口数量将在 2054 年前迎来最大幅度下滑。占 2024 年世界人口 10%的 48 个国家和地区中,预计其人口规模将在 2025 年至 2054 年间达到峰值。其余 126 个国家和地区,预计其人口规模将在 21 世纪下半叶或更晚达到峰值。

三是世界人口增长的中心从亚洲转移到非洲。人口缓慢增长或下降主要发生在高收入国家,人口快速增长将发生在低收入和中低收入国家。具体而言,安哥拉、中非共和国、刚果民主共和国、尼日尔和索马里预计将经历非常快速的人口增长,它们的总人口数量在 2024 年至 2054 年间将翻一番。尤其是在撒哈拉以南的非洲,人口增长将增加对资源的需求,气候变化是一项重大挑战,对这些国家的影响最大,因为许多国家依赖农业,粮食不安全问题普遍存在。

四是世界人口总体呈现老龄化趋势。人口结构也在不断变化,一些地方人口增长迅速,而另一些地方则面临快速老龄化,这使得可靠的人口数据“比以往任何时候都更为重要”。2024 年全球预期寿命将达到 73.3 岁,比 1995 年增加了 8.4 岁;预计 2054 年全球平均寿命约为 77.4 岁;到 21 世纪 50 年代末,全球一半以上的死亡将发生在 80 岁或以上的年龄段,这比 1995 年的 17%大幅增加。到 21 世纪 70 年代末,全球 65 岁及以上的人口预计将达到 22 亿人,超过 18 岁以下的儿童人数。而 80 岁及以上的人口预计将在 21 世纪 30 年代中期超过 1 岁及以下的婴儿人数,达到 2.65 亿人。在人口老龄化较严重的国家需要考虑利用技术提高各年龄段的生产力,设计更多的终身学习和再培训机会,打造多代人的工作队伍,并为那些能够和愿意继续工作的人创造延长工作年限的机会。

世界观察

1990—2100 年世界人口大国位次变化

根据联合国中方案预测,全球出生人口从 2023 年的 1.33 亿人缓慢上升到 2041 年的 1.36 亿,然后缓慢下降,到 2100 年下降至 1.09 亿。全球总人口在 2022 年 11 月 15 日达到 80 亿,到 2085 年达到峰值 103 亿,然后缓慢下降,到 2100 年下降至 102 亿。

2022 年中国出生人口 956 万,在中方案预测的情形下,中国出生人口到 2050 年跌破 700 万,到 2100 年出生人口只有 238 万。2022 年中国总人口为 14.1 亿,在中方案预测的情形下,中国总人口到 2050 年下降至 12.3 亿,到 2100 年下降至 6.3 亿,65 岁以上老年人口占比为 49.2%,中国人口的年龄中位数接近 65 岁。

到 2100 年,总人口占全球比例排在前五名的国家依次是:印度(占比 15%)、中国(占比 6.1%)、尼日利亚(占比 5.4%)、巴基斯坦(占比 4.8%)、刚果金(占比 4.2%)。到 2100 年,出生人口占全球比例排在前五名的国家依次是:印度(占比 12%)、尼日利亚(占比 7.0%)、刚果金(6.2%)、巴基斯坦(占比 5.4%)、埃塞俄比亚(3.5%)。而中国的新出生人口将远远少于这些国家,也少于美国和印度尼西亚等国家。

2022 年美国出生人口为 366 万,总和生育率为 1.66。根据联合国中方案预测,2023—2100 年,美国出生人口将在 360 万至 395 万之间波动。2100 年美国出生人口为 363 万。从 2023 年至 2100 年,美国总人口将从 3.4 亿缓慢增长到近 4 亿。

资料来源:根据相关文献编写。

第二节　文化环境的构成要素

一、文化的定义

许多学者从不同的视角出发,对文化(culture)予以界定。1871 年爱德华·泰勒(Edward B. Tylor)在《原始文化》(*Primitive Culture*)一书中将文化定义为:“文化是一个复合的整体,其中包括知识、信仰、艺术、道德、法律、风俗以及作为社会成员而获得的其他方面的能力和习惯。”美国学者哈里斯和摩根认为,文化系统由亲属系统、经济系统、教育系统、政治系统、宗教系统、社会组织系统、健康系统及消遣系统几个子系统组成。荷兰文化协作研究所所长杰尔特·霍夫斯泰德(Geert Hofstede)认为,文化是同一环境中具有相同的教育和生活经验的人的“共同心理程序”,是人类思想和行为的指南。文化是一系列观念、习俗、规范和准则的总和,它包括价值观、伦理道德、宗教、美术、艺术、风尚习俗等,有着自身的特性和运行规律。

6.2 东道国文化环境【登录“爱课程网”搜索“国际市场营销(崔新健)”观看视频】

中国《辞海》则将文化定义为:“从广义来说,指人类社会历史实践过程中所创造的物质财富和精神财富的总和;从狭义来说,指社会的意识形态,以及与之相适应的制度和组织机构。”

被广为接受的文化定义为“文化是一个由社会(集体)所需要的知识、信仰、艺术、道德、法律、风俗以及其他能力和习惯等构成的复杂整体”。

哈佛学者在对160多个文化的定义进行审视研究后发现，社会学家普遍认为，文化是由通过种种符号或迹象传递的或获取的、显露的或暗含的行为模式构成的，而行为模式的差异则又构成了人类群体的显著区别。文化的核心是传统观念，特别是价值观。

人类学家一致认为文化具有三个特征：① 文化是习得的，是人们后天学习获得的；② 文化是共享的，是特定社会群体成员所共同拥有的，是由特定社会集团成员的理智行为特征所构成；③ 文化是规范性的，主要是通过为个体设置规范，影响诸如家庭、大众媒体的功能而发挥作用。

一国或社会内部的文化也存在一定的差异。根据人口特征、地理位置、政治信仰、宗教信仰和伦理背景不同，可以将文化划分为不同的亚文化。亚文化的成员是生活在文化中的一部分，因此，其行为、信念都会在烙有核心文化的同时，具有明显不同于群体的独特的亚文化行为模式。国际市场营销中分析东道国文化环境既包括核心文化也需要注意亚文化。

二、文化的要素

国际市场营销者需要对文化有一个全面深入的了解。人类学家对文化范畴的界定可以作为文化分析的一个基本框架。人类学家认为[①]，文化包括生活的各个部分，文化可以通过诸多要素加以说明：一是物质文化，包括技术、经济；二是社会制度，包括社会组织、教育、政治结构、媒体；三是人和宇宙，包括宗教、迷信及相关的权力结构；四是美学，包括书画及造型艺术、民间故事、音乐戏剧和舞蹈；五是语言。国际市场营销者可以应用这一基本框架研究国际市场及其潜力，评估针对东道国的国际市场营销计划。人们对于本国文化中的许多因素会自动作出反应，但在其他文化中就必须要有意识地学习这些文化因素，由于这些文化因素与国际市场营销活动相互影响，因此这些文化因素对于了解各国的市场体系特征至关重要。在研究某一具体外国市场时，必须认真研究每种文化因素的含义。

（一）物质文化

世界观察：可口可乐在印度市场

物质文化（material culture）由技术和经济构成。前者指物质产品生产过程中使用的技能；后者指人们运用工具、知识、技术、方法创造和分配财富的方式，包含产品和产品的分配、消费方式等内容。

物质文化不仅影响产品的生产手段和分配方法，而且影响需求水平，影响产品的质量、种类和功能。物质文化的差别还导致各国的需求和商业习俗表现出不同的特点，物质文化质量的高低和完善程度直接影响国际营销的方式和规模。

（二）社会制度

社会制度（social institute）包括社会组织、教育和政治结构。社会制度影响人与人之间的相互关系，影响人们如何组织自己的活动，影响人们自身管理方式，以及将行为准则传授给下一代的方式。

社会中人与人之间联系的方式就是社会组织。具有类似的价值观、兴趣爱好、行为方式乃至产品偏好和品牌偏好、经济收入、购买力相似的人，可以称作社会阶层。社会中因职业、政治、

① MERSKOVITS M. Man and His Works[M].New York：Alfred A.Knopf，1952：634.

宗教、爱好等共同点而形成的不同利益群体，则称为利益集团。相似的社会组织、阶层和利益集团对产品及服务会有一些共同性的要求，而在不同的文化体系中他们又呈现出不同的消费特点。

家庭是最普通的一类社会组织，大多数东西方文化传统的家庭都是核心小家庭，即夫妻两个人和一两个未成年的子女组成的家庭，这种结构直接导致家用电器和汽车的需求成倍增长。而在沙特阿拉伯则是大家庭结构，很多如冰箱、彩电等耐用消费品的销量则相对减少。在对社会组织的考察中，分析社会阶层、家庭规模和特点、妇女的角色和地位、群体行为等对国际市场营销活动的开展都很有意义。

教育是技能、思想、态度和专门知识的传授过程，对人们的价值观和行为方式有着很大的影响，它能直接影响人们的消费行为、制约国际市场营销活动、影响当地市场的商品构成和人力资源状况。各国的教育普及程度差别很大，识字率是衡量一个国家经济发展潜力的指标，大量研究表明，识字率与经济增长能力之间存在着高度相关性。据世界银行的分析，识字率不足50%的国家的经济发展状况较差，相反，增加教育投入的国家都曾获得显著的经济回报。识字率对国际市场营销有直接的影响，在识字率高的市场进行交流能降低成本。教育状况决定了国际营销的促销方式、包装说明、产品功能的简易程度等，进入东道国之前必须要了解其教育普及程度和国民的受教育程度。

政治结构是建立在经济结构之上的政治法律设施、政治法律制度及其相互关联的方式。包括政党、政权机构、军队、警察、法庭、监狱等实体性要素，以及政权的组织形式、立法、司法、宪法和规章等制度性要素。

（三）美学

美学（aesthetics）包括书画及造型艺术、民间故事、音乐戏剧和舞蹈，是一种文化的审美观念。美是一种高层次的人类心理需求，是关于美、审美认识的观念，是文化的重要组成部分。由于各国历史和文化的差异，艺术表现手段、色彩的选择和美的标准因国而异，不同国家、不同区域甚至不同民族的审美观念都存在很大的差异。

世界观察：部分国家的审美观

审美观念在诠释其象征意义时起着特殊的作用，因此往往会引起国际市场营销者的兴趣。无论身处何地，消费者都会对意象、神话及暗喻作出反应，因为正是这些意象、神话及暗喻帮助他们明确了在文化和产品利益之间的个人特征和民族特征，以及这两种特征间的关系。

如果不了解一国的文化，不了解其审美价值观，就会遇到许多国际市场营销方面的问题。审美观对产品设计和国际市场营销有很大影响，国际市场营销者对自己的产品、包装、广告、工厂布置应当适应东道国当地的审美偏好，依据国际市场营销环境的审美观来设计产品、包装和广告，进行工厂和店铺布置，否则会因审美观的差异而受到消费者的抵制。

（四）语言

语言（language）是文化的核心组成部分，反映了某一文化的本质特性，也是沟通的桥梁和工具。世界各国的语言文化都是经过数千年的历史传统承袭而来，有着深厚的国家和民族文化背景。如果国际市场营销人员对目标国的语言文化不了解，很可能出现很多问题和麻烦，而精确地把握一国语言文化，则有利于推进企业产品深入人心，从而拓展目标市场。

成功的国际市场营销者必须善于交流，不仅要会说东道国语言，而且要能够透彻理解这种语言。撰写广告不必过于担心两种语言之间的明显差异，相反必须关注那些习惯表达法。词典对词义的翻译并不等于习惯意义的解释，常常有不足之处。

语言也许是最难把握的文化要素，但是为了应用文化移情作用，学习语言却是最重要的。人们普遍认为要掌握一种语言的实际含义，就必须在该语言环境中有数年的生活经验。国际市场营销者绝不能轻易地认为自己可以用另一种语言进行有效的沟通，而不需要寻求当地人的帮助。事实上，国际市场营销者不仅需要一位不同语言之间的翻译者，而且更需要一位不同文化之间的翻译者，能够在不同的思维方式和不同的文化之间进行转译。

三、事实性知识与解释性知识

文化知识有事实性知识和解释性知识两种。事实性知识(factual knowledge)是国际市场营销者能够预见的、学习的、关于固有文化无可争议的事实，它是事实性、概念性知识，属于“是什么”的知识。解释性知识(interpretive knowledge)则是理解和欣赏不同文化特点和模式之间细微差别的能力，它是事实性知识在某一文化环境中所衍生的附加含义，是理解性、论证性知识，属于“为什么”的知识。

事实性知识通过研读书刊报纸就能够明白和掌握，但解释性知识却需要长时间地在某一文化中生活，通过一定的洞察力才能够了解。虽然事实性知识是关于某一文化无可争议的现实，但是在特定的文化环境中对其进行解释时可能产生附加含义，即解释性知识，如果不能对此有正确的理解和把握，就很容易导致文化冲突。

解释性知识需要具有一定的洞察力，这种洞察力可以说是一种情感。解释性知识更加依赖个人的经历，如果完全使用母国作为参照系，就很可能招致误解。在国际市场营销中，为了更好地把握这两种文化知识，一方面需要通过书面学习的方式，另一方面需要与目标国家的消费者深入接触，同时与当地咨询机构等中介进行合作，以间接的方式更好地了解当地文化，产生更多共鸣。

世界观察：斋月意味着什么？

在把握事实性知识和解释性知识时，可以借助两个工具：一是恩格尔及其同事提出的“消费者行为的文化交叉分析概要”(见表 6-1)；二是爱德华·霍尔(Edward T. Hall)的文化图(见表 6-2)。

表 6-1 消费者行为的文化交叉分析概要

序号	目标	问题
1	确定购买动机	在某文化的成员的意识中，该产品能满足他们的什么需求？这些需求现在是如何被满足的？他们是否已经意识到了这些需求？
2	确定典型行为模式	哪种模式能反映购买行为特征？家庭中，劳动是如何分配的？人们购买某种产品的频率如何？这些典型行为是否与该产品所希望的购买行为相冲突？那些与产品分销要求相冲突的行为模式有多顽固？
3	确定与该产品相关的文化价值观的宽度	有关工作、道德、宗教、家庭关系等强烈的价值观是否与该产品相关？该产品是否含有与这些文化价值观念冲突的属性？这种冲突能否通过改变产品加以避免？该文化中是否存在能突出该产品积极方面的价值观念？

续表

序号	目标	问题
4	确定典型的决策模式	该文化的成员是否具备面对革新和处理突发事件的能力？其决策过程是怎样的？依赖于何种信息来源进行决策？对待新理念的态度是否强硬？做选择时采用什么标准？
5	评价适合该文化的促销手段	广告在该文化中处于何种地位？有什么禁忌的话题、词语或说法？该文化中的成员能接受哪种类型的销售人员？这类销售人员能否找到？
6	确定该产品在消费者意识中的适当地位	存在哪些类型的零售商？能否找到与该产品联系紧密的销售机构？这些销售机构能提供哪些消费者期望的服务？有哪些替代机构能提供产品需要的而现有机构又不能提供的服务？消费者如何看待各种类型的零售商？分销结构变更能否被接受？

资料来源：贾殷.国际市场营销[M].吕一林，雷丽华，译.6版.北京：中国人民大学出版社，2004.

表 6-2　爱德华·霍尔的文化图

序号	分析维度	分析内容
1	交互作用	语言、文字等不同手段与环境之间的相互作用
2	社会团体	社会结构、组织及组成
3	生存手段	个体和群体为了生存和生活的各种活动的总称
4	两性作用	两性的不同角色和作用
5	空间领域	占有、使用和保护的土地和领域
6	时间分配	时间的分割、分配及使用
7	学习	传播知识的形式
8	娱乐	通过放松及游戏活动获得享受的过程
9	防卫	抵抗自然和人力侵害的保护行为
10	资源开发利用	使用技能和技术把自然资源变为人们所需要的东西

资料来源：贾殷.国际市场营销[M].吕一林，雷丽华，译.6版.北京：中国人民大学出版社，2004.

第三节　文化变革与市场开发

文化并不是静止的、古板的，它在缓慢地变化着。随着时间的推移，人们的文化教育水平、价值观念、审美观、生活习惯等，都在变化，这就是文化变革（culture change）。尽管文化具有保守性和抵制变革的特点，但是文化变革却是一直发生的，文化变革一般都力图解决环境变化所造成的问题。有一种观点认为，文化是某一类特定社会成员共同面临的问题的一系列最佳解决方法的积累。换言之，文化是人类借以适应其生存需要的生物的、环境的、心理的和历史的各个方面的一种手段。

美国学者克莱德·伍兹认为，文化的变革事实上是采取四种方式进行的——渐变、发现、发明和传播。① 尽管每个社会都有一些独特的问题，但是各个社会面临的绝大多数问题在本质上相差无几，因此各个社会通常都借鉴其他文化的思想，寻求解决问题的办法。

6.3 文化借鉴与变革【登录“爱课程网”搜索“国际市场营销（崔新健）”观看视频】

世界观察：典型美国人的生活

一、文化借鉴

人们在解决社会问题过程中，会借助一些被认为是有用的其他文化，并会对它进行调整，使之适应当地社会发展的需要，这可以称为文化借鉴（cultural reference）。文化借鉴是一种负责任的行为，其目的是在其他文化中寻求更好的物品或方式以解决自己面临的问题。因此，某种独特的文化至少在一定程度上是模仿多种不同文化的结果。

文化通过不断的传播，会产生广泛的行为模式，但它却仍然保留着本民族文化的根本特点。对于国际市场营销人员来说，文化的这一“相似但却不同”的特点，对于深入理解一种文化具有重要意义。某一文化从外部借鉴而来的东西，必须与其文化的需要及其独特之处相适应，因此，表面上相同的东西很可能具有根本不同的文化含义。国际市场营销者决不能持有这样的信条：在一个国家畅销的产品到了另一国家也一定畅销。

文化借鉴的过程是处于具体和特殊的外部和内部环境之中的，对所借鉴的文化进行适用条件分析是必不可少的。当外来文化与本国价值观相符，或是有利于本国文化时，借鉴过程才有可能顺利进行。因此，只有提前对他国政治、经济、社会文化进行深入分析，将外来文化做本土化调整，才能实现对他国文化的成功借鉴。

文化借鉴有可能改变固有的价值观、行为模式、思维惯性、生活习惯等方面，该过程既是外来文化融入本土习俗和传统的过程，也是当地人将借鉴文化转变为具体行动时的固有观念的改变过程。转变观念需要一定的时间，因为原有的各种观念具有很强的自身延续性和滞后性，在经历文化融合和调整后才能实现。

在文化适应过程中，需要关注文化差异，对当地文化进行学习和扬弃，并通过不断创新来适应新的文化特征。由于人们的文化需求随着时间的推移而发生变化，而各种文化之间通过千丝万缕的联系相互影响、相互交融，由此带来的文化变革使文化借鉴成为可能。文化变革会迫使企业改变原有的国际市场营销策略，为企业带来新的营销机会，因此企业需要及时适应消费观念、审美情趣等变化，抓住营销机会来求得生存和发展。

世界观察：海尔的6S企业文化借鉴

开拓国际市场的任务就是要使国际市场营销策略和计划与目标国的文化需求相适应。文化涉猎范围很广，包括某一社会内部行为的各个方面，无论创新来自外部移民或文化借鉴，还是来自内部的发明、实验或偶然因素产生的结果，文化都存在正、负两个方面的影响。

二、文化变革的阻力

文化是不断变革的。随着经济、社会、政治等方面的进步，人们的习惯、价值观、偏好、行为、

① 伍兹.文化变迁[M].施惟达，胡华生，译.昆明：云南教育出版社，1989：23.

语言等不断变化发展。但这种发展并不是没有阻力的。一般而言,新事物能不能被接受及被接受的程度,取决于人们对这一事物感兴趣的程度以及新事物对旧事物的改变方式。按照美国人类学家爱德华·霍尔的观点,文化的三个范畴中,正式规范由于属于人的基本价值观,所以更倾向于抵制外来力量而不易改变;非正式规范是生活习俗,可以经长期的文化摩擦而改变;技术规范则可以通过人们对技术知识的学习而获得,比较容易改变。

文化变革的阻力大小不一。有时,新文化要素很快被全面接受,而有时则因阻力太大而被拒之门外。研究表明,人们对创新的感兴趣程度以及创新对旧事物的革新程度,即创新对现存价值观和行为模式的破坏程度,将决定创新及其被接受的程度。许多因素会产生文化变革阻力,主要有以下几点。

(一)民族中心主义倾向

各国文化都有着一定的民族中心主义倾向,个体对本民族文化的强烈认同使得他们对其他文化具有抵制和贬低的倾向,由此给文化的吸收和借鉴带来了难度。尤其当两种文化国家之间曾经或正处于摩擦状态,或是外来文化威胁到原有文化的神圣性、与传统文化发生巨大冲突时,文化阻力就更加明显。

(二)个体障碍

文化变革涉及精神、思想、价值观念的变化,它的核心是价值观的变革,对人们现有的思维习惯、价值判断标准、做人处世的风格和习惯都可能产生影响。价值观变化所带来的不确定性和未知性,让人们一时难以适应和调整,而新的价值观和价值判断标准对过去思维模式的否定,又会让人们觉得难以接受,或是担心自己不能适应,从而产生抵制情绪。

(三)文化惰性和维模

文化形成后,就会囿于共同期望的行事方式之中。随着组织年龄的增加和成功,文化惰性就会出现,对过去文化的认可使得认同感愈加习惯化,也就更加根深蒂固。一旦面临变革,它会立即成为变革的障碍。文化维模功能则是某种文化对外来文化的选择作用和自我保护,当外来文化有利于原有文化时,外来文化容易被接受,否则就会受到排斥和拒绝。

尽管文化变革会受到各种因素的抵制或排斥,但是有些是可以克服的。文化不是一成不变的,当排斥的原因变得无足轻重或者被忘却时,排斥就会消失,文化变革就会发生。一旦人们认识到文化变革的重要性,或者有更多的了解,变革就会较容易推行。对国际市场营销者而言,理解创新被接受的过程是很重要的。

三、市场开发策略

将新事物引入某一文化中,需要推出市场开发策略来消除文化阻力。如果国际市场营销人员被动等待目标国认识新事物并对其文化的价值进行变革,就是无计划变革(unplanned change);而如果通过引入新思想和新产品来主动引发文化变革,加快人们的接受程度,就称为有计划变革(planned change)。前者是等待文化的变化,以证明新事物对文化的价值;后者则是促进新思想和新产品的引入,加速文化变革的过程。

国际市场营销中,有计划变革和无计划变革是并存的,有计划变革有时能够促进无计划变革,而无计划变革也有可能转变为有计划变革。一方面国际市场营销人员应当善于创造机会来引发文化变革,将新事物和新思想介绍到目标国家,通过文化引入来挖掘更多的营销机会;另一方面文化借鉴也并非可以随意而为，需要善于观察和了解目标市场的文化发展方向及当地消费者的文化需求。

并非每一种产品的国际市场营销活动都需要文化变革才能被当地消费者接受。事实上，许多成功的产品国际市场营销是通过文化适应策略实现的。文化适应策略本质上要求新产品与市场上现有产品相似，即与现有文化规范尽量一致，从而减小阻力。但是，当只有文化变革才能获得成功时，企业可以选择无计划变革或有计划变革。从文化变革角度看，企业可以通过产品接受程度、阻力大小或反对程度等指标对文化变革策略进行评估。要想进行有计划变革，必须事先确定与创新存在冲突的文化因素，然后努力促使这些因素由排斥变革转化为促进变革，有目的地改变那些对实现预定国际市场营销目标产生阻力的文化因素。

世界观察：奶粉总是有益于婴儿的健康吗?

如果采取有计划变革策略，企业必须对这些经营行动可能产生的后果负责。大多数企业进行文化变革都是为了给当地带去利益，但是文化变革往往会产生利、弊两个方面，对此企业必须予以足够的重视和警惕。

第四节 管理风格与企业伦理

一、文化的适应程度

适应(adaptation)是国际市场营销中的一个关键概念。文化适应(cultural adaptation)是指忍受、认同并接受其他文化，不与当地的传统、宗教禁忌相冲突，既保持本国文化特点，又理解并乐于适应文化差异。在国际市场营销中，事无大小，都必须适应，至少要进行适当的调整，因为表面上无关紧要的事常常会起着关键作用。认同和接受会使适应变得相对容易一些，只要能尊重他人的观念，自然就会处理好文化上的差异。

世界观察

适应的指导原则

专家学者对于文化适应提出了必须遵守的十个基本原则：① 宽容；② 灵活性；③ 谦逊；④ 公平与公正；⑤ 适应不同的工作节奏；⑥ 好奇心与兴趣；⑦ 对东道国的了解；⑧ 喜欢他人；⑨ 能赢得他人的尊重；⑩ 入乡随俗。

资料来源：凯特奥拉，吉利，格雷厄姆，等.国际市场营销学[M].赵银德，沈辉，钱晨，等，译.原书17版.北京：机械工业出版社，2017：117.

适应并不是要国际市场营销者抛弃原有的经营方式，完全接受当地的习俗，而是尽可能对当地习俗有所了解，并缩小那些可能产生误会的差异。适应的关键是了解自己的文化与东道国文化之间的差异，从而避免面对不同的商业习俗时由于自我参照准则产生的负面作用。一旦意识到文化差异的存在及其可能产生的后果，就必须对商业习俗进行客观评估，需要分清哪些是必须遵循的，哪些是可以忽略的。有些商业习俗属于强制性的，必须承认和遵循；有些商业习俗属于非强制性的，即选择性的；还有些商业习俗属于“外人”不得介入的，即具有排他性。

（一）强制性

强制性（imperatives）是指对一些商业习俗必须遵守。这些商业习俗多数初看起来似乎并不重要，只是一些琐事，但是却会直接影响企业经营的成败。强制性文化是必须要遵守的一类事情。强制性文化的复杂性在于不同文化可能存在截然相反的标准。

世界观察：不同文化，不同商业习俗

（二）选择性

选择性（electives）是指对于某些商业习俗，来自不同文化的人或许愿意遵守或参与，但是并非必须如此。换言之，遵守这些习俗或惯例并非特别重要，不做不会直接影响到企业经营，做了有时会有正面作用。大多数商业习俗都属于这一类别。

世界观察：一定要与当地人一样吗？

选择性文化通常是最明显的习俗差异。选择性文化要服从强制性和排他性文化，因为后两者更为关键。

选择性文化是非强制性的，但需要注意的是，有时某种文化中的选择性文化到另一种文化中却可能成为强制性文化。

（三）排他性

排他性（exclusives）是指当地所特有的习俗和行为方式，“外人”不可以模仿和介入。这是不可以做的事情。尽管这一类习俗并不多，但外国人必须谨小慎微，不得冒犯。

二、文化与管理风格

美国学者戴维·利克斯（David A. Ricks）曾指出：“凡是跨国公司大的失败，几乎都是因为忽略了文化差异导致的结果。”美国著名管理学家彼得·德鲁克（Peter F. Drucker）也认为，国际企业经营管理“基本上就是一个把政治上、文化上的多样性结合起来而进行统一管理的问题”。国外管理学家的经验表明，以失败而告终的跨国企业中有70%是由于文化差异引起的。有调查表明，目前有1/3的著名跨国企业因为跨文化管理不力而面临内部关系紧张的状况。因此，国际市场营销需要在其他文化的基础上建立有效的组织，文化本土化过程中既不能一味适应当地文化，也不能刻意改变当地人的文化和行为。跨国公司需要通过融合母国文化、目标国文化和企业文化，形成自身的管理风格。

6.4 管理风格【登录“爱课程网”搜索“国际市场营销（崔新健）”观看视频】

（一）文化价值观

各国文化不同的根本原因在于文化价值观的差异。吉尔特·霍夫斯泰德（Geert Hofstede）研究了文化价值观对各种商务活动及市场行为的影响。霍夫斯泰德衡量文化差异的五个维度包括权力距离指数、个人主义指数、不确定性规避指数、男性化指数、长期取向文化。形形色色的企业及消费者行为模式都与其中的权力距离指数、个人主义指数、不确定性规避指数相关。

1. 权力距离指数

权力距离指数（power distance index，PDI）聚焦于不同国家人与人之间的平等程度。权力距离指数高意味着在该社会对于由权力与财富引起的层级差异有很高的认同度。这类社会一般倾向于遵从层级制度体系，自下而上的沟通受到严格的限制。低权力距离指数低则意味着此社会不再强调公民间由财富或权力引起的层级差异，而更加强调人与人之间地位、机会的平等。

2. 个人主义指数

个人主义指数(individualism Index,IDV)聚焦于社会对于个人成就及人际关系的认同程度。个人主义指数高意味着强调个性及个人权力在一个社会中是头等重要的。这类社会倾向于建立一种松散的组织关系架构。个人主义指数低意味着组织更强调个体之间的紧密联系。这类文化强调家庭式的观念和情感依赖以及成员对于组织中其他成员的责任感。

3. 不确定性规避指数

不确定性规避指数(uncertainty avoidance index,UAI)聚焦于人对不确定性及含糊性的容忍程度。所谓不确定性规避(uncertainty avoidance)指的是一个社会感受到的不确定性和模糊情境的威胁程度。霍夫斯泰德认为,人们抵抗未来不确定性的途径主要有科技、法律和宗教三种,人们用科技来抵抗自然界的不确定性,用法律(成文和不成文)来抵抗来自其他社会成员的不确定性,而宗教则被人们用来化解无可抵抗的死亡和来世的不确定性。

强不确定性规避国家的人们相对更忙碌,常常坐立不安,喜怒形于色,积极活泼,其文化对法律、规章的需要是以情感为基础的,这不利于产生一些根本性的革新想法,但却可以培养人们精细、守时的特质,因而善于将别人的创意付诸实施,使之在现实生活中生效;弱不确定性规避国家的人们则相对显得更沉静些,也更矜持,随遇而安,怠惰,喜静不喜动,懒散一些,人们对于成文法规在感情上是接受不了的,除非绝对必要,社会不会轻易立法,其文化能容忍各种各样的思想和形形色色的主意,因而有利于产生一些根本性的革新想法,但却不善于将这些想法付诸实施。

4. 男性化指数

男性化指数(masculinity,MAS)关注男女性别差异导致的工作角色区别。而与此相对立的则是女性化指数。社会通常流行的是男性占支配地位的文化价值观,倾向认同男性成功、控制、权力的社会角色模式。

高男性化指数文化显示国家对于性别差异的敏感度很高。在这些国家中,男性占据了社会及权力结构的主体地位,而女性则在男性的控制之下。这样的社会中,人们的竞争意识强烈,成功的尺度是财富功名,社会鼓励、赞赏工作狂,人们崇尚用一决雌雄的方式来解决组织中的冲突问题,其文化强调公平、竞争,注重工作绩效,信奉的是"人生是短暂的,应当快马加鞭,多出成果",对生活的看法则是"活着是为了工作"。

低男性化指数文化显示国家对于性别差异的认同度不高,没有明显的性别歧视。身处这种文化中的女性常常可以在各个方面享有与男性平等的权利。在这样的文化中生活质量的概念更为人们所看重,人们一般乐于采取和解的、谈判的方式去解决组织中的冲突问题,其文化强调平等、团结,人们认为人生中最重要的不是物质上的占有,而是心灵的沟通,信奉的是"人生是短暂的,应当慢慢地、细细地品尝",对生活的看法则是"工作是为了生活"。

世界观察

霍夫斯泰德指数、语言和语系差异

霍夫斯泰德指数、语言和语系差异如表6-3所示。

表 6-3 霍夫斯泰德指数、语言和语系差异

国家	个人主义指数	权力距离指数	不确定性规避指数	母语	与英语的距离
阿拉伯国家	38	80	68	阿拉伯语	5
澳大利亚	90	36	51	英语	0
巴西	38	69	76	葡萄牙语	3
加拿大	80	39	48	英语(法语)	0.3
法国	71	68	86	法语	4
德国	67	35	65	德语	1
英国	89	35	35	英语	0
印度	48	77	40	德拉威语	3
印度尼西亚	14	78	48	印度尼西亚语	7
伊朗	41	58	59	波斯语	3
日本	46	54	92	日语	4
韩国	18	60	85	韩语	4
美国	91	40	46	英语	0

资料来源:HOFSTEDE G. Culture's Consequences[M].2nd ed. Thousand Oaks,CA:Sage,2001.

5. 长期取向文化

长期取向(long-term orientation,LTO)文化关注一个组织是否愿意长期忠诚于传统的、先前的思想和价值观。长期取向文化的国家强调长期承诺,尊重传统,认为长期忠诚会带来丰厚的结果。然而,这样的组织往往需要很长时间去组建、发展,尤其对于外来者。短期取向文化的组织则不强调长期观念,同时传统和承诺不会成为组织的绊脚石。

(二)沟通的重点

人类沟通中除了语言沟通外,还需要依赖无法用语言表达的话外之音。爱德华·霍尔认为,在有些文化中,词语本身包含了要传达的大部分信息;在另一些文化中,通过语言传达的信息不多,更多地依赖于语境传达。

爱德华·霍尔将文化划分为高语境文化(high-context culture)和低语境文化(low-context culture)两类,在高语境文化中,沟通主要依靠语境和非语言沟通;在低语境文化中,字、词、句的意思很明确、直截了当。

研究表明,爱德华·霍尔的高低语境与霍夫斯泰德指数 IDV 和 PDI 存在密切联系。一般而言,低语境文化表现出高 IDV 和低 PDI;在高语境文化中,所表现出来的恰好相反。

世界观察

霍尔(Edward T. Hall)按高、低语境对 11 种文化的排列

霍尔按高、低语境对 11 种文化的排列如图 6-1 所示。

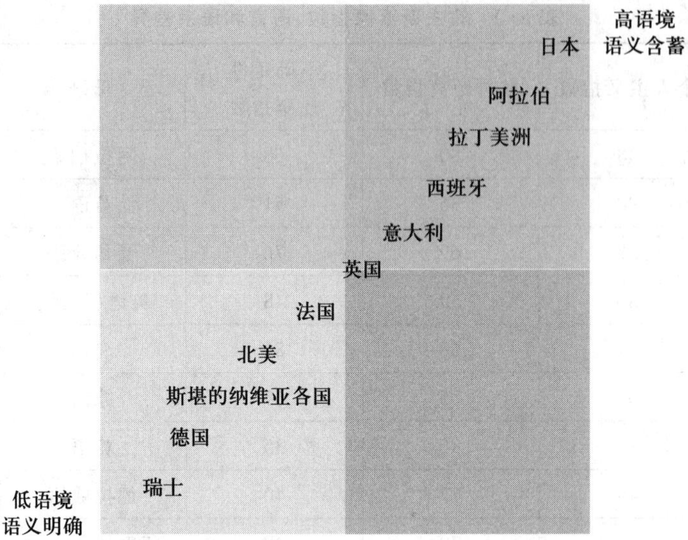

图 6-1　霍尔按高、低语境对 11 种文化的排列

资料来源:凯特奥拉,吉利,格雷厄姆,等.国际市场营销学[M].赵银德,等,译.原书 17 版.北京:机械工业出版社,2017:128.

(三)时间观

不同文化的时间观存在差异,有的文化时间观很强,有的文化时间观就很淡漠。爱德华·霍尔将时间观分为单一时间观和多种时间观两类。单一时间观(monochronic time,M-time)的人线性地使用时间,将时间划分为不同的时段:节省时间、浪费时间、花销时间、等待时间、错过时间等,一段时间集中精力做一件事,重视速度。"他们总是来去匆匆"就是描述这一类人。大多数低语境国家的人属于单一时间观。多种时间观(polychronic time,P-time)的人常常不按照时间表行事,同时做多件事,注重人际交往,"他们总是姗姗来迟"则是描述这一类人。大多数高语境国家的人属于多种时间观。

大多数文化中两种时间观是混合的。在同一文化背景下,两种时间观的差异表现在各个方面,在不同的场合会倾向于某一种时间观。例如,在开会时严守时间,准时到达,一旦会议开始,则可能没有或者不按照严格的时间计划和议程进行。

世界观察:
文化中时间观
的差异

当两个不同时间观的人一起合作,就需要彼此调整时间观,采用各种方式避免由于时间观不同所带来的不安和不满,建立和谐的关系。

国际市场营销者要想获得成功,就必须用当地人能够接受的方式与他们交往。不同文化的人在交往礼仪上有很大的区别,不拘小节、直呼其名、办事匆忙等往往在有些文化中行不通。不同时间观的人在工作节奏上会表现出差异,要学会适应当地的工作节奏。对不同时间观的认识有助于理解和适应其他国家或地区的差异。

(四)企业决策模式与管理者

1. 企业决策模式

企业决策模式是进行国际市场营销所需要了解和熟悉的重要内容。企业的规模、所有权性质、社会责任及文化价值观共同决定着企业决策模式。集中决策、分散决策和委员会决策(集体决策)是三种典型的企业决策模式。

当所有者拥有绝对控制权或企业规模较小时,集中决策成为可能。随着企业的成长和专业管理阶层的发展壮大,分散决策逐渐发展起来。分散决策允许不同层次的管理者在其职责范围内有决定权。委员会决策是通过集体或协商一致做出抉择。委员会决策可以是高度集中的,也可以是分散的,但它与集中决策和分散决策是不同的。

面对不同的模式,营销者需要进行不同的工作。在集中决策模式下,需要确定最具有权威的人;在委员会决策模式下,就有必要获得委员会每一位成员的信任。对不同的决策模式应采用不同的营销策略。

2. 管理者

国际市场营销者要深入了解和把握当地企业管理者的管理风格,就必须理解对方管理者的个人志向和目标。个人志向和目标会体现在企业的经营目标和经营实践中。管理者的教育背景和文化背景对于他个人和企业都会产生深远的影响。社会文化支配着管理者的志向和目标,决定了管理者的社会阶层和地位,而这些又会直接影响管理者对风险、创新、新产品以及与外国人交往的态度。

国际市场营销者要高度关注对方管理者的个人目标和志向。无论在哪个国家,个人目标都是个性化的,但是需要注意其倾向和选择,例如,对方管理者在安全感或社会保障、个人生活、社会认可或社会地位、个人前途、权力等方面到底更重视哪一项。

国际市场营销者还需要注意辨别这些目标和志向本身在不同文化下的实际含义。寻求安全感是人类的基本动机所决定的,因而具有广泛的经济和社会意义。但是不同的文化会有不同的阐释,对有些人讲,安全感意味着高收入;对另一些人而言,安全感就是在企业中稳定的终身职位;对其他人则可能是退休后的老有所养和丰富的社会福利。个人生活在不同文化下也有不同的解读,有些国家的人将工作视为寻求快乐和美好个人生活的绊脚石;在有些国家,企业生活就是个人生活。

世界观察:美国游客与墨西哥渔夫

(五)性别歧视

各国对于女性就业及其社会地位的观点有很大的区别,甚至有些国家或地区还存在对女性的轻视问题。这一问题直接关系到外国经营者的性别选择,因为在男性占支配地位的社会中,女性传统角色使得女性管理者在与东道国同事及其社会交流时会面临更多的挑战。通常,如果一国文化不允许女性担任管理职位,同样对于外国女性管理者也会构成障碍。事实上,在许多国家,女性一般难以进入高级管理层,女性与男性的待遇有很大差距。

世界观察:文化中性别的差异

三、企业伦理

(一)企业伦理的含义和意义

企业伦理(business ethics)也称商业伦理,是指蕴含在企业生产、经营、管理及生活中的伦理关系、伦理意识、伦理准则与伦理活动的总和。伦理关系包括企业与投资人(股东)、员工、消费者、上下游合作者、竞争者、媒体等的关系。伦理意识包括企业的道德风气、道德传统、道德心理、道德信念等。伦理准则包括营销准则、分配准则、生产准则、信息准则等。伦理活动涵盖企业一切有助于实现合乎伦理标准的各类商业行为。

企业伦理是企业文化的核心，反映企业价值判断，依靠内在信念起作用。企业伦理在企业文化中属于社会文化层面，它表明的是一个企业为什么要存在，将会以什么方式和途径来体现和实现存在。1994 年通过的《CAUX 圆桌会议企业商务原则》为企业经营提供了商业伦理的基本准则，它要求企业的经营活动基于以“共生”和“人的尊严”二者为基点的伦理观念，即为全人类的利益和幸福而共同生活、共同劳作，把个人的神圣不可侵犯性和真正价值作为终极目标。

企业伦理是资源有效配置、理顺市场体系的保证。企业伦理是道德层面上的一种约束力，它是企业建立和保持与相关群体的信任和良好关系的基础，支持着公平公正的商业交换，使购买者从创造信任的伦理性行为中获益，也使销售者赖以生存和发展的商业交换关系成为可能。如果抛却企业伦理，企业内部、企业与企业之间将陷入不道德的竞争，导致信任关系消失殆尽、消费群体流失、企业形象下降、资源配置无效、市场体系混乱等后果。可以说，没有伦理企业是不可能获得高水平的经济效益的。

（二）贿赂

国际市场营销中，企业伦理问题变得更为复杂，因为不同文化群体的价值判断标准大相径庭，在一个国家被认为是正确的事情，在另一个国家则可能完全是不能接受的。其中，贿赂问题是一个引起广泛关注的焦点。

贿赂的复杂性在于不同的文化对于其界定存在分歧。不同的文化对于其容忍程度也相差甚远，有的文化无法容忍国内市场范围的商业贿赂，却支持国际市场范围的商业贿赂，并且冠冕堂皇地冠以维护民族利益的名义。

贿赂包括不同范畴的几个概念，从打点到收买，程度上有所不同。

1. 索贿

索贿（extortion）是指企业只是想获得合法利益，但当权者却以此要挟，向企业索要一笔酬金。

2. 行贿

行贿（bribery）是指企业主动提供酬金，以便非法获得优势。

3. 打点

打点（lubrication）是指在法律允许范围内向低层管理者赠送的较少量的现金、礼物或提供的一些服务，其目的是使这些管理者能够简化或加快正常的合法程序和行动。这在许多国家是常见的事情。

4. 代理费

代理费（agent's fee）是指支付给代理人的费用，这既可能是贿赂，也可能不是。当国际市场营销者不熟悉当地法律时，可以雇用律师作为企业代理人，若这个律师高效地完成企业的任务，那么这种代理是合法的。但是，如果律师将一部分代理费用于行贿，那么代理费就是非法的。

5. 收买

收买（subornation）一般涉及数额较大的款项，而且通常无法正常入账，其目的是要以此诱使一些管理者做违法的事情。收买是要求管理者睁一只眼、闭一只眼,要求他们失职或破坏法规。

对于贿赂问题尚没有一个绝对有效的解决办法。在复杂的国际市场营销环境中,营销者很难解决企业伦理与实用主义这个两难问题。认为只是通过法律和惩罚就可以制止腐败是不现实的,只有政府立场坚定,并且买卖双方作出合乎伦理和社会责任感的决策,才可能彻底消除这一现象。

(三)合乎伦理和社会责任的决策原则

由于不同国家的社会文化以及经济发展水平各不相同,对于国际市场营销者而言,要做到履行社会责任并合乎伦理从事经营会遇到许多困难:一是雇佣方式和政策;二是消费者保护;三是环境保护;四是政治捐款及企业参与政治活动;五是基本的人权和自由。

在许多国家,法律有助于明确基本的社会责任和道德义务,但法律仅仅是社会和个人行为的最基本规范。有些行为可能并不违法,但是并不意味着合乎道德标准。

人类存在着的一些核心价值观,构成了人类生活的基础。一项面向 43 个国家、50 多种不同信仰的被访者的调查显示,尽管被访者文化背景不同,但在所提供的 17 种不同的价值中,有 5 种价值位居选择率前列,分别为同情心、公正、诚实、责任心和尊重他人。表 6-4 所示的三个原则会有助于营销者作出合乎伦理和社会责任的决策。

表 6-4 合乎伦理和社会责任的原则

原则	问题
功利原则	这样做对所有人都有利吗?
权利原则	这样做是否能尊重他人的个人权利?
公正原则	这样做是否对所有参与者都是公平或公正的?

中国之问与实践探索:能源企业深化文明交流互鉴的跨文化融合管理

党的二十大报告指出,“增强中华文明传播力影响力”。习近平总书记指出,“深化文明交流互鉴,推动中华文化更好走向世界”。中国企业“走出去”是深化文明交流互鉴,推动中华文化更好走向世界的重要渠道。中国国家电网以“打造文化优势,成为拉美最佳”的愿景为引领,成功的跨文化融合管理拥有超过 110 年历史的巴西综合能源公司,有效地推动了中华文明与世界文明交流互鉴。

以创建拉美领先能源电力公司为目标的跨文化融合管理

本章小结

东道国文化环境是国际市场营销最为重要的环境影响变量。本章围绕文化环境主线，揭示了历史与地理对于文化环境的影响；分析了人口发展趋势；重点阐述了文化的定义、构成要素及其分析框架；探讨了事实性知识与解释性知识及其价值；明确了文化借鉴的意义以及文化变革的阻力；说明了有计划变革策略与无计划变革策略；在明确文化适应程度的基础上，重点阐释了文化价值观等企业微观层面商业习俗的分析架构和方法；从理论上探讨了企业伦理及国际市场营销中的敏感问题——贿赂。

思考题

1. 你怎样看中国人口发展趋势及其面临的挑战？
2. 应用文化要素构成框架分析某一国家的文化环境。
3. 解释性知识与事实性知识有何区别？你认为怎样才能掌握这两类知识？
4. 对于“入乡随俗”，你是怎样理解的？是否越“适应”就一定越有益于营销的成功？
5. 霍夫斯泰德衡量文化差异的五个维度是什么？尝试利用这一分析框架比较中国与某国之间的异同。

开篇案例讨论

1. 你对美国当年支持巴拿马独立的行为是如何评价的？
2. 知晓这一历史事件后，你对当今美国在中东地区的行为如何评价？
3. 如果你是巴拿马人，你对于美国企业在巴拿马经营会持什么样的态度？与对法国、德国等国家的企业会是一样的吗？为什么？

本章即测即评

第六章
即测即评

网上练习

主题：中国文化与某国文化的比较

步骤 1：学生选择一个自己感兴趣的国家，搜索该国文化环境的资料。

步骤 2：阅读和分析资料，基于“霍夫斯泰德衡量文化差异的维度”展开对比分析。每个维度比较的结论既可以依据现实案例，也可以根据学术研究文献的结论得出。

步骤 3:描述各个维度“中国与某国文化的异同”,注意比较分析结论中,各个维度结论是否存在冲突或者不协调之处,如果存在,则需要进一步分析论证个人结论的准确性及问题成因。

步骤 4:针对“中国与某国文化的异同”,分析中国人通常对该国文化认识是否存在误区,主要有哪些误区,与自我参照准则是否有关,如何才能避免这些误区。

步骤 5:撰写和提交“中国与某国文化的比较分析与启示”报告。

步骤 6:课堂上,教师选择学生报告进行讨论交流。教师根据学生报告情况和讨论目标,可将同一国家或者类似国家的比较分析报告作为主题进行讨论,重点分析学生结论的差异及其原因;或者将差异明显的国家比较分析报告作为主题进行讨论,重点分析各国文化的巨大反差及其原因;等等。

步骤 7:课堂上,教师指导学生进一步总结归纳存在的文化误区及其成因。

国际市场营销技能训练

主题:“入乡随俗”还是“标新立异”?

步骤 1:教师明确一家中国企业准备将一消费品打入某东道国,并为学生提供企业基本背景资料。学生根据各自需要进一步收集相关数据和资料。

步骤 2:教师将班级学生分成 6 个小组(每组最好 4~7 人),规定第一、三、五小组采用“入乡随俗”理念开拓东道国市场;第二、四、六小组采用“标新立异”理念开拓东道国市场。

步骤 3:课堂下,各个小组根据其理念,通过收集、整理和分析东道国文化环境,重点分析企业产品进入东道国市场的以下问题:从文化借鉴视角看对东道国的主要贡献是什么?从文化适应角度看,在文化方面主要障碍是什么?是否需要文化变革?应该采用有计划变革还是无计划变革?不同方案各有何潜在风险?方案是否存在企业伦理问题?

步骤 4:课堂上,首先按照不同理念分为两个大组分别进行讨论交流,即第一、三、五小组共同讨论交流,第二、四、六小组共同讨论交流。讨论交流中,各小组取长补短,并形成大组的最终方案。

步骤 5:课堂上,两个大组依次介绍其方案。两个大组学生可以相互提出问题,并且就问题进行讨论和辩论。

步骤 6:课堂上,教师指导学生讨论,指出两个方案各自的长短之处,进一步讨论“入乡随俗”理念与“标新立异”理念各有何优劣势,是否可以将两者结合形成一个更加有效的新方案。

推荐读物

第七章
东道国的政治法律环境

本章学习目标

- 了解东道国国家主权与稳定对国际市场营销的影响
- 了解国际市场营销中企业可能遇到的政治风险
- 掌握政治风险评估内容与预测的方法
- 熟悉当前世界的法律体系
- 了解各国对商标、营销、绿色营销、反托拉斯的立法
- 明确国际司法管辖权及其产生的问题
- 熟悉国际争端的解决方式

本章主要概念

国家主权(state sovereignty) 国家稳定(national stability) 政治风险(political risk) 没收(confiscation) 征用(expropriation) 本土化(domestication) 当地含量(local content) 政治风险评估(political risk assessment,PRA) 政治敏感性产品(political vulnerability of product) 经营的本土化(localization of operations) 实地拜访法(on-site visit) 国别评估报告法(country assessment report) 国家风险服务(country risk service) 商业风险服务(business risk service) 政治制度稳定性指数(political system stability index) 评分定级法(grading grade law) 法律体系(legal system) 大陆法系(civil law system) 英美法系(facts and information law system) 伊斯兰法系(Islamic law system) 商法(commercial law) 绿色营销法(green marketing law) 反托拉斯法(international antitrust law) 司法管辖权(judicial jurisdiction) 国际争端(international disputes) 仲裁(arbitration)

开篇案例

“解禁了! 痛定思痛! 再踏征程!”

东道国政治法律环境是企业生存的前提条件,政治风险是企业国际化的门槛。习近平总书记强调,“今后一个时期,我们将面对更多逆风逆水的外部环境,必须做好应对一系列新的风险挑战的准

备”。地缘政治的新变化导致部分国家政治法律环境的不确定性增加，中国企业“走出去”必须高度重视和切实防范化解各种重大风险。中兴通讯遭遇美国商业往来禁令事件给中国企业敲响了警钟，中国企业会遇到哪些新的政治法律风险？如何防范化解？

“解禁了！痛定思痛！再踏征程！”

第一节　国家主权与经营的政治风险

当企业将营销行为扩展到国际领域，它就不可避免地会受到来自东道国和国际政治环境的影响和制约。当涉及国家主权和政治稳定性时，政治风险带来的国际市场营销损失是巨大的。企业只有明辨东道国的政治形势和未来发展趋势，恰当选择进入东道国的时机和方式，才能顺利地实现跨国经营的目标。

7.1 东道国的政治风险【登录“爱课程网”搜索“国际市场营销（崔新健）”观看视频】

一、国家主权与稳定

（一）国家主权

国家主权（state sovereignty）是一国对国内外所使用的权力，表现为对内规定公民的权利义务、统治国土、选择自身的政治法律制度等，对外则保持独立、不受外来控制并维持与外部的关系。国家主权是独立且至高无上的，当一国认为主权受到侵犯时，就会产生很多冲突和纠纷，从而影响国际市场营销的各个环节。

1. 保护主权安全

主权安全是最高目标，各国政府都志在将外来威胁降到最低限度，从而在诸多领域、行业上都保持高度敏感性。跨国公司作为外来企业，在与东道国企业争夺市场时，很容易被看作潜在的威胁而受到监督和管理。东道国会尽量减小外国企业对本国的影响力，诸如在国防、基础设施、能源和原料行业进行管制。

2. 协调国际关系

为了保持国家之间的和平共处，国家往往需要在主权方面作出某些让步，比如加入 WTO 就意味着市场开放，成为欧盟成员就意味着拥有欧洲共同市场。各种双边和多边的政府协定及贸易关系使得各国并不能完全独立。为协调国际关系而放弃部分主权是必要的，但政府都会担心自己放弃得太多，由此而产生的纠纷和贸易战会对国际市场营销产生很大的影响。

3. 保持国内繁荣稳定

经济发展是国家的重要目标，只有人民生活水平提高和意识形态稳定，国家主权才能得到更好的保护。因此，政府往往采用各种手段来发展经济和引导意识形态。有利于实现以上目标的国际市场营销活动就会受到鼓励，反之则会被严加限制。

（二）国家稳定

国家稳定(national stability)是指一国政治形势平稳，没有激烈的矛盾及突发事件的冲击。政治稳定而友好是理想的国际市场营销环境。虽然国家的政治环境难免会发生变化，但突然的巨变比起温和而缓慢的变化，会给国际市场营销带来更大的风险。这些突发的变化主要有以下几类。

1. 政权和政党更迭

过于频繁的或突然的政权和政党更迭往往会产生政治动荡和政治观点的改变，这些都严重威胁国际市场营销环境的稳定，会使在当地经营的外国企业猝不及防，无法在策略上适应并做出相应的调整。

2. 动乱、战乱和政变

动乱、战乱和政变会对外国企业的人员及财产造成巨大的伤害，同时动荡的形势还会影响当地的市场，给跨国公司带来巨大的损失。长期来讲，动乱则有可能导致东道国政府对外国企业政策上的变化，从而对国际市场营销产生根本性影响。

3. 政策法规不断变化

跨国公司对政府政策的稳定性和连续性是很敏感的，因为政府政策会直接作用于公司的日常经营活动，决定公司的经营方式和范围。如果政策法规经常变动，企业就难以及时调整经营策略，也很难展开营销活动。

二、经营的政治风险

经营的政治风险(political risk)是指跨国公司经营活动中，由于东道国政局或政策的不稳定以及政府干预经济的行为，导致外国投资者在该国遭受损失的不确定性。政治风险来自东道国未来政治变化的不确定性和东道国政府对外国企业未来利益损害的不确定性。在增加经营风险的诸多政治行为中，从比较严重的如政治冲突到直接影响营销活动的诸如进出口限制等，风险有大有小，范围十分广泛。

（一）政局风险

政局风险即总体风险，是由于东道国政治制度前景不确定，跨国公司很难把握其未来的变化而产生的相应风险。政局风险包括政府和政党的变更、政治冲突、政府态度、政策的连续性、宗教对立、民族主义等因素。这些因素的短期急剧变化，会使得东道国的总体政局不稳定，从而给国际市场营销带来不确定性，干扰企业经营决策和获利水平。

（二）产权风险

国家权威高于外国企业，许多国家对于外国企业都会采取一定的限制和干预。东道国政府出于政治目的可能注销或限制外国企业的经营行为，由此产生的风险可称作产权风险。没收、征用、本土化和国有化行为都属于这一类风险。以下介绍前三种行为。

1. 没收

没收(confiscation)是指东道国无偿占有企业的财产，是最为严重的政治风险。在20世纪50年代和60年代，许多国家或地区将没收这种手段作为经济增长的工具，成为当时一种常见的做法。

2. 征用

征用(expropriation)是指政府对其所占有的外国资产给予一定的补偿。被征用的资产通常被收归国有,即成为东道国的国家经营实体。艾特曼(Eitemen)和斯通希尔(Stonehill)认为,征用是东道国对外国财产的合法占有,其形式依行业、地理位置、所有制形式、技术、企业一体化管理程度、政治经济环境不同而不同。通常在政府结构转变和政治巨变时容易发生。近年的趋势表明,各国使用征用的比例逐渐减少,而且更具选择性,只有当跨国公司与东道国政策和经济计划相冲突时才有可能发生。

3. 本土化

本土化(domestication)是指东道国通过制定一系列政府法令,规定外国企业中的当地所有权比例或更多的东道国参与要求,逐步将外国投资置于东道国的控制之下,甚至收归国有。本土化的目的是迫使外国投资者将更多的产权与管理权转交给东道国国民。

本土化是逐渐减小公司所有者控制权的过程。本土化比征用更为温和,因此也是当前普遍使用的一种形式。东道国可以就此控制跨国公司带来的负面作用,引导其发展方向。

世界观察

美众院又推 TikTok 封禁法案

2024 年 3 月 7 日,美国国会众议院能源和商务委员会投票通过一项法案,要求中国企业字节跳动在 165 天内剥离旗下短视频社交应用 TikTok 的业务,否则 TikTok 将被禁止进入美国手机应用商店。

封禁的原因是所谓"对美国国家安全的担忧",最新法案名为"保护美国人免受外国对手控制应用程序侵害法案"。这是美国国会最近一年来针对 TikTok 的最激进立法。近年来,TikTok 在美国一直面临生存威胁,白宫和部分议员一再以所谓"国家安全"为由对 TikTok 进行抹黑、打压,试图在美国将其封禁。早在特朗普政府时期,白宫曾强制要求 TikTok 出售。2020 年 9 月,美国商务部曾宣布禁止在美国境内下载 TikTok 和微信,后遭遇法律障碍。有媒体评论称,从政治角度看,封禁 TikTok 相当于主动切断接触选民的主要途径,让人匪夷所思;从法律角度看,美国打压 TikTok 违背了世界贸易组织的非歧视原则。

目前,TikTok 在美国广受欢迎,拥有超过 1.5 亿的月活跃用户。针对这次打压,TikTok 表示强烈反对,并动员用户进行反击,在应用程序中推出全屏弹窗提醒,指出该法案剥夺了 1.7 亿美国人言论自由的宪法权利,将损害数以百万计的企业、破坏全美无数创作者的生计。7 日当天,据多名美国国会工作人员透露,众议院办公室的电话被 TikTok 用户打爆,有时一分钟接到 20 个以上,其中很多来自青少年和老年人。

资料来源:根据相关文献编写。

(三)经济风险

东道国政府为了维护国家经济安全,会限制外国企业的经营活动,保护国内幼稚产业,增加短缺的外汇储备,增加财政收入或报复不公平的贸易待遇。这些经济风险都构成政治环境的重要组成部分。

1. 外汇管制

外汇管制主要是对货币兑换进行管制以及对外汇的流出采取限制性措施。一旦发生外汇短缺或大量资本外流，政府可能对所有的资本流动，或者针对那些容易受政治影响的企业实行资本流动管理，以使外汇用在必需的用途上。

许多国家对货币仍然实行管制，一旦经济遭到挫折或外汇储备不足，就会迅速对货币的兑换进行管制。这种管制会直接影响外国企业利润汇出及利润产生。

2. 当地含量

当地含量（local content）是指许多国家要求在国内销售的产品必须满足一定的当地生产要求，即产品必须使用一定比例当地生产的零部件。这种当地含量要求并不仅仅被发展中国家采用。欧共体对于外资装配企业要求其产品的当地含量达到45%。北美自由贸易区协定要求来自其成员国的汽车的当地含量至少达到62%。

3. 进口限制

东道国对外国企业的某些原材料、机器和零配件等进口实行限制，达到迫使其购买本国产品的目的，从而保护本国在此方面处于相对劣势的产品和行业。但当东道国的原材料等产品质量低劣或者供货不足时，往往会扰乱市场秩序。

4. 税收管制

如果税收被用于控制外国投资，那么就可以归类为政治风险。这种情况通常是政府违反原先的协议，突然提高税收。

5. 价格管制

价格管制往往发生在对国计民生有着重要影响的行业和产品上，诸如汽油、食品、药品等。政府或者强行管制物价，或者操控并指导物价。价格管制下的市场不能反映真正的供求状况，因此市场信号存在失真情况。在通货膨胀时期，采用这一方法可控制生活费用。

6. 劳动力问题

许多国家对于劳动力问题予以高度关注，对于员工的福利、利润分享、解雇等做出了严格明确的规定。外国企业在东道国解雇员工是一个敏感问题，甚至有的国家将其视为国家危机。

世界观察

中铁集团终止委内瑞拉高铁项目

2009年3月，中国中铁股份有限公司承建的委内瑞拉高速铁路项目正式开工，合同总造价金额约为75亿美元。

项目开工后不久，委内瑞拉政府各项工程款项支付出现严重滞后和延误，导致工程建设进度受到很大影响，已经无法在预定期限内完工并交付使用。

2008年国际金融危机之后，委内瑞拉经济增长起伏波动较大，且经济增长的动力不足。经济增长的下降减少了政府可用于基础设施建设的财政支出，且导致赤字与债务负担加重。同时，委内瑞拉政府通过增发货币为赤字融资，导致国内的通货膨胀出现急剧上升。由此，中铁集团不仅面临合同款项无法得到支付的风险，也因委内瑞拉货币的大幅贬值而产生汇兑损失风险，导致高铁项目逐渐陷入停滞直至终止。

资料来源：倪宇泰，包龙飞.中国装备制造企业“走出去”面临的风险——基于典型案例的分析[J].现代管理科学，2018，(7)：111-113.

三、政治风险的评估与防范

（一）政治风险的评估

1. 评估内容

政治风险评估(political risk assessment,PRA)旨在预测政治的不确定性,帮助管理者确定和评价政治事件对未来经营决策的影响。政治风险评估通常分为宏观和微观两个层面。宏观层面衡量国家政局和政策的稳定性,就是对政府当前的能力、政治行为的类型以及稳定的程度做出评估。微观层面则衡量特定产业和行业发生风险的可能性,通过分析企业产品和经营特点,对发生政治风险的概率做出预测。

（1）宏观层面的评估内容包括以下几点。

① 公司母国与东道国的政治关系。公司母国与东道国的政治关系会直接或间接影响在东道国经营的跨国公司,往往两国的亲密关系有助于企业顺利地开展国际市场营销,而两国的政治冲突很有可能导致企业利益被牺牲的现象出现。因此企业在进入东道国市场时,应当追溯母国与东道国政府之间关系的历史,通过预测未来两国关系的走势来评估自身的风险。

② 东道国的政府类型。世界上国家的政府大致可分为两类:议会制政府和专制政府。在议会制度下,其政策在某种程度上能够反映部分人的意见。而在专制制度下,政府政策的制定在很大程度上带有独裁者的意愿。国际市场营销人员要注意了解东道国的政府的构成及其对跨国经营和外国企业的主要政策。

③ 东道国的政党体制。政党体制可以分为一党制、两党制和多党制。一党制是某一政党占绝对支配地位,其他政党没有机会在选举中获胜。两党制是政府由均势的两个政党组成,营销人员要重点研究执政党的主要政策倾向。在多党制国家,没有一个政党具有独立控制政府的能力,政府由各党联合组成,党派联合变化更为频繁。

④ 东道国的政治局势。东道国政治局势的稳定性直接影响企业的经营风险。政治环境的变更往往会给经营者带来措手不及的打击。政治局势包括政治环境的稳定性、政府的国际形象、政策变化的连续性、对外国投资者的态度、行政管理程序、民族主义和宗教状况。政府的国际形象体现在与他国的政治关系、对国际法律秩序的尊重和遵守状况等,这些还能说明一国的政治成熟度和是否负责,如果政府反复无常而无视国际条约及国际责任,那么跨国公司在该国经营的前景也会受到影响。行政管理程序则由一国的经验、文化、惩罚体系、领导风格等决定,它反映了一国的行政效率,烦琐拖拉的办事程序会给营销活动带来额外的成本。

⑤ 东道国政府的影响。在国际化经营过程中,政府也时常以一个合伙人的面孔出现,除直接参与经济活动外,经常对外国企业采取各种措施进行干涉,没收、征用、国有化是企业国际化经营中面临的最严重的政治风险,但更常见的风险来自东道国政府对某些外国企业的歧视性政策。

（2）微观层面的评估内容包括以下几点。

① 企业产品的政治敏感性(political vulnerability of product)。政治敏感性产品又称政治脆弱性产品,东道国政府特别关注这一类产品。政治敏感性产品通常是指那些会影响(或被普遍认为影响)环境、汇率、国家与经济安全和人民利益的产品,以及比较容易引起公众舆论的产品、更容易受到政治影响的产品。原材料和能源、公共设施、国防产品、药品和通信等行业的产品属于这类产品。

② 经营的本土化(localization of operations)。经营的本土化是指跨国公司进入东道国市场,通过雇用当地劳动力、使用当地的资金、与东道国上下游企业结成产业链、树立品牌、营销组合当地化等行为,与东道国市场融合在一起的经营方式。本土化策略有助于消除企业的政治风险,当企业与当地政府、机构、民众紧密相关时,它更容易被东道国接受。

世界观察:企业产品政治敏感性的判断方法

③ 企业本身的外在条件。这包括企业的知名度、规模、选址等。企业在东道国的知名度越高,政治敏感性和风险就越大。公司规模越大,被东道国视作潜在威胁的可能性也就越大。而企业选址在大城市的政治敏感性也比坐落在无名小市镇更高。

世界观察

百事可乐进入印度市场

20 世纪 80 年代,印度国内软饮料公司极力反对外来的跨国公司,而百事可乐此时却希望进入印度市场。

要想进入印度市场必须消除当地政治力量的阻挠,为此,百事可乐向印度政府提出了一项极具吸引力的援助计划:百事可乐帮助印度出口农产品以弥补印度进口浓缩软饮料的外汇;帮助印度发展农村经济;对印度转让食品加工、包装和水处理技术等。百事可乐凭借此援助计划获得了印度政府的支持,顺利进入印度市场。

资料来源:孙惠,肖美花.国际市场营销学[M].西安:西北工业大学出版社,2017:30.

④ 对东道国的贡献。跨国公司对东道国的贡献体现在很多方面:为东道国缴纳大量税金、创造就业机会、知识和技术外溢、提供丰富的产品等。跨国公司对东道国的贡献越大,东道国就越不容易对企业施加不利影响。

2. 评估方法

政治风险评估(political risk assessment,PRA)通过定性和定量的方式,对一国的政治稳定性和政治风险做出评价。定量方法是将相关因素用数学关系式表示,来预测某一事件发生的可能性。一些咨询公司和风险评估机构也专门开发了相应的风险评估模型来提供评估服务。主要包括以下评估方法。

(1) 实地拜访法(on-site visit)。主要由企业高层管理人员出访东道国,通过拜访当地政府官员和企业人员,对目标国家的市场状况、政治环境进行调研和访查,最终进行主观判断。该方法实施简便,但客观性差,带有表层性和主观色彩。

(2) 国别评估报告法(country assessment report)。国别评估报告是对特定对象国的社会、政治及经济状况进行综合性评估,侧重点在于防范国家风险。

国别评估报告没有固定的格式,一般涉及以下几个方面。一是国家风险的评估。二是政治风险的评估,主要评价一个国家经济运营能力和环境变化的适应能力。经济运营能力包括政府机构的决策能力、政策制定能力等;环境变化的适应能力包括政府对油价变化、世界经济周期变化等国际经济环境变动的迅速调整程度等。三是政治安定性的评估,包括国内政治与国际政治的安定性。国内政治安定性主要包括政府更替是否顺利、经济政策能否连续等;国际政治安定性包括地域的、国际的政治局势是否安定等。四是基本经济要素的评估。基本经济要素包括的范围比较广，诸如自然资源、人力资源、发展战略、国内资金来源、出口状态等。五是对外金融状况的评估。包括国际收支状态、外债情况、外汇储备、借款的可能性等。①

（3）国家风险服务（country risk service, CRS）。经济学家情报机构（Economist Intelligence Unit, EIU）是英国著名杂志《经济学家》的下属公司，它通过其国家风险模型（the country risk model）分析，可以提供全球100多个国家的风险评估，评估期限可追溯到1997年。

国家风险模型评估4方面的风险：政治风险（political risk）（占总风险的22%，由11个指标组成）、经济政策风险（economic policy risk）（占总风险的28%，由27个指标组成）、经济结构风险（economic structure risk）（占总风险的27%，由28个指标组成）和清偿风险（liquidity risk）（占总风险的23%，由10个指标组成）。其中政治风险分成政治稳定性和政府效率两大类，分别从政权更迭、战争、争端，以及政府机构效率、官僚主义、透明度等方面进行评价。通过对上述指标进行分类打分后，得出一国的政治风险分数。

国家风险服务的特点在于：一是一套基于76个定性和定量指标的复杂服务系统，覆盖全球100多个国家和6大地区，涵盖13个不同的风险类别；二是来自80个国家的风险分析师每月更新一次风险评估内容，提供及时而准确的风险评估报告；三是信息来源丰富多样——它有权使用市场中其他服务机构的风险数据库，并可以对国家评级的历史状况进行追溯。

（4）商业风险服务（business risk service, BRS）。这是美国商业环境风险评估机构（Business Environment Risk Intelligence S. A., BERI）在20世纪60年代发展出用以评估各国投资环境风险的指标。它定期在《经营环境风险资料》上公布世界各国的政治风险指数，动态考察不同国家经营环境的现状及未来5年和10年的情况。

商业风险服务以三种指标来衡量各国投资环境的风险，加总后归类分级，并对未来1~5年做预测评估。评分采用百分制，70分以上是低风险，表示政治变化不会严重影响企业。55~69分为中度风险，表明已经发生对企业不利的政治变化。40~54分为高风险，表明将要出现严重影响企业的政治态势。39分以下为极度风险，表示政治条件已有可能威胁企业财产。商业风险服务的指标有以下三类。

第一类，营运风险指标（operation risk index, ORI），主要衡量各国企业的经营环境，共有15个评分项目，包括：政府政策的延续性、对外国投资者与其获利所持的态度、企业国有化的程度、通货膨胀、国际收支、官僚体制、经济成长、货币兑换能力、契约执行能力、劳动成本与劳动生产力、专业服务与订约、交通与通信、当地管理水准与合伙人、短期信用及长期贷款与创业基金。

第二类，政治风险指标（political risk index, PRI），主要衡量社会环境因素，其将需要权衡的因素分为外部影响因素（包括地区性及全球因素）、内部影响因素（包括政治、宗教、种族、语言、政治权力结构）和潜在影响因素（包括社会冲突与叛乱、内斗）。

第三类，R因素（remittance and repatriation factor, R factor），主要用来衡量一国兑换外币的偿付能力，包括外汇管制的相关法令、外汇取得能力、外汇准备及国外举债四个因素。

（5）政治制度稳定性指数（political system stability index, PSSI）。该方法由丹·哈恩德尔（Dan Haendel）、杰罗尔德·维斯特（Gerald T. West）和罗伯特·米都（Robert G. Meadow）提出，

① 吴声功.中国公司境外直接投资政治风险的防范[C].国际经济合作研究，2005.

由三个指数组成(见图 7-1):社会经济特征指数、社会冲突指数和政府干预指数。其中,社会冲突指数包括社会不安定指数、国内暴乱指数和统治危机指数。政治制度稳定性指数共由 15 项指标测定。

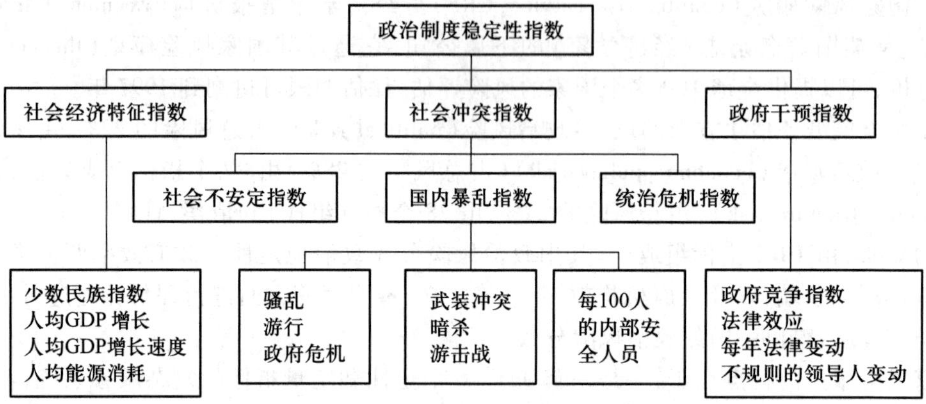

图 7-1　政治制度稳定性指数(PSSI)的构成①

(6) 评分定级法(grading method)。这是用一组固定的评分标准将考察对象国的各个风险因素加以衡量,从而确定风险分数的方法。其整个评分定级过程分为四个阶段。第一阶段,确定考察风险因素,如负债率、战争次数、人均收入等。第二阶段,确定风险评分标准,如规定分数越高风险越大,可具体定为:负债 10%以下为 1~2 分,10%~15%为 3 分,15%~25%为 4 分,25%~50%为 5 分,50%~80%为 6 分等。第三阶段,将所有项目的分数汇总,确定该国的风险等级。第四阶段,进行国家间的风险比较,确定投资方向。

表 7-1 展示的是评分定级法中的一种国家风险等级序列,风险等级越高,风险越小。

表 7-1　国家风险等级评估表

风险等级	风险大小	风险分值
AAA	基本没风险	0~0.5
AA	可以忽视的风险	0.5~1.5
A	很小的风险	1.5~3
BBB	低于平均风险	3~7
BB	正常风险	7~15
B	值得重视的风险	15~30
C	高风险	30~55
D	不能接受的风险	>55

① 张建.国际投资政治风险评估方法分析[J].科技创业月刊,2004,(8),13-15.

（二）政治风险的防范

在对政治风险进行评估之后，应当通过各种技术经济手段将政治风险降到最低，形成投资前的风险预防机制、投资中的政治风险防范机制，以及政治风险缓解机制。

1. 投资前的风险预防机制

（1）与东道国签订协议。与东道国政府谈判并达成协议，有助于减少政治风险发生的可能性。一般可以在协议中明确以下几方面的内容。① 资金汇回方式和形式。应当明确当地子公司向母国汇回资金的方式，如股息、管理合同费、红利、使用费和专利费。② 划拨价格的定价方法、转移价格的制定。③ 有关公司所得税的法律与法规，包括税率的制定以及税前利润与财产的评估方法。④ 日常经营管理，如借款、参股、价格管理、原材料和零部件来源等。⑤ 争端解决方式，如发生争议时采用的仲裁法和仲裁地点、争端的仲裁等。

（2）办理投资保险与担保项目。跨国公司可以通过投保的方式减少风险带来的损失。在许多工业化国家都设有专门的官方机构对私人的海外投资提供政治风险的保险，如美国私人投资公司、英国的出口信贷保证部和劳埃德公司、日本通商产业省的海外投资保险部等，这些机构对征用、国有化、货币管制、战争、起义等进行保险。

2. 投资中的政治风险防范机制

在投资过程中，跨国公司可以借助各种方式来分散政治风险。

（1）保持对母国的依赖性。如果原材料、零部件、市场等方面完全依赖东道国，很可能发生接管和征用等风险，为了避免受到东道国的控制，可以通过从母国进口来保证投入品的来源与质量。

（2）控制专利与技术。投资者将专利、技术诀窍控制在手中，一旦公司被征用，东道国没有专利和技术诀窍，就无法维持原有的正常经营。采用这种防范措施时，企业可以把核心研发工作放在母国进行，而只将部分研发和生产放在东道国。

（3）控制分销渠道。通过控制产品的出口市场、产品出口运输及分销机构，使得东道国政府接管该企业后，失去了产品进入国际市场的渠道，生产的产品无法出口，这样做可以有效地减少被征用的风险。

（4）在东道国筹资。如果跨国企业持有较低的权益资本和较高的债务资本，当资产被没收时，损失可以部分地被当地债务的减少抵消。同时，跨国公司积极在东道国市场融资，如果东道国政府对该公司实行歧视性政策或经营上的限制，必然会影响东道国金融机构的利益。

（5）选择合资方式。选择合资不仅可以利用合作者在东道国的关系和影响力来疏通各种渠道，便于跨国公司跨文化管理来防范政治风险，而且可能获得他们提供的权益资本，帮助跨国企业从当地获取资金与技术，提高该企业在当地的声誉。

世界观察：如何降低政治风险？

（6）雇用当地员工。公司员工本土化不仅有助于跨文化管理，而且在解决东道国就业问题的同时提高了企业的声誉，可以使东道国政府看到企业对本国的有利之处，这些都能够降低政治风险。

3. 政治风险缓解机制

尽管企业可以对政治风险进行诸多防范，但完全消除也是不可能的。当风险发生时，应当采取各种补救措施来减少风险带来的损失。企业缓解政治风险的方法有：

(1) 与东道国政府进行合理谈判。在与所在国政府及有关部门进行谈判时,应灵活运用各种行之有效的政治和经济战术,坚持有礼有节。如争取得到东道国各有关方面与邻国的支持、要求母国政府的官方干预、控制生产技术和出口市场、切断原料与零部件的供应等。

(2) 寻求法律支援。企业可以寻求东道国、母国以及国际法的保护,借以要求东道国政府按照既定的法规行事,如果可能的话,还可以求助于国际争端仲裁机构,要求合理仲裁。

世界观察:公众健康是永恒的焦点

(3) 采取部分让步措施来尽量减少损失。如通过聘请东道国人员来担任要职、降低进货的转移价格等方式对东道国进行部分让步,从而达到谅解和协商一致。

(4) 放弃资产,寻求残值收入。当其他努力都未奏效时,企业只能放弃资产,寻求其残值收入,如要求保险公司补偿损失等。

第二节 法律体系与各国商法

世界各国的法律体系都有各自的特点,国际上还有着形形色色的商法和规定,为跨国经营带来更多的挑战。与国内营销相比,国际法律环境更加复杂而多样化,熟悉国际法律环境是进行国际市场营销的基础。

一、法律体系

7.2 东道国的法律环境【登录“爱课程网”搜索“国际市场营销(崔新健)”观看视频】

法律体系(legal system)是指由一国各法律部门构成的、具有内在联系的整体。如果把法律体系整体看成宏观结构,那么法律体系的宏观结构由公法、私法和社会法三方面构成,而中观结构要素是法律部门,法律规范则是法律体系的微观结构要素。

东道国及其他相关国家、地区和国际组织的法律、法规是企业国际化经营活动的准则。当代世界各国的法律可分为大陆法系、英美法系、伊斯兰法系三大法系。企业在进入东道国从事经营活动之前,首先要弄清东道国的法律体系。

(一) 大陆法系

大陆法系(civil law system)又称罗马法系、民法法系、法典法系或罗马日耳曼法系。19世纪初,该法系以罗马法为基础建立起来,以1804年《法国民法典》和1896年《德国民法典》为代表。世界上大约有70个国家的法律属大陆法系,比如法国、德国、意大利、荷兰、西班牙、葡萄牙等国和拉丁美洲、亚洲的许多国家。大陆法系大体又可分为法国、德国两个支系,法国、比利时、荷兰、意大利、西班牙和拉丁美洲各国属于前者;德国、奥地利、瑞士和日本等国属于后者。

大陆法系的主要特点有以下几点。

第一,法律形式。大陆法系国家一般不存在判例法,强调成文法典的权威性,对重要的部门法制定了法典,并辅之以单行法规,明确立法与司法的分工,法典一经颁行,法官必须忠实执行。法官只能适用法律,决案必须援引制定法,不能以判例作为依据。

第二,比较强调国家的干预和法制的统一,在程序法上尤其如此。例如,许多法律行为需要国家的鉴证、登记，检察机关垄断公诉权，庭审时采取审问制，以及法院体系的统一等。

第三，重视法律的理论概括，强调法典总则部分的作用，这是罗马法的一种传统。

第四，法典完整、清晰、逻辑严密。大陆法系讲求规定的逻辑性、概念的明确性和语言的精练性。

（二）英美法系

英美法系（facts and information law system）又称英国法系、海洋法系、普通法系或判例法系，是承袭英国中世纪的法律传统而发展起来的各国法律制度的总称。目前世界上大约有 26 个国家和地区法律属英美法系，英国、美国、澳大利亚、新西兰等国家和地区的法律制度均属于英美法系。

英美法系的立法精神在于：除非某一项目的法例因为客观环境的需要或为了解决争议而需要以成文法制定，否则，只能根据当地过去对该项目的习惯而评定谁是谁非。英美法系多采用不成文法，尤其是判例法，极端注重司法程序，采取当事人主义和陪审团制度，强调“遵循先例”。衡平法是它所特有的，允许法官以衡平（又称公平或良知）原则处理案件。

英美法系与大陆法系之间存在的主要差异体现在以下几方面。

1. 法律渊源不同

大陆法系是成文法系，其法律以成文法即制定法的方式存在，它的法律渊源包括立法机关制定的各种规范性法律文件、行政机关颁布的各种行政法规以及本国参加的国际条约，但不包括司法判例。英美法系的法律渊源既包括各种制定法，也包括判例，而且，判例所构成的判例法在整个法律体系中占有非常重要的地位。

2. 法律结构不同

大陆法系承袭古代罗马法的传统，习惯于用法典的形式对某一法律部门所遵循的规范做统一的系统规定，法典构成了法律体系结构的主干。英美法系很少制定法典，习惯用单行法的形式对某一类问题做专门的规定，因而，其法律体系在结构上是以单行法和判例法为主干而发展起来的。

3. 法官的权限不同

大陆法系强调法官只能援用成文法中的规定来审判案件，法官对成文法的解释也需受成文法本身的严格限制，故法官只能适用法律而不能创造法律。英美法系的法官既可以援用成文法也可以援用已有的判例来审判案件，而且可以在一定的条件下运用法律解释和法律推理的技术创造新的判例，因此法官不仅适用法律，也在一定的范围内创造法律。

4. 诉讼程序不同

大陆法系的诉讼程序以法官为重心，突出法官职能，具有纠问程序的特点，而且多由法官和陪审员共同组成法庭来审判案件。英美法系的诉讼程序以原告、被告及其辩护人和代理人为重心，法官只是双方争论的“仲裁人”而不能参与争论。与这种对抗式（也称抗辩式）程序同时存在的是陪审团制度，陪审团主要负责做出事实上的结论和法律上的基本结论（如有罪或无罪），法官负责做出法律上的具体结论，即判决。

此外，两大法系在法律分类、法律术语、法学教育、司法人员录用和司法体制等方面，也有许多不同之处。

（三）伊斯兰法系

伊斯兰法系(Islamic law system)又称阿拉伯法系、穆斯林法或沙里阿(Sharia)。沙里阿意译为“教法”,指公元7—9世纪形成的阿拉伯哈里发国家的法律,包括穆斯林宗教、社会、家庭等各方面的法规,兼具宗教和道德规范的性质,是每个伊斯兰教徒即穆斯林所应遵守的基本生活准则,一般对非穆斯林不具约束力。伊斯兰法是属人法,凡是穆斯林都施行伊斯兰法。

伊斯兰法系主要分布在包括西亚、北非、南亚、东南亚、南部非洲在内的广大地区。沙特阿拉伯、阿曼、巴林、阿拉伯联合酋长国的法律制度虽然进行了某些改革,但是并没有从根本上动摇传统的法律制度。印度和土耳其在近代以来的改革中已经彻底放弃了伊斯兰法,代之以从其他法系引进的法律制度,前者加入了普通法系的行列,后者已经变成了大陆法系的成员。埃及、叙利亚、黎巴嫩、伊拉克、伊朗、巴基斯坦、突尼斯、摩洛哥、苏丹、利比亚等除了宗教事务、婚姻家庭和继承事务之外,其他法律领域中占主导地位的是从西方引进的法律。

伊斯兰法系的特点有以下3点。第一,属人法。它声称适用于所有穆斯林,在伊斯兰教国家生活的非穆斯林被要求服从伊斯兰法,生活在非伊斯兰教国家的穆斯林被要求服从其所在国的法律。第二,宗教法。作为安拉旨意的法律具有绝对的普适性,被奉为绝对真理的化身,以哈里发为首的伊斯兰政府所颁布的强制性规则只能称作“行政命令”,不具有法律的名分和权威。第三,习惯法。习惯法在各个时期和各个法律领域都是实际运作的法律,它更多地来源于被征服广大地区的其他民族,是对伊斯兰法的重要补充。

伊斯兰法系与其他法系相比有一些完全不同的法律内容:一是穆斯林义务,信仰真主是穆斯林的首要义务,每一个穆斯林必须执行5种善功;二是土地所有权,土地是安拉的财产,阿拉伯贵族和普通自由人只享有占有权,麦加城及其邻近地区是圣地,非穆斯林不得在该地居住,被征服地区的土地占有者如果皈依伊斯兰教,可以保留原有土地;三是债权法,宣誓确认的诺言必须实践,因欺诈、错误、强迫而缔结的契约无效,奖励交易,禁止利息。

二、各国商法

（一）国际组织立法

西方的商法(commercial law)源于中世纪通行于西欧各国的商人间自治的习惯法。当欧洲资本主义萌生后,各国开始商法典的编纂,最初如《商事条例》《海事条例》《商法典》和《德国商法典》等。英国曼斯费尔德大法官的判例标志着商法的国内化阶段,也意味着差异化的商事法律制度开始阻碍各国间的自由贸易。

从第一次世界大战前后开始,诸多国际组织关注私法的统一,商法迈入国际化阶段。其间商法一方面受到了主权国家的干预,另一方面具有系统化、国际化的特点,表现为众多国际组织制定或编纂国际公约、示范法、国际商事惯例,内容涵盖了国际货物买卖,国际贸易术语,国际海上、陆上、航空运输及多式联运,国际保,国际票据,跨国公司,国际技术转让,国际融资,国际私人投资,国际工程承包等诸多领域,最终成为内容丰富、结构完备的国际法律规范体系(见表7-2)。

表 7-2 部分国际立法组织及其立法范围

组织	职责	立法举例
联合国国际贸易法委员会(UNCITRAL)	协调各组织的工作,并鼓励组织互相合作;促使更多国家参加现有国际公约,接受现有示范与划一法律;斟酌情形与从事此方面工作的组织合作,拟订或提倡采用新国际公约、示范法律与划一法律,且组织国际贸易名词、规定、习惯与惯例的编纂并促其广获采纳;促进国际贸易法方面国际公约及划一法律的解释与适用趋于一致;收集并分发国际贸易法方面各国法律与包括判例法在内的现代法律发展的资料;与联合国贸易和发展会议建立并保持密切合作;与所有与国际贸易有关的其他联合国机关及专门机构保持联系	《贸易法委员会破产法立法指南》《电子商务示范法》《贸易法委员会关于私人融资基础设施项目立法指南》《贸易法委员会担保交易立法指南》等
国际海事组织(IMO)	理事会接收海事安全委员会及海事组织其他机关的报告,并将这些报告连同理事会的评论和建议送交大会;海事安全委员会审议与海事安全直接有关的一切事项,履行海事组织公约、大会或理事会所分配的职责,并与可促进海事组织宗旨的其他机构保持密切关系;无线电通信、搜寻和救援小组委员会审议海事安全委员会可能分配给它的与海洋无线电通信、搜寻和救援等方面有关的一切事项,并就这些事项提出建议;航行安全小组委员会审议海事安全委员会可能分配给它的与海上航行安全有关的一切事项,并就这些事项提出建议	《国际海上人命安全公约》《海事索赔责任限制公约》《国际海运有毒有害物质损害责任和赔偿公约》等
国际统一私法协会(UNIDROIT)	促进各国和各多国集团之间私法规则的统一和协调,并制定可能逐步被各个不同的国家接受的私法统一规则。主要目标是致力于私法领域的实体法规则的统一,但有时也可能涉及某些公法领域。致力于推进法律方面和立法技术方面的统一,而不过多地涉及“政治性”问题。通过关注国际社会对各领域法律统一的需要程度,同时考虑在该领域协调各不同法系之间分歧的可能性,将调研课题纳入工作计划(目前已纳入协会的工作计划并正在进行调研的课题主要有:特许经营协议、检验合同、有关实施危险行为的民事责任、关于软件的法律问题等)	1964 年《关于国际货物销售合同成立的统一法公约》、1964 年《关于国际货物销售的统一法公约》、1970 年《旅游合同国际公约》、1973 年《国际票据格式统一法公约》、1983 年《国际货物销售代理公约》、1988 年《融资租赁公约》、1988 年《国际保付代理公约》、1994 年《国际商事合同通则》。协会参与制定的、由其他国际组织通过并正在生效的公约有 1954 年《战时文化财产保护公约》、1956 年《关于国际陆路货物运输合同的公约》、1958 年《关于承认和执行抚养未成年人义务判决的公约》、1959 年《关于强制投保机动车民事责任欧洲公约》(欧洲理事会)、1962 年《关于旅馆经营者对其住客财产的责任公约》(欧洲理事会)、1980 年《联合国国际货物销售合同公约》等

续表

组织	职责	立法举例
国际商会（ICC）	世界商业服务的非政府间组织，是联合国等政府间组织的咨询机构。以贸易为促进和平、繁荣的强大力量，推行一种开放的国际贸易、投资体系和市场经济。主要职能有四个：在国际范围内代表商业界，特别是充当联合国和政府专门机构的商业发言人；促进建立在自由和公正竞争基础上的世界贸易和投资；协调统一贸易惯例，并为进出口商制定贸易术语和各种指南；为商业提供实际服务。服务内容包括：设立解决国际商事纠纷的仲裁院、协调和管理货物临时免税进口的ATA单证册制度的国际局、商业法律和实务学会、反海事诈骗的国际海事局、反假冒商标和假冒产品的反假冒情报局、为世界航运创造市场条件的海事合作中心，并经常组织举办各种专业讨论会和出版发行种类广泛的出版物	《托收统一规则》《跟单信用证统一惯例》《国际贸易术语解释通则》《见索即付保函统一规则》等
国际海事委员会（CMI）	通过各种适当的方式和活动促进国际海商法、海事惯例和实践做法的统一。促进各国海商法协会的成立，并与其他具有相同宗旨的国际性协会或组织进行合作。具体包括：促进海商法的实施，使国际海事安全发展；建立海事仲裁委员会，研究处理成员国家间的争端问题；制定海商法案	起草30多个关于海洋法的方案，著名的如《1910年关于统一海上救援规则的某些问题的国际公约》（99个国家和地区加入）、《1924年关于统一限制船主职权的几项规则的国际公约》（94个国家加入）、《1952年统一有关船舶相撞情况下避事责任的几项规则的国际公约》（73个国家加入）、《1957年关于海运船舶所有人责任限制的国际公约》（57个国家加入）、《维斯比规则》《约克·安特卫普规则》
欧洲联盟（EU）	通过建立无内部边界的空间，加强经济、社会的协调发展和建立最终实行统一货币的经济货币联盟，促进成员国经济和社会的均衡发展，通过实行共同外交和安全政策，在国际舞台上弘扬联盟的个性	《欧盟会员国产品卫生检疫（SPS）规范》《技术性规范》《REACH法规》《欧盟（欧共体）包装法规》《欧盟新饲料卫生法规》《欧盟有机食品贸易法规》等

（二）商标立法

世界观察：各国商标法及修订历程

最早的商标法见于法国，后来英国、美国、德国、日本等也纷纷公布相应的商标法。到1898年年底，世界上已有79个国家颁布了商标法。目前，世界上大约有180个国家制定了商标法，各国的商标制度一般都比较完备，并逐渐国际化。因此，商标法不仅是各国国内的一个重要的部门法，而且已成为一个重要的国际法律制度。

世界各国商标法都对注册商标所有权进行法律保护，不能在相同或近似的商品上注册或使用与已注册商标相同或近似的商标，产生商标争议时便可提起诉讼。而跨国企业如果忽视了国际商标注册，往往会因此而失去市场和利润。

不同国家在商标权的取得方面有不同的适用原则（见表7-3），各国商标法对不能注册为商标的标志也有规定。

表7-3 各国（地区）在商标使用权取得方面的适用原则

原则	国家或地区
使用在先原则	阿联酋、巴基斯坦、菲律宾、新加坡、印度、英国、美国、尼日利亚等
申请在先原则	中国、韩国、日本、中国台湾、德国、俄罗斯、法国、智利、阿根廷、墨西哥、南非等
使用与注册交叉原则	中国香港、越南、丹麦、泰国、澳大利亚、新西兰等

1878年成立的国际商标协会是一个由商标所有人和专家组成的国际性团体，目的在于保护和促进商标所有人的权利、确保制定切实可行的商标法律、帮助和鼓励人们推进和认识商标权。

世界观察：各国对商标注册的禁用规定

（三）营销立法

各国对营销活动都有立法规范，并随着新事物的出现而不断对这些规范进行完善，如拉动绿色营销立法、网络法规、直销法律等。

各国市场营销法律对企业国际营销有着很大的影响，如2004年中国香港对中药销售进行了立法，要求中药在港销售必须满足以下条件：有生产国原产地标志、有生产批准文号、具备资格的认证机构的检验报告、具备销售资格的合法经销商，这使很多以前已经进入中国香港市场的产品面临退市重新审查。

国际商会在营销立法方面做了诸多方面的规定，包括《ICC国际直销准则》《ICC国际广告行为准则》《ICC国际环境广告行为准则》《ICC国际促销行为准则》《ICC国际赞助行为准则》以及《ICC/ESOMAR国际营销和社会调研行为准则》等。直销立法方面，《国际商会国际直销准则》（*ICC International Code of Direct Marketing*）所确立的道德行为标准，对各国直销的立法和国际直销法律框架的形成起到了补充作用。此外，《世界直销商德约法》（*World Code of Conduct*，又称《世界行为守则》，简称《商德约法》），为其联盟会员的直销立法范式起了指导作用。目前，它已成为52个世界直销协会联盟会员都必须遵守的基本规则。

世界观察：苹果败诉

（四）绿色营销立法

随着20世纪70年代以来世界环境的恶化，国际组织和世界各国都制定了有关环境保护的法规，限制企业破坏生态环境的不良营销行为，该法规被称作绿色营销法规。所谓绿色营销法规（green marketing law），亦称广义环境法或可持续发展法，是指保障企业开展绿色营销活动的与可持续发展有关的法律法规的总称。国际绿色营销立法有鲜明的时代特点，20世纪60年代—70年代初环保目的在于提高生活质量，各国立法比较关注食品质量、产品安全等。80—90年代时，各国日益关注环境问题，在自然环境保护、废弃物处理等方面制定了一系列的法律法规。

绿色营销国际立法体系分为国际法、国内法和地区性法律三个层次，此类法律已有270多项,如《联合国海洋法公约》《关于耗损臭氧层物质的蒙特利尔协定书》《联合国气候变化框架公约》等。法规主要由国土开发整治法、环境保护法、自然保护法、自然资源法、能源法、发展计划法和技术法(包括发展规划、清洁生产、知识经济等法律)6个部分组成。国内法则是国际法配套的法律协定,如欧盟颁布有关环境评估的85/397号指令后,欧盟成员国纷纷制定相关配套法律。各国在绿色营销立法方面存在着差异。

中国从20世纪70年代开始加强环境立法,环保立法体系由宪法、环境保护基本法、环境保护单行法规、环境保护标准、环境保护行政管理机构组织法规、民法、刑法、经济法中有关环境保护的法规、地方环境保护基本法、国际环境保护公约十个方面组成,分为专门性环境立法和相关性环境立法两大类,前者直接以保护和改善生产环境和生态环境、防治污染和其他公害为目的,代表性立法有《中华人民共和国环境保护法》《中华人民共和国大气污染防治法》,后者主要是有关自然资源的立法如《中华人民共和国森林法》《中华人民共和国草原法》等。

(五)反托拉斯立法

反托拉斯法(international antitrust law)是指国际涉外经济活动中,用以控制垄断活动的立法、行政规章、司法判例以及国际条约的总称。目前已经有超过100个国家制定了反托拉斯法,并且很大一部分是在20世纪90年代后才制定的。

随着跨国公司快速发展,反托拉斯法进一步发展成为发达国家保护本国垄断资本向外争夺国际市场,同时制止外国跨国公司影响或操纵其国内市场的工具。目前,各国在反托拉斯法方面存在诸多矛盾,如1918年美国提出的《出口贸易法》,允许出口商利用联合会出口其成员的货物,在其成员间划分出口市场,或就出口销售价格或条件达成协议,这种做法侵犯了其他国家的利益,成为各国反托拉斯法的冲突焦点。而许多国家就法律适用问题和管辖权问题,互相针对着制定法律政策。

尽管大多数反托拉斯法律都是以欧洲或是美国的法律为基础的,但是彼此不同的法律仍然日益增多,这就增加了多国合作的必要性。1960年关税与贸易总协定首先提出双边合作,1967年经济合作与发展组织提出了"一国发现潜在反托拉斯行为,有义务向所有可能受影响的竞争者进行通告"的规定,1991年,欧盟和美国详细规定了告示程序。1980年第35届联合国大会通过的《管制限制性商业惯例的一套多边协议的公平原则和规则》(简称《原则和规则》)是第一个国际性文件,为形成国际反托拉斯法体系奠定了基础。1995年,在欧洲委员会推动下,WTO部长级会议协商确定建立一个关于贸易与竞争相互关系的工作组来解决成员们提出的包括反竞争行为在内的贸易与反托拉斯政策关系的问题。2001年国际竞争网络(ICN)成立,它是一个包含了超过80个国家及国际反托拉斯机构的非正式网络,是一个能加强反托拉斯领域内国际合作的平台。①

三、网络法规问题

(一)管辖权

互联网的优点在于用户可以不受国界的限制通过网络在全球范围内自由地开展信息活动,因此互联网上的行为可以跨越多国,但这也给现行法规带来极大的挑战:网络侵权和欺诈

① 胡浩.论经济全球化背景下的反托拉斯政策国际协调[J].中央财经大学学报,2006(5).

等行为简单易行；在网络上确定行为人的取证困难大；侵权行为传播极为迅速，管辖权很难在网络中适用。网络空间的全球性使司法管辖区域的界限变得模糊，网络空间的不确定性使传统的确定管辖权的根据难以适用，传统的国籍、住所、所在地等确定管辖权的原则在互联网上都失去了意义。以网上诽谤为例，可以行使管辖权的国家就有很多：侵权人所在国、侵权实施地国、侵权结果发生地国、上载诽谤言论的网络服务提供商（Internet service provider，ISP）所在国、转发相关言论的ISP所在国等。原告通常会选择对自己有利的地点起诉，英国、新加坡由于对于诽谤的损害赔偿额较其他国家和地区高，每年都有大量诽谤诉讼在英国提起。

世界观察：中国互联网相关法律法规

（二）税收

电子商务横跨信息技术、通信技术、金融服务领域、生产者、消费者和各国政府部门，给传统税收体制及税收管理模式带来了巨大的挑战。

1. 税收管辖权变得复杂

传统的税制是通过常设机构、居住地等概念把纳税义务与纳税人活动联系起来，对居民身份的确认主要有三种标准：登记注册地标准、实际管理控制中心所在地标准、总机构所在地标准。互联网的出现使居民税收管辖权问题变得更加复杂。

2. 课税对象性质模糊不清

网络改变了产品的固有存在形式，使产品从有形转变为无形，以数字形式提供数据、信息所获报酬应视为提供服务所得还是销售商品所得难以判定，使课税对象的性质变得模糊不清。

3. 传统税收征管模式受到挑战

无纸化的操作也让建立在各种票证和账簿基础上的传统税收征管模式失去最直接的纸质凭证。比如很多纳税人选择在避税港建立虚拟公司进行贸易来获得高额利润，而跨国公司的网上交易操作使规避税收等行为更加难以防范。

世界观察：互联网征税是“电子保护主义”吗？

第三节　国际司法争端及其解决

一、国际司法争端的司法管辖权

司法管辖权（judicial jurisdiction）是指法院从事其行为，包括审理和判决案件的权限在内的权力。从纠纷的裁判者角度看，管辖权是司法权或审判权的基础，司法权通过对管辖权的分配而被特别授予。国际法对刑事案件的司法管辖主要形成四种原则，即领土原则、国籍原则、保护性原则和普遍管辖原则。

国际司法管辖权包括的内容有以下几点。① 限于投资契约当事人一方为国家、他方为他国国民（包括法人）间的争端。其他如不同国家的个人或法人间、国家政府间、一个国家同本国国民间或非受外国控制的本国法人间的投资争端，不在国际中心管辖之列。② 限于投资范围内的争端。投资泛指投资者以在国外使用为目的，所提供的经济的财源，包括赠与、贷款、保证金、取得股份或股金、购买企业支配权以及证券投资等。③ 限于法律争议，即必须是关于法律上权利与义务的存在及其范围，以及关于违反法律义务所引起的赔偿的性质及范围之争，实质上即“权利之争”,单纯“利益之争”不在国际中心管辖之列。

发生司法争端的双方有三种可能:第一种是政府之间;第二种是企业与政府之间;第三种是企业之间。政府之间的争端可由国际法庭裁决,而其他两种情况的争端则必须由双方中一方国家的法庭处理或通过仲裁解决。

当国际商务争端必须根据所涉及国家中某一国的法律解决时,最重要的问题是应采用哪一国的法律。通常决定司法管辖权的依据是:① 合同中所包含的司法管辖权条款;② 签订合同的地点;③ 合同条款的执行地。

二、国际争端的解决方式

国际争端(international disputes)是指来自两个不同国家的法人之间产生的冲突和矛盾。在国际商务中,国际争端难免会发生。国际争端一般都以和平的方式进行解决,即在国际争端各当事国同意的基础上,由一个常设的国际司法机关,根据国际法,对于提交给它的争端进行审理,并做出有拘束力的判决。

(一)政治途径

政治途径包括谈判、调查、调停、和解、外交保护、协商、斡旋等。以下介绍前五者。

1. 谈判

谈判是和平解决争端的基本方法,当事方通过外交等途径直接对话来解决争端。

2. 调查

调查是指将事实不清或对事实判断有分歧引起的争端递交国际调查委员会解决争端的制度。

3. 调停

调停是指在调停人的善意帮助下促成当事各方以和平方法解决争端。调停一般对当事人没有拘束力。

4. 和解

和解是指由个人资格的委员组成的委员会,研究争端的事实和法律问题,以促使当事者间争端的友好解决。

5. 外交保护

当所在国拒绝司法救济、不当推延诉讼、歧视待遇、违反条约、执法不公等情况发生时,才能要求外交保护,即由政府出面对在国外的本国国民行使外交保护权。外交保护权往往导致不当的外交干预,成为强国威胁弱国的手段,因此为广大发展中国家反对。

(二)法律途径

1. 司法诉讼

司法诉讼是由按一定规章成立的法庭,按照规章所规定的程序,依照适用的国际法进行判决的争端解决方式。

当投资契约双方当事人未在契约中订明同意将争议交付仲裁解决时,任何一方均可在国内法院起诉要求解决。国内法律只适用于一国之内的营销。当两个不同国家的当事人之间发生商务争端时,最重要的问题是要明确诉诸哪种法律。一般来说,如果合同中没有写明以何地法律为准,多以签订合同所在地的法律为准。但是为了降低不确定性,避免不必要的矛盾,国际营销者在签订合同时应该写明裁决方式。

世界观察

为什么不诉讼?

大多数涉及两国企业之间诉讼的当事人都相信,几乎所有的胜诉都是有名无实的。企业不愿意采用诉讼的原因:

- 担心会给人留下不好的印象并破坏公共关系。
- 担心在国外法庭上会受到不公平的对待。
- 难以收取所判给的罚金,而在双方同意通过仲裁解决情况下,该罚金本可以收取到。
- 采取法律行动所必需的费用与时间成本相对较高。
- 诉讼缺乏保密性。仲裁和调解程序是秘密的,而诉讼是公开的。

业内权威人士建议,任何争端的解决应该采用以下步骤:一是安抚受损方;二是进行调解;三是寻求仲裁;四是诉讼。只有当其他方式都不起作用时,才采取最后一招。

资料来源:凯特奥拉,吉利,格雷厄姆,等.国际市场营销学[M].赵银德,沈辉,钱晨,等,译.原书 17 版.北京:机械工业出版社,2017:186.

2. 仲裁

国际商务中大约有 1/3 的案件在司法裁决之前就通过仲裁的形式解决了。仲裁(arbitration)有着司法诉讼所不具有的优点:裁决快、费用省;仲裁过程秘密,对商誉没有破坏性影响;仲裁结果一般比较公正;仲裁期间允许当事双方继续生意往来,避免了更大的损失。正因如此,仲裁在解决国际商务争端中的作用越来越大。

(1) 仲裁分类。仲裁有以下两种常见的分类方式。

① 临时仲裁与常设仲裁。临时仲裁指当事人双方自行组成临时仲裁庭进行裁决。常设仲裁指由具有固定组织和仲裁规则的常设仲裁机构进行裁决。

② 国家仲裁与国际仲裁。国家仲裁机构和国际仲裁机构都属于常设仲裁机构。世界上享有盛誉的国家仲裁机构主要有瑞典的斯德哥尔摩商会仲裁院、伦敦仲裁院、美国仲裁协会、中国国际经济贸易仲裁委员会等。国际仲裁常设机构有巴黎国际商会仲裁院、解决投资争端国际中心。此外,《联合国国际贸易法委员会仲裁规则》已被不少国家和地区的仲裁机构采用,有较大的国际影响。

(2) 仲裁协议。仲裁协议指当事人关于仲裁的书面形式的合意投资争议,它是仲裁程序的开始。仲裁协议主要包括仲裁地点、仲裁机构、仲裁程序和规则、适用的法律及裁决的效力等内容。

(3) 适用的法律。仲裁裁决所依据的法律有如下四种:① 国内法;② 国际法;③ 一般法律原则;④ 公允与善良原则。

一般双方当事人在投资契约中会明确以后仲裁所依据的法律,但若未曾明确,则适用与投资契约具有最密切联系的法律,或适用仲裁地的法律,或缔约当事人任何一方国家的法律,或适用国际法,一般也可以适用东道国法律。

(4) 仲裁组织。仲裁组织分为调解人小组和仲裁人小组,由缔约国指派人员分别参加各组。由当事人双方同意任命的独任仲裁人或任何非偶数的仲裁人组成仲裁庭。当仲裁庭的组成不适当、超越其权力、成员中有受贿行为、仲裁程序严重违反基本程序规则时，裁决可以被撤销。

中国之问与实践探索：境外上市公司国际化合规管理体系构建与实施

党的二十大报告指出“坚持全面依法治国，推进法治中国建设”，习近平总书记强调，守法经营是任何企业都必须遵守的一个大原则，企业只有依法合规经营才能行稳致远。中国企业必须坚持依法合规经营，构建与国际接轨的中国特色的企业合规管理体系。京能国际从法人治理国际化、运营机制市场化、管控模式双重化和合规管理全面化四个方面，对境外上市公司国际化合规管理体系做了有益的实践探索。

境外上市公司国际化合规管理体系构建与实施

本章小结

东道国的政治和法律环境是影响国际市场营销选择是否进入一国的重要变量。本章重点阐述了东道国的各类政治风险、评估政治风险的内容与预测方法以及防范和降低政治风险的举措；在从理论角度解释世界法律体系的基础上，分析了各国商法，尤其是关于商标、营销、绿色营销、反托拉斯等方面立法的状况；提出了网络所带来的法律问题；介绍了国际司法争端的管辖权及其各种解决方式。

思考题

1. 如何理解国家主权与稳定对国际市场营销的影响？举例分析。
2. 中国企业“走出去”会面临哪些政治风险？
3. 企业应该如何降低或防范在东道国的政治风险？
4. 绿色营销法对中国企业“走出去”会产生哪些影响？
5. 中国企业遇到国际争端时，应该采取哪种解决方式？为什么？

开篇案例讨论

1. 中兴事件对中国企业属于哪类镜鉴？
2. 中国企业为什么在发达国家频遭此类事件？
3. 中国企业应当采用哪些方式避免和解决这类问题？

本章即测即评

第七章

即测即评

网上练习

主题:某国政治法律环境分析

步骤1:学生选择一个自己感兴趣的国家,搜索整理该国政治法律环境的资料。

步骤2:阅读和分析资料,重点研究该国国家稳定状态、主要政治风险、经济风险及其变化趋势。

步骤3:阅读和分析资料,重点研究该国法律体系及其特点。

步骤4:进一步归纳总结该国政治法律环境是否适合中国企业进入,哪些因素可能是中国企业进入的潜在风险(说明理由),以及中国企业应该如何应对。

步骤5:撰写和提交"中国企业进入某国的政治法律环境分析"报告。

步骤6:课堂上,教师选择学生报告进行讨论交流,归纳总结,从政治法律环境看,当前中国企业适合进入的国家和地区目录以及主要依据。

国际市场营销技能训练

主题:应该诉讼还是仲裁?

步骤1:教师选择一个正在发生的国际争端案例,并为学生提供相关基本背景资料。学生根据各自需要进一步收集相关数据和资料。

步骤2:教师将班级学生分成6个小组(每组最好4~7人),规定第一、三、五小组采用诉讼方式解决国际争端;第二、四、六小组采用仲裁方式解决国际争端。

步骤3:课堂下,各个小组根据其解决国际争端的方式,通过收集、整理和分析东道国政治法律环境,重点规划解决国际争端的步骤、所需相关文件,明确可能面临的风险及其应对策略。

步骤4:课堂上,首先按照不同方式分为两个大组分别进行讨论交流,即第一、三、五小组共同讨论交流;第二、四、六小组共同讨论交流。讨论交流中各个小组取长补短,形成大组的最终方案。

步骤5:课堂上,两个大组依次介绍其方案。两个大组学生可以相互提出问题,并且就问题进行讨论和辩论。

步骤6:课堂上,教师指导学生通过讨论、分析认识两个方案各自存在的问题,进一步讨论诉讼方式与仲裁方式各有什么优劣势,两种方式是否可以结合应用,以及如何结合应用。

推荐读物

第三篇
国际市场营销调研与战略

第八章 国际市场营销调研

本章学习目标

- 熟悉市场营销调研的程序和步骤
- 掌握定性方法和定量方法
- 理解国际市场营销调研的目标
- 明确国际市场营销调研的范围
- 认识国际市场营销调研中的原始资料问题
- 辨识国际市场营销调研中的二手资料问题
- 思考多文化对国际市场营销调研的影响
- 了解互联网对国际市场营销调研的作用

本章主要概念

市场营销调研(marketing research) 定性调研方法(qualitative research method) 焦点小组访谈法(focus group interviews) 深度访谈法(depth interviews) 投射法(projective techniques) 定量调研方法(quantitative research method) 访问法(interviews) 观察法(observation) 实验法(experiment) 国际市场营销调研(international marketing research) 原始资料(primary data) 回译法(back translation) 平行翻译法(parallel translation) 逐渐接近法(decentering) 二手资料(secondary data) 多文化研究(multicultural research)

开篇案例

迪士尼进入新的市场可以忽视调研吗?

国际市场营销调研是企业国际化的起步,稳健的起步是长期发展的基石。1992 年欧洲迪士尼在法国巴黎正式开业,鉴于美国加州迪士尼和日本东京迪士尼已取得的成功,欧洲迪士尼似乎理所当然会取得成功。然而,由于欧洲迪士尼不是基于调研,而是简单参照美国迪士尼进行预测和规划,到 1994 年夏天,欧洲迪士尼已经损失 9 亿美元,是否要关闭欧洲迪士尼摆在决策者面前。欧洲迪士尼遭遇的“滑铁卢”有哪些方面值得反思?

迪士尼进入新的市场
可以忽视调研吗?

*第一节　市场营销调研的方法

市场营销调研(marketing research),就是运用科学的方法,有目的、有计划、系统地收集、整理和分析研究有关市场营销方面的信息,提出解决问题的建议,供营销管理人员了解市场营销环境,发现机会与问题,作为市场预测和营销决策的依据。

一、市场营销调研的程序

市场营销调研的程序通常包括确定问题与调研目标、拟订调研计划、收集信息、分析信息、提出结论五个步骤(见图 8-1)。

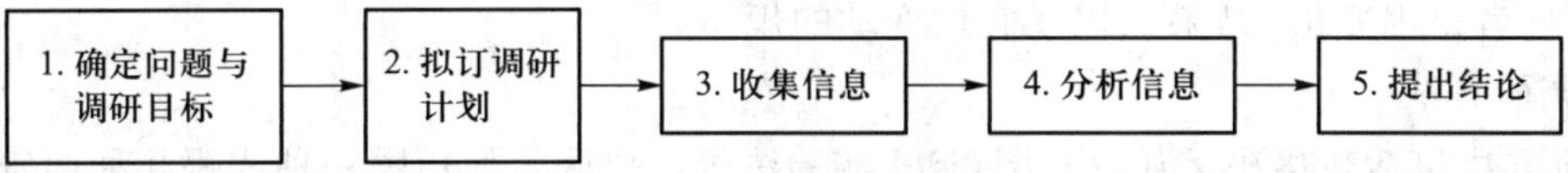

图 8-1　营销调研过程

(一)确定问题与调研目标

为保证市场营销调研的成功和有效,第一,要明确所要调研的问题。调研问题是信息导向性的,它涉及确定需要什么信息以及如何高效地获得信息,调研既不可过于宽泛,也不宜过于狭窄,要有明确的界定并充分考虑调研成果的实效性。有时,为了解决广泛的管理问题,需要开展几项调研。第二,市场营销调研的目标是提供有用的决策信息,回答与调研问题有关的一些具体信息。

世界观察:儿童是否会影响父母购买什么样的汽车?

(二)拟订调研计划

拟订调研计划是指设计有效收集所需要信息的计划,包括概述资料来源、调研类型和调研方法等(见表 8-1)。

表 8-1　市场营销调研计划的内容

序号	计划项目	计划内容
1	资料来源	第二手资料,第一手资料
2	调研类型	探测型调研、描述型调研、因果关系调研
3	调研方法	观察法、访问法、调查法、实验法

续表

序号	计划项目	计划内容
4	调研工具	调查表、仪器
5	抽样计划	抽样单位、抽样范围、抽样程序
6	接触方法	电话、邮寄、面谈

1. 资料来源

由于收集第一手资料费用较高，调研通常从收集第二手资料开始，必要时再采用各种调研方法收集第一手资料。

2. 调研类型

调研类型包括探测型调研、描述型调研、因果关系调研。探测型调研是指企业在情况不明时，为找出问题的症结，明确进一步调研的内容和重点，而进行的非正式的初步调研，为的是收集一些有关的资料进行分析。有些比较简单的问题，如果探测型调研已能弄清其来龙去脉，也可不再做进一步调研。描述型调研是指在已明确所要研究问题的内容与重点后，拟订调研计划，对所需资料进行收集、记录和分析。一般要进行实地调查，收集第一手资料，摸清问题的过去和现状，进行分析研究，寻求解决问题的办法。因果关系调研是指为了弄清市场变量之间的因果关系，收集有关市场变量的数据资料，运用统计分析和逻辑推理等方法，判明何者是自变量（原因），何者是因变量（结果），以及它们变动的规律。

3. 调研方法

调研方法包括观察法、访问法、调查法、实验法等。要确定使用哪一种或哪几种调研方法。

4. 调研工具

调查表和仪器是收集第一手资料采用的主要工具。

5. 抽样计划

抽样计划决定三方面的问题：抽样单位，即确定调查的对象；抽样范围，即确定样本的多少；抽样程序，即确定受访者的过程。

6. 接触方法

接触方法回答如何与调查对象接触的问题。

（三）收集信息

在制定好调研计划后，可由企业调研人员承担收集信息的工作，也可委托调研公司收集。面谈访问必须争取被访问者的友好和真诚合作，以收集到有价值的第一手资料。进行实验调查时，调研人员必须注意将实验组和控制组匹配协调，在调查对象汇集时避免其相互影响，并采用统一的方法对实验和外来因素进行控制。

（四）分析信息

分析的目的是解释所收集的大量数据并提出结论。在分析过程中，可将数据资料列成表格，制定一维和二维的频率分布，对主要变量计算其平均数并衡量其离中趋势。

（五）提出结论

调研人员需要向营销主管提出与决策有关的主要调查结果。调研报告力求简明、准确、完整、客观,为科学决策提供依据。首先,应对调研目标作清楚和简洁的说明;其次,对采用的调研计划或方法进行全面而简洁的解释;再次,概括地介绍主要发现;最后,提出结论和对管理者的建议。如能使管理决策减少不确定因素,则此项营销调研就是富有成效的。

世界观察

数字技术与国际市场营销调研

数字技术提升了企业进行国际市场营销数据收集、处理和分析的能力。主要体现在以下几点。

一是数字技术极大地丰富了营销信息数据来源。数字技术提高了数据质量和数量,提供了各种全新类型的数据(如视频、点击流等),移动数字设备和App应用程序发展与普及创造出海量数据流,可以获得以往无法获取的社交数据,以及全新的多元化数据,诸如消费者眼动数据、网页点击流数据、语音数据、面部识别数据,甚至消费者基因方面的数据等。

二是数字技术极大地提升了企业对市场数据的分析能力。数字技术可以对已有的问卷调查做有益的补充和改进,通过提升对消费者非结构化数据信息(如文本、音频、视频等)的分析能力,准确判断消费者的偏好及其行为。人工智能对数据分析提供了更多的可能性,包括数据挖掘、机器学习、语音识别、图像识别和情感分析等。

三是数字技术有效地促进了营销数据思维和工作流程创新。有效地将数字技术价值转化为企业产品和服务营销方面的创新,诸如在线直播和人工智能技术应用,可以探索直播人员不同表情对直播销售绩效的影响,由此帮助直播人员创造、运营和捕获顾客价值,开发和发展新的营销数据、营销思维和营销流程。

资料来源:根据相关文献编写。

二、定性调研方法

(一)定性调研方法的含义

定性调研方法(qualitative research method)意味着调研结果没有经过量化或者定量分析。通常情况下,当一个新的市场营销研究问题出现时,调研人员对营销问题或局面的了解都不足以支持设计结构化调研活动,因此,在结构化定量研究前一般需进行定性研究。不过有时定性研究是为了解释定量研究得到的结果。在越来越多的调研中,定性调研与定量调研相结合已经十分普遍,这样可以提高营销决策的效率,也能够更透彻地了解消费者的需求。

(二)定性调研方法的特点

1. 定性调研方法的优势

定性调研方法之所以被广泛采用,其原因主要在于:第一,定性调研通常比定量调研成本低,具有成本方面的经济性;第二,定性调研能够更好地了解消费者内心深处的动机和感觉;第三,定性调研可以提高定量调研的效率。

2. 定性调研方法的局限性

定性调研方法的局限性有以下几点。第一,营销组合的细微差别经常会决定营销工作的成败,而定性调研方法不能像大范围的定量调研方法一样区分出这种差别。但在查明定量调研中被忽略的问题时,定性调研具有一定的优势。第二,定性调研由于样本容量小,因而不一定能反映出调研者所感兴趣的人群。对管理者来说,最重要的一点是定性调研的结果通常是由众多小样本决定的,这一点也是定性调研受到最多批评的地方。从本质上来说,大多数管理者不愿意根据小样本调研进行重大战略决策,因为它在很大程度上依赖于调研者的主观认识和个人的解释。管理者更愿意参考经过计算机分析的、制成表格的大样本。大样本及较强的分析使市场调研中的管理者感觉比较放心,因为这些资料是通过精确而科学的方法收集的。第三,调研人员若没有经过正式培训则可能难以胜任调研工作,通常定性调研容易冒充,而定量调研则难以滥竽充数。

(三)定性调研的具体方法

1. 焦点小组访谈法

(1) 含义和特点。

焦点小组访谈法(focus group interviews)是定性调研中的一种非常重要的方法。目前的焦点小组一般由 8~12 人组成,在一名主持人的引导下对某一主题或观念进行深入讨论。焦点小组访谈的目的在于了解和理解人们心中的想法及其原因。访谈的关键是使参与者对主题进行充分和详尽的讨论。访谈的意义在于了解他们对一种产品、观念、想法或组织的看法,了解所调研的事物与他们生活的契合程度,以及在感情上的融合程度。

焦点小组访谈法远不止是一问一答式的面谈,它们之间的区别也就是"群体动力"和"群体访谈"之间的区别。群体动力所提供的互动作用是焦点小组访谈法成功的关键,正是因为互动作用才需要组织一个小组而不是进行个人面谈。使用群体会议的一个关键假设是,一个人的反应会成为对其他人的刺激,从而可以观察到受试者的相互作用,这种相互作用所产生的信息会比同样数量的人作单独陈述时提供的信息要多。

这一方式的优点表现在:第一,参与者之间的互动作用可以激发新的思考和想法;第二,可以在单向镜后观察顾客和预测其行为;第三,通常比其他方法容易执行。

这一方式的问题在于,焦点小组所说的观点并不一定都具有典型性。焦点小组访谈法最大的潜在不足源于群体会谈本身。主持人是整个互动过程的一部分,这就决定了他不能有任何的偏见,个人风格不同也会使结果产生偏差。另外,也与受访者本身有关。此外,在跨国环境下进行焦点小组访谈还应该注意社会文化差异、语言差异、商务习惯上的差异以及国际事件和经济方面的差异。

(2) 实施过程。

① 组建焦点小组。

环境:一般有一个焦点小组测试室,主要设备包括话筒、单向镜、室温控制、摄像机。对调研者来说,焦点小组访谈法是一种了解消费者动机的理想方法。

征选参与者:一般是在商业街上随机拦住一些人或是随机选择一些电话号码。征选时应极力避免在小组中出现重复的或职业性受访者。一个小组一般包括 8 名参与者。注意,并不存在理想的参与人数,这应根据小组的类型而定,经历性的小组比分析性的小组所需的受访者要多。

另外,经调查发现,人们同意参加焦点小组的动机依次是:报酬、对话题感兴趣、有空闲时间、焦点小组有意思、受访者对产品知道很多、好奇、它提供了一个表达的机会。

② 选择主持人。拥有合格的受访者和一个优秀的主持人是焦点小组访谈法成功的关键因素。焦点小组对主持人的要求是:主持人必须能恰当地组织一个小组;主持人必须具有良好的商务技巧,以便有效地与委托商的员工进行互动。

③ 编制讨论指南。编制讨论指南一般采用团队协作法。讨论指南要保证能按一定顺序逐一讨论所有突出的话题。讨论指南是一份关于小组会议中所涉及话题的概要。主持人编制的讨论指南一般包括三个部分：首先，建立友好关系、解释小组中的规则，并提出讨论的问题；其次，由主持人激发深入的讨论；最后，得出重要的结论，衡量信任和承诺的限度。

④ 编写焦点小组访谈报告。访谈结束，主持人可做一次口头报告。正式报告开头通常解释调研目的，申明所调查的主要问题，描述小组参与者的个人情况，并说明征选参与者的过程。接着，总结调研发现，并提出建议，通常为2~3页的篇幅。如果小组成员的交谈内容经过了精心归类，那么组织报告的主体部分也就很容易了。先列出第一个主题，然后总结对这一主题的重要观点，最后使用小组成员的真实记录（逐字逐句地记录）进一步阐明这些主要观点。然后以同样的方式一一总结所有的主题。

（3）主要方式。

① 电话焦点小组访谈法。这种技术的产生是因为某种类型的小组受访者的信息，比如医生，常常很难征集到。使用这种方法，受访者就不必再到测试室去了。

② 双向焦点小组访谈法。这种方法是让目标小组观察另一个相关小组。

③ 电视会议焦点小组访谈法。这种方法为受访者提供了空间上的便利性。

④ 名义编组会议访谈法。在一些特定的情况下使用名义编组会议访谈法取代焦点小组访谈法，名义编组会议访谈法是焦点小组访谈法的便利形式，对于编制调研问卷和测定调研范围特别有用。名义编组会议访谈法是对目标消费者认为的重点问题进行研究，而不是让受访者讨论调研者所认为的重点问题。

⑤ 儿童焦点小组访谈法。儿童组成的焦点小组与成人的有很大不同，原因在于：儿童比成年人更爱怀疑，儿童更为真诚、无拘无束。

⑥ 联机焦点小组访谈法。此方法又称计算机焦点小组访谈法，是定性调研领域最新的发展趋势。

2. 深度访谈法

深度访谈法（depth interviews），也称个人访谈法，其主要特点是深入挖掘单个受访者的态度、感受和动机。一对一的深度访谈可以避免小组访谈中单个人可能出现的承受群体压力过大，以至于其观点发生变化的情况。深度访谈法一般由研究者根据受访者的回答情况随时调整相应的提问方式和范围。适用于了解一些复杂和抽象的问题。

深度访谈法的优点是消除了群体压力，每个受访者不必只说最容易被群体接受的话；一对一的交流使得受访者感到自己是注意的焦点，容易与面谈者达成一种融洽的关系；可以深入地探查受访者，揭示隐藏在表面陈述下的感受和动机；可以鼓励他们吐露新的信息；比较容易临时发挥；使面谈者对非语言的反馈更加敏感。

与焦点小组访谈法相比，深度访谈法的缺点有：成本高，委托商参与水平低，主持人很消耗体力，无法利用群体动力杠杆来刺激受访者。

3. 投射法

投射法（projective techniques），又称投影法、影射法，目的是分析隐藏在受访者直接反应后面的真实心理反应，以此来判断受访者的真实态度、感受和动机。焦点小组访谈法与深度访谈法对调查对象不加掩饰或者本来就很明显，相对这类直接方法，投射法属于间接方法。具体操作中，一般是为受访者创设一个无限制的并且模糊的情景，要求其作出反应。根据受访者的反应进行判断。投射法通常包括词语联想测试法、补充句子和故事法、漫画测试法、图片归类法、绘图法、叙述故事法、第三人称法等。这些方法的运用和解释需要具备相当深厚的心理学、社会学等专业知识，因此在一般的市场调研中并不多见。

投射法的最大优点在于主试者的意图目的藏而不露，这样创造了一个比较客观的外界条件，使测试结果的真实性和客观性更强，对心理活动了解得比较深入。它的缺点是分析比较困难，需要有经过专门培训的主试。

世界观察：消费者了解麦当劳吗？

因为研究人员通常不熟悉所要调研的外国市场，所以定性调研在国际营销调研中是很重要的。在国际营销调研的最初阶段，定性调研能够提供对问题的基本理解，有助于提出相关的问题、假设、模型以及影响研究设计的特征，从而逐步形成问题的研究框架。通过定性调研可以揭示外国市场与本国市场的根本差异。

三、定量调研方法

定量调研方法（quantitative research method）主要用观察、实验、调查、统计等方法研究现象，对研究的严密性、客观性、价值中立都提出了严格的要求，以求得到客观事实。定量调研方法通常采用数据的形式，对现象进行说明，通过演绎的方法来预见理论，然后通过收集资料和证据来评估或验证在研究之前预想的模型、假设或理论。定量调研方法与定性调研方法之间是有所不同的（见表 8-2）。

表 8-2　定性调研方法与定量调研方法比较

项目	定性调研方法	定量调研方法
目标	提供关于潜在的原因与动机的定性理解	量化数据并且从感兴趣的目标总体中概括结果
样本	数量少的无代表性样本	大量的有代表性的样本
数据收集	非结构化的	结构化的
数据分析	非统计分析	统计分析
结论	提供最初的理解	建议最终的行动方案

资料来源：马尔霍特拉．市场营销研究：应用导向[M].涂平，等，译.3 版.北京：电子工业出版社，2002：105.

（一）访问法

访问法（interviews）是指调研人员对受访者进行访谈或问卷测试。在进行定量的描述性调研时，一般采用这一方法。在使用访问法收集原始数据时，一般已事先准备了一份问卷。无论是国内营销调研还是国际营销调研，三种最流行的访问法分别是个人访问、电话访谈和邮寄调查。

1. 个人访问

个人访问具体又包括入户访问、街上拦截访问和主管人员访问等方法。

入户访问是指在受访者家中进行访谈。其优点是：被访者可在放松的状态下回答提问，信息质量高；在访问时可当面解释。其缺点是：访问成本高，不易监测访问过程。入户访问是深度访谈和某些入户产品测试的唯一可行的方法。

街上拦截访问是指在商场入口等客流量大的地方进行访谈。经费有限时，调研人员就会采用商场拦截调查。访谈员守在商场入口，以随机的方式接近购物者。访谈可当场进行，受访者也可能被邀请到商场中特定的场所。该方法的调查成本很低，因为访谈员不会产生交通费用，在既定的时间内能够联系到大量受访者。然而，来自商场的样本可能对总体人口没有代表性。

主管人员访问是入户访问的“工业版”，是指商界人士在办公室中接受关于产品或服务的访谈。这个方法成本很高。首要任务是确定能够对调查提供有价值信息的主管人员。下一步是进行预约会见并访问该主管。预约等待的时间可能很长，最后一刻被取消的情况也经常发生。此外，访谈员必须经验丰富，因为访谈话题可能非常复杂。

在国际市场营销调研中，个人访问特别适合在不发达国家使用。原因是在不发达国家，文化和基础设施限制了电话访谈和邮寄调查。除此以外，不发达国家的工资成本也比较低。相反，由于工资成本高，个人访问在美国和加拿大这样的国家中没有被广泛使用。另外在许多国家，由于文化的原因，获取被访者的合作并不容易。例如在拉丁美洲国家和中东地区，尤其是后者，人们总是带着极大的怀疑态度看待访谈员。在拉丁美洲国家，由于避税现象十分普遍，访谈员总被怀疑是查税官。在中东，访谈员无一例外都是男性，因此对家庭主妇的访谈只能利用丈夫在家的时候进行。研究表明，性别和种族的相互作用将对回答质量产生重要影响，还可能存在访谈员偏见。

2. 电话访谈

随着世界大部分地区技术的进步，电话访谈正受到调研人员的青睐，特别是当研究要求的样本容量较大时。进行电话访谈的过程和当面访谈非常类似，但选择样本的过程有所不同。调研人员可以采用随机拨号程序，或从事先指定的清单如目录客户清单中选取号码。在发达国家，大部分个人和商家都在电话目录中，从电话目录中选取号码是传统的做法。

电话访谈的成本比个人访问低，也可以在很短时间内完成。不回复率通常也较低。如果第一次联系不到受访者，也很容易在晚些时候再把电话打过去。在电话网络很好的国家，有可能联系到满足目标对象总体所有要求的被访者。电话费用下降使访谈员可能获得广泛分布的样本。随着技术进步，访谈员能直接将回答录入计算机，简化了数据准备的工作，从而进一步降低了成本。但是电话访谈时间必须尽可能短，因为受访者不会配合长时间访谈。另外，电话访谈不能使用视觉来协助调查。

在国际市场营销调研中，电话访谈的好处并不总是很明显。在很多国家，电话拥有率低和通信条件差都限制了电话访谈的覆盖面。此外，对于是否接受电话访谈，文化差异很大。例如，在巴西进行电话访谈被认为是不合适的，因为电话的使用仅限于家庭成员与亲密的朋友。

在工业产品国际市场营销调研中，电话访谈可能是非常有效的。除了一些小型或流动的零售商或手艺人之外，大多数企业都会有电话。随着国际电话费用的下降，涉及多个国家的调查也可在某一个中央地点进行。由于不再需要在每个国家分别对调研项目进行协商和组织、建立质量控制等，从而可以显著地缩短时间、降低成本。尽管会发生额外的国际长途电话费开支，但是如果在一个中央地点打国际长途的话，这些开支可能不会很高。国际长途还有助于获得较高的答复率。有人发现，用这种技术得到的调查结果非常稳定。访谈员和客户对调查的控制权也大得多。在调研过程当中可以对问卷进行变换和修改,访谈也可以延长或终止,以便满足客户的要求。电话访谈必须使用能流利地讲所需语言的访谈员,这在大多数欧洲国家几乎不成问题。在消费者调研中,电话访谈是否可行取决于该国的私人电话拥有量以及具体的目标群体。

3. 邮寄调查

这一方法是将问卷寄给潜在受访者,他们完成调查之后再寄回来。在邮寄调查中,需要确定被抽样的人,还要得到他们的地址。邮寄清单可以从多种来源获得,如电话目录、组织会员身份的花名册、出版物订阅表以及其他商业来源。在寄出之前还要考虑问卷长度、内容、版面、颜色和格式,给受访者写地址的方式,介绍信的内容,传达给受访者的动机,回寄信封的样式和邮寄等内容,它们会影响邮寄调查的效率和质量。调研人员还需要估计用明信片、信件或电话的形式跟踪调查所需要的时间和努力。这些决策对回复率、收集的信息质量以及实施邮寄调查的成本有重要影响。利用事先通知的方法可以对受访者进行筛选。

因为缺少邮寄名单、邮政服务差、文盲率高等原因,邮寄调查在国际市场营销调研当中的局限性很明显。邮寄调查是否有效要依赖于所调查的具体产品类型(工业产品还是消费品),此外还要依赖于调查本身的性质。国际邮寄调查中,回复率也是一个问题,不同国家的回复率是不同的。

邮寄调查通常可以被有效地用于工业品国际市场营销调研中,邮寄名单或具体行业的名录通常可从一些国际调研公司购买到。

在消费者调查中,邮寄调查只适用于识字率较高、邮寄名单通常易于找到的工业化国家。在发展中国家,邮寄调查可能遇到一些问题,例如,可能找不到或买不到像在美国市场上能找到的那种邮寄名单,而公共资料来源,如电话号码簿等的覆盖范围又不够大。能够找得到的名单,如杂志订阅者名单和成员协会名单等可能偏向于人口中受过较好教育的那部分群体。另外,在有些国家,邮寄调查的有效性不仅要受到高文盲率的限制,而且要受到被调查者不愿答复调查问卷情绪的影响。有些亚洲国家和非洲国家的识字率还不到40%,因此限制了能用邮寄调查的人口范围。

(二)观察法

观察法(observation)是在无须与调查对象沟通的条件下,通过对调查对象的观察和记录,来收集资料的一种调查方法。科学的观察法应具备下列条件:这种观察是为某一特定的调查目标服务的;它要经过调查人员系统的计划;调查人员要对所观察的内容进行详细的记录;观察的结果具有一定的有效性和可靠性。

在企业的市场调查中,比较常用的观察法有直接观察法、间接观察法和借助机械的观察法。

1. 直接观察法

直接观察法是指对所发生的事或人的行为的直接观察和记录。在观察过程中,调查人员所处的地位是被动的,也就是说调查人员对所观察的事件或行为不加以控制或干涉。直接观察法又可以分为公开观察和隐蔽观察两种方法。公开观察是指被调查者意识到有人在观察自己的言行。隐蔽观察是指被调查者没有意识到自己的行为已被观察和记录。在大多情况下,这两种方法是直接收集第一手资料的调查方法。例如商店经营者往往需要了解竞争对手的经营情况,以在商场上知己知彼，处于竞争的主动地位。但是，公开地在竞争对手的商店进行调查会引起对方的注意。隐蔽观察可以作为直接收集竞争对手资料的调查方法。如果企业派遣市场调查人员作为顾客到竞争对手的商店进行直接观察，可以获取竞争对手商品的花色品种、商品的价格、陈设和布局、商店的促销活动、销售人员的服务等方面的资料。

2. 间接观察法

间接观察法是指通过对实物的观察，来追溯和了解过去发生过的事情，故又称对实物的观察法。查尔斯·巴林(Charles Buhrain)先生对芝加哥街区垃圾的调查便是间接观察法的一个例子。这种对垃圾的调查方法，后来演变成进行市场调查的一种特殊的、重要的方法——垃圾学。垃圾学是指市场调查人员通过对家庭垃圾的观察与记录，收集家庭消费资料的调查方法。这种调查方法的特点是调查人员并不直接地对住户进行调查，而是通过察看住户所处理的垃圾，进行对家庭食品消费的调查。

另一种比较常用的间接观察法是食品柜调查法。调查人员通过察看住户的食品柜，记录下住户所购买的食品品牌、数量和品种等，来收集家庭食品的购买和消费资料。同样，市场调查人员还可以利用记录和计算零售商和中间商的存货水平，对某一品牌的商品在某一地区甚至全国范围内进行市场份额、季节性购买方式等营销活动的市场调研。

3. 借助机械的观察法

随着科学技术的发展，各种先进的仪器、仪表等手段被逐渐地应用到市场调查中。市场调查人员可以借助摄像机、交通计数器、监测器、闭路电视、计算机等来观察或记录调查对象的行为或所发生的事情，以提高调查的准确性。

利用先进扫描机对商品条形码做记录是另一种普遍应用的市场调查法。其他被用于市场调查的仪器还有眼睛轨迹测量器、瞳孔测量仪、脉搏计数器、音调分析器等。市场调查人员凭这些仪器观察和测量广告对人体生理的影响以及个体对促销感染力的反应。但是，借助仪器观察人体反应的调查需要取得被调查者的同意和协作，而且必须在调查人员所设计的实验室或其他特定环境中进行。这也是借助机械的观察法不同于其他尽可能保持市场自然状态的观察法的不同之处。

（三）实验法

实验法(experiment)是指在控制的条件下对所研究现象的一个或多个因素进行操纵，以测定这些因素之间的关系，它是因果关系调研中经常使用的一种行之有效的方法。以实验为基础的调研与以访问或观察为主的调研有很大的区别：在询问和观察的过程中，调研人员是一个被动的数据收集者，调研人员向人们提出问题或观察他们在做什么；在实验条件下，研究人员成了研究过程中积极的参与者。

世界观察：市场调研的大数据时代

1. 实验室实验法

在实验室背景下进行营销实验的方法，叫实验室实验法。它是调查研究的重要方法之一。与现场条件下的实验相比，它的特点是可严格控制无关变量，有计划地操纵自变量，以观测因变量的变化。各种营销活动是相互联系和相互影响的，而引起和制约营销活动的内部和外部条件又是很复杂的。为了对一种营销活动进行研究，常在实验室里控制影响心理活动的条件，特别是控制外部的刺激条件，以便于观察和分析营销活动的变化和该外部刺激条件变化间的依存关系，从而找出营销活动的客观规律。

2. 现场实验法

现场实验法是在实际市场中通过适当控制实验条件进行的实验法。在这种实验法中，一般都把对情境条件的适当控制与实际市场活动的正常进行有机地结合起来，因而具有较大的现实意义。但由于现场的具体条件是非常复杂的，许多控制变量很难排除或在一段时间内保持稳定不变，所以往往需要有一个周密的计划，并坚持长期观察研究以获得成功。因而，现场实验法的优点是方法科学，能够获得较真实的资料。但是，大规模的现场实验往往很难控制市场变量，影响实验结果的有效性。而且现场实验法实验周期较长，研究费用高昂，严重影响了现场实验法的广泛使用。

第二节　国际市场营销调研的目标与范围

国际市场营销调研（international marketing research）就是系统地收集、记录和分析国际市场信息，以使国际企业能正确认识市场环境、评价企业自身行为，为其国际营销决策提供充分依据。

8.1 国际市场营销调研【登录"爱课程网"搜索"国际市场营销（崔新健）"观看视频】

跨国经营相比国内经营往往面临更多的不确定性和更大的风险，而且一旦决策失误，损失也更大，因此国际市场营销调研要求掌握更充分、更及时、更准确的信息。同时，国际市场营销决策所需要的信息与国内营销所需要信息会有差异，国际市场营销调研需要考虑选择进入国际市场的方式，对产品设计与品牌应如何修改等。这些决策的作出需要国际市场营销调研提供信息支持。国际市场营销调研比国内调研可能更困难、更复杂，这是因为有些信息在国内很容易得到，在国外却难以获得甚至根本不可能获得。尤其是有些发展中国家常常缺乏必要的、可靠的统计资料；由于统计方法、统计时间的差异以及汇率的变动，所获得信息往往缺乏国与国之间的可比性；市场营销调研的方法也需要因国别、地区环境不同而不同，其成本当然也远远高于国内调研；如果跨国公司需要在多国市场上进行同一内容的调研，则调研的组织工作会更复杂。

一、国际市场营销调研的目标

国际市场营销调研目标的确定，首先要有针对性地选择具有实际意义的问题，调研问题要明确、具体、中心突出和主次分明。确定国际市场营销调研目标是把企业实际运作之前需要了解和决定的国际市场营销问题转换为有待调查的各种因素，划出范围，明确目的，并写成书面文字，是国际市场营销调研的起点。由于管理理念、企业任务和营销情况不同，企业的国际市场营销调研目标也不相同，企业对信息的需要也与现有国际市场营销调研技术的水平有关。

（一）出口中国际市场营销调研的目标

国际市场营销调研最常见的目标是分析国外市场机会。企业要进入国际市场，需要基本的信息引导。为此，企业不需要对每个市场都进行详细的分析，只需有一个初步的分析。这样做速度快、费用低，并能够增加国际市场营销活动的可行性。

首先,应粗略地分析一般的市场变量,如 GDP 和人均 GDP、死亡率、人口数量。虽然这些不是非常详细的市场信息,但能够使调研者判断企业目标在有关市场上的可行性。这样粗略的评估有助于将需要考虑的市场数量减少到能够决策的范围之内。

其次,调研者需要收集产品市场的信息,以进行初步的评估。根据这些信息,来识别成长最快的市场、特定产品最大的市场、市场趋势和市场限制条件。虽然很难准确而详细地获取每一种产品的信息,但是却能够获得每一类产品的信息。

最后,还应考虑政府对市场的限制和影响。浏览相关的政府政策,虽然这种浏览是粗略的,但有助于快速筛选市场,减少需要详细调查的市场数量。图 8-2 表明了调研国外市场潜力的过程。

(二)进口中国际市场营销调研的目标

进口商重点转向国外的货源。管理者进行国际市场营销调研的目标是寻找符合要求的货源市场或潜在的货源市场。因此需要按能力和竞争优势评估国外货源公司。进口商需要知道国外供应商的可靠性、产品和服务质量的稳定性、交付时间的长短。可以通过国外子公司、银行或者驻外使馆获取信息,或者可以根据有关企业排名的信息和已有客户的推荐来评估潜在的国外供应商。另外,需要仔细查看出口国政府的规定和从该国进口的可能性。

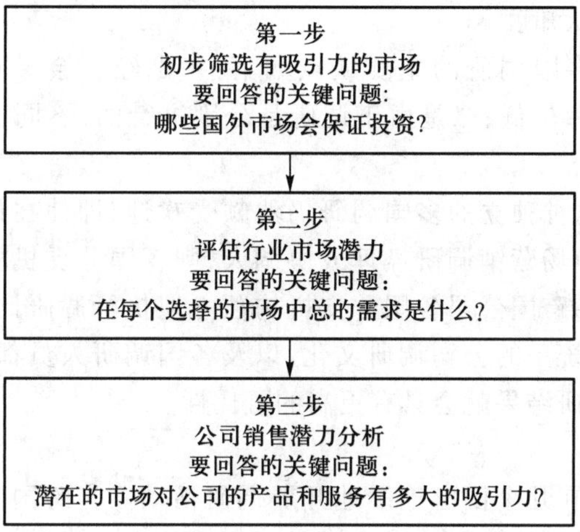

图 8-2　调研国外市场潜力的过程①

(三)国际市场拓展中的调研目标

为拓展市场而制定的调研目标应能提供与下列内容有关的信息:市场渗透、营销组合的设计、外国政治气候的监察等。调研目标越明确,就越容易确定所需信息,也就越能有效地利用调研时间和经费。

世界观察:巴克希尔食品公司的广告调研

二、国际市场营销调研的范围

国际市场营销调研比国内市场营销调研复杂且范围更广,需要收集的数据更多,难度更大。

① 津科特,朗凯恩.国际市场营销学[M].陈祝平,译.6 版.北京:电子工业出版社,2004:149.

（一）从国家角度来看

从国家角度来看，国际市场营销调研活动包括从单一国家调研到更细致、更复杂的多国调研活动，具体可分为以下四种类型。

1. 单一国家调研

国际市场营销的许多情况下，企业都需要进行单一国家市场营销调研（单一国家调研）活动，以构建针对某一国家的市场营销策略组合。比较典型的情况是，当以母国市场为主的企业希望知道在母国行之有效的市场营销策略组合到某一国家市场是否适用时，就需要对东道国进行单一国家市场营销调研。如果东道国市场具有某些特殊性，市场营销策略组合只有进行调整才能更好地满足当地消费者的需求，那么单一国家市场营销调研方式就是最好的选择。

世界观察：百事可乐为何在加拿大魁北克省独占鳌头?

2. 独立的多国调研

独立的多国调研是国际市场营销调研中最为普遍的一种类型。独立的多国调研是指跨国公司的分支机构或办事处在多个国家针对同一种产品分别独立地实施类似的调研活动。例如，某跨国公司的各分支机构在所在国家各自独立地对由总公司开发的一种新产品进行市场测试，或各自独立地调查公司的某一国际品牌在当地市场的认知度。

独立的多国调研的主要缺点如下：一是经常会导致重复操作（如调查问卷等），所以效率较低；二是由于调研是分别进行的，不同国家调研结果进行比较就可能存在问题。

尽管存在这些缺点，这种独立的多国调研仍然颇受欢迎，即使在最大的跨国公司中也是如此。另外，如果存在国际市场营销调研经理或协调人，则各国分支机构的调研计划就有可能得到协调。这样一来，即使由跨国公司各国分支机构独立地执行调研计划，国际市场营销调研经理也能够创造或鼓励形成统一的公司调研文化，以及各国调研人员都能看到的调研指南，由此各国分支机构所得到的调研结果就会具有更高的可比性。

3. 连续的多国调研

连续的多国调研是指在几个国家连续地开展调研活动。当跨国公司的产品或服务在不同国家间进行依次拓展时，采用这种方法最为合适。连续的多国调研突出的优点在于，最初调研获得的经验和教训，对随后调研具有指导作用。

连续的多国调研有其独特的价值。包括：第一，明确调研问题和目标；第二，调研积累的经验和教训的应用；第三，调研的重要发现对此后调研的影响；第四，调研成本的分摊。

4. 同时进行的多国调研

同时进行的多国调研是指在许多国家同时进行调研活动，是国际市场营销调研活动中最复杂的一种类型。同时进行的多国调研中，调研人员将面临最大的考验，调研结果的可比性问题也最为突出。

（二）从内容上来看

国际市场营销调研涉及大量信息（见表 8-3）。根据所需信息内容，可将国际市场营销调研大体分为三种类型：一是国际市场营销环境调研；二是国际市场的消费者与消费量调研；三是国际市场营销组合因素调研。

1. 国际市场营销环境调研

国际市场营销环境调研是为企业寻找国际目标市场服务的,其范围很广,既包括整体市场环境的调研,又包括细分市场环境的调研。主要包括:① 国际地理环境,涉及国际地理条件、自然资源条件;② 人口资源,主要涉及人口结构、家庭规模、人口分布与人口密度;③ 国民收入,涉及国民生产总值、国内生产总值、人均国民收入、消费结构、恩格尔系数等;④ 国际社会和文化,涉及民族、语言、宗教、教育状况;⑤ 国际政治环境,重点涉及政治体制、政治的稳定性以及政治与经济的结合度;⑥ 国际经济环境,主要涉及一般经济指标、经济政策、产业、工业、贸易、交通等方面的信息收集。

表 8-3 国际市场营销调研所需信息内容

范畴	涵盖内容
市场	需求估计、消费者行为、产品、渠道、沟通媒体的可获性及费用、市场响应
竞争	公司、业务、职能战略
外汇	国际收支、利率、国家通货的吸引力、分析家的期望值
规范信息	法律、法规、东道国和母国关于税收、赢利和红利的准则
资源信息	人力、金融、信息和物质资源的可获得性
一般条件	社会文化、政治和技术环境的整体情况

资料来源:基根.全球营销管理[M].段志蓉,钱珺,等,译.7 版.北京:清华大学出版社,2004:180.

2. 国际市场的消费者与消费量调研

(1) 消费者调研。消费者的数量、结构、偏好、行为等直接影响着市场规模和市场需求结构,所以消费者调研是一项重要内容。消费者调研主要涉及消费者人口构成、消费者购买力水平、消费者购买行为的调研分析。

(2) 消费量调研。对从事国际市场营销的企业来说,仅了解产品市场总体规模和结构还不足以确定具体国际产品市场的真正规模和潜力,还有必要了解这个市场实际消费该产品的数量,以及将来可能消费的数量。

3. 国际市场营销组合因素调研

(1) 国际市场营销中的产品信息调研。一个在海外经营的公司必须经常决定应该增加、放弃或者更新哪些产品线,这些决策需要许多不同的信息。管理者也可能随着产品生命周期阶段的演进,对单个产品进行市场营销调研,因为对不同阶段的产品要制定不同的市场营销计划。识别产品所处的生命周期阶段,选择适当的市场营销计划是非常重要的。在确定一种产品在不同国家的生命周期方面,市场营销调研能体现出重要的价值。

产品信息调研的内容主要包括:国际市场和每个细分市场产品的总供求量、供求结构、供求特点及其变化趋势,消费者对产品的各种信息反馈资料,国际市场产品生命周期和产品发展趋势,国际市场上该产品的替代品和互补品情况等。

(2) 国际市场营销中的价格信息调研。公司需要为产品制定价格以实现自身的短期和长期目标。价格信息调研主要涉及国际市场上同类产品不同企业的定价目标和定价方法、国际市场及各细分市场上的价格总水平、国际市场上价格弹性、国际市场上中间商对价格的调整幅度等。

(3) 国际市场营销中的渠道信息调研。渠道信息调研由渠道调查和地点调查构成。渠道调查提供关于渠道的可获得性和相对优势的信息。地点调查关注的是关于仓库、库存和运输等的决策。渠道信息调研主要涉及国际市场产品分销渠道,国际市场上各类中间商的类型、背景资料、发展趋势和各国的市场分销渠道惯例等。

(4) 国际市场营销中的促销信息调研。促销信息调研主要包括:国际市场上促销的各种具体形式、种类及可利用程度,国际市场促销成本、优势、障碍分析,国际市场上广告方式以及各种促销方式的效果,国际市场促销的法律法规及惯例等。

第三节 国际市场营销调研的特殊问题

一、原始资料

原始资料(primary data)是市场调研人员通过实地调查获取的第一手资料,有直观、具体、零碎等特点。原始资料的收集是市场调研中一项复杂、辛苦的工作,会直接影响到调研结论。一般来说,为获取原始资料,可采用定性调研以及定量调研。在国际市场营销调研中,由于各国之间的文化差异,原始资料的收集存在一些国内市场营销调研不会遇到的特有问题,这些问题尤其值得调研人员的重视。

(一) 语言障碍

在国外进行调研时遇到的最普遍问题是语言障碍。一个国家通用多种语言和地方方言,会使全国性问卷调查难以开展。

惯用语的差异以及准确翻译的困难,使调研难以获得所期望的真实信息,也会影响对观点的准确理解。同一个词语在不同国家和地区表达的含义可能有所不同,国际市场营销调研人员要特别注意这些差异。

为了克服语言障碍,在问卷翻译的过程中,要注意翻译语言是否符合当地的语言习惯和用法。有以下三种方法可供选择。

1. 回译法

回译法(back translation)即先将问卷翻译成另一种语言,再由其他人将其回译成原文语言,与原文进行对比。这样可使得在问卷发放之前就发现一些被误解之处。

2. 平行翻译法

平行翻译法(parallel translation)即让两个以上的译者同时进行翻译,然后比较各译者的翻译,并讨论存在的差异,最后选出和形成最适当的翻译。

3. 逐渐接近法

逐渐接近法(decentering)是回译法的连续运用,即将调查问卷翻译与回译连续结合、重复多次,以逐步达到一致的方法。

不管使用哪种方法,恰当的翻译及问卷中当地语言的正确使用都对调研计划的成功至关重要。

（二）调研对象表达观点的能力

调研对象对某一产品概念及其价值的了解和理解，会直接影响调研中其对产品概念阐释的清晰度。如果当地消费者不了解该产品的用途和好处，或者这一类产品在当地难以买到，或未被普遍使用，那么当地调研对象就难以形成对这种产品的看法、态度和需求。

世界观察：多语言转换会出现千奇百怪的笑话

产品概念越复杂，调研设计就越困难，尤其是涉及使调研对象表达富有意义的看法和观点方面的内容。这些都对国际市场营销调研人员的创新能力提出挑战。

（三）调研对象回答问题的意愿

由于文化差异，有些国家消费者不愿意回答陌生人提出的问题，或者不愿意回答某些文化敏感性问题。有些国家，女性永远不会同意接受一位男性或陌生人的调查。法裔加拿大女性不喜欢被人询问，即使有人问她们，也可能不予回答。在一些国家，如果向一个男人询问剃须习惯或个人衣着方面的品牌偏好，他会认为有损他的尊严，如果调查人员是女性，情况会更糟。有些国家，丈夫不仅赚钱而且完全支配开支，这时调研消费品的偏好与需求就应该去问丈夫而不是妻子。有些国家的公民缺乏纳税的法律和道德意识，因此存在逃税行为，如果调研人员询问的问题涉及任何相关话题，就会被怀疑是税收调查人员。

由于商人心存疑虑或为了竞争而保守秘密，争取商人合作开展旨在获得库存与销售信息的调研常常会遇到很大的阻力。这些阻力需要调研人员一步步去克服，随着零售商对调研人员信任度的增加，并意识到收集资料的价值，他们会提供越来越多的信息。

（四）实地调研中的抽样问题

抽样的最大问题在于缺乏充分的人口统计资料，以及得不到可从中选取有意义样本的名录。如果无法获得当前的、可靠的名录，抽样就会变得更加复杂并且可靠性降低。在许多国家，调研人员无法获得电话号码簿、有对照索引的街区地址、人口普查资料、有关人口的详细的社会与经济特征的有效资料。因此调研人员不得不对总体的特点和参数进行估计，而有时由于缺乏基本的数据，也会导致无法做出准确的估计。

（五）调研沟通方式的限制

调研的各种沟通手段（邮寄、电话、访谈及互联网）及其作用有时也受到很大的限制。在一些国家，电话的拥有率不高，电话调查方法的使用十分有限。对于用邮寄方式进行研究的营销研究人员来说，邮寄名单的不充分与糟糕的邮政服务也会成为问题。如果进行国际邮寄调研，耗费的时间则太长。

并非在所有国家调研都存在这些困难，但是这些情况表明，进入国外市场的跨国公司需要创造性地使用各种调研方法和技术。

（六）文化差异

文化差异会产生各式各样的问题，有些问题虽然微不足道，但是足以导致调研失效或调研成本急剧增加。由文化和民族差异而引起问卷的含糊不清，问题可能出自调查对象，也可能出自调研人员本身。

当地的文化水平也是一个重要的影响因素。在一些文化水平低的欠发达国家，书面的问卷调查甚至可能无法开展。

世界观察：富有想象力的原始资料调研

一些跨文化调研出现的问题需要在资料收集以后再行处理。如果在满意与不满意之间划分的7个等级中，日本人的回答趋于等级的中间位置，而美国人趋于极端，即两端的位置，这种反应上的偏差需要事后进行统计标准化处理，以增强数据的可比性。

尽管文化差异会使调查研究遇到困难，但调研并非完全不可能开展。在有些国家，当地著名人士可以提供帮助。在有些情况下，可以由当地专业人员及当地学生充当采访者，因为他们了解市场。有时采用间接的测量技术与非传统的资料分析方法也可能更为合适。

二、二手资料

二手资料(secondary data)也叫次级资料，是他人为了不同的目的而调查、分析和归纳总结出来的信息。

国际市场营销调研的二手资料来源涉及各种相关的国际组织、各国政府及咨询机构等网站。实际上，几乎所有可获得的有关国际市场的二手资料都可以从互联网上获得。有关国际金融、人口统计、消费及进出口的综合性统计数据均可在互联网上找到。

世界观察

原始资料和二手资料的比较

原始资料和二手资料的比较如表8-4所示。

表8-4　原始资料和二手资料的比较

项目	原始资料	二手资料
收集目的	为解决手边的问题	为解决其他问题
收集过程	非常复杂	迅速而简易
收集费用	高	相对低
收集时间	长	短

资料来源：根据相关文献编写。

（一）二手资料适用的情况

在国际市场营销调研中，二手资料主要在以下三种情况下会发挥特别重要的作用。

1. 初步选择需要进行深入调查的国家或市场

调研人员可以系统地使用二手资料，选择世界上不同国家的市场。常用的方法有以下两种。第一种是将国家按两个维度进行分类。这两个维度分别是人口统计特征和经济的变动程度，以及该国政局的稳定程度和政治风险。第二种是计算不同国家的若干个要素指标。《商业国际》每年都正式公布西欧、东欧、中东、拉丁美洲、亚洲、非洲和澳大利亚等国的市场增长率、市场密集度和市场规模三个指数信息。

2. 估测某一国家或某些国家的需求潜力

选择出需要进行深入调查的国家或市场之后，下一个步骤就是明确地评估这些国家和市场的需求潜力。在考虑初始市场进入决策时,由于进入新市场可能带来高昂成本和不确定性,这一步骤就显得尤其重要。公司的管理者必须对需求潜力作出一个初步估计,并预测未来的市场趋势。国际市场营销环境下,有四类二手资料分析方法可用于需求潜力估计。

(1) 最简单的方法是提前-滞后期分析。这种方法使用一国的年度时间序列数据来预测该国的销售额。

(2) 采用代用指标。这种方法类似于使用一般性宏观经济指标,但宏观经济指标相对来说可以具体推演到某个行业或某个产品市场。例如婴儿出生数量就可以作为一个代用指标,用于预测尿布市场的需求潜力。

(3) 依赖于横截面数据,即来自不同国家的数据。这种方法类似于在国内销售预测里使用的气压法。它假设如果一国某一产品或服务的消费量与某个经济指标有直接关联,那么在其他国家,这种关系也一定成立,并以此为依据预测其他国家的需求。

(4) 计量经济学预测模型。这也是最复杂的预测模型,先运用可能影响多个国家某一特定产品市场的各个因素的横截面数据和时间序列数据估计出某些参数,然后再用这些模型预测市场需求。

3. 监督市场环境的变化

二手资料在国际背景下的第三种适用情况是监督市场环境的变化。监督市场环境的变化要求对一些重要指标进行监视。必须仔细地选择这些指标,并根据管理者关注的某个特定产品或多个产品加以修正。通常监督两类指标:一国经济社会的一般健康状况和发展的指标;一国特定产品的市场指标。有很多方法都可以利用二手资料分析环境因素对世界变化趋势或工业国家的影响,以及对产品市场的影响,也可分析出这些环境因素对产品市场增长和营销战略的意义。

(二) 二手资料的特点

第一,国际市场二手资料的最大优点在于节约时间和成本。收集国际市场二手资料的过程非常简单,调研人员只需在图书馆或互联网上花一些时间寻找有关的资料来源。从成本上看,即使要从其他机构购买资料,也要比在国外收集资料便宜得多。

第二,在为收集原始资料而投入大量时间和金钱之前,二手资料可以被调研人员用来判断该调研项目的可行性和费用预算。

第三,通过原始资料不可能了解一个国家或消费者历史上的相关行为信息,而二手资料是获得这类信息的唯一途径。

第四,在某些情况下,二手资料比原始资料更为准确。例如,如果一个公司想得到关于竞争对手的销售额和利润指标的信息,从政府公开出版物或贸易杂志上得到的资料要比从竞争对手那里得到的更为准确。

(三) 二手资料使用中的问题

在使用二手资料时,调研人员必须持有审慎的态度,否则可能得出错误的分析结论,尤其要关注以下几点问题。

1. 可得性

美国和多数发达国家都有机构对政府和私人部门的二手资料进行收集整理。然而,有的发展中国家却没有通过正规途径收集资料的机构。因此,在许多发展中国家获得商品和服务的批发和零售价格以及电话号码这样的基本资料可能很困难。

世界观察：二手资料常见问题

2. 准确性

即便可以得到二手资料，其准确性有时也难以达到决策所需的程度。一些统计数字可能太乐观了，更多地反映了国家的自豪感而非实际情况。许多国家的企业虚假地报告像收入和销售这样的相关数据，以逃避税收。有些情况下的错误是故意的，而有时却是因为记录疏忽造成的。不论资料来源是什么，调研人员都有必要对从国外收集到的二手资料持谨慎怀疑的态度。

世界观察：验证二手资料的方法

3. 可比性

商业统计数字和收入数据存在着国别差异，其原因在于不同国家有不同的税收结构和不同的税收水平。因此，跨国比较这些统计数据就毫无意义。人口普查不仅有可能不准确，而且各国收集普查数据的频率和年份也不相同。美国每 10 年收集一次人口普查数据，而在玻利维亚每两次普查之间要相隔 25 年。因此，大多数人口普查数字都是用对增长率的估计值计算出来的，而增长率估计值却可能不准确和不可比。另外，各国使用的测量单位也不一定总是一样。

三、多文化与互联网

（一）多文化研究

当企业成为全球营销者，并努力使跨越多个国家的市场营销策略组合标准化时，多文化研究就变得更加重要。企业需要确定应在多大程度上对市场营销策略组合进行适应性调整。因此，企业在进行市场营销策略组合标准化之前，必须比较不同文化的市场特征，以找出相似及不同之处。

多文化研究（multicultural research）是指在多个国家开展国际市场营销调研，涉及的国家可能具有不同的语言、经济状况、社会结构、消费者行为及态度模式。在进行多文化研究时，必须考虑这些差异。在进行多文化研究时，必须确保结果的可比性及等效性。不同的方法应用于不同的国家可能出现可靠性差异，因此，在进行多文化研究时必须考虑这些差异，这些差异可能意味着在不同的国家要采用不同的研究方法。

在有些情况下，为了最大限度地提高研究结果的可比性，也必须针对不同的国家设计完全不同的调研方案。为完成跨国调研所做的方法上的调整，说明了在国际市场营销调研中必须随机应变。但是这些调整也存在跨国调研中收集资料的可靠性问题。有证据表明，人们不但常常忽视不适当的多文化研究中存在的非抽样错误及其他问题，而且往往不够重视尚未在多文化背景中得到检验的研究方法的合适性问题。

（二）互联网

世界观察：东欧和中国化妆品细分市场

对于许多公司而言，互联网成为它们进行各类国际市场营销调研的一个新颖的、日益重要的工具。事实上，一项针对国际市场营销调研专业人员的调查显示，对该行业影响最大的因素是互联网和全球化。新的产品概念及广告文字可以在互联网上进行测试并获得迅速的反馈。当前，互联网上存在着世界范围内有代表性的消费者研究对象，企业可以通过国际样本检查营销方案。

互联网在国际市场营销调研中至少有七种用途。

1. 网上调查

网上调查可对参与者进行激励,而且比费用更高的邮寄调查或电话访谈具有更好的“分叉”能力(根据先前答案追加提问不同的问题)。

2. 网上重点小组

互联网讨论平台可用于此目的。

3. 跟踪网络访问者

服务器可通过网址自动跟踪访问者的访问记录,并记录时间。

4. 广告衡量

服务器跟踪访问者与其他网址的联系,因此可以帮助企业对广告的效果做出评价。

5. 顾客识别系统

许多企业正在安装登记程序,这使它们能时刻跟踪访问,从而建立起虚拟的有代表性的用户对象组。

6. 电子邮件营销名单

可以通过互联网让将来愿意为营销直接做出努力的顾客在电子邮件营销名单上签名。

7. 嵌入研究

互联网能使顾客扮演传统经济角色时实现自动化,如寻求关于产品和服务的信息,产品和服务的比较选优,与服务提供者互相作用,维护顾客品牌关系。越来越多的互联网活动变得更像研究过程。这些活动常常直接存在于实际购买和使用之中,因而相比传统的研究活动能更紧密地与实际经济行为联系在一起。有些企业甚至向顾客提供在线产品设计的机会,将市场研究应用于产品开发发挥到了极致。

随着互联网不断发展,更多调研方法将变得可行,观察新的翻译软件通过互联网对营销沟通及营销研究所产生的影响程度就能够说明一切。现在一些公司提供问卷的翻译服务,包括常用的短语如“满意度打分”。翻译服务的存在,使涉及多种语言的调查可以迅速地进行。

正如许多国际市场营销的情形一样,隐私问题受到了个人及法律层面的关注。国际市场营销调研者面临的一个挑战是,对跨文化的关心隐私及愿意合作的消费者与顾客小组的征募。而这一问题在互联网上会轻易得到解决。

在互联网上进行原始资料调研也存在很大的局限性,因为只能由互联网上的调查对象构成调查样本。但是,随着各国互联网的用户越来越多,互联网作为原始资料调研的工具将变得更具威力、更加准确。而且,互联网作为若干收集信息的方法之一,给跨国研究提供了更多的选择。

对于国际市场营销调研来说,互联网目前真正的威力在于能够轻易地获得大量的二手资料。多少年来这些资料一直从出版物中获取,但现在则容易得多,而且在许多情况下,资料更具有时效性。但是应该记住,任何二手资料都必须加以验证。

中国之问与实践探索："三位一体"的海外资产组合优化体系构建

习近平总书记强调，"今后一个时期，我们将面对更多逆风逆水的外部环境，必须做好应对一系列新的风险挑战的准备"。中国企业"走出去"必须高度重视和切实防范化解各种重大风险，进行科学的国际市场营销调研。中国海洋石油国际有限公司从战略、市场、风控三大要素，探索构建不断更新成长的立体式网络和完整体系，保障海外资产组合的持续优化和高质量发展目标的实现。

石油企业战略、市场、风控"三位一体"的海外资产组合优化体系构建

本章小结

市场营销调研是企业市场营销活动策划的基础，国际市场营销调研更是企业成功进入国际市场的必要前提条件。本章细致地讲述了市场调研的程序、定性调研方法和定量调研方法，阐释了国际市场营销调研的目标和范围，深入分析了国际市场营销调研中原始资料和二手资料的特殊问题，探讨了国际市场营销调研中的多文化研究及互联网的作用。

思考题

1. 国际市场营销调研的目标有哪些？
2. 在国际市场营销调研中，收集原始资料和二手资料有何区别与联系？
3. 在国际市场收集原始资料要注意哪些问题？外国企业在中国会遇到什么特殊问题？
4. 在国际市场收集二手资料要注意哪些问题？外国企业在中国要注意哪些特殊问题？
5. 多文化研究的目的是什么？怎样才能从多文化研究中获得最大效益？

开篇案例讨论

1. 欧洲迪士尼为什么遭遇"滑铁卢"？你得到哪些启示？
2. 欧洲迪士尼应该如何开展调研？这些调研会避免出现的问题吗？
3. 迪士尼是否可以照搬其已有的成功模式？哪些方面需要进行调整？

本章即测即评

第八章
即测即评

网上练习

主题：某国市场的网上调研

步骤1：教师明确某中国企业的一种产品计划进入某国市场，并为学生提供企业及其产品相关背景资料。

步骤2：学生针对目标国家，搜索该国市场及其变化趋势、经济发展趋势、社会稳定和政治风险方面的资料。根据二手资料初步评估目标国家的市场、风险和经营成本，说明是否应该进入及其主要依据。

步骤3：学生针对目标国家，搜索该国市场相关数据，初步估计产品的市场需求潜力，并应用四种二手资料分析方法之一，预测该国产品市场变化趋势。

步骤4：撰写和提交“中国企业进入某国市场的分析评估”报告。

步骤5：课堂上，教师选择学生报告进行讨论交流，特别是评估结论及其依据差异明显的报告。经过讨论，形成大家共同认同的调研结论。

步骤6：课堂上，教师引导学生重点比较分析，不同网络资源、不同分析方法、不同调研结论、不同依据对调研的贡献和误导。教师和学生共同归纳总结网上调研的规律和注意事项。

国际市场营销技能训练

主题：针对各国的二手资料的调研都一样吗？

步骤1：教师选择一个中国企业及其产品，并为学生提供相关资料。学生根据需要可进一步收集相关数据和资料。

步骤2：教师将班级学生分成6个小组（每组最好4~7人），并明确各组需要调研的国家，6个国家应该包括发达国家、发展中国家和最不发达国家各2个。

步骤3：课堂前，各小组分别收集、整理和分析目标国家的产品市场需求和政治风险方面的数据和资料。

步骤4：课堂前，各小组充分讨论交流，通过定量化分析，形成对目标国家市场的评估报告，重点报告内容是进入决策及其依据。

步骤5：课堂上，各小组依次介绍报告内容，其他小组学生可以提问，介绍小组回答。教师和学生共同讨论、评价各小组的报告，重点是数据和资料的完备性、准确性和通用性。

步骤6：假设企业只选择一个国家市场进入。教师根据6个国家调研报告的数据和资料情况，明确统一的对比分析指标。课堂前，各小组根据统一的对比分析指标，利用6个国家调研报告，测算评估6个国家市场，选择进入的国家。

步骤7:课堂上,各组依次展示测算评估过程及结论,其他小组可以提问。教师指导学生进行讨论交流,重点体会和认识国际市场营销调研中二手资料的可得性、准确性和可比性3个特点及遇到相关问题时的解决方法。

推荐读物

第九章

国际市场营销战略规划与组织

本章学习目标

- 熟悉市场营销战略规划基本内容
- 熟悉全球营销战略的标准化与适应性的基础,学会运用四种全球战略
- 掌握国际市场营销战略规划的制定及其重点
- 认知各种国际市场的进入模式及其特点
- 理解国际市场营销的各种组织形式及其特点
- 熟悉集权管理与分权管理的特点
- 熟悉组织正式协调机制与非正式协调机制

本章主要概念

市场营销战略规划(marketing strategy plan) 竞争战略(competitive strategy) 成本领先战略(overall cost leadership strategy) 差异化战略(differentiation strategy) 目标集聚战略(focus strategy) 全球营销标准化战略(global marketing standardization strategy) 全球营销适应性战略(global marketing adaptive strategy) 全球模式(global model) 跨国模式(transnational model) 国际模式(international model) 多国模式(multinational model) 国际市场营销战略规划(international marketing strategy plan) 国际市场进入模式(international market entry model) 间接出口(indirect exporting) 直接出口(direct exporting) 契约进入模式(contractual entry mode) 许可证模式(licensing model) 特许经营模式(franchising model) 合同制造模式(model of contract manufacturing) 管理合同模式(model of management contract) 工程承包模式(project contracting mode) 合资经营(joint venture) 独资经营(sole proprietorship) 国际战略联盟(international strategic alliances) 水平战略联盟(horizontal strategic alliance) 垂直战略联盟(vertical strategic alliance) 混合联盟(integrative alliance) 全球性组织结构(global organization) 集权(centralization) 分权(decentralization) 正式协调机制(formal coordination mechanism) 非正式协调机制(informal coordination mechanism)

开篇案例

投资全球　步步为营

国际市场营销战略规划是企业海外长期经营管理的导引，国际市场营销组织是企业海外经营管理的支撑。党的二十大报告指出，“完善中国特色现代企业制度，弘扬企业家精神，加快建设世界一流企业”。世界一流企业需要在国际上与其他企业同台竞争，吉利汽车以“投资全球、步步为营”为战略方向，从出口贸易、海外投资设厂到海外并购进入海外高端品牌市场，走出了一条注重夯实国际化经营基础的“投资全球”之路。吉利汽车的哪些经验值得借鉴？

投资全球　步步为营

第一节　国际市场营销战略规划

一、市场营销战略规划过程

市场营销战略规划(marketing strategy plan)就是通过规划制定营销目标，使企业的资源和能力与不断变化的营销环境相适应，为企业营销确定一个长期性、全局性、方向性的动态发展规划。国际市场营销战略规划过程与国内市场营销战略规划大体一致，但由于国际市场的环境和市场条件更加复杂多变，国际市场营销战略规划的难度也会更大。

市场营销战略规划过程如图 9-1 所示。

（一）分析营销战略环境

分析营销战略环境必须首先回答以下问题：有关因素何时发生变化？发生的可能性有多大？这种变化将成为企业或该项任务的机会还是威胁？会带来多大影响？应当采取何种对策？如果是针对新的产品、市场发展业务，还要重点分析有潜在竞争关系的其他企业的反应，作为发展战略思想的依据。通过 SWOT 分析，可以认识营销战略环境有关因素变化的结果，认识企业自身的优势和弱点，客观评估企业营销方面的能力，预测现有的能力与机会和将来环境的相互适应程度。

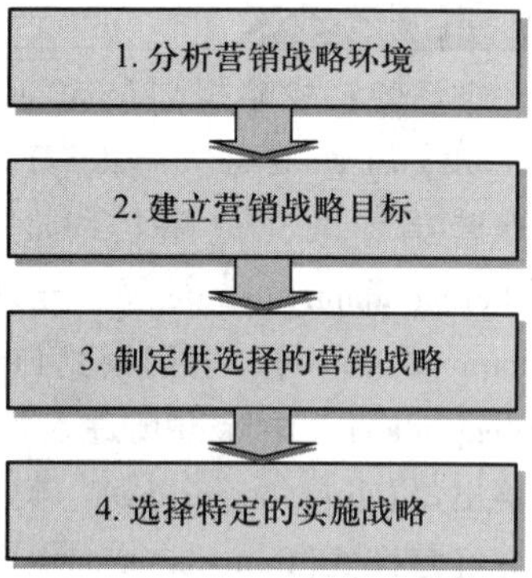

图 9-1　市场营销战略规划过程

能力分析的重点是比较现有能力与利用机会所需要的能力之间的差距，制定提高相应能力的措施。

1. 明确利用机会所需要的能力及其构成

机会的实质是市场上人们尚未满足或没有得到很好满足的需要和欲望。企业和经营单位要把机会转化为利润来源，就必须能够提供相应的产品或服务。提供相应的产品或服务，就必须拥有相应的资源以及配置和使用资源的独特、有效的方式。

2. 分析营销能力的现状

依据所需能力的构成，测定企业现有营销能力的现状，诸如品牌知名度、品牌美誉度、产品质量、产品特性、产品价格方面的优劣势、分销渠道建设的程度等，总体评价企业面对特定机会的最大优势及最大弱点。

3. 进行战略评价和制定措施

企业依据现有能力与所需能力提供的数据，可在“绩效-重要性”矩阵中找到相应位置，发现不足。同时，根据所需能力的要求采取措施，积极改善现状（见图 9-2）。

		现有能力的绩效：低	现有能力的绩效：高
所需能力的重要性	高	A. 倾注全力	B. 保持高绩效
	低	C. 不甚重要	D. 防止矫枉过正

图 9-2 “绩效-重要性”矩阵

（二）建立营销战略目标

制定和实施战略计划，要以目标为依据。通过分析营销战略环境和条件，了解企业的机会、威胁和优势、劣势，确立明确的战略目标。

大多数的企业、经营单位或业务，可能同时追求几个目标。若干目标组成一个目标体系，从不同角度多个侧面反映战略追求及业务活动所要达到的状况。同时，一个较大的目标通常又可分解为若干个较小的、次一级的目标。

建立企业营销战略目标时要注意以下几方面。

1. 目标体系的层次化

目标体系的层次化要求分析各个目标之间的因果关系或主次关系，明确各个目标的重要性，并分成若干层次顺序排列。

2. 目标之间的一致性

多个目标之间有时会不协调，甚至存在此消彼长的关系。比如“以最低的成本获得最大的销量”和“实现最大的利润，达到最高的销量”，在实践中往往是鱼与熊掌不可兼得。因此在设立目标时要关注目标之间的一致性。

3. 目标的定量化

目标不能只是概念化，还要以数量表达，要先进合理。目标成为指标，更有利于战略规划、管理和控制。目标值的决定，要依据外部环境和内部条件，并参照其他标准。通常可以结合社会平均值、同行业优秀企业和国际上相似的优秀企业的标准考虑。

（三）制定供选择的营销战略

1. 竞争战略

竞争战略（competitive strategy）是指在企业总体战略的制约下，指导和管理具体战略经营单位的计划和行动方向的战略，是企业战略的一部分。企业竞争战略要解决的核心问题是，如何通过确定消费者需求、竞争者产品及企业产品这三者之间的关系，来确立企业产品在市场上的特定地位并维持这一地位。竞争战略又称业务层次战略或者战略业务单位（SBU）战略。

世界观察：某公司的营销战略目标

美国学者迈克尔·波特(Michael E. Porter)提出成本领先战略、差异化战略、目标集聚战略三种一般性竞争战略(见图9-3)。① 在同一市场上,采用同一战略的企业之间,事实上形成了一个“战略群体”。运用最佳战略的企业一般来说收效最好。尤其要注意的是,采用中间道路、模糊的、非此非彼战略的企业,往往经营最差。

(1) 成本领先战略(overall cost leadership strategy),是指企业力争使其总成本降到行业最低水平,作为战胜竞争者的基本前提。这种战略要求企业努力取得规模经济,以经验曲线为基础,严格控制生产成本和间接费用,以使企业的产品总成本最低,争取最大的市场份额,赢得竞争优势。

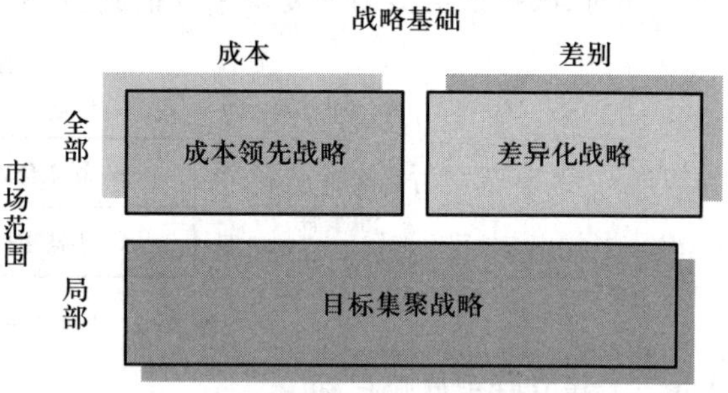

图9-3 一般性竞争战略

实现成本领先战略目标,要求企业具备以下条件:具有良好、通畅的融资渠道,能够保证资本持续不断投入;产品便于制造,工艺过程精简;拥有低成本的分销渠道;实施紧张、高效的劳动管理。更先进的技术、设备,更熟练的员工,更高的生产效率,更严格的成本控制,结构严密的组织体系和责任管理,以满足数量目标为基础的激励制度,都是实施这一战略的重要保障。

(2) 差异化战略(differentiation strategy),是指为使企业产品、服务、企业形象等与竞争对手相比具有显著的独到之处,以获得竞争优势而采取的战略,主要依托于产品及其设计、工艺、品牌、特征、款式和服务等各个方面或几个方面。

差异化战略的方法多种多样,如产品差异化、服务差异化、形象差异化等。由于各有特色,消费者难以直接比较产品“优劣”,可以有效抑制市场对价格的敏感程度,因而,差异化战略也是使企业获得高于同行业平均利润的一种有效的竞争战略。一旦消费者对企业或者品牌建立起较高的信任度,还能为竞争者的进入设置较大的障碍。

有效地实施这一战略的前提是:企业在市场营销、研究与开发、产品技术和工艺设计等方面具有强大的实力;在质量、技术和工艺等方面,享有优异、领先的良好声誉;进入行业的历史悠久,或从事其他行业时积累的许多独特能力依然有用;可以得到来自销售渠道各个环节的大力支持和合作。

(3) 目标集聚战略(focus strategy),是指把目标放在某个特定的、相对狭小的领域内,在局部市场争取成本领先或差异化,从而建立竞争优势。它不像成本领先战略和差异化战略那样是在大范围的市场内实现竞争优势。

一般来说,目标集聚战略更适合于中小企业。因为中小企业资源相对有限,难以在市场上展开全面的竞争,而聚焦一定的局部市场,可以使中小企业产生更加有效的市场力量,在局部市场上获取低成本或差异化的竞争优势。这种战略的风险在于,一旦局部市场的需求发生变化,或强大的竞争者执意进入,现有的企业就可能面临重大灾难。

① 波特.竞争战略:分析行业和竞争者的技术[M].姚宗明,林国龙,译.北京:生活·读书·新知三联书店,1988:44-58.

2. 目标市场营销战略

目标市场营销战略就是通过市场细分，选择确定企业的目标市场，进行市场定位，包括无差异化市场营销、差异化市场营销和集中化市场营销三种类型。

三种目标市场营销战略的基础为成本领先战略、差异化战略和目标集聚战略三种一般性竞争战略。具体而言，无差异化市场营销是指企业将产品的各个细分市场视为一个整体目标市场，聚焦于各个细分市场的共性而非特殊性，采用标准化的市场营销策略组合。差异化市场营销是指在产品细分市场基础上，企业选择特定的数个细分市场作为目标市场，针对各个细分市场的特点，采用不同的市场营销策略组合。集中化市场营销是指在产品细分市场基础上，企业选择一个细分市场作为目标市场，针对该细分市场的特点，采用相应的市场营销策略组合。

世界观察：某公司目标市场营销战略及营销策略组合

（四）选择特定的实施战略

市场营销战略规划的最后一步，是从可供选择的营销战略中选择最适合企业发展的竞争战略和目标市场营销战略，形成相应的市场营销策略组合，据此制订具体实施计划，保证和支持市场营销战略的贯彻落实。

二、全球营销战略选择：标准化还是适应性

9.1 国际市场营销的战略规划【登录“爱课程网”搜索“国际市场营销（崔新健）”观看视频】

经济全球化的发展趋势使得跨国公司必须选择适宜的营销战略，全球营销标准化战略和适应性战略是对立统一的关系，企业必须根据不同行业和产品进行具体分析。

（一）标准化

全球营销标准化战略（global marketing standardization strategy）是将世界看成一个统一的大市场，为了企业的整体目标，集中组织资源，开发国内与国际市场营销机会的过程。当不同国家消费者对某种产品的品位和偏好相近时，就存在着普遍的需求，因而，可以在营销战略上淡化国家界限，强调全球市场的共性和趋同性。高速发展的通信、运输和传播等技术使世界产生了强大的趋同性，创造了一个更加统一的市场，消费者需求和偏好被同化，这使得产品、生产和商业规则标准化，从而进一步推动全球营销的标准化。

全球营销标准化战略带来的利益包括：使企业扩大市场份额，降低各种成本，取得规模效益，进而获得竞争优势；有利于树立企业全球统一的品牌形象，扩大知名度；有利于实现组织结构的单纯化和管理的程序化。

全球营销标准化战略主要包括营销过程和营销策略组合的标准化。营销过程的标准化是指目标任务的次序、问题解决过程、决策过程和业绩评价方式等方面的标准化。营销策略组合的标准化是指在全球市场使用相同的渠道系统、利用同样的促销方式、以相同的价格提供同样的产品。事实上，很难在全球市场同时使营销过程和营销策略组合实现真正的标准化。

（二）适应性

由于跨国公司的产品需要在多个国家进行销售，在某些情况下，企业必须考虑不同国家的不同需求。当不同国家消费者的品位、偏好和习惯等存在较大差异时，全球营销适应性战略就

会发挥其功用。

全球营销适应性战略或称本土化战略(global marketing adaptive strategy)是考虑不同地区、不同种族、不同文化的消费者个性化和多样性需求,强调通过产品的差异化营销满足全球不同消费者需要的战略。由于各国及各区域市场间非关税壁垒普遍存在,文化、经济发展程度,政府的政策、法规及法律和分销体系等方面存在差异,因此必须根据当地的具体情况,实施适应性的定价、促销、分销等策略或改变产品的某些特性。

实施全球营销适应性战略的理论基础是细分和定位理论、摩擦理论。细分和定位理论认为,世界市场是一个异质化的市场,基于不同市场之间的差异,针对当地细分市场进行适应性定位的战略可获得差异化优势。适应当地消费者需求偏好的产品或许因为能提高消费者满意度,而使消费者愿意花更高的价格购买,从而抵消了全球标准化条件所节约的成本。摩擦理论认为虽然标准化所带来的规模经济会促使成本降低,但总部与当地制造和营销机构或当地分销渠道之间(在出口的情况下)的摩擦则会产生经营协调成本。

世界观察

宜家是标准化还是适应性?

宜家的经营宗旨之一就是为消费者提供价格低廉的家具用品。一直以来,宜家都是通过批量生产实现规模经济、保证低成本。而量产就意味着产品的标准化,宜家以标准化与适应性的结合迎接来自全球市场遇到的挑战。

为了迎合不同国家的文化特点,宜家充分利用自己的样板间和产品目录,通过通用型产品的不同布置方式让消费者了解如何使用宜家产品。比如,在日本仙台、美国得克萨斯和荷兰阿姆斯特丹展出的床和橱柜可能是一样的,但在日本的样板间就会铺上榻榻米垫子,在美国的床上则会扔满枕头,橱柜在荷兰就会设计成斜顶的建筑风格。

宜家的商品目录与样板间一样,在融合不同文化上也发挥着同样的作用,宜家利用 32 种语言、67 个版本的产品目录迎合当地消费者和传统习俗。仅在比利时就有两种商品目录:一种是法语目录,另一种是佛兰德语目录。在温尼伯和卡尔加里的消费者看到的版本与在蒙特利尔讲法语的同胞看到的也会不同。

资料来源:根据相关文献编写。

(三)全球战略模式的选择

企业全球战略决策焦点集中于标准化与适应性的平衡。标准化与适应性各有所长,企业必须根据实际情况找到两者之间的最佳结合点。基于标准化和适应性带来的压力,全球战略可以分为四种类型(见图 9-4)。

1. 全球模式

全球模式(global model)是将全球视为单一的市场,由公司总部统一经营的战略模式。当面临的全球标准化的压力较大而适应性压力较小时,跨国公司一般采用全球模式,即以标准化为主的战略模式。

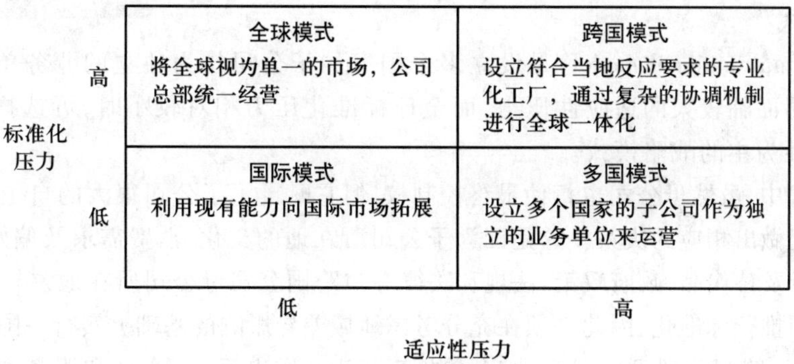

图 9-4　全球战略的模式①

在全球模式下，母公司集中决策，并对海外的大部分业务实行严格的控制。跨国公司通常把全球作为一个单一市场，认为不同国家消费者的偏好没有实质上的差别，会选择在成本最低和技术最好的地方进行生产以获得规模经济效应，将标准化的产品向全球市场销售。实施低成本全球竞争战略的跨国公司通常采用这种模式。另外，应用全球模式的跨国公司需要做大量的协调工作，而且这类跨国公司还要为在不同国家的子公司之间进行的产品转移确定转移价格。

2. 跨国模式

跨国模式（transnational model）是设立符合当地反应要求的专业化工厂，通过复杂的协调机制实现全球一体化的战略模式。当面临的全球标准化压力和适应性压力都很大时，公司通常采用跨国模式，兼顾标准化与适应性的战略模式。

在跨国模式下，跨国公司将某些职能集中在最能节约成本的地方，把其他一些职能交给子公司以便更多地适应当地的情况。标准化与适应性平衡取决于相关影响因素。对消费者需求偏好、当地文化、分销渠道、竞争对手、政府政策和法律法规等方面的因素，要求着重考虑其差异性；对生产和技术等方面的因素，要求重点考虑其一致性。在全球经济中，跨国公司要想获得竞争优势，不仅要考虑标准化，而且需要同时从适应当地情况、转移技术和节约成本中追求利润。

应用跨国模式的跨国公司需要以丰富的国际化经验和经历为基础，来降低跨国公司复杂的全球协调机制带来的高成本。

3. 国际模式

国际模式（international model）是利用现有能力向国际市场拓展的战略模式。当面临的全球标准化压力和适应性压力都很小时，公司可选择国际模式，并可适度结合标准化与适应性的战略模式。

在国际模式下，子公司虽然在一定程度上有根据当地情况推出新产品的自由，但像研发等核心能力却仍集中在母公司。子公司在新产品、新工艺、新概念上依赖于母公司，需要母公司进行大量的协调和控制。

应用国际模式的跨国公司面临较小的压力，适合于初步进入国际化经营的企业，它们在以规模经济实现低成本和当地反应方面都存在短板。

---

① 周三多.管理学[M].2 版.北京：高等教育出版社，2005：55.

4. 多国模式

多国模式(multinational model)是设立多个国家的子公司作为独立的业务单位来运营的战略模式。当公司面临较大的适应性压力,而全球标准化压力相对较小时,可选择多国模式。这是一种以适应性为主的战略模式。

在多国模式中,虽然母公司也行使最终控制权,但它赋予了子公司很大的自主权,子公司可以根据当地的情况做出相应的决策。这是因为子公司所在地的文化、消费需求及偏好、分销渠道、产品、促销、竞争者及替代品、政府政策、法规和法律等与跨国公司母公司所在地差异很大,跨国公司难以在全球范围推行标准化,因此必须在充分考虑地域差异影响的基础上实行一国一策。

多国模式下,跨国公司可以对当地市场的变化迅速作出反应,产品和服务在子公司之间也很少转移,这降低了对全球各个子公司之间进行协调的成本和难度。跨国公司由此可不断积累不同国家的国际化经验,充分利用当地人力资源。当然,跨国公司同时会面对资源配置重复、制造成本高企以及无法发挥规模经济的困扰。

三、国际市场营销战略规划过程

国际市场营销战略规划(international marketing strategy plan)是指企业通过有效的资源配置和协调组织,充分挖掘和利用企业的资源,以实现国际市场营销目标的过程。国际市场营销战略规划过程与国内市场营销战略规划过程并没有实质性的差异,但相对更加复杂。不论是已经进入国际市场还是首次进入国际市场,国际市场营销战略规划都是企业经营成功不可或缺的重要工作。

企业首次进入国际市场必须确定目标市场、资源投入以及开发产品等。对于已经进入国际市场的企业而言,战略规划重点是在不同国家和不同事业部间配置人力资源及其他资源,确定需要开拓的新市场或需要撤离的市场,确定开发或淘汰的产品。为了做好国际市场营销机会与风险的评估,制定切实有效的战略规划,企业必须遵循一定的原则和程序(见图 9-5)。

(一)第一阶段:初步分析和筛选,使企业目标与东道国需要一致

对潜在市场的评估是国际市场营销战略规划的第一步。国际市场营销战略规划中的首要问题是目标市场——决定开拓哪一个国家市场。必须将企业的优势、劣势、经营理念和目标与东道国的限制因素和市场潜力综合起来考虑,通过分析和筛选,淘汰那些缺乏足够潜力的国家市场。

制定有关国家市场评价的筛选标准。这些标准主要建立在对企业目标、资源及其他能力和限制条件进行分析的基础上。首先要明确进入一国市场的原因,以及期望获得的收益。企业的目标是建立评价标准的重要依据。评价标准包括最低限度的市场潜力、最低限度的利润、投资收益率、可接受的竞争水平、政治稳定性、可接受的法律法规及其他相关标准等。

可以运用以上评价标准对国际市场营销战略规划的经营环境进行全面分析。环境因素包括母国和东道国的环境变量,在国际市场营销中这些变量更加复杂,与国内市场营销战略规划存在显著的差异。这一阶段提供的基本信息,可以用于评估目标市场的潜力,决定市场营销策

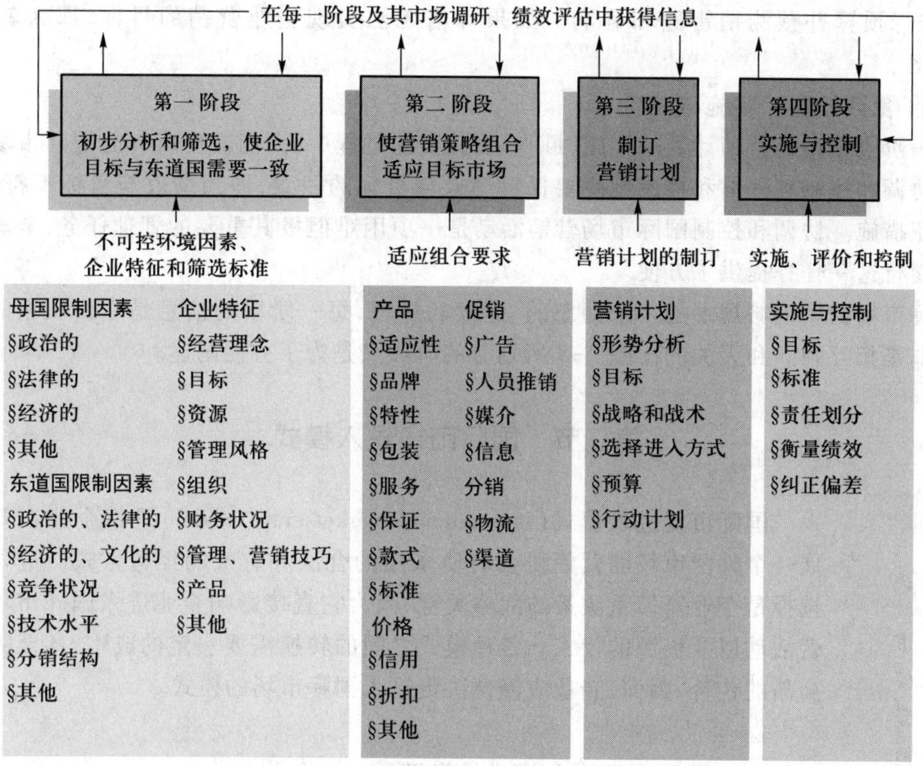

图 9-5　国际市场营销战略规划过程①

略组合的标准化与适应性程度，明确战略规划的实施举措。

（二）第二阶段：使营销策略组合适应目标市场

这一阶段的目的是确定更加详细的国际市场营销策略组合要素。完成第一阶段任务后，企业将面临更为具体地评估某一目标市场的任务。企业应根据所掌握的数据资料，发现东道国市场机会与挑战，并制定针对东道国目标市场的营销策略组合，使营销策略组合适应环境中的不可控因素，从而有效适应目标市场。

这一阶段有三个主要问题需要回答：① 是否存在可在不同国家采用同样的市场营销策略组合的可识别的细分市场？② 为了适应目标市场的文化和环境，需要对市场营销策略组合要素做哪些调整？③ 市场营销策略组合调整的费用如何？

如果针对某一国家市场的营销策略组合调整成本太高，则放弃调整。经过这一阶段的筛选，又会淘汰一些不理想的国家市场。

世界观察：雀巢公司与"国家信息手册"

（三）第三阶段：制订营销计划

这一阶段是为目标市场制订一个市场营销计划，目标市场可以是一个国家也可以是全球市场。营销计划需要明确做什么、谁去做、如何做、什么时候做等具体问

① CATEORA P R, MONEY R B, GILLY M C, et al. International Marketing[M]. 18th ed. New York: McGraw-Hill Education Press, 2019: 357.

题，要进行预算并预测销售额和利润。如果确信无法实现企业营销的目标，那么就要放弃这一市场。

（四）第四阶段：实施与控制

这一阶段是市场营销计划的实施时期。在其实施过程中，人们应对所有的国际市场营销计划予以协调和控制。评估和控制制度要保持绩效与目标的一致，即当绩效与目标不符合时，应采取纠正措施。协调和控制国际市场营销活动是一项困难但极其重要的管理任务，全球导向为有效地履行这一任务提供了方便。

国际市场营销战略规划是一个动态的、连续的过程，每一阶段的信息是不断积累的。每一阶段并非是相互独立和无关的。图 9-5 所划分的阶段只是为了方便阐述。

第二节　国际市场进入模式

9.2 国际市场的进入模式【登录“爱课程网”搜索“国际市场营销（崔新健）”观看视频】

国际市场进入模式（international market entry model）是指企业在开发和拓展一个外国市场的营销机会时所采用的合法和有效的经营方式。进入模式的选择是企业需慎重决策的战略关键，因为它直接影响企业进入国外市场后的经营活动以及资源的投入。各种模式之间的转换需要一定的成本，甚至需要付出高昂的代价，因而，企业应谨慎决定进入国际市场的模式。

一、国际市场进入模式的类型

国际市场进入模式主要可以分为四类：出口进入模式、契约进入模式、投资进入模式和国际战略联盟。企业在进军国际市场时，应根据目标市场以及企业本身的状况，选择合适的方式进入。

（一）出口进入模式

出口进入模式包括间接出口和直接出口两种方式。

1. 间接出口

间接出口（indirect exporting）是指企业通过本国的中间商（专业性的外贸公司）来从事产品的出口。企业可以利用中间商现有的销售渠道，不必自己处理出口的单证、保险和运输等业务。同时，企业在保持进退国际市场和改变国际营销渠道灵活性的情况下，还不用承担各种市场风险。首次进入国际市场的小企业比较适合采用间接出口方式。

世界观察：国际市场营销的共享平台

2. 直接出口

直接出口（direct exporting）是指企业不使用本国中间商，而使用目标国家的中间商来从事产品的出口。直接出口有利于企业摆脱对本国中间商的依赖，培养自己的国际商务人才，积累国际市场营销的经验，提高产品在国际市场上的知名度。但同时企业也要承担更多的风险，如果业务量比较小，企业自己处理单证、保险和运输等业务，可能无法实现规模经济，而且企业进退国际市场和改变营销渠道的灵活性也会被削弱。

（二）契约进入模式

契约进入模式主要包括:许可证模式、特许经营模式、合同制造模式、管理合同模式和工程承包模式。

1. 许可证模式

许可证模式(licensing model)是指企业在一定时期内向国外法人单位转让其工业产权(如专利、商标、配方等无形资产)的使用权,以获得提成或其他补偿的模式。许可证分为几种不同的形式。

(1) 独占许可,是指被许可方不仅有在规定的时间和地域内使用某项专利技术、商标和配方的权利,而且有拒绝任何第三方,包括许可方在内的一切其他人在规定的时间、地域内使用它们的权利。

(2) 排他许可,是指在规定的区域内,许可证合同双方有使用权,而其他厂商被排斥在外。

(3) 普通许可,又称非独占性许可,是指在规定的区域内,合同双方均有使用权,同时许可方有再转让权。

(4) 区分许可,又称从属许可,是指在规定的区域范围内,合同双方均有使用权,同时被许可方有再转让的权利。

(5) 交叉许可,又称互惠许可、相互许可、互换许可,是指合同双方相互交换各自的专利技术或商标使用权。交叉许可一般不涉及使用费支付,仅限于交换技术范围及期限等。如果两项专利或商标的价值不相等,其中一方也可给另一方一定的补偿。

不同的许可形式,合同双方所具有的权利和承担的义务是不同的,企业在决策时要特别注意。

2. 特许经营模式

特许经营模式(franchising model)是指企业(许可方)允许独立的企业或个人(被特许方)运用自身的商业制度及其他产权如专利、商标、包装、产品配方、公司名称、技术诀窍和管理服务等无形资产。这种模式和许可证模式很相似,所不同的是,特许方要给予被特许方以生产和管理方面的帮助。

3. 合同制造模式

合同制造模式(model of contract manufacturing)是指企业向国外企业提供零部件由其组装,或向外国企业提供详细的规格标准由其仿制,由企业自身负责营销的一种方式。合同制造模式也可分为以下几种形式。

(1) 合作双方分别生产不同零件,由一方或双方组装成成品后,在一方或双方的市场上销售。

(2) 一方提供技术或生产设备,双方分工生产某零件或产品,在一方或双方市场上销售。

(3) 一方提供关键零件和图纸以及技术指导,由另一方生产次要零件并组装成成品,在所在国或国际市场销售。

4. 管理合同模式

管理合同模式(model of management contract)是指管理公司以合同形式承担另一公司的一部分或全部管理任务,以提取管理费、获取一部分利润或以某一特定的价格购买该公司的股票作为报酬。

5. 工程承包模式

工程承包模式(project contracting mode)是指企业通过与国外企业签订合同并完成某一工程项目,然后将该项目交付给对方的方式进入外国市场。它是劳动力、技术、管理甚至是资金等生产要素的全面进入和配套进入,有利于发挥工程承包者的整体优势。

(三) 投资进入模式

投资进入模式属于进入国际市场的高级阶段。投资进入模式包括合资经营和独资经营两种形式。

1. 合资经营模式

合资经营模式(joint venture,JV)是指与外国企业联合投资,共同经营、共同分享股权及管理权,共担风险。联合投资方式可以是外国公司收购当地公司的部分股权,或当地公司购买外国公司在当地的部分股权,也可以是双方共同出资建立一个新的企业,共享资源,按比例分配利润。

世界观察

科罗娜(Corona)啤酒在日本

1925年,莫德罗酿酒集团在墨西哥开始运营,科罗娜是它最早的啤酒品牌之一,也是墨西哥最畅销的啤酒。1933年,科罗娜啤酒开始向美国出口,到1997年成为美国进口啤酒第一品牌。20世纪80年代中期,科罗娜通过与一家位于美国的出口管理公司合作,将产品出口至日本。同时,科罗娜还在日本建立自己的工厂,降低运输成本,并寻求与当地的啤酒厂建立合资企业,从而实现科罗娜啤酒的生产和分销。

科罗娜啤酒在日本市场以有个性的高端产品形象出现,被评价为精致、年轻、有趣的啤酒。目标市场也是锁定在20~40岁的中高收入群体,这部分人寻求不一样的消费体验,希望获得质量可靠、价格合理的商品。这使其与其他古板的进口啤酒之间产生了差别。

科罗娜在营销上确实采用的是差异化战略,基于海滩度假的风格,强调墨西哥的异国休闲情调。与一般啤酒瓶设计不同,科罗娜有着透明的长瓶颈,这使得酒瓶制造、运输、储存过程中更容易损坏,但科罗娜还是坚持了这一差异化之举。另外,科罗娜啤酒在饮用时要和青柠片一起,突出其异国风情。

为了在竞争激烈的日本市场占有一席之地,科罗娜进行了积极的营销活动。首先是进驻了日本大量零售点,像墨西哥餐厅以及TGI星期五和硬石咖啡等很多知名特许连锁店,还在酒吧里组织墨西哥主题之夜;其次是定期在杂志、报纸、交通工具上投放大量广告,发放宣传材料;最后,科罗娜抓住了2002年世界杯这样的机会,专门组织了世界杯促销活动,让消费者赢得难以买到的比赛门票,这不仅使科罗娜的销量大幅上涨,还被列入大联盟品牌中。

科罗娜在日本的成功还和其建立的合作伙伴结构密不可分。莫德罗集团负责生产啤酒,合作伙伴EBI提供运送服务并制定针对日本的营销战略,NS负责分销业务并助其实施营销战略。正是得益于这些商业伙伴的相互配合,科罗娜在日本几乎成为顶级进口啤酒,超越了很多著名品牌,比如健力士、嘉士伯和米勒等。

资料来源:阿隆,贾菲,维亚内利.全球营销[M].郭晓凌,龚诗阳,译.北京:中国人民大学出版社,2016:215-219.

2. 独资经营模式

独资经营模式(sole proprietorship)是指企业直接到东道国独自投资建厂,进行经营活动。独资经营的方式可以是单纯的装配,也可以是复杂的制造活动。其组建方式可以是购买当地企业,也可以是建设新厂。

(四) 国际战略联盟

国际战略联盟(international strategic alliance)是指两个或两个以上国家的企业相互需要、分担风险,并为实现共同目的而建立的一种合作关系。国际战略联盟是弥补劣势、提升彼此竞争优势的重要方法,可以帮企业迅速开拓新市场,获得新技术,提高生产率,降低营销成本,获得额外的资金来源。

国际战略联盟多为自发的而非强制的,联盟各方仍旧保持着原有企业的经营独立性。跨国公司通常为了开发和推销知识密集型产品和服务,经过周密计划而形成国际战略联盟。国际战略联盟可分为以下三类。

1. 水平战略联盟

水平战略联盟(horizontal strategic alliance)由处于生产、分配过程中同一阶段的经营公司建立。联盟双方可能是同一市场上的合作企业或潜在竞争者。此类联盟最重视的是研究与开发,它能改善公司的经济规模,实现风险的降低或分摊,并加速新技术的扩散,减少公司进入市场的障碍,甚至在某些情况下通过帮公司进入对方的市场范围,增加公司的选择机会,帮助其提高产品竞争力、改进质量,从而更迅速地适应消费者需求。

2. 垂直战略联盟

垂直战略联盟(vertical strategic alliance)由处于生产、分配过程中不同阶段的经营公司建立。通过这种联盟形式进行合作能够减少或防止不对称信息的不利影响,有助于实施产业政策。这种合作可以取代垂直一体化,能减少与资源依赖有关的问题,能够消除供应的不确定性,能减少由产品价格的市场波动造成的损失。

3. 混合联盟或跨行业联合大企业协议

混合联盟(integrative alliance)或跨行业联合大企业协议由处于生产、分配过程中同一阶段和不同阶段的经营公司建立。混合联盟可以组成第三个集团来处理各种具体问题。建立这种联盟的动因也不尽一致。它是水平战略联盟与垂直战略联盟的混合物,为实现既定协议的有关目标而进行合作。

二、各种进入模式的特点

各种国际市场进入模式各有其特点。通过把握与理解出口进入模式、契约进入模式、投资进入模式和国际战略联盟的特点,企业能够更好地选择适当的进入模式,增加进入国际市场的成功概率。

(一) 出口进入模式的特点

出口进入模式的优点是:① 面临的政治风险较小,常被企业作为进入国际市场的初级方式;② 能够形成规模经济效应,在降低成本的同时保证产品质量;③ 可以起到投石问路的作用,了解外国市场的接受度和市场潜力;④ 较为灵活,当外国市场条件恶化时,以较低的成本就可中止出口;⑤ 能够为未来的直接投资奠定一定的基础。

1. 间接出口

间接出口的优点在于：① 可以利用其他企业的现有渠道将产品迅速销往国外；② 生产企业可以全部或部分避开国际市场风险，将风险转嫁到中间商身上；③ 企业可以不必自己处理出口单证、运输、保险业务，不必设立专门的出口业务机构和专业人员，可以节约费用；④ 企业可以保持更高的灵活性，进退国际市场以及改变国际营销渠道较为自由。

间接出口的缺点在于：① 企业失去了对国外市场的控制权，无法控制中间商的销售行为，无法自主地选择海外的目标市场，产品的国际流向完全取决于中间商；② 无法获得有关外国市场的直接知识和直接经验，无法及时、准确、全面地获得国际市场的信息；③ 由于出口企业只负责生产，不能直接参加调研、价格的制定、分销渠道和促销等经营活动，因而，企业对中间商的依赖会日益加深，不利于企业进一步开拓国际市场。

2. 直接出口

直接出口的优点在于：① 有利于获取国外市场的相关信息，有助于企业改善国际营销决策，减少失误；② 出口企业可以自行选择国际目标市场，减少对出口中间商的依赖；③ 出口企业可以较快地累积国际市场营销经验、培养国际市场营销人才，为未来的发展打好基础；④ 企业可以更快地提高在国际市场的知名度，更好地树立企业在东道国的国际形象。

直接出口的缺点在于：① 直接出口企业进退国际市场的灵活性不如间接出口企业，因而承担的风险要高于间接出口企业，投入的资源一般也高于间接出口企业；② 直接出口企业寻找国外中间商的难度以及维系其关系的成本要高于间接出口企业；③ 直接出口企业的出口业务由企业自行处理，单个企业的业务量较小，也比较分散，很难达到规模经济。

（二）契约进入模式的特点

1. 许可证模式

许可证模式具有低成本的优点，最明显的好处是能绕过进口壁垒的困扰，而且政治风险比股权投资要小。但是，这种方式不利于对目标国市场的营销规划和方案的控制，还可能将被许可方培养成强劲的竞争对手。鉴于许可证模式存在的弊端，企业在签订许可证合同时应明确规定双方的权利和义务，避免由于权利和义务问题陷入纠纷、诉讼。

2. 特许经营模式

在这种模式下，特许方不需投入太多的资源就能快速地进入国外市场，而且对被特许方的经营拥有一定的控制权。但是很难保证被特许方按照特许合同的规定来提供产品和服务，不利于特许方在不同市场上保持一致的品质。

3. 合同制造模式

采取这种模式可以输出技术或商标等无形资产，而且可以输出劳务和管理等生产要素以及部分资本。但是由于合同制造往往涉及零部件及生产设备的进出口，有可能受到贸易壁垒的影响。

4. 管理合同模式

采取这种模式，企业可以利用管理技巧，不发生现金流出而获取收入，还可以通过管理活动与目标市场的企业和政府接触，为以后的营销活动提供机会。但这种模式具有阶段性，即一旦合同约定完成，企业就必须离开东道国，除非续签新的管理合同。

5. 工程承包模式

工程承包模式最具吸引力之处在于，它所签订的合同往往是大型的长期项目，利润颇丰。

但也正是由于其长期性，这类项目的不确定性因素会增加。

（三）投资进入模式的特点

随着各国经济的对外开放和快速发展，越来越多的企业以对外投资作为进入国外市场的主要手段。

1. 合资经营

合资企业可以利用合作伙伴的成熟营销网络，而且由于当地企业的参与，企业容易被东道国接受。但是也应看到由于股权和管理权的分散，公司经营的协调有时候比较困难，而且公司的技术秘密和商业秘密有可能流失到对方手里，将其培养成将来的竞争对手。

2. 独资经营

独资经营可以使企业完全控制整个管理和销售，独立支配所得利润，技术秘密和商业秘密也不易丢失。但是独资经营一般要求的资金投入很大，而且市场规模的扩大容易受到限制，还可能面临比较大的政治风险和经济风险，如政府没收、外汇管制、货币贬值等。

（四）国际战略联盟的特点

当前，国际战略联盟的主要特点是：① 规模巨大的垄断企业相互兼并；② 主要集中在高技术产业和以金融服务为主的第三产业；③ 企业合并多通过股票市场进行；④ 国际战略联盟成员间的关系是平等互惠、优势互补、共担责任及共担风险；⑤ 组织关系是水平的而不是垂直的；⑥ 企业间进行技术共享、资源合作和经营规范。

世界观察：物联网的国际战略联盟

第三节　国际市场营销战略的组织

任何企业要从事国际市场营销活动，必须建立与之相匹配的组织形式，采用适合的组织管理措施，以有效地实施国际市场营销战略、执行营销计划、进行营销控制，从而提高国际市场营销绩效。

一、组织形式

国际市场营销组织设计的首要原则是要与企业的国际化战略相适应，与企业的国际化程度相适应。因此，随着企业融入国际市场程度的加深，企业的组织形式也将阶段性地演进。

（一）出口部

出口属于企业国际化的最初阶段。处于该阶段的企业其业务大部分集中在国内市场，出口业务所占的比例一般较小，通常由常驻海外的销售代表或国内外销售机构代理完成，这时出口业务往往隶属于原有部门，企业无须对组织结构进行调整。

随着企业国外业务规模不断扩大以及对开拓国外市场兴趣的增加，企业可能雇佣一些经验丰富的国际市场营销人员组成出口部，全面负责国际市场营销活动。建立出口部是组织结构国际化的第一步实质性措施，因此出口部应当是功能比较完善的营销机构，而不只是销售机构。

在组织结构上（见图 9-6），出口部可能是市场部的附属机构（图中 B），也可能与其他职能部门地位平等（图中 A），选择哪种方案取决于海外业务对企业的重要性。

（二）国外子公司

国外子公司是企业组织体系发展过程中的过渡。随着企业出口业务量的增加，出口部无法承担越来越多的工作。企业为克服贸易壁垒，可能在单纯的产品出口基础上开展许可证贸易，与国外企业合资或直接进行海外投资，在这种情况下，企业会直接在国外建立销售机构或者子公司（见图 9-7）。国外子公司组织结构的出现也标志着一家国内企业正迈向国际化经营，未来有可能逐渐发展成为真正的国际企业。

国外子公司的生产和经营活动是独立的，公司总部的管理职能部门，如生产、营销、财务、人事等不参与国外子公司的经营决策。国外子公司直接向总经理或专门分管国外业务的经理汇报工作。

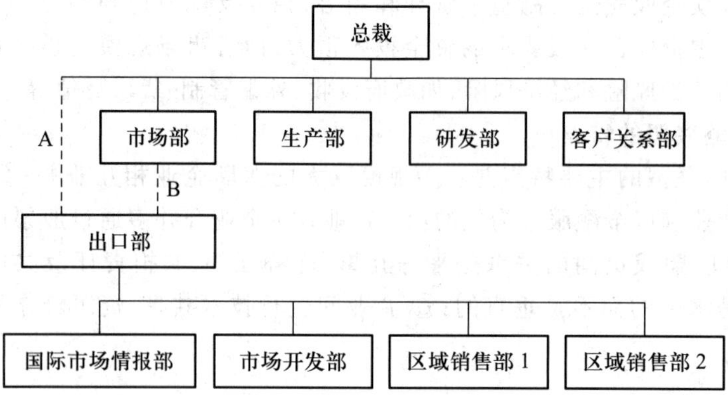

图 9-6　出口部的组织结构图

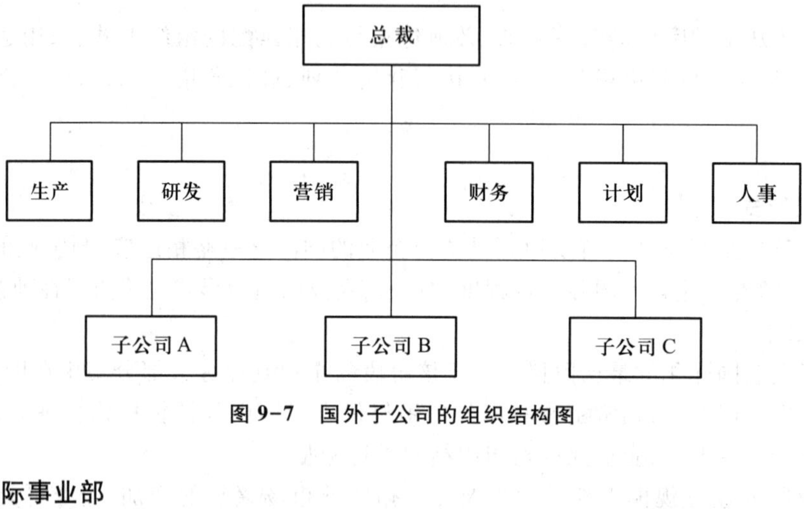

图 9-7　国外子公司的组织结构图

（三）国际事业部

国际事业部出现后，所有国际业务都会被集中在此机构中，国际业务的专门知识、有关国外市场机会的信息流以及对国际业务的管理权也都会被集中在一起（见图 9-8）。为了充分利用规模经济，生产和其他相关的职能仍然归国内事业部管辖，同时，计划和财务、人事等职能部门为国际事业部提供支持。为了避免国际事业部在争取产品、人员和共享服务时处于不利地位，集团公司需要在国内与国际运营中进行协调。

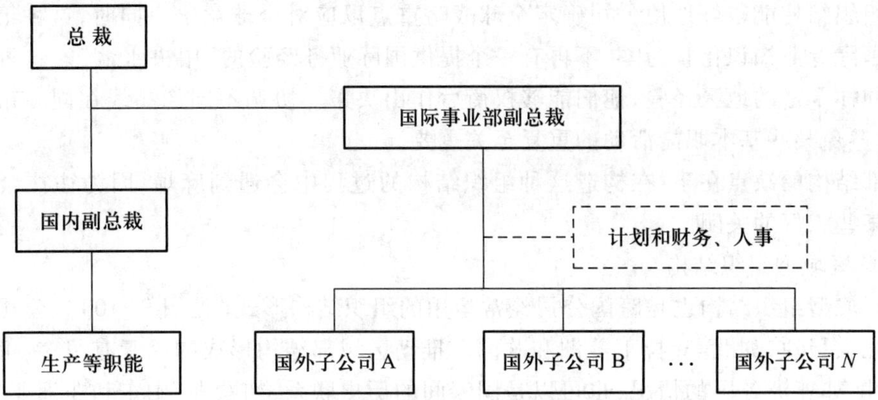

图 9-8　国际事业部的组织结构图

最适合建立国际事业部的情况是:公司产品种类不多,产品不必根据环境变化作重大改变,国际业务的销售额和利润相对于国内事业部来说较少。

(四) 全球性组织结构

许多行业的竞争是以全球为基础的,而非单纯立足于各个独立的国家或区域。全球性组织结构(global organization)是指企业把世界市场看成一个统一的整体,从全球的角度来协调整个企业的生产和销售,统一安排资金预算和利润分配的组织结构。全球性组织结构包括以下类型。

1. 全球产品型组织结构

跨国公司最常用的一种组织结构是全球产品型组织结构,即产品部结构(见图 9-9)。大多数消费品公司都采用这种组织结构形式,这主要是因为其产品的多样性。这种结构使战略业务单元独自负责各自的产品线在全球范围内的营销。

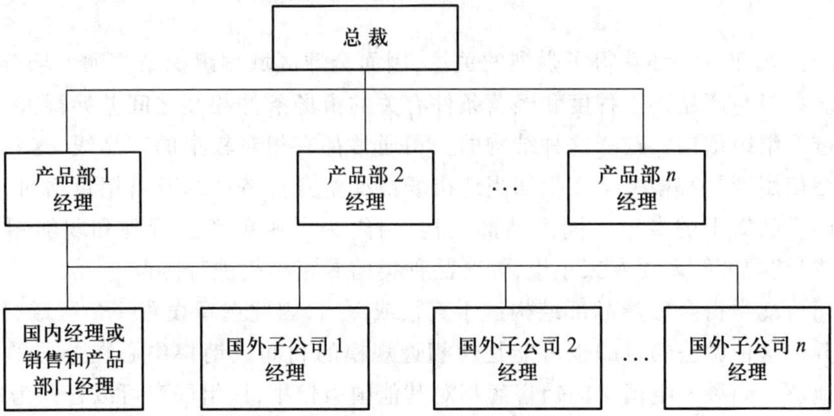

图 9-9　全球产品型组织结构图

产品部结构的主要优点有:一方面它能通过生产设施的集中管理来提高效率、减少成本,这在市场竞争地位由国际市场份额决定的行业中非常关键,因为国际市场份额常常决定于生产的合理组织程度;另一方面它能够协调一项产品所需要的全部职能工作,并能对市场上出现的特定产品的问题做出迅速反应,甚至是影响不大的产品品牌也能得到个别的关注。总而言之,全球产品型组织结构能很好地使公司确定全球战略重点以应对全球竞争。同时,这种组织结构把公司内的国际专业知识化整为零,不再有一个提供国际业务经验的“中央水池”。这种结构假定经理们有同样丰富的地区经验,他们能够权衡后作出决策。协调不同产品线在同一市场上的业务活动,对避免某些基本职能活动的重复至关重要。

产品部结构的缺点在于:在构造这种组织结构的过程中会遇到麻烦,因为往往会涉及业务的整合和某些工厂的关闭。

2. 全球区域型组织结构

全球区域型组织结构也是跨国公司经常运用的组织结构形式(见图 9-10)。公司根据地理区域分成几大板块,如北美、拉丁美洲和欧洲。推动区域部结构形成的因素有很多,可以是文化上的相似性,如亚洲各国的情况;也可以是国家间的历史联系,如欧洲、中东和非洲业务的合并。最高经理层负责为总部的全球计划和控制工作提供协调与支持。

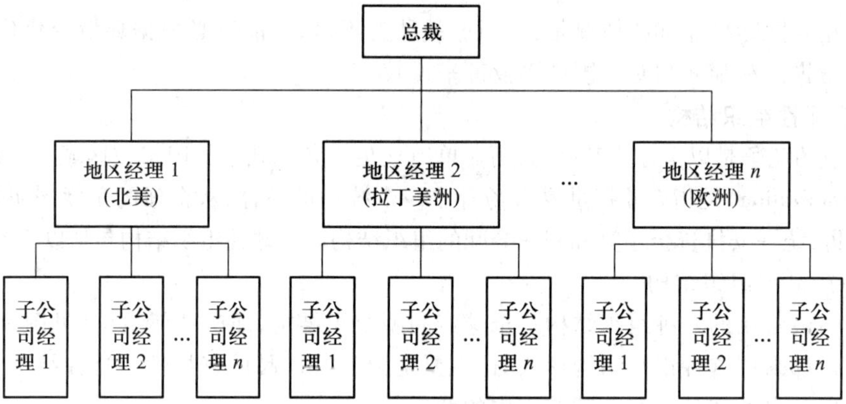

图 9-10 全球区域型组织结构图

由于每个区域和市场都获得了强烈的关注,因而全球区域型组织结构和市场营销观念的结合最为紧密。如果与产品接受程度和经营条件有关的市场条件相互之间差异很大,就可以考虑采用全球区域型组织结构。选择这种结构的公司通常都有相对较窄的产品线,这些产品线的最终用途和最终使用者紧密相关。在根据当地市场情况量身打造产品及营销策略时,最需要的是具备丰富专门产品知识的专家。同产品部结构一样,为了避免产品管理和职能领域的重复工作,区域型组织结构可能需要专家小组,如产品种类的专家小组进行协调。

一些公司可能觉得全球产品部结构过于直接或深入,因此选择设置一个区域组织来完成计划和报告任务。这种做法的目的也可能是使相近规模的利润或销售中心在公司的层级制度中具有相近的地位。如果一组国家的销售额相对其他国家较小,该组国家可以合并为一个区域。

区域型组织结构的优点是能更有效地在区域内进行项目的协调,对区域内的各国市场竞争反应更快,能让每个区域的声音在全球总部更清楚地被决策层听到。

3. 全球职能型组织结构

在所有的组织结构类型中,全球职能型组织结构是从管理的角度来看最简单的一种(见图 9-11)。它根据管理的基本职能即生产、营销、研发等分工来组织国际企业在全球范围内的生产经营活动。

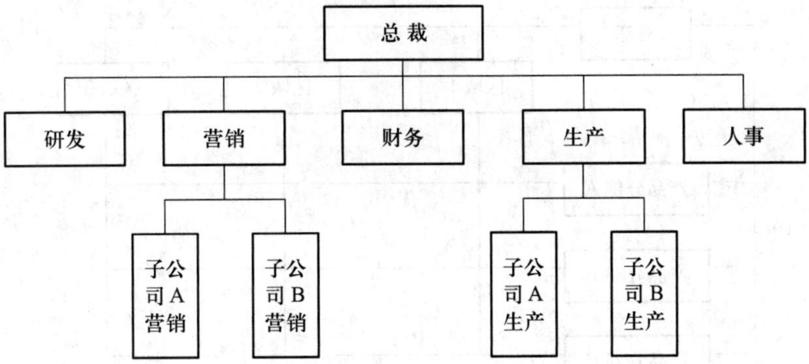

图 9-11　全球职能型组织结构图

当公司的产品和客户相对较少而实质上又相近时，这种结构设置最有效。其主要优点是：集权程度高，可以通过企业的最高管理层对各个职能部门进行协调，使得每个职能部门都能发挥专业性强的优势，获得某一方面的规模效应；能够减少管理层次；能够加强统一的成本核算和利润考核。

4. 全球混合型组织结构

全球混合型组织结构同时结合了两种或两种以上的组织结构形式（见图 9-12）。根据市场需要，公司可以把注意力集中在产品、地区或两者中的任何一个方面。这种结构可能出现在一次并购之后的过渡期，也可能由于一个独特的客户群或者产品线的出现而产生。从长期来看，全球混合型组织结构之间的协调和控制十分复杂。

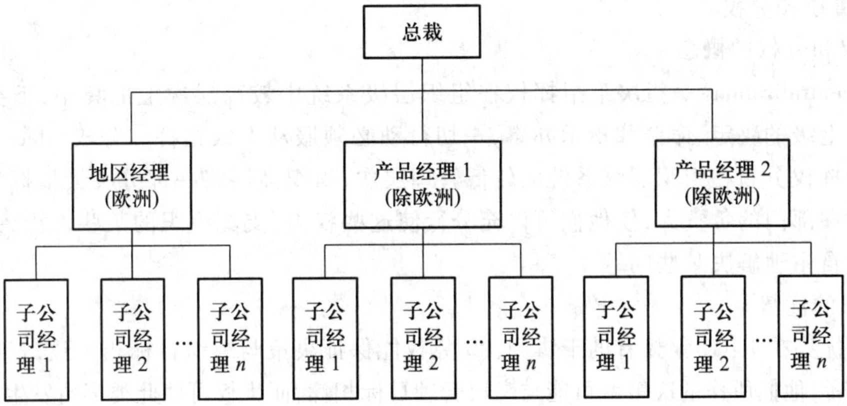

图 9-12　全球混合型组织结构图

5. 全球矩阵型组织结构

许多企业试着采用全球矩阵型组织结构来解决跨国经营的矛盾冲突。在经典的全球矩阵型组织结构中，水平差异化沿二维方向发展：产品分部和地理区域（见图 9-13）。其基本原理是，有关某一特定产品的经营决策权由产品分部与公司的各个区域部门分享。因此，如果产品分部 B 生产的产品要在区域 2 销售，那么在区域 2 所推行的产品供应、市场策略和经营战略的决策应由区域 2 和产品分部 B 通过协调共同作出。人们相信，这种双重决策能同时实现企业的特定目标。大多数经典的全球矩阵型组织结构给予产品分部和地理区域同等的组织地位，从而强化了职责的双重性。在这种结构中，每个经理从属于两个组织和两个上司。

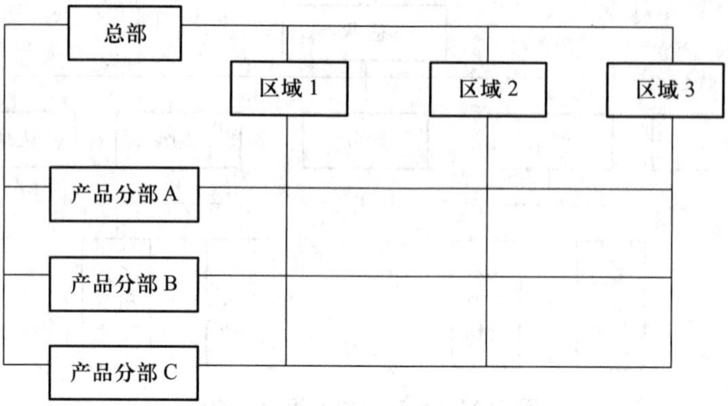

图 9-13　全球矩阵型组织结构图

全球矩阵型组织结构的缺点是:由于需要两个部门共同决策,决策速度减慢,企业难以快速应对市场变化,缺乏创新;会引起不同部门的权力争夺,责任不够清晰,部门间的冲突会使公司总部麻烦不断。

二、组织管理

组织管理主要考虑两方面的问题:一是从纵向角度考虑进行集权管理还是分权管理;二是从横向考虑进行组织协调。

(一)集权和分权

1. 集权和分权的概念

集权(centralization)是指决策指挥权在组织层级系统中较高层次上的集中,下级部门和机构只能依据上级的决定、命令和指示办事,一切行动必须服从上级指挥。分权(decentralization)是指决策指挥权分布在组织层级系统的较低管理层次,组织高层将一部分决策指挥权下放给下级组织机构和部门的负责人,使他们可以充分行使这些权力,支配组织的某些资源,并在其工作职责范围内自主地解决某些问题。

2. 集权的优势

集权的优势在于:① 集权有助于协调;② 集权能保证决策与组织目标相一致,若把决策权分给下层管理者,他们所作的决策就可能与高层管理目标相悖,而集权可使此类事情发生的概率减到最小;③ 把权力集中于某人或某个高层管理班子,有利于高层管理者在必要时采取措施作出重大的组织变革;④ 当组织中各子单位进行类似的活动时,集权能避免这些活动的重复进行。

3. 分权的优势

分权的优势在于:① 当采取集权决策时,高层管理者可能不堪重负,从而导致决策失误,分权通过把一些日常事宜下放给下层管理者,使得高层管理者能把时间集中在处理关键问题上;② 分权能激发人的工作积极性;③ 因为决策不必层层上报,分权具有更大的灵活性,能对环境变化作出更快的反应;④ 分权能使企业作出更符合实际情况的决策,在分权组织结构中,决策者更接近问题所在地方,他们比组织中高层的管理者更了解情况;⑤ 分权能加强子公司控制,分权能在一个组织内部建立相对自治、自我控制的子单位,子单位的管理者将对其所在单位的业绩负责,他们的决策职责越重,就越难为其不佳的表现找借口。

4. 集权与分权抉择

对奉行全球战略的公司而言,它们必须抉择如何在全球分布各种价值创造活动。总部必须决定把研究与开发、生产、营销等部门设在何处。此外,必须协调那些价值创造活动的全球分布网,使它们有助于全球战略的实施。所有这些都会产生要求集中某些经营决策权的压力。

选择集权还是分权并不是绝对的。通常有些决策适合集权,而另一些则适合分权,这取决于决策的类型和公司的战略。有关公司的整个战略、重要的财务支出、财务目标等诸如此类的决策权通常集中于公司总部。而经营决策权,如生产、营销、研究与开发和人力资源管理,则取决于公司的基本战略,既可能集中,也可能下放。

由于跨国公司强调地区的适应性,把经营决策权下放到国外子公司就显得极为重要。在典型的跨国公司中,国外子公司对大多数生产和营销决策都有自主权。跨国公司倾向于集中控制其核心竞争力,而把其他决策权分给国外的子公司。通常,母国总部集中控制研究与开发和营销,或二者取其一,而把营运决策权下放到国外子公司。当跨国公司把产品开发活动(其核心竞争力)集中到公司总部,把营销活动分散到国外各个子公司中,国外子公司的管理者有很大的自主权,能针对当地特定的市场来制定产品的营销策略。

(二)组织协调

一个理想的组织结构应该鼓励成员在必要时提供横向信息,从而实现横向协调。但是在实践中,由于各子单位有着不同的行动方向,从而使得部门间的沟通存在障碍。任何公司都普遍存在这种协调上的障碍,但对于国内与国外都有大量子公司的跨国公司来说,问题尤为严重。同时,由于子公司的经理之间时区、距离和国籍不同,子公司间行动方向的差异表现得更为突出。因此,企业必须建立一定的协调机制以应对部门间冲突,提高组织效率。

1. 正式协调机制

正式协调机制(formal coordination mechanism)是把子单位整合起来的正式机制,依其复杂程度而不同,可以从简单的直接联系或设置联络员角色到建立团队,甚至设计矩阵结构。总之,协调的需求越大,正式协调机制的复杂程度就越高。

(1) 直接联系。子单位经理间的直接联系是最简单的协调机制。通过这种机制,各子单位的经理就能对共同关心的问题相互沟通。但是,如果经理们有着不同的行动方向阻碍协作,直接联系就可能失效。

(2) 设置联络员角色。当子单位间联系的次数增多时,每一子单位设置一个联络员岗位专门负责与其他子单位间的协调工作将有助于子单位间的合作。通过这些联络员,相关人员间就建立起了永久关系,这有助于减少前面所提到的协作中的障碍。

(3) 建立团队。当协作的要求更高时,公司将组建一个临时或永久性的团队。其成员由需要协调的子单位的人员组成。这些团队通常负责协调新产品的开发与上市。当经营或决策方面需要两个或更多的子单位合作时,它们十分有效。新产品开发和上市小组的人员通常来自研究开发部、生产部和营销部,最后协作的结果有利于开发出既满足消费者需要,成本又合理的产品。

(4) 设计矩阵结构。当整合的需求很大时,公司可能需要建立某类矩阵结构,此结构中的所有职能都被视为整合职能。该结构的设计目的在于取得子单位间最大程度的整体协调。跨国公司中最常见的矩阵以地理区域和全球性的产品部门为基础。这样,在产品部门和地区部门间就取得了高度的整合和协作。

但是,这样的解决方案很容易陷入官僚主义的泥潭,在旧问题的解决过程中又会产生许多新问题。矩阵结构容易官僚化,不灵活,而且冲突特性多于合作。这样的结构要变得灵活机动,就需要非正式协调机制的支持。

2. 非正式协调机制

非正式协调机制(informal coordination mechanism)是为了减轻和避免由正式协调机制特别是矩阵结构所导致的问题而建立的,一般包括管理网络和组织文化两种具体机制。

(1) 管理网络。管理网络是企业中各经理之间进行非正式联络的机制。网络的强大力量在于它能在多国企业中被当作知识流动的非官方渠道。要建立一个网络,组织中不同地区的经理至少需间接地彼此联系。

两种用来建立公司关系网的技术分别是信息系统和管理发展政策。计算机和互联网为公司的非正式信息系统网络提供了物质基础。电子邮件、可视会议和调整数据系统使分散在全球的经理们能更方便地相互认识。公司的管理发展政策也被用于建立非正式的网络,其策略包括让经理们经常在各子单位的岗位上轮换,使他们能建立自己的非正式关系网,或通过管理培训项目把各子公司的经理召集在一起,使他们彼此相识。

世界观察:IBM 全球内部信息流通系统

(2) 组织文化。如果子公司的经理坚持追求与整个公司不一致的目标,那么光靠管理网络还不足以取得协调。为了使管理网络能良好地运作,使正式的矩阵结构起到作用,经理们必须对相同的目标有着共同的、坚定不移的承诺。也就是说,企业必须用强大的组织文化来激发和促进团队精神与合作,组织内的经理们必须坚持一系列共同的价值观和准则。这样,经理就愿意也能够暂时放下本单位的利益,从事使公司获利的工作。

中国之问与实践探索:自主品牌汽车企业海外市场管理体系建设

党的二十大报告把“推进高水平对外开放”作为“加快构建新发展格局,着力推动高质量发展”的重要内容。企业要自觉地把握对外开放的规律,在实践中学习国际市场营销,“走出去”打开新市场、“走出去”拓展新空间、“走出去”构建产业链,推动企业高质量发展。奇瑞汽车股份有限公司以“打造国际一流品牌”为战略目标,长期注重海外市场开拓,围绕“六型”建设海外市场管理体系,有效提升了“中国制造”的国际形象。

自主品牌汽车企业以“六型”为核心的海外市场管理体系建设

本章小结

国际市场营销战略规划及组织是决定企业国际市场营销的长期性、整体性、方向性的重要工作。本章在回顾市场营销战略规划基本内容的基础上,介绍了国际市场营销战略规划的制定程序及其重点;探讨了全球营销战略的标准化与适应性问题及四种全球战略的选择;细致地叙述了出口进入模式、契约进入模式、投资进入模式和国际战略联盟四种国际市场进入模式及其特点;阐释了国际市场营销各种组织形式及其特点;从两个维度重点阐述了国际市场营销的组织管理——纵向的集权与分权,横向的正式协调机制与非正式协调机制。

思考题

1. 全球标准化与适应性有何区别?有哪几种全球战略可供选择?
2. 国际市场营销战略规划分为哪几个阶段?每个阶段的主要任务是什么?
3. 进入国际市场有哪些模式?这些进入模式各有什么特点?
4. 集权与分权各有什么特点?中国企业在国际市场营销组织管理中应该注意什么问题?
5. 正式协调机制与非正式协调机制各有哪些方式?中国企业应如何统筹应用?

开篇案例讨论

1. 你如何评价吉利汽车的国际化战略?
2. 为什么吉利汽车"投资全球"的国际化战略会成功?哪些经验可供中国其他企业借鉴?
3. 你如何理解"投资全球"的各种方式?从理论上如何阐释?

本章即测即评

第九章
即测即评

网上练习

主题:某企业的国际市场营销战略规划

步骤 1:教师选择一个中国企业及其产品,提供企业背景资料。学生的任务是将该产品打入该国际市场,学生为该企业制定国际市场营销战略规划。

步骤 2:按照国际市场营销战略规划过程(见图 9-5),学生根据中国企业及其产品,搜索东道国相关数据资料,初步选择一个东道国。重点是使企业目标与东道国需要一致。

步骤 3:明确东道国市场采用的市场营销策略组合。重点是使国际市场营销策略组合适应目标市场。

步骤 4：制定和撰写国际市场营销战略规划报告。

步骤 5：课堂上，教师选择学生报告进行讨论交流，评选出 3 份最优的国际市场营销战略规划报告。归纳总结进行国际市场营销战略规划的重点和关键环节。

国际市场营销技能训练

主题：企业进入模式决策

步骤 1：教师假设一个中国企业及其产品准备进入国际市场（可以同时规定进入的东道国，也可以让学生选择），并为学生提供相关基本背景资料。学生根据各自需要进一步收集相关数据和资料。

步骤 2：教师将班级学生分成 6 个小组（每组 4~7 人），规定各小组分别采用出口进入模式、许可证模式、特许经营模式、合资经营模式、独资经营模式和国际战略联盟，将企业产品打入国际市场。

步骤 3：课堂下，各个小组根据其进入国际市场模式，通过收集、整理和分析东道国环境，制定进入东道国市场的方案。重点明确所采用进入模式的优点和缺点。

步骤 4：课堂上，各小组依次介绍进入国际市场方案及其优缺点。其他小组学生均可以提问，介绍小组回答。

步骤 5：课堂上，教师指导学生讨论，重点是各种进入模式的可行性，以及优缺点。

步骤 6：课堂上，在充分讨论的基础上，教师指导学生选择出该企业最适合的进入模式，并讨论进一步完善该模式方案。

推荐读物

第四篇
国际市场营销策略组合

第十章
国际市场营销的产品策略

本章学习目标

◆ 明确产品策略的决策内容
◆ 掌握产品生命周期理论及其各阶段策略
◆ 理解整体产品的概念
◆ 掌握国际市场营销的产品筛选策略
◆ 了解国际市场的品牌管理
◆ 辨识全球品牌与私有品牌的特点
◆ 思考产品创新及其扩散的影响因素
◆ 熟悉国际市场营销中产品质量及其维护问题
◆ 辨识国际市场营销产品的强制性适应与文化性适应
◆ 了解国际市场营销产品的标准化策略与差异化策略

本章主要概念

产品(product)　新产品(new product)　产品组合(product mix)　产品线(product line)　产品项目(product item)　产品组合的宽度(width of a product mix)　产品组合的深度(depth of a product mix)　产品组合的密度(consistency of a product mix)　品牌(brand)　商标(trademark)　包装(package)　标签(label)　产品生命周期(product life cycle)　整体产品(integrate product)　核心产品(core product)　有形产品(tangible product)　附加产品(augmented product)　全球品牌(global brands)　原产地效应(country of origin effect, COE)　私有品牌(private brands)　创新(innovation)　质量(quality)　市场感知质量(market-perceived quality)　性能质量(performance quality)　强制性适应或物质性适应(mandatory or physical adaptation)　文化性适应(cultural adaptation)

开篇案例

比亚迪年销破 300 万辆 ——中国冠军，世界冠军

国际市场营销产品策略是开拓国际市场的利器，高质量产品满足市场需求和文化适应性构成重要的国际市场竞争力。习近平总书记指出，“中国新能源汽车、锂电池、光伏产品‘新三样’出口快速增长”。对推动货物贸易优化升级、加快建设贸易强国意义重大。汽车百年发展历程看，抢占市场先机非常重要，比亚迪不仅一举夺得了中国的新能源汽车销售冠军，也夺得了全球新能源汽车销售冠军，其稳步推进的全球化战略发挥了重要作用。这对中国企业发展外贸新动能的新产品策略有哪些启示？

比亚迪年销量破 300 万辆——
中国冠军，世界冠军

*第一节　市场营销的产品策略

一、产品策略的决策内容

（一）产品与新产品

1. 产品的概念

随着经济的发展，产品的内涵日益丰富。如何正确把握整体产品的概念、如何建立或扩充（减少）产品组合，是产品决策中的首要问题。

产品（product）是指具有一定价值和使用价值的物品。在市场营销学中，产品是指“为留意、获取、使用或消费以满足某种欲望和需要而提供给市场的一切东西”①，它不仅包括有形的物品，而且包括无形的服务。

产品是企业市场活动的基础，只有产品满足顾客的需求，企业才能生存发展。然而，在很多情况下，企业认为是产品的东西，顾客不一定购买。管理学大师彼得·德鲁克（Peter Drucker）指出：“在顾客获得最终效用以前，并不存在真正的产品，存在的只是原料。”现实生活中，顾客对产品的认识与制造商对产品的认识截然不同。

世界观察：同一产品，不同理解：产品概念的多面性

2. 新产品的概念及类型

新产品（new product）是指能给消费者或用户带来新的利益的产品。在市场营销学中，新产品不一定都是新发明创造的产品，凡是产品中任何一个部分的创新和

① 科特勒，洪瑞云，梁绍明，等.市场营销管理：下册［M］.郭国庆，成栋，王晓东，等，译.亚洲版.北京：中国人民大学出版社，1997：66.

改进都属于新产品的范围。第一台问世的计算机是无可争议的新产品,以后相继出现的改进的计算机,也是新产品;在一国市场上流行的产品,首次投放到另一个国家市场,对这个国家的消费者也属于新产品。根据产品创新程度不同,新产品可分为技术新产品和市场新产品两大类。

(1) 技术新产品,包括全新产品和革新产品。全新产品指新发明创造的产品,一般是由于科技进步,为满足市场新需求而发明制造的前所未有的产品。全新产品的市场生命周期长,但发明难度大,企业不仅需要大量的资金和先进的技术,而且要承担较高的市场风险,一个企业往往很难单独提供这样的新产品。

革新产品指对现有产品进行技术更新而生产出来的新产品。革新产品所需的研制时间和费用均比全新产品少,消费者接受和产品普及的过程也短。

(2) 市场新产品,包括改进现有产品和仿制新产品。改进现有产品即对现有产品的品质、特色、款式、外形等进行改进,使消费者得到更多的利益。这类产品与原有产品十分接近,便于消费者快速接受,但是由于无须以新的科学技术为基础,多数企业都能生产,故市场竞争激烈。

仿制新产品即企业通过引进或模仿他人的技术,将市场上已有产品某一方面的特点稍加改变,然后贴上自己的品牌。这类产品也无须新科学、新技术,研制时间短,消费者容易接受,但市场竞争激烈,产品生命周期短。

世界观察

数字产品

数字产品(digital products),是指可以在线购买和即刻消费,并且使用时不用担心其退化或丢失的产品,通常可以通过数字媒介进行分享和传播,复制成本和门槛很低。比如,在线音乐和移动 App。

数字产品具有非物质性(产品的存在并不依赖于特定的物理空间)、即时性(产品消费和使用不依赖于特定的时间和空间)、迭代性(企业根据消费者需求对产品及其功能进行不断的优化和升级、改进和完善)、易传播性(产品可以以较低的成本进行快速复制、存储和传播)、可保存性(产品能够以一定的形式长期存在)。

资料来源:根据相关文献编写。

(二) 产品组合策略

1. 产品组合

(1) 相关概念。

① 产品组合(product mix)又叫产品花色品种配合,是指企业生产经营的全部产品的结构,包括企业提供给市场的全部产品线和产品项目。

② 产品线(product line)又叫产品大类,是指一组密切相关的产品,或者说是一组相似或相近的产品项目。它们或以相似的方式起作用,或被出售给同样的客户,或由同样的中间商销售,或属于同一个价格幅度。

③ 产品项目(product item)是指产品线中各种不同品种、档次、质量和价格的特定产品。它一般根据尺寸、价格、外形或其他属性进行区分,可以称作库存单位或产品实体。

(2) 基本因素。

① 产品组合的宽度(width of a product mix)又称产品组合的广度,指一个企业生产经营的产品系列的数目,即产品线数目的多少。

② 产品组合的深度(depth of a product mix)又称产品组合的长度,指在各个产品系列中不同规格的产品项目总数。产品线中所包含的产品项目的平均数为产品线的平均长度,其计算方法是总长度除以产品线数。

③ 产品组合的密度(consistency of a product mix)又叫产品组合的关联性,指各产品线在生产经营中相关联的程度,或者说是各个产品系列之间在最终用途、生产条件、分配渠道或其他方面存在的相关程度。

2. 产品组合决策

(1) 产品组合方式策略。

① 单一组合策略,即企业只生产和经营有限的甚至单一的产品线中各产品项目,以满足有限的或单一的市场需要。一般具有某种专长的企业会采用这一策略。

② 市场专业化组合策略,即着眼于向某一类顾客提供他们所需要的全部产品,而不考虑各产品线之间的关联程度。

③ 产品专业化组合策略,即企业关注于某一大类产品的多种系列化生产和经营,使其产品能够适应消费者对该大类产品的不同需求。

④ 多样化组合策略,即着眼于满足企业生产经营范围内所有顾客的各种需求。广义地讲,多样化组合策略是指打破行业界限,尽可能地增加产品组合的广度和深度,不受产品线之间相关性的约束;狭义地讲,多样化组合策略是指在一个行业内提供该行业所必需的全部产品,各条产品线的深度大,且相互之间具有密切的相关性。这一策略强调充分而有效地利用企业雄厚的资源条件。

⑤ 选择性组合策略,即企业根据自己的专长,只是集中生产和经营某些具有稳定销路的特殊产品项目。采用这一策略会使企业的市场开拓受到很大限制,但竞争的威胁也很小。

(2) 扩充产品组合策略。产品线具有不断延长的趋势,生产能力过剩会促使企业开发新的产品项目。但当产品项目增加后,设计费、工程费、仓储费、转产费、订货处理费、运输费以及新产品项目的促销费等费用会相应上升。

扩充产品组合策略即产品线延伸决策,是指生产或经营更多品种。此策略可以充分利用企业的人、财、物,减少经营的风险,但同时提高了经营的复杂程度。

① 向下延伸又称低档产品策略,即最初定位于高档产品市场,然后在原有的产品线内,增加低档次、低价格的产品项目,进入低档产品市场。

② 向上延伸又称高档产品策略,即最初定位于低档产品市场,然后在原有的产品线内,增加高档次、高价格的产品项目,进入高档产品市场。

③ 双向延伸,即定位于市场中端的企业可能决定向上、下两个方向延伸其产品线。这种策略的风险是有些买主认为两种型号之间差别不大而会选择较低档的品种。

世界观察

丰田产品线的双向延伸

丰田产品线的延伸如图 10-1 所示。

价格		质量：经济	质量：标准	质量：良好	质量：优异
价格	很高				雷克萨斯 (高层管理者)
	高			凯美瑞 (中层管理者)	
	一般		卡罗拉 (基层经理)		
	低	小明星 (首次购买者)			

图 10-1 丰田的产品线

资料来源:根据相关文献编写。

(3) 缩减产品组合策略。此种策略是指实行少品类、专业化的经营,有利于企业采取先进的生产技术和营销方法,提高效率,降低成本和风险。因此,该策略要求企业有关决策人员善于通过专业化运营将多品类集中化,使企业的产品组合独具特色,并在不断调整中保持最佳状态。

(三) 产品品牌策略

1. 品牌与商标

品牌(brand)包括品牌名称和品牌标志两部分。其中,品牌名称是品牌中可用语言表达称呼的部分;品牌标志是品牌中可以通过视觉识别而不能用语言表达的部分。美国市场营销协会(AMA)对品牌的定义是:"品牌是一个名称、名词、标记、符号或设计,或是它们的组合,其目的是识别某个销售者或某群销售者的产品或劳务,并使之与竞争对手的产品和劳务区别开来。"

品牌包含属性、利益、价值、文化、个性和用户六个层次的意义。品牌最持久的意义是其价值、文化和个性,它们构成了品牌的实质。总而言之,品牌是一个复杂的符号,品牌化的挑战在于制定一整套品牌含义。当受众可以识别品牌的六个层次的意义时,称之为深度品牌,否则只是一个肤浅品牌。

商标(trademark)是受法律保护的一种品牌名称、品牌标记或商业特征,或是这些因素的组合。品牌或品牌的一部分在政府有关部门依法注册并取得专用权后,成为商标。

2. 品牌化决策

品牌化决策包括品牌有无决策、品牌使用者决策、品牌名称决策、品牌战略决策和品牌重新定位决策五个方面的重要内容,如图 10-2 所示。

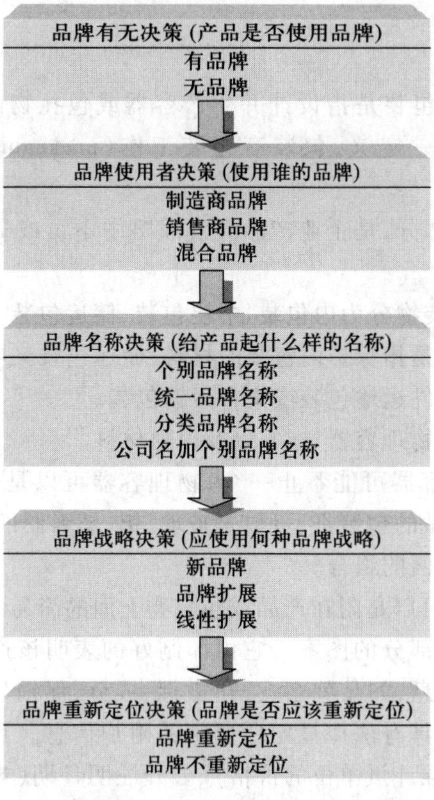

图 10-2 品牌化决策主要内容

世界观察

制造商品牌与销售商品牌的特点比较

制造商与销售商品牌的特点如表 10-1 所示。

表 10-1 特点比较

特点	制造商品牌	销售商品牌
目标市场	规避风险者,讲究质量,忠于品牌,讲究社会地位,快速购物者	计较价格,比较型购物者,讲究质量,承担适度的风险,忠于经销商
产品	著名、可信、质量控制最佳,易于识别,产品线很深	总体质量与制造商的相当,不太讲究包装,品种较少,只有特定经销商处的顾客才了解这些品牌
分销	通常由很多相互竞争的经销商来销售	通常只在特定区域特定经销商处有供应
促销	制造商出资做广告,合作性广告	经销商出资做广告
定价	最高,通常由制造商建议	适中,通常由经销商控制
营销重点	建立品牌忠诚度,由制造商来实施控制	建立对经销商的忠诚度,由经销商来实施控制

资料来源:根据相关文献编写。

（四）产品包装策略

1. 概念

菲利普·科特勒认为:“包装是指设计并生产容器或包扎物的一系列活动。这种容器或包扎物称为包装。”[①]根据这一定义,包装有包装工作(packaging)和包装物(package)两层含义。

包装是产品的重要组成部分,是企业产品开发战略中不可或缺的内容,它已成为一种强有力的竞争手段。

人们根据作用不同将包装物分为内包装、中层包装、储运包装。其中,内包装是指最接近产品的容器和包扎物;中层包装是指保护内包装的材料;储运包装又叫运输包装,是指用于商品储存、辨认和运输时所必需的单件运输包装或集合运输包装。

从形式上看,包装物包括物理容器、标签以及内附材料。

(1) 物理容器。产品的容器可能不止一个,物理容器可以是纸板、金属、塑料或木制的箱子,可以是玻璃纸、蜡纸或布做的包装纸,可以是玻璃、铝、塑料制的容器,可以是纸袋、泡沫塑料或一些其他材料,或是这些东西的组合。

(2) 标签(label)。标签可以是附在产品或包装物上面的简易签条,也可以和包装物合为一体,是精心设计的作为包装一部分的图案。它由印制好的表明该产品的信息构成,可能仅有品牌名,也可能包含其他许多信息,如品牌名、公司徽标、成分、促销信息、库存代码、使用说明等。对某些产品而言,标签中必须具有法律规定所要求的附加信息。目前,标签设计必须考虑的因素有:单位定价(标明每一标准计量单位的价格)、公开注明日期(规定产品预期的货架寿命)以及营养标签(规定产品中的营养价值)。卖主必须保证在推出新产品时,其标签包括消费者所需的全部信息。

(3) 内附材料。内附材料指药品、玩具等产品附属的使用说明、安全信息以及其他包装物,或者是优惠券、奖品,或者是食谱配方小册子等。

2. 包装策略

(1) 类似包装策略。它也叫产品线包装策略,是指企业在其生产的同一产品线中的各种产品的包装外形上采用相同的图案、近似的色彩、共同的特征。其优点是:有利于节省包装设计成本;有利于新产品上市,增加企业市场信誉,减少风险;有利于扩大销售。

(2) 配套包装策略。它是指企业将多种有关联的产品组合在一起,置于同一个包装容器内,如日用陶瓷器皿。其优点是:有利于新产品与原有产品的组合销售;便于消费者购买;能促进销售,扩大销售量。

(3) 再用包装策略。它是指原包装的商品使用完以后,其包装物可以再用。其优点是:通过精美的包装物来博得消费者好感,甚至使消费者不是为了产品,而是为了包装购买;包装物有广告的作用,能引起重复购买;节约消费者的包装费用,保护消费者利益。

(4) 等级包装策略。它是指将产品分为若干等级,对高档优质产品采用优良包装,一般产品采用普通包装,使包装价值与产品质量相符、表里如一,便于购买力不同的消费者选购。

---

① 科特勒,洪瑞云,梁绍明,等.市场营销管理:下册[M].郭国庆,成栋,王晓东,等,译.亚洲版.北京:中国人民大学出版社,1997:88.

(5) 附赠包装策略。它是指在产品包装物外面或包装内赠奖券、实物等,以吸引消费者购买。

(6) 开拓新包装。它包括收缩包装、喷雾包装、真空包装、透明包装、贴体包装等。

二、产品生命周期理论

产品生命周期是市场营销学中的重要理论,它能使我们较为清楚地观察了解产品的市场竞争能力。产品生命周期理论是企业制定市场营销策略的依据。企业必须了解和掌握产品生命周期各阶段的特点,以便制定相应的市场营销策略。

(一) 产品生命周期的概念及阶段

产品生命周期(product life cycle,PLC)是指产品从研制成功投入市场开始,经过成长和成熟阶段,最终衰退乃至被淘汰的整个市场营销周期。产品生命周期是指产品的市场寿命,而不是使用寿命。

产品生命周期理论认为,商品的销售历史一般经历介绍期、成长期、成熟期和衰退期四个阶段(见图 10-3)。

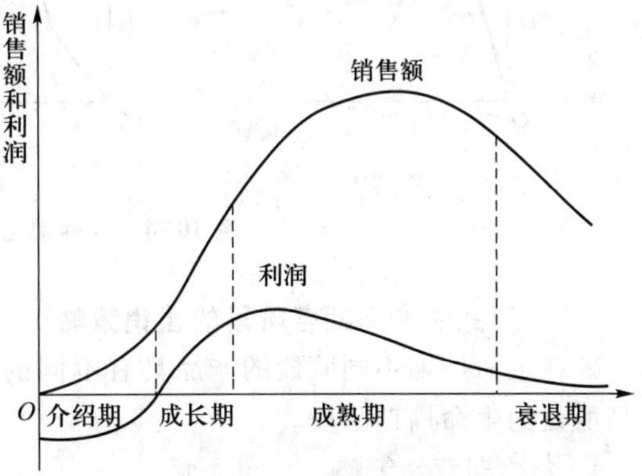

图 10-3 产品生命周期

1. 介绍期

介绍期又称导入期或引入期。新产品刚进入市场时,顾客对产品还不了解,只有少数追求新奇的顾客可能购买,产品销量很低。同时,由于技术原因,产品难以大批量生产,成本较高,而企业为开拓市场又需大量促销费用,所以在此阶段企业常常会发生亏损,未来市场前景也不明朗。

2. 成长期

在此阶段,顾客对产品已经认识并接受,消费者和用户迅速增加,市场逐步扩大,生产成本相对降低,销量迅速上升,利润也快速增长。

3. 成熟期

在这个阶段,产品已被大多数消费者接受,市场需求趋向饱和,市场竞争者的加入也使同类产品供给量增加,销售量达到顶峰,企业利润增长速度逐步减慢。

4. 衰退期

在此阶段,销售额和利润随着需求的转移、竞争的加剧、市场售价的降低以及促销费用的增加而迅速下降。此时,新产品或新的替代品已出现,老产品逐渐被淘汰而退出市场。

产品生命周期各个阶段的划分是相对的。一般来说,各阶段的分界点为销售增长率的明显变化之处。

在现实生活中,并非所有的产品均遵循典型的产品生命周期规律,而是呈现出多种形态,其中常见的有六种形态(见图 10-4)。产品生命周期理论用于分析一个产品种类、一种产品形式或一种品牌时,所得到的产品生命周期曲线形状是各不相同的。产品种类具有最长的生命周期,产品形式则比产品种类更能准确地体现典型的产品生命周期的历史,而品牌化的产品则有短的或长的产品生命周期。

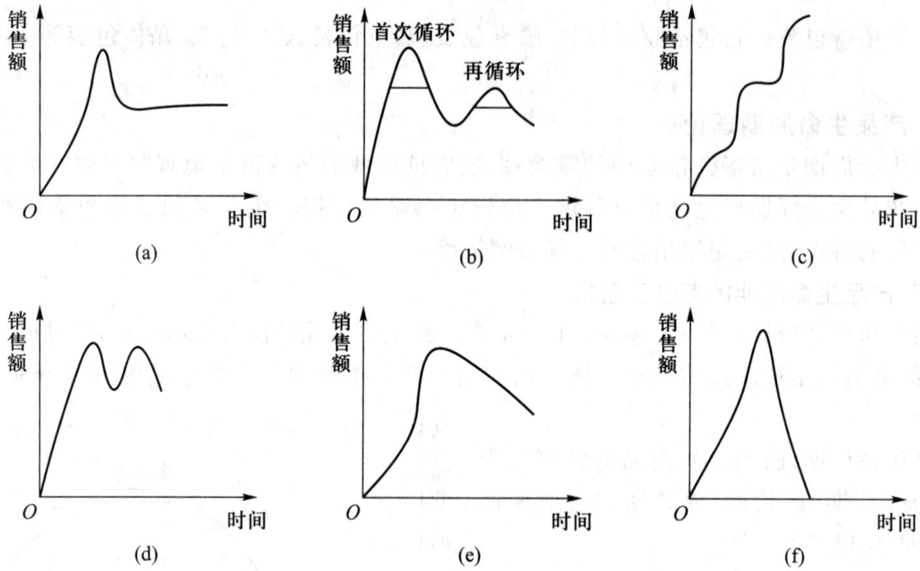

图 10-4　六种常见的产品生命周期曲线

（二）产品生命周期各阶段的营销策略

处在生命周期不同阶段的产品具有不同的特征，因此在制定市场营销策略时，要认真分析产品所处的生命周期阶段。

1. 介绍期营销策略

在介绍期，由于顾客对产品的性能、价值、效用等不熟悉，因此，企业要花费较高的促销费用，建立广泛的销售渠道以吸引消费者试用该产品。同时，由于销售量、产量、技术等原因，产品的制造成本较高，定价也高，因此，营销者必须把销售力量直接瞄准那些购买愿望最强烈的消费者，根据市场接受水准，制定适宜的市场营销策略（见图 10-5）。

价格 \ 促销开支	高	低
高	快速撇脂策略	缓慢撇脂策略
低	快速渗透策略	缓慢渗透策略

图 10-5　介绍期营销策略

（1）快速撇脂策略。企业为迅速扩大产品销售额，取得较高的市场占有率，可以采用较高定价和高促销开支的策略。当然，采用该策略的市场前提是：目标市场的大部分顾客或者潜在顾客对这种产品缺乏了解，他们有能力并且愿意以较高的价格购买新产品。有时企业面临潜在竞争对手的威胁，或者希望在短时间内树立产品（品牌）形象，会采用这一策略，以求领先竞争对手，或者迅速使消费者建立对自己品牌的偏好。

（2）缓慢撇脂策略。采用这种策略的企业会同时确定较高的定价和较低的促销开支，以求最大限度节省开支，得到更多的市场利润。如果企业在某个市场容量较小的细分市场上享有较好的品牌形象，加上大部分消费者已经熟悉这种产品（品牌），愿意出高价，那么这种策略就可以取得良好效果。

(3) 快速渗透策略。这种营销策略具有很大的攻击性,其目的是快速进入市场,尽可能占有高的市场份额。主要采用的方法是低定价、高促销开支,以最大限度提高产品知名度,刺激消费者(尝试)购买该产品。当市场满足如下条件时,这种策略容易成功:市场容量庞大,潜在的竞争激烈,产品的需求价格弹性较大,消费者对产品缺乏了解,以及市场达到规模经济可以降低生产成本。

(4) 缓慢渗透策略。这种营销策略是指企业以低定价、低促销开支来推出新产品。这种营销策略要求市场容量很大,消费者了解产品甚至公司的品牌(形象等),但对价格有较大的需求弹性。这样,产品虽然以低定价销售,但是由于成本较低,公司在取得较大销售额的条件下也能获得很高的利润。

2. 成长期营销策略

经过初期的市场开拓后,消费者已熟知这一产品,早期消费者的重复购买吸引并带动了更多消费者的加入,使得销售额迅速增长。丰厚的利润引来新竞争者的介入,并出现新的产品特点,使市场进一步细分,销售渠道拓宽。

针对成长期的特点,企业常采用的营销策略有:第一,努力提高产品质量,增加花色品种,以提高产品的竞争能力;第二,进入新的细分市场;第三,开辟新的分销渠道,扩大商业网点,增加对市场的覆盖;第四,改变广告宣传,从产品知觉广告转向产品偏好广告;第五,适当降低价格,面向那些对价格较为敏感的消费者。

3. 成熟期营销策略

产品经过高速成长期达到高峰后,销售量的增速放缓,行业生产能力逐渐过剩,竞争者竞相采用价格战来巩固市场,扩大市场份额,结果在市场上形成了几个能够支配行业的巨型企业及大量的市场拾遗补阙者,整个成熟大致经历了分销饱和、市场饱和及顾客转向三个阶段期。企业在成熟期采取的策略有以下几点。

(1) 市场改良策略,即不改变产品本身,而是通过发现产品的新用途、新市场等方式来扩大产品的销售量。

(2) 产品改良策略,即通过产品自身的改变来满足顾客的不同需要。

(3) 市场营销组合改良策略,即通过改变市场营销组合的要素来延长产品的市场寿命,其做法包括:降低价格或采取一些优惠措施激励消费;努力提高服务水平;调整分销渠道;重新进行广告媒体组合,变更广告时间、频率;增加人员推销;加强促销等。

4. 衰退期营销策略

由于技术进步、消费者需求偏好变化、国内外竞争激烈等原因,产品的市场需求下降,销售量锐减,一些竞争者退出市场,企业营利水平非常低,这时产品已进入衰退期。企业需通过审查产品在市场规模、市场份额、价格、成本、利润等方面的变化趋势,确认产品是否处于衰退期,并采取相应的营销策略。衰退期营销策略具体有连续策略、集中策略、榨取策略和撤退策略。

第二节 整体产品的概念与管理

一、整体产品的概念与筛选

（一）整体产品的概念

在国际市场营销中，营销人员必须从整体产品的概念视角思考问题，根据文化环境的变化，对整体产品的构成要素进行文化适应性筛选。整体产品（integrate product）包括核心产品、有形产品和附加产品三个层次（见图10-6）。

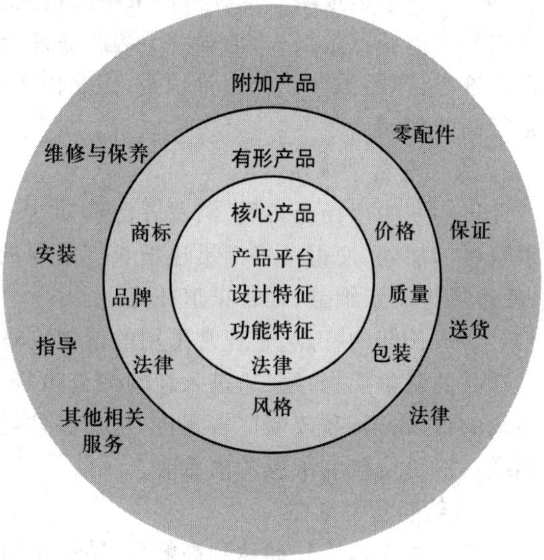

图 10-6 产品构成模式

1. 核心产品

核心产品（core product）又称实质产品，是产品为顾客带来的基本利益和效用，即产品的使用价值。这是产品最基本的层次，以满足顾客基本需要为核心内容。需要注意的是，顾客购买某种产品，不是为了获得它的所有权，而是由于它能满足自己某一方面的需求或欲望。换言之，顾客购买某种产品所追求的核心利益就是通过产品的消费来获得某种需要——这正是产品的核心部分。当然，核心产品只是一个抽象概念，企业要把产品销售出去，必须借助某种具体的有形产品。

2. 有形产品

有形产品（tangible product）是消费者需要的产品实体的具体外观，是核心产品的表现形式，是向市场提供的实体和劳务可以为顾客所识别的面貌特征。有形产品包括产品的形态、形状、商标、品牌、价格、质量、包装、设计、风格、色调等，是产品的基础。无形产品（服务）也基本具备其中全部或部分要素。

有形产品是呈现在市场上可以为消费者所识别的，因此它是消费者选购商品的直观依据。产品的基本效用必须通过有形产品来实现，以更好地满足各类顾客的需要。

3. 附加产品

附加产品（augmented product）又叫延伸产品，是消费者在购买产品或使用产品过程中所获得的有形产品以外的全部利益，包括提供贷款、送货、维修、保养、安装、技术指导、售后服务等，它们都是对产品价值的增加。

三个层次的产品概念共同构成整体产品的概念。国际营销者要明确这一整体性概念，努力为消费者提供整体产品的最大效用和价值。

世界观察：产品数字化与整体产品

（二）国际市场营销的产品筛选策略

企业进行国际市场营销时，需要根据东道国文化对产品进行筛选，不仅要淘汰无法获利或无法进入的产品，而且要对准备进入的产品进行适应性改变，以适应东道国的文化和需求。

1. 产品直接延伸策略

产品直接延伸策略是指企业将在本国销售的产品不加变化地投向国际市场。由于这些产品在国内都已经标准化,因而该策略也被称为“标准化策略”。一般来说,采用这种策略的产品具有以下几个特点。

(1) 产品生命周期比较短。在这种情形下,由于变更产品需要支出的费用较大,投资回收期长,其他竞争对手也不可能投资生产差异性产品,企业可采用产品直接延伸策略。

(2) 消费者对产品基本功能要求的一致性很强。在这种情况下,各东道国消费者对产品的要求大致相同,没有必要对产品进行变更。

(3) 产品需要配合提供高度专门化的售后服务。需要为产品售后服务提供标准化的零部件和服务工作。对产品售后服务的要求越高,企业需要提供的服务量就越大。在这种情况下,企业开展国际市场营销就必须采用产品直接延伸策略。

(4) 产品商标、包装适应各东道国。由于各国法律、宗教信仰、风俗习惯的差异,对产品的商标、包装等有不同的要求。只有那些商标、包装适合所有东道国的产品,才适合采用产品直接延伸策略。

(5) 产品制造技术复杂,只能采用大规模生产。小规模生产会导致产品定价很高,消费者难以承受,因此这类产品最好的策略也就是直接销售到国外。

采用产品直接延伸策略的优势是:第一,企业在生产中不需支付额外的研发费用,不需上马新的产品线,从而能降低投资成本;第二,企业可以进行大规模生产,利用规模经济降低生产成本;第三,可以适应顾客跨国旅行和迁移的需要,使其可以在多个国家得到相同的产品。尽管产品直接延伸策略对企业有很大的好处,但并不是每个企业或每种产品都能采用。

2. 国际市场产品变更策略

国际市场产品变更策略是指企业把在母国销售的产品,根据东道国目标市场上消费者对产品的需求做某些变更以后投向国际市场的策略。这是适应国际市场上消费者对产品需求的差异性所采用的策略。国际市场产品变更策略的重点是,从整体产品概念的视角对原有产品进行适合当地市场需求的变更。主要做法有以下几点。

(1) 功能改变。功能改变是在原产品之上增加或减少某一功能来适应不同国家市场环境的要求。

(2) 质量改变。质量改变是根据东道国目标市场的要求对产品质量进行变更。

(3) 外观变更。外观变更是对原产品进行造型和色彩方面的某些变更,以适应各国消费者对产品的造型和色彩等方面的不同需求。

(4) 商标变更。有些产品不符合外国的消费习惯,或者在内容上容易产生歧义,因而需要在产品出口的时候更改商标,否则无法在国际上销售。商标变更的一种常用做法是使用外国中间商的销售商标。由于外国中间商的商标在国外(甚至全球)是家喻户晓的,因而会节省不少成本,使产品更加容易进入国外市场。但同时,这种做法可能对企业自有品牌的创立带来不利影响。

(5) 包装装潢改变。包装装潢改变是根据国际市场的地理环境、运输环节和消费需求的差异,对原包装物的质量、式样、装潢做某些更改,以适应不同国家的环境状况。

（6）标签变更。标签变更是根据不同国家使用语言文字的差异，把标签的内容翻译成东道国使用的文字；有些国家要求同时使用几种语言，那么在一张标签上就应该同时标上几种文字。

（7）使用条件变更。使用条件变更是根据目标市场国家的使用条件对产品作出变更。

（8）组合变更。组合变更是对原有产品的几个方面同时作出变更。

世界观察：国际市场产品变更策略

采用国际市场产品变更策略的优点在于，企业无须投资新的产品项目生产线，而是专门针对各东道国目标市场之间的差异进行变更，因此投资不多就能够适应不同国家市场的需求，并且由于控制面有限，企业在具体操作中更容易把握，因而在国际营销实务中运用较多。

3. 国际市场产品发明策略

国际市场产品发明策略是指开发与本国产品不同的新产品并投放到国际市场。开发新产品对于企业开拓国际市场、扩大销售量、提高知名度和美誉度、增强国际竞争力等方面有着重要的意义。对于那些不能采用产品直接延伸策略和国际市场产品变更策略的产品，可以考虑使用国际市场产品发明策略。

国际市场产品发明策略的主要做法有四种。

（1）企业独立投资研制。即完全依靠本企业自身投资，依靠自身的科研力量研发新产品。这种方法的优点在于产权明晰，企业容易掌握产品研发的主动权；缺点在于风险较大，对企业的研发能力和相应的财务支持能力要求较高。

（2）企业投资购买专利。即企业通过购买别人的发明专利来开发新产品。购买来自国内外的发明专利，优点在于企业无须花大力气发展自己的研发队伍，减少了研发中的风险；缺点在于购买专利支出较大，而且往往购买不到最先进或者最需要的技术。

（3）研发与购买相结合。即“两条腿走路”的方针，既自行研制，又购买专利。这种方法的优点在于可以使两者相互促进，缺点在于实际当中往往难以找到一个合适的结合点。

（4）通过合资的方式引进。即通过与有新产品发明的企业进行合资，引进新产品投向国际市场。这种方法的优点是可以发挥企业本身的比较优势，成本小，风险小，收益大；缺点是往往难以找到合适的合作者。

二、国际市场的品牌管理

在国际市场营销实践中，实施合适的品牌战略有助于突出产品的差异化，在消费者心中树立良好的产品形象和促进产品在国际市场上的销售。

（一）国际品牌的作用及其建立的原则

1. 国际品牌的作用

（1）识别和强化企业形象。国际市场上各类企业产品的种类繁多，良莠不齐。品牌作为辨识标志，有助于传达良好的企业和产品形象，维护企业声誉，使顾客得以将该企业及其产品明确区分于其他企业及其产品。

（2）建立顾客忠诚度。优秀的品牌代表着过硬的产品质量，企业和产品一旦在顾客心中建立了良好的形象和声誉，品牌就成为有效的广告，刺激顾客的购买欲望，诱导他们争相购买该品牌的产品。

（3）法律保护。品牌经过注册以后即成为商标，享有专有权，从而避免了产品的假冒伪劣行为，保护了企业正当的合法权益。

2. 国际品牌建立的原则

构筑国际品牌需要向消费者传达品牌包含的六种信息——属性、利益、价值、文化、个性和用户。为此，从战略角度讲，企业建立国际著名品牌需遵循以下原则。

(1) 合法性。产品品牌名称及标志应该符合东道国当地政府的法律法规，并向当地专利和商标管理部门申请注册，取得合法的地位。

(2) 独特性。产品品牌应该别具一格，富有创意，易于识别，有助于企业其他品牌的发展而不相互影响。

(3) 适应性。国际品牌要符合东道国当地市场的文化习惯，否则容易造成误解而导致营销困难。

(4) 提示性。品牌名称应该能够向消费者暗示产品所具有的某种意义或效用。

(5) 稳定性。国际品牌应该有一定的稳定性，这一方面有利于产品品牌的进一步延伸，另一方面消费者也需要一段时间来对品牌形成记忆。

(6) 简明性。品牌应该易于读取和理解，便于消费者记忆，这样才能便于消费者识别，也有利于企业宣传。

世界观察：国际品牌的适应性与提示性

(二) 全球品牌与私有品牌

1. 全球品牌

全球品牌(global brands)是指在全世界范围内使用的一个名称、术语、记号、符号、设计或以上这一切的组合，旨在代表某一企业的商品或服务，以区别于竞争对手。

品牌形象是企业识别和企业战略的核心，一个成功的品牌是企业最有价值的资产。拥有著名品牌的企业会尽量在全球使用其品牌，即便产品根据当地文化的需要进行变化，全球品牌仍然可以成功地被应用。

全球品牌使企业在全世界拥有一个统一的形象，因此在推出新产品时可以提高效率、节约成本。但是，并非所有的品牌都适合作为全球品牌。企业会面临选择全球品牌还是在不同国家用不同品牌的问题。采用全球品牌必须考虑投入与收益之间的比较，即在当地确立全球品牌投入的成本要小于全球品牌长期节约成本及在全世界推行单一品牌的收益。当品牌在东道国市场上缺乏知名度时，企业可以收购当地知名品牌，重新设计包装，以新的形象出现，这样可以节省成本和进入市场的时间。

2. 原产地效应与全球品牌

全球品牌形象受到许多因素的影响，诸如以往的广告和促销手段、产品声誉、产品评价及消费者使用情况等，其中备受关注的一个因素是原产地。原产地效应(country of origin effect, COE)是指产品的设计、制造、装配国对消费者评价产品所产生的影响。在当今经济全球化背景下，许多企业在全世界范围内生产产品，产品原产地不同，消费者对产品的评价会存在差异。

原产地效应与人们的成见有关。生产国、产品类别、企业及其品牌形象都将影响原产地是否会在消费者心目中形成积极或消极的反应。消费者通常由于自身经历、道听途说和神话传说而对不同产品或国家持有成见。人们对国家存在成见，依据其是发达国家还是发展中国家，这些成见与其说是与某个国家的具体产品相关，倒不如说是对某个国家生产的产品总体质量的看法。通常，技术含量越高的产品，如果是在发展中国家生产的，人们对该产品看法会越消极。种族优越感也会带来原产地效应。

原产地效应还与时尚有关，这些时尚常常围绕着世界上某些国家或地区的产品。这些时尚基本都与产品相对应，这种效应一般涉及本身具有时尚特点的产品。研究表明，消费者的知识越丰富，对产品的原产地效应越敏感。不同国家的消费者对原产地效应的敏感度存在差异。

企业在产品开发和制定全球品牌战略时，必须考虑原产地效应的影响。只有有效地消除消费者对某些国家的成见，才能够将产品成功地推向当地市场。一旦消费者熟悉了企业的产品，负面的成见就会消失或减弱。对品牌进行有效宣传、对产品进行适当定位可以改善消费者对某一国家产品的负面成见。

3. 私有品牌

私有品牌（private brands）是指销售商所拥有的品牌。私有品牌迅速发展，对制造商全球品牌战略构成障碍。私有品牌产品在欧洲许多超大型自选商场非常普遍。在过去的5年内，私有品牌的市场份额在欧洲的一些市场上增加了一倍。在英国和瑞士私有品牌所占市场份额达到30%，在法国和德国超过20%。

私有品牌迅速增长的原因在于一些连锁商店期望独霸市场。在英国，四家最大的连锁商店在总额为950亿美元的杂货市场上占有近60%的市场份额。随着零售企业的并购浪潮，以及许多廉价零售商加入市场竞争，价格压力越来越大，私有品牌因可获得较高的利润率而变得越来越重要。

私有品牌给零售商带来了较高的利润，使他们占据有利的货架空间，得到强有力的店内促销，而且价廉物美。这一切都对制造商全球品牌战略构成了巨大挑战。为了维持市场份额，制造商推行全球品牌必须提供实实在在的价值，确定富有竞争力的价格，根据竞争状况调整品牌战略，以使全球品牌更具竞争力。

10.1 产品创新及其扩散【登录“爱课程网”搜索“国际市场营销（崔新健）”观看视频】

三、产品创新及其扩散

（一）产品创新与新颖度

使产品适应东道国市场的第一步就是确定产品在目标市场消费者心目中的新颖程度，以及消费者会对不同的新颖程度做出何种反应。创新（innovation）又称革新，泛指任何以前不完全存在的、被人们接受的概念。在评估产品新颖度时，国际市场营销者必须清楚，有的产品在某些国家市场上已经进入产品生命周期的成熟期甚至衰退期，但是在另一个国家或文化中可能是新颖的，被视为创新产品。从社会学角度看，任何概念只要被人们看作是新颖的，就是一种新观念。

产品新颖度的一个关键因素是产品对已形成的消费模式和行为模式的影响。按照产品新颖度，进入东道国的新产品可以分为一致性创新、连续性创新、动态连续性创新和不连续性创新四种类型。

一致性创新不会破坏固有的消费模式和行为模式，实际上不属于创新。这类创新一般只是引进早已存在的产品种类、功能特性、风格，或者是对不为市场所发现的差异进行精确复制。

连续性创新对固有的消费模式和行为模式有微小的破坏，它基本属于对产品的改进而不是创新。通常改进会导致更好的使用模式，消费者在使用产品时可以感觉到满足感的增加。

动态连续性创新与连续性创新相比,对固有的消费模式和行为模式有更大的破坏性。它可能属于产品创新或者是对现有产品的大幅度改进。动态连续性创新的目的在于满足由于生活方式改变或者由此产生的新的期望值带来的新需求。但是,由于它对消费模式和行为模式的改变具有破坏性,因此会遭到一定程度的抵制。

不连续性创新是指建立全新的消费模式和行为模式,属于创造全新的产品。它会引进前所未有的新观念或行为模式。

产品新颖度与扩散速度之间存在相反的关系,创新对消费模式和行为模式的破坏性越大,扩散速度越慢,扩散过程越长(见图 10-7)。

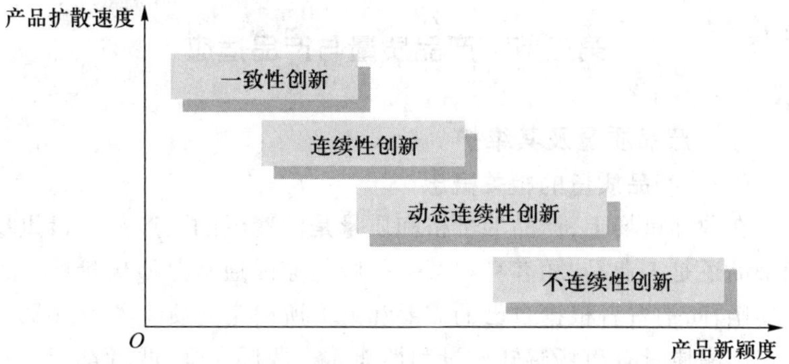

图 10-7　产品新颖度与扩散速度的关系

(二)产品创新的扩散

埃弗里特·罗杰斯(Everett M. Rogers)把新产品(概念)扩散的关键因素总结为以下四点:一是创新;二是渠道;三是时间;四是社会系统。而且他进一步认为正是时间因素把扩散研究和其他种类的沟通研究区分开来。① 事实证明,产品创新的接受时间存在很大的差异。以微波炉为例,20 世纪 50 年代就引进美国,可是直到 20 世纪八九十年代才普及。无独有偶,避孕药也是同时期进入美国市场的,可是在 20 世纪六七十年代才伴随着妇女解放运动被接受。这意味着,如果有某种理论(创新)的扩散伴随着产品创新的扩散,两者就有可能相互促进而加快产品创新被接受的过程。

影响产品扩散速度的三个外部变量是消费者可感知的新颖度、可感知的创新特征、沟通方法。每一个变量都与消费者对新产品的反应以及接受新产品所需的时间有关。理解这些变量以及扩散理论有助于国际市场营销者制定有效的产品策略,加快产品扩散速度。

产品扩散速度与新颖度呈反比关系,但是通过改变消费者对产品新颖度的观念,可以提高产品扩散速度。为此,国际市场营销者需要理解消费者的感知体系,即分析消费者可感知的创新特征,以确定市场对产品的接受率或抵制率。

影响接受率和抵制率的产品创新特征有:一是相对优势,即新产品相对于旧产品可感知的边际价值;二是兼容性,即产品与社会可接受的行为、价值规范的融合程度;三是复杂性,即有关产品使用的难易程度;四是可试验性,即消费者使用产品带来的安全、经济或社会各类潜在的风险程度;五是可观察性,即产品优势或特征显示程度。一般说来,可以认为产品扩散速度与产品

① ROGERS E M.Diffusion of Innovations[M].5th ed.New York:Free Press,2003.

相对优势、兼容性、可试验性和可观察性呈正相关关系，与其复杂性呈负相关关系。通过产品创新特征分析可以发现市场对产品的感受，如果不改变相关的负面感受，产品扩散速度就很低；相反，如果发现并改变这些负面感受，就可以有针对性地采取措施加快产品扩散速度。

沟通方法会影响产品扩散速度。在选择沟通方法时，国际市场营销者尤其要注意沟通应该基于东道国消费者对产品的认识和感知水平，而不是基于营销者“自我参照准则”下的偏颇感知。因此，国际市场营销者应该尽量避免“自我参照准则”对自己判断的干扰，尽量缩短产品感知价值和东道国当地文化的距离，这样才能采用适合于东道国消费者对产品认知水平的方法进行沟通，促使产品扩散速度加快。

第三节 产品质量与产品适应

10.2产品质量【登录“爱课程网”搜索“国际市场营销（崔新健）”观看视频】

一、产品质量及其维护

（一）产品质量的相关概念

在国际市场上，产品的价格和质量是消费者购买产品时最重要的标准。无论消费品还是工业品，顾客喜欢某一品牌的原因通常是质优价廉。人们对质量有不同的阐释，消费者根据自己的需要和财力所确定的质量尤为重要。

产品质量有市场感知质量和性能质量两层含义，两者都十分重要。产品质量（quality）是指产品满足规定需要和潜在需要的特征和特性的总和。市场感知质量（market-perceived quality）是指消费者按自己对产品的使用目的和需求状况，综合分析市场上各种经由正式或非正式途径获得的相关信息，对一种产品或服务所做的抽象的主观的评价。性能质量（performance quality）或绩效质量是指企业生产过程中质量管理指标检测衡量的产品特征。消费者对优质产品的界定往往与市场感知质量高度相关，而不与性能质量相关，进一步讲，在不同的文化视角下，消费者对产品质量有不同的看法。[①] 市场感知质量植根于整个产品中，即有形产品或核心产品以及顾客所期待的一切附加特性中。

世界观察：市场感知质量与性能质量

在激烈竞争的市场中，消费者面临众多的选择，如果产品达不到性能质量标准，自然要被市场淘汰。如果市场上有均达到性能质量标准的不同品牌产品可供选择，那么，最终被消费者选中的品牌一定是具备市场感知质量的产品。

在许多行业里，由权威的第三方来检测和评价企业的产品性能质量，这对于消费者的市场感知质量会产生一定的影响。例如，美国JD Power and Associates把基于消费者调查结果的汽车质量评价方法运用到计算机等其他领域中；由瑞典首先开发出来的顾客满意指数，现在被用来衡量众多市场产品（服务）的顾客满意度[②]；美国商务部每年要选出为国际市场提供高质量产品的美国企业。

① WITKOWSKI T, WOLFINBARGER M. Comparative Service Quality: German and American Ratings across Service Settings[J]. Journal of Business Research, 2002, 55(11): 875-881.

② HILSENRATH J E. Satisfaction Theory: Mixed Yield—Professor's Portfolio Shows Strategy of Linking Returns to Republication isn't Perfect[J]. Wall Street Journal, 2003, 19.

（二）产品质量维护

产品质量维护是非常重要的。[①] 现实中由于产品经过重重分销环节，产品质量会受到影响。许多全球品牌由于生产地远离市场或者由于分销体系的原因也无法控制最终的产品质量。

其中，维护市场感知质量具有十分重要的地位。市场感知质量会影响消费者的选择。面对东道国激烈的市场竞争，受到来自东道国不同文化、习俗和口味的影响，企业只有重视和维护产品的市场感知质量，才能够赢得市场竞争。

产品标准化还是本土化的决策对于维护产品质量会产生直接的影响。从国际市场营销的实践看，一般生产能力强、单位成本低的企业主张产品标准化，而其产品对营销环境尤其是文化环境敏感的企业则倾向于本土化。

（三）工业品质量维护

工业品的需求性质不同于消费品，因此工业品用户会提出与消费品顾客不同的要求。通常有三个因素会对工业品市场产生独特的影响：一是工业品市场的需求更加多变；二是东道国经济和工业的发展水平会影响东道国工业品的需求；三是产品和服务的技术水平决定了某些产品适合一些国家，而不适合另一些国家。

世界观察：
产品质量维护
是品牌的基础

一国的经济发展阶段决定了其工业品需求的特点，经济发展的每一个阶段都是劳动力成本、购买者的技术能力、经营规模、利率以及产品先进程度的函数。沃尔特·罗斯托（Walt W. Rostow）提出的"经济发展五阶段模型"，为国际市场营销者分析掌握经济发展与所需工业品类型之间的关系奠定了理论基础。

企业需要关注国际市场营销中关于工业品质量维护的以下三个问题。

1. 用户对产品质量的定义

与消费品一样，工业品质量的决定因素很多。无论工业品质量如何，用户对产品质量的看法最为重要。工业品国际市场营销者常常错误地理解质量的概念，将发达国家市场所理解的优质与发展中国家市场所接受的优质概念相混淆，这就造成即使工业品性能超过当地的要求，也同样意味着质量差。事实上，工业品质量应以用户某种特殊期望的满足程度来评价，最好是恰好满足需求。

发展中国家市场同样需要最新技术，但是为某些发达国家设计的由于性能丰富导致价格高昂的工业品并不适合发展中国家。新技术的应用要从工业品在当地实际应用的角度考虑，为用户提供技术适宜的工业品。

企业还可以采用"全面质量管理"（total quality management）的方法，让用户越来越多地参与到从"新概念提出到样品测试再到开发生产"的全过程。

2. 缺乏通用标准

世界观察：
新式手动撒粉
器一定更好吗？

每个国家对进入本国市场的工业品都有相应的标准，但是，某些国家缺乏普遍适用的标准。美国工业品就是一个典型，其向公制转换、接受国际标准的过程一直很慢，因此，在海外销售过程中常由于缺乏通用标准而受到阻碍。

---

① SIMESTER D I, HAUSER J R, WERNERFELT B, et al. Implementing Quality Improvement Programs Designed to Enhance Customer Satisfaction: Quasi-Experiments in the United States and Spain[J]. Journal of Marketing Research, 2000, 37(1): 102-112.

世界观察：沙特阿拉伯的标准

3. ISO 9000 证书——国际质量标准

持有 ISO 9000 证书表明公司拥有产品质量控制体系。该标准目前在欧洲已成为重要的营销工具，越来越多的采购人员，尤其是欧洲的采购人员，拒绝购买那些质量没有经过国际认可的第三方证明的产品。在对质量可靠性有特别要求的领域，这个标准还可以用来区分供应商的“级别”，如果两个供应商其他条件相同，拥有这一认证的一方将具有更大的优势。

10.3 产品适用性【登录“爱课程网”搜索“国际市场营销（崔新健）”观看视频】

二、强制性适应与文化性适应

（一）强制性适应

强制性适应或物质性适应（mandatory or physical adaptation）是指国际市场营销产品为满足东道国的一些基本要求而对产品进行的适应性改动，如果不进行这些改动将无法进入东道国市场。许多国家用“产品同化”描述由东道国产品和服务标准强制要求的改动。强制性适应可能涉及产品多个方面的改动，从核心产品设计到简单的运输包装。强制性适应受到许多因素的影响。

1. 产品标准与使用条件

东道国的产品标准与使用条件是显而易见的，企业只要到当地进行调查就可以很快发现。例如对电器产品进行改动以适应不同的电压标准；在当地技术水平不高时，就需要简化产品。

2. 经济发展水平

经济发展水平不同，消费者的购买力存在差距，这对于消费者购买产品的品种、数量、质量、规格及包装等都会产生影响。为了适合经济发展水平较低国家的消费者需求，产品包装的数量通常会比发达国家少，这降低了单位销售产品的价格。

3. 政策法规

各国政府为保护本国消费者的利益，维护当地的商业惯例，对进口商品会实施一些特殊的政策法规。这些政策法规会明确规定某些产品需要进行必要的改动。有些政策法规是临时性的以应对突发事件，有些则是长期性的。不同国家对安全和质量标准、包装尺寸等都有专门规定，甚至对诸如瓶装饮料成分标志的印刷位置都有具体规定，企业必须按照当地的政策法规进行相应的产品改动，否则产品就不被准许销售。

4. 地理环境

各国地理环境存在差异，对产品会产生相应的影响。气候条件不同会直接影响许多产品的性能、工作条件及保质期等。从潮湿的气候到干燥的气候，产品从功能设计到包装都需要进行调整；从高温地区到严寒地区，产品从质量标准到使用规则也都需要进行改动。

（二）文化性适应

产品能给消费者带来物质和心理两个方面的满足。产品的物质特性提供基本功能，不同文化对于基本功能通常会存在一定程度的共性需求。因此，从一种文化到另一种文化，产品的物质特性所需要的改动有限。但是，与物质特性同样重要的是产品所具有的一系列心理特性，它会影响消费者的满意度。产品不仅仅是物品，它还会使消费者获得一系列满足或效用。产品的形状、口感、色彩、气味及质地，产品的功用、包装、标签、保证书以及售后服务，产品提供的信心、声望、声誉、原产地等都会带来效用。

文化性适应(cultural adaptations)是指国际市场营销产品为满足东道国不同文化的偏好而对产品进行的适应性改动,如果不进行这些改动,即使企业可以进入东道国市场,营销绩效也会受影响。文化决定着个人对产品的看法和满意度。企业试图赋予产品的某种心理上的意义和价值在不同的文化中是各不相同的,产品的非物质特性必须要进行适合市场的调整,以最大限度地满足消费者需求。研究表明,产品更多的是受强制因素的影响而不是文化因素的影响。

与产品的物质或机械性能一样,产品概念与社会规范、价值观及行为模式的一致程度会对消费者是否选用产品产生重要的影响。产品文化适应性改动的程度取决于两个国家在产品概念及使用上的文化差异,两个市场的文化差异越大,产品文化适应性改动的程度越大。

国际市场营销中产品改动面临的问题与国内推出一种新产品是类似的。消费者不仅以实物规格衡量产品,而且会以其习惯、偏好及生活方式评价产品。企业必须有充分的准备,尽可能在两个方面同时满足消费者需求。国际市场营销者都希望在最短的时间内打开东道国产品市场,但是,如果企业预计产品在投放东道国市场3年后才能实现盈亏平衡,7年以后才能达到满意的营利水平的话,则意味着在东道国推出产品的条件尚不成熟,需要重新思考国际市场营销战略规划。

世界观察:日本市场与美国市场的文化差异

三、产品的标准化策略与差异化策略

(一)国际市场产品标准化策略

1. 国际市场产品标准化策略的概念和前提

国际市场产品标准化策略是指企业向不同国家或地区的所有市场提供标准相同的产品。

实施产品标准化策略的前提是市场全球化。新的通信与运输技术的发展,使世界市场作为一个整体而更具同质性;世界各地消费者的消费文化和消费心理差距在不断缩小,消费者的偏好和行为选择趋于一致,使得世界市场产品趋于标准化。各国之间的交流日益频繁和加深,促进了不同文化背景下各国消费者共同消费偏好的形成。各国交流产生文化的交叉现象,逐渐形成某种共同的消费需求和价值取向。此外,尽管各国(地区)消费者不同程度地受到当地政治、经济、文化、宗教等因素的影响,但是,人性的相通会带来某些共同的偏好和价值取向——追求产品的基本效用、价廉物美、名牌产品、优质的服务等。

2. 选择产品标准化策略的条件

(1) 需求具有更多的共性。从全球消费者角度来看,需求可以分为两大类:一类是全球消费者共同的与国别无关的共性需求,另一类是与各国环境相关的个性需求。实际上,任何一种产品都包括上述两种成分,企业的营销人员需要做的是分析这两种成分的相对大小。如果判断某种产品的共性需求成分多一些,就可以采用产品标准化策略。

世界观察:梅赛德斯-奔驰的区域标准化战略

(2) 生产具备规模经济的产品。对于在研发、采购、制造和分销方面易于产生规模经济的产品,企业可以采用产品标准化策略。具体来说,那些技术标准化的产品和研发成本高度密集的产品都适宜采用这一策略。

(3) 竞争环境及企业优势独特。如果在国际市场上没有竞争对手或者竞争不激烈,企业可以考虑产品标准化策略。即便在市场竞争激烈时,如果企业拥有诸如信息、渠道等竞争对手难以模仿的优势,企业也可以考虑使用产品标准化策略。

3. 国际市场产品标准化策略的长处

(1) 技术标准化。在国际市场营销时采用产品标准化策略,有利于推行技术标准化以及产品在全球范围内的统一推广。消费性电子产品和技术含量较高的产品都适合采用这一策略。

(2) 研发规模经济。产品标准化策略可以使产品方便地走向全球市场,从而降低单位产品的研发成本。

(3) 生产和营销规模经济。产品标准化策略下,企业以标准化生产和市场营销方式为消费者提供产品,不为不同的细分市场分别设计不同的生产和营销方案,由此产生的规模经济将极大地降低生产成本和营销成本。

(4) 产品全球形象的一致性。产品标准化策略有助于树立产品在全球范围内的统一形象,有助于消费者对产品的识别,从而提高产品在全球范围内的知名度和企业声誉。形象一致的产品还会使跨国界的流动顾客产生心理上的认同感,为他们在异乡的工作和生活带来方便,反过来,也可以提高消费者对产品和品牌的忠诚度。

(5) 有利于企业对全球营销进行有效的控制。全球产品标准化策略是全球营销的一个有力手段——因为产品的标准化,企业(尤其是制造商)对整个分销渠道的控制能力增强,对最终销售价格的控制能力提高,便于控制"灰色渠道"(grey channel)。

(二) 国际市场产品差异化策略

国际市场产品差异化策略是指企业向不同国家和地区的目标市场提供不同的产品,以适应不同国家和地区的不同市场需求。产品标准化是由于各国消费者存在某种共同需求,国际市场产品差异化策略则是为了满足不同国家和地区消费者因各自不同的政治、经济、文化、法律、宗教等因素差异而形成的千差万别的需求。企业也可以通过国际市场产品差异化策略突出其产品的与众不同之处,并将这种独特性带来的价值设法传达给消费者,得到消费者的认同,催生购买行为。

选择国际市场产品差异化策略的条件包括以下几点。

1. 产品使用条件的差异

各国的气候、地理、文化、风俗习惯、生产力发展水平、资源禀赋等方面的差异,使产品在国际市场上的销售条件有很大不同,这对消费者的购买心态和产品的被接受情况都有重大的影响。

2. 产品目标市场的差异

产品目标市场的差异主要表现在两个方面。一是各国市场的发展水平不一样,消费者收入水平不同,实际购买力也有所不同。对此,企业应该在产品特色、质量以及营销手段方面实行差异化,以适应当地具体的经济条件。二是不同市场上产品所处的生命周期不同。

世界观察：宝洁公司的多品牌策略

3. 政府的作用不同

政府的政策法规有时在市场上起强制性作用。因此,企业在进行国际营销的时候,需要仔细研究东道国的政策法规,包括贸易保护政策、税收政策、卫生检查标准、包装要求等。企业需要采用符合东道国政策法规的营销策略。

4. 企业获得收益

实行产品差异化策略无疑会增加经营成本,企业需要经过成本收益比较分析,以确认可以获得理想的收益。

（三）产品标准化策略与产品差异化策略的综合应用

产品标准化策略与产品差异化策略并不是相互独立和对立的，而是相辅相成的，企业可以将两者综合应用。有些产品并不需要很大的变动，只需要改变一下包装或品牌名称就可以进入国际市场；而有些产品要想进入世界市场则必须有较大的改变。通用汽车公司的一位高级主管说过："有谁知道，打开车盖，里面全是一样的。"许多产品的差异化更多地体现在外形上——诸如产品包装、品牌等。飞利浦公司向世界各地销售近600种型号的电子产品，但却对这些电子产品的零部件和半成品尽量采用统一标准进行生产。因此，企业的产品策略通常是标准化与差异化的组合，在这种组合中，有时是标准化多一些，有时是差异化多一些，企业应该根据具体情况进行抉择。

世界观察：世界各地的麦当劳产品都一样吗？

中国之问与实践探索：装备制造企业面向高端的世界一流品牌建设

习近平总书记多次强调，"推动中国制造向中国创造转变、中国速度向中国质量转变、中国产品向中国品牌转变"。以高质量自主品牌产品参与国际市场竞争是企业"走出去"可持续发展的必由之路。徐州工程机械集团有限公司明确品牌定位，推进国际市场营销，提升品牌全球声誉，持续冲击高端产品、高端市场，产品远销182个国家和地区，走出一条中国企业建设世界一流品牌之路。

装备制造企业面向高端的世界一流品牌建设

本章小结

国际市场营销的产品策略是国际市场营销策略组合的构成要素之一。本章以国际市场营销中产品标准化与适应性为主线，介绍了产品策略决策的主要内容和产品生命周期理论；阐释了应用整体产品的概念进行产品筛选的策略；探讨了国际市场的品牌管理，尤其是全球品牌与私有品牌；揭示了产品创新及其扩散的影响因素；分析了国际市场营销的产品质量及其维护问题；在评述产品强制性适应与文化性适应的基础上，阐述了产品的标准化策略与差异化策略的应用。

思考题

1. 试用某一产品说明整体产品的概念，并分析其进入欧洲市场时，应该采用哪种国际市场营销的产品筛选策略。

2. 国际市场品牌管理会遇到哪些问题？全球品牌与私有品牌各有何特点？
3. 产品创新扩散受到哪些因素的影响？怎样才能尽快将新产品打入东道国市场？
4. 在不同的国家是否应该采用同样的产品质量标准？为什么？
5. 你认为强制性适应与文化性适应哪个更重要？为什么？

开篇案例讨论

1. 比亚迪在世界市场上为什么会成功？在巴西、泰国、哥伦比亚、欧洲等市场有何异同？
2. 分析比亚迪进入世界市场的历程，评价其产品策略。
3. 从比亚迪案例中，中国企业“走出去”可以借鉴哪些经验？

本章即测即评

第十章
即测即评

网上练习

主题：某创新产品扩散分析

步骤 1：学生选择一个自己感兴趣的国外最新创新产品（尚未在中国市场出现）。

步骤 2：收集、阅读和分析资料，根据“产品新颖度与扩散速度的关系”，研究确定该创新产品在中国所属类型及其依据，分析在中国市场推广的主要影响因素。

步骤 3：收集、分析相关市场资料，提出该创新产品在中国市场推广的思路和方案。

步骤 4：课堂上，教师组织和指导学生进行讨论交流，明确该创新产品类型和在中国市场推广的主要影响因素。

步骤 5：课堂上，教师指导学生进行讨论交流，形成在中国市场推广的思路和方案。

步骤 6：课堂上，教师指导学生归纳总结创新与扩散分析的关键环节和规律。

国际市场营销技能训练

主题：是强制性适应，还是文化性适应？

步骤 1：教师选择一个中国企业及其产品准备进入国际市场，并为学生提供相关基本背景资料。学生根据各自需要进一步收集相关数据和资料。

步骤 2：教师将班级学生分成 5 个小组（每组 4~7 人），各个小组经过充分讨论，确定进入的东道国。

步骤 3：课堂下，各个小组分别收集、整理和分析产品在东道国的强制性适应因素和文化性适应因素。

步骤 4：课堂下，各个小组分别明确产品在东道国的强制性适应因素和文化性适应因素，进一步收集数据资料，测算产品各项改变需要增加的成本，以及盈亏平衡点。

步骤 5：课堂上，各个小组依次介绍其结论及其依据，其他小组学生可以提出质疑和问题，介绍小组回答。

步骤 6：课堂上，教师指导学生对比分析不同东道国强制性适应因素和文化性适应因素的异同。

步骤 7：课堂上，教师指导学生充分讨论，在各个小组已有的方案基础上，选择最适合的东道国，以及强制性适应因素和文化性适应因素的优化方案。

推荐读物

第十一章
国际市场营销的价格策略

本章学习目标

- 熟悉市场营销的定价目标与方法
- 了解定价的主要程序及影响因素
- 理解国际市场价格升级产生的原因
- 思考降低国际市场价格升级的方法
- 明确反向贸易的目的和类型
- 学会应用主动反向贸易策略
- 理解转移定价及其作用
- 了解转移定价的方法

本章主要概念

利润导向目标(profit-oriented target) 收益导向目标(revenue-oriented target) 销售导向目标(selling-oriented target) 竞争导向目标(competition-oriented target) 稳定导向目标(stable-oriented target) 分销导向目标(distribution-oriented target) 成本加成定价法(cost pricing) 目标收益定价法(target-return pricing) 收支平衡定价法(break-even pricing) 边际成本定价法(marginal cost pricing) 理解价值定价法(perceived value pricing) 需求导向定价法(demand-oriented pricing) 随行就市定价法(going-rate pricing) 投标定价法(sealed bid pricing) 固定成本(fixed cost) 变动成本(variable cost) 总成本(total cost) 平均成本(average cost) 需求弹性(elasticity of demand) 完全竞争市场(completely competitive market) 垄断竞争市场(monopoly competitive market) 寡头垄断市场(oligopoly market) 完全垄断市场(completely monopoly market) 倾销(dumping) 价格升级(price escalation) 关税(tariff) 自由贸易区(free trade zone) 反向贸易(counter trade) 易货贸易(barter deal) 补偿贸易(compensation deals) 回购贸易(buy-back agreement/buy-back deal) 互换贸易(counter-purchase/offset-trade) 转移定价(transfer price) 一臂定价(arm's length principle) 可比的非控制价格法(comparable uncontrolled price method) 转售价格法(resale price method) 成本

加成法(cost-plus price method)

开篇案例

全球最受欢迎的饼干品牌——奥利奥的定价之痛

国际市场营销价格策略是国际市场竞争的有效武器。伴随中国经济发展和中国企业“走出去”，越来越多的中国企业成为行业领导者，定价面临更广泛、更多的新挑战。习近平总书记曾指出“同世界上老牌的大公司对比，中国企业走出去还缺乏经验，在适应各国法律制度、技术标准、市场营销、人员管理、当地文化等方面的能力需要不断提高。”奥利奥的定价之痛显示出全球著名跨国公司面临着多方的定价制约。中国企业有哪些常见的国际市场营销定价约束?

全球最受欢迎的饼干品牌——奥利奥的定价之痛

*第一节　市场营销的定价策略

一、定价目标与方法

(一)定价目标

定价目标对企业产品定价而言十分重要。定价目标一方面能够明确企业产品定价的方向，另一方面具体体现了企业经营目标和企业市场营销目标。在小企业，产品价格通常直接由企业最高决策层确定;在大企业，一般先由企业最高决策层确立总的定价目标，然后再由有关部门按照定价目标和具体情况，运用定价方法制定企业产品价格。一般而言，确定企业定价目标的方法可归纳为下述六种。

1. 利润导向目标

利润导向目标(profit-oriented target)是指企业以追求最大利润为目标进行定价的方法。广义而言，追求最大利润是市场经济中所有企业的经营目标之一。

追求最大利润并不等于追求最高价格。从理论上讲，企业要使利润最大化，就必须使其边际成本与边际收益相等，换言之，只有当增加最后一个单位的产品所带来的收益与所增加的成本相互抵消时，利润才达到最大值，与此相对应的产品产量就是最佳生产规模，在市场中能够以尽可能高的价格水平实现这一产量的价格就是利润最大化的产品价格。由此可见，要实现最大利润，必须综合考虑产品销售量、产品费用和产品价格三个因素。

追求最大利润还要注意两个方面的问题。一是要处理好短期利润与长期利润的关系。企业应该将追求最大利润作为一个长期目标来执行，不能仅仅看眼前利益，甚至可以为此承担某些短期损失。二是要处理好企业局部与整体的关系。企业追求最大利润应该以企业整体经营效益来衡量，因此为了赢得消费者对系列产品总体需求的增加，企业或许要在其中某个产品上承担部分损失;为了企业整体效益，也许某个部门或单位也要承担局部损失。

2. 收益导向目标

收益导向目标(revenue-oriented target)是指企业以获取投资的预期收入为重点来进行定价的方法。任何企业都希望投资能获得预期收入(报酬),预期报酬水平通常用投资收益率指标来衡量。

收益导向目标是中间商经常采用的短期定价目标。中间商通常用一定比率的加成来给产品定价,确定的这个加成数能确保其在一定时期内收回投资并得到利润,而且随着销售量的增加收益也会增加。为实现收益导向目标,企业一般采用成本加成定价法,这样就难免会忽略诸如市场需求、竞争格局等重要影响因素。由此来看,一些在其行业中处于领先地位的大企业比小企业更适合采用这一目标,因为它们的定价方法受弱小竞争者的影响较小。

3. 销售导向目标

销售导向目标(selling-oriented target)是指企业以达到一定的销售量或市场占有率为方向进行定价的方法。市场占有率对于企业而言十分重要。企业获得更大的市场份额,就能扩大生产规模,由此不仅可以降低单位产品的生产费用,同时还可以取得更加有利的市场控制权。从长远看,获得最大市场份额,就能长期获得最大利润。由于市场占有率指标对于企业经营具有如此特殊的作用,所以许多企业都愿意用一定时间的低定价策略、高促销措施来建立和提高其市场份额。尤其是当产品处于成长期时,企业更宜采用销售导向目标。

4. 竞争导向目标

竞争导向目标(competition-oriented target)是指企业在定价时主要着眼于应对激烈的市场竞争或避免发生价格竞争。通常的做法是企业以对产品价格有决定影响的竞争对手的价格为基础,在广泛收集资料、审慎比较权衡以后,再对本企业产品进行定价。经常采用的方法包括:一是以低于竞争对手的价格销售产品;二是以高于竞争对手的价格销售产品;三是以与竞争对手相同的价格销售产品。

当企业想进入一个市场领导地位已经得到确认的产品市场时,一般最多只能采取与竞争对手相同的价格;小型企业由于营销费用较低,一般价格应该制定得低一些;只有具备特殊优越条件,诸如资产雄厚、产品质量优异、服务水平很高等,企业才有可能把价格制定得较高。

5. 稳定导向目标

稳定导向目标(stable-oriented target)是指企业成为行业领导者后,其产品已经占有很大的市场份额,企业由此会为自己的产品谋求一种相对稳定的价格。稳定的价格通常是获得一定目标收益的必要条件,尤其当企业拥有丰富的资源、需要一个长期稳定发展的市场时;或者在市场供求与价格经常发生波动的行业,为了稳定市场,稳定价格就显得更为重要。

稳定的价格对于大企业而言是稳妥的保障,对于小企业来讲是赖以生存的保护网。稳定的价格意味着价格既不能定得太高,也不能定得太低。定价过高,产品难以销售出去;定价过低,会招致竞争对手的报复,由此可能会引发一场价格大战,在价格大战中企业各自通过提供越来越低价格的产品进行相互“残杀”,结果必然是所有卷入这场大战的企业都蒙受巨大的损失。

6. 分销导向目标

分销导向目标(distribution-oriented target)是指企业为了保持其分销渠道畅通无阻,充分考虑中间商的利益后进行产品定价的方法。保持分销渠道畅通是保证企业取得良好经营效果的重要条件之一,尤其对于那些产品主要依赖于中间商销售的企业来说更是如此。

为了实现分销导向目标,企业必须认真研究定价方法对中间商的影响,充分保证中间商的利益,使中间商可以从中获得具有吸引力的利润,从而极大地调动中间商销售企业产品的积极性。

(二) 定价方法

现代企业的定价方法主要有以成本为中心的定价方法、以需求为中心的定价方法、以竞争为中心的定价方法三种。企业具体选择哪种定价方法,要根据企业的定价目标、所在行业的特点及各种因素的影响程度来确定。

1. 以成本为中心的定价方法

以成本为中心的定价方法是一种以企业意图为主的定价方法。其主要理论依据是:在定价时,首先要考虑收回企业在经营中所投入的全部费用,然后再考虑获取一定的利润。具体包括以下几种方法。

(1) 成本加成定价法(cost pricing),指企业在其产品单位成本的基础上再加上一定比率的金额,以此作为其产品的单价。计算公式如下:

$$\text{产品的单价}=\text{产品单位成本}\times(1+\text{加成率}) \tag{11-1}$$

式中,加成率即预期利润占产品单位成本的百分比。时间不同、地点不同、环境不同以及行业不同,加成率也应该不同。

成本加成定价法是一种较为普遍的定价方法,尤其适用于商业和服务业。这一方法的优点包括:一是计算方便、简单易行;二是若各家企业都采用这一方法,产品成本及加成率又比较接近,则会避免按需求进行定价所引起的激烈竞争;三是企业"以本求利",消费者会认为此举公平合理,容易接受。其缺点是忽略了市场需求及其变化,反映了生产导向的企业观念。

(2) 目标收益定价法(target-return pricing),指企业根据总成本和预期销售量确定一个目标收益率,以此作为产品定价的标准。计算公式如下:

$$\text{产品的单价}=(\text{总成本}+\text{投资总额}\times\text{收益率})/\text{销售量} \tag{11-2}$$

目标收益定价法适合在市场上占有率很高的大企业或具有垄断性的企业采用,尤其适用于大型的公用事业企业。因为这类企业一般投资巨大,业务具有垄断性,而产品通常又关系国民的生活,与公共利益紧密相关,需求弹性很小,加之政府为保证其具有一个稳定的收益,常常允许它们采用这一方法,只是对其目标收益率进行适当限制。

世界观察

目标收益定价法的应用

某企业用全部厂房设备进行投资,投资额是 1 500 万元,单位产品成本是 300 元,年销售量预计为 20 000 单位,企业希望得到的投资收益率为 20%,则:

$$\begin{aligned}\text{单位价格}&=(\text{总成本}+\text{投资总额}\times\text{投资收益率})/\text{销售量}\\&=(300\times20\,000+15\,000\,000\times20\%)/20\,000\\&=450(\text{元})\end{aligned}$$

在实际操作当中,企业往往用"产量"来替代"销售量",一则便于核算,二则可以借此反映出企业"零库存"的状态。

资料来源:根据相关文献编写。

目标收益定价法的优点是可以保证既定目标利润的实现，从而实现既定的目标收益率。然而，这种方法的缺点也是十分明显的：其一，这种方法仅仅考虑了企业的利益而忽略了市场需求及竞争情况；其二，这种方法先确定产品的销售量，再确定产品价格的做法违背了理论逻辑，因为任何产品的市场需求量（决定了企业销售量）都是其价格的函数，换言之，价格决定和影响销售量，而不是相反。因此，由这一方法确定的产品价格无法保证产品销售量。对于需求弹性较大的产品这一问题更为突出。

(3) 收支平衡定价法(break-even pricing)，指企业以单位产品的全部成本作为产品的单价。在这种价格水平下，企业盈亏相抵。计算公式如下：

$$\begin{aligned}\text{产品的单价} &= \text{单位产品应摊固定成本}+\text{单位产品变动成本} \\ &= \text{固定成本}\div\text{总产量}+\text{单位产品变动成本}\end{aligned} \tag{11-3}$$

不同的总产量具有不同的收支平衡价格。因此一个企业采用收支平衡定价法进行定价时，应首先确定其总产量是多少，然后再根据其成本计算收支平衡价格。

运用收支平衡定价法的目的并不在于让单位产品的单价完全等于单位产品的全部成本，而是要通过计算收支平衡价格及其总产量，明确企业在一定价格水平下，总产量达到多少以上才能获利；或者，在总产量一定的条件下，产品的单价高于多少才能获利。这里，仅仅考虑企业生产量而没有涉及其销售量，事实上，如果销售量小于总产量，那么收支平衡价格也毫无意义。

(4) 边际成本定价法(marginal cost pricing)，指企业排除固定成本因素，只根据变动成本（实际为边际成本）确定产品的单价。这一方法的出发点不是让产品的单价绝对等于其变动成本，而是确定的单价可以明确企业产品价格的最低极限。因为产品的单价至少应该大于其变动成本，否则企业生产和销售的产品越多亏损越多；若产品的单价大于其变动成本，其边际利润就可以弥补部分固定成本。在市场竞争特别激烈、企业订货不足时，为了减少企业损失、保住市场，企业对于其部分产品可以运用这种方法定价。

世界观察

成本加成定价法与边际成本定价法的比较

某家电公司生产 20 000 件家电，固定成本为 40 000 元，每件家电变动成本为 30 元，预期利润率为 10%。

- 成本加成定价法

固定成本	40 000 元
变动成本(30 元/件×20 000 件)	600 000 元
总成本	640 000 元
利润(总成本×10%)	64 000 元
总成本+利润	704 000 元
家电单价	35.2 元

- 边际成本定价法

若边际利润为 20 000 元。

变动成本	600 000 元
边际利润	20 000 元

家电单价 31 元

显然,与 35.2 元的销售价格相比,31 元的销售价格会使企业处于亏本状态。但在国际市场竞争激烈的环境下,如果仍按照 35.2 元销售的话,可能导致产品大量积压,甚至使企业停产,使企业损失更大。可见,用边际成本定价还可以使一部分固定成本得到边际利润的补偿,使企业减少损失。

资料来源:根据相关文献编写。

2. 以需求为中心的定价方法

以需求为中心的定价方法是在营销观念指导下进行定价的方法。其基本理念是生产目的既然是满足消费者的需求,那么产品价格的确定就不应仅仅以企业的成本为依据,而应以消费者对产品价值的理解及其需求为依据。具体包括:

(1) 理解价值定价法(perceived value pricing),指根据消费者对产品的认识和估价来进行定价的方法。在具体确定某一产品的单价时,企业首先要估计和测定该产品在消费者心目中的价值水平,然后根据消费者对产品所理解的价值水平确定产品的价格。

理解价值定价法的根据是产品在市场上的价格以及该产品的质量、服务水平等在消费者心目中都有一定的认识和评价。当产品的价格水平与消费者对产品价值的理解和认知程度大体一致时,消费者就会接受这种产品;反之,消费者就不会接受这一产品,产品自然就销售不出去。

当企业计划在市场上推出一个新产品时,应用理解价值定价法的具体做法是:首先,企业从产品质量、服务、分销渠道和促销举措等方面为产品设计一定的市场形象,根据消费者对其接受程度,制定一个能够被目标市场接纳的产品价格;其次,预测在这一价格水平下,产品的销售量能够达到多少,并据此估算产品的产量、投资额及单位成本;最后,综合所有情况和数据,测算这种产品的营利水平,若营利适宜就投资生产,若无营利或营利太小就放弃生产。

理解价值定价法一般在企业推出新产品或进入新的市场时采用。同时也适用于企业之间比较定价。理解价值定价法的优越性是显而易见的,正确应用这一方法的关键是要准确地判断消费者对于产品价值的理解和接受程度。

世界观察

卡特彼勒与斯科特公司应用理解价值定价法

卡特彼勒(Caterpillar)公司使用理解价值定价法为它的建筑设备制定价格。它给拖拉机可能的定价为 100 000 美元/台。虽然竞争者同样的拖拉机可能定价是 90 000 美元/台,但卡特彼勒公司仍能获得比竞争对手更多的销售额。卡特彼勒公司的经销商这样向用户阐释卡特彼勒公司的拖拉机的价值:

90 000 美元　为拖拉机的价格,这仅相当于竞争对手的拖拉机的价格

7 000 美元　为卡特彼勒产品优越耐用性的溢价

6 000 美元　为卡特彼勒产品优越可靠性的溢价

5 000 美元　为卡特彼勒产品优越服务的溢价

2 000 美元　为卡特彼勒零配件较长时期担保的溢价

共计110 000 美元　包括一揽子价值的定价

-10 000 美元	折扣额
100 000 美元	最终价格

卡特彼勒经销商的解释，使用户认识到虽然他多支付了 10 000 美元的溢价，但实际上他们多获得了 20 000 美元的价值！他们最终选择了卡特彼勒公司的拖拉机，因为他们确信卡特彼勒公司的拖拉机在试用期内的操作成本会较小。

斯科特公司(Scott Company)则发明了一种新型草坪肥料来延缓草的生长，使家庭可以一个月修剪一次草坪，而非以前的一个月四次。如果一个家庭一个月花费 60 美元割草，那么，他们可以考虑在一个合适的价位上，例如 40 美元，购买这种新型肥料，从而可以每月节省 20 美元。需要注意的是，斯科特公司的定价是基于可以认识的价值，而不是生产这种肥料的实际成本。

资料来源：科特勒.营销管理[M].梅清豪，译.11 版.上海：上海人民出版社，2003：540-554.

(2) 需求导向定价法(demand-oriented pricing)，指企业首先要了解市场环境及各种影响价格的因素，并据此确定该市场上适宜的价格水平。具体做法是：首先确定适合市场的零售价格，其次在此基础上扣除各种中间费用，最后倒推出企业产品的出厂价。

若是在国内销售，应用这一方法确定价格较为简单。计算公式如下：

$$出厂价=市场零售价格\times(1-批零差率)\times(1-进销差率) \tag{11-4}$$

若是出口销售，由于中间费用较多，则计算出口价较为复杂。正确应用需求导向定价法的关键在于，企业要准确判断市场适宜的零售价格。否则，企业的出厂价就会定得过高或过低，结果将会使企业丧失市场，或者失去应得的收益。

世界观察

国际市场需求导向定价法一例

国际市场零售价	$ 25.00
减去 40%零售毛利	- $ 10.00
零售商成本	$ 15.00
减去 15%进口商或经销商毛利	- $ 1.96
进口商或经销商成本	$ 13.04
减去 12%增值税	- $ 1.40
CIF 价和关税	$ 11.64
减去 9%的关税	- $ 0.96
CIF 价	$ 10.68
减去海运费、保险费	- $ 1.04
出口价	$ 9.64

资料来源：根据相关文献编写。

3. 以竞争为中心的定价方法

以竞争为中心的定价方法是企业在竞争激烈的市场上，为了应对竞争格局、争取更多的消费者而采取的一种特殊定价方法。

(1) 随行就市定价法(going-rate pricing)，指企业以本行业的一般价格水平作为定价标准来确定企业产品的价格。在竞争激烈而且产品需求弹性较小或供需基本平衡的市场上,这是一种比较稳妥的定价方法;对寡头垄断市场而言,这一定价方法更为适用,因为在这种市场上,消费者对市场行情极为了解,寡头之间也彼此熟悉,这样,某一企业独自采取提价或降价的举措都不会从中获益。

(2) 投标定价法(sealed bid pricing),指社会集团(企业或事业单位)购买者在进行批量采购、从事大型机械设备购买或为工程项目选择承包商(承建商或承造商)时通常采用的一种方法。投标定价法是拍卖定价法(auction-type pricing)的一种形式。其目的是通过引导卖方竞争来筛选最合适的合作者。征求承包人的一方(买方)为招标人,应征前来参加竞争的应聘者为投标人,经过竞争以后的优胜者为中标人,三者一般均是法人。

世界观察:赠品式定价竞标

投标人的投标价格往往是根据对竞争对手投标价格的判断来确定的。投标的目的是中标,因此投标价格应该低于竞争对手的投标价格,但同时也要考虑产品成本,单纯追求中标而无视产品成本的做法毫无意义。

二、定价的主要程序

企业定价的主要程序通常包括选择定价目标、确定需求、估计成本、分析竞争者产品与价格、选择定价方法、确定最终价格六个步骤(见图 11-1)。企业要根据营销战略确立定价目标,在充分了解和分析市场需求、生产成本以及竞争者产品与价格的基础上,根据确立的目标采用相应的定价方法,为企业的产品制定一个基本价格,然后再依据价格策略进行适当调整,确定最终价格。

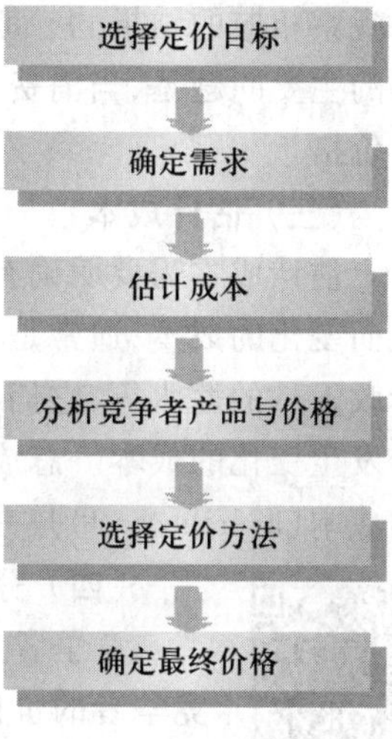

图 11-1　定价的主要程序

(一) 选择定价目标

面对不同的国际市场,企业的定价目标是不一样的。有些企业需要将国内市场作为主导市场,而将国外市场看成国内市场的延伸和补充,因而针对国外市场往往采用比较被动和保守的定价策略。而更多的企业认为国际市场和国内市场一样重要,甚至把国内市场看成国际市场的一部分,这类企业往往采用主动和积极的定价策略。在迅速发展的国际市场上,企业可能更注重市场占有率的增长而暂时降低对利润的要求,采用低价渗透策略;在慢速发展的国际市场上,或者在产品生命周期较短的市场上,企业为了尽快收回投资,降低经营风险,可能采用撇脂定价策略。此外,与东道国企业合资的跨国企业在定价上除了考虑自己的战略目标以外,还不可避免地受到合作伙伴的影响。

(二) 确定需求

确定需求主要集中分析消费者的价格敏感程度、价格的需求弹性和需求曲线的估计。

价格敏感程度受到许多因素的影响,分析和明确影响消费者的价格敏感性因素是一个重要的环节。一般而言,消费者对生产成本高或者经常购买的产品的价格较为敏感,而对成本较低或者不经常购买的物品价格不敏感。此外,消费者对那些在产品获得、产品生命周期的运作和服务中所占总成本比例较小的产品的价格也不敏感。换言之,只要企业使消费者相信他们获得的产品所有权总成本(total cost of ownership,TCO)最小,那么,即使比竞争者的价格略高,同样可以赢得消费者的青睐。通常企业更愿意和那些对价格不敏感的消费者打交道。

世界观察：判断消费者对价格敏感程度的方法

价格的需求弹性(简称需求弹性)(elasticity of demand),是指市场需求对价格变化的反应程度。需求弹性反映需求量对价格变化的敏感程度。此外,经常用到的还有需求收入弹性和需求交叉弹性。需求收入弹性是指由于消费者(买主)收入的变动而引起的需求量的变动情况。需求交叉弹性是指在为产品定价时应当考虑的相关产品之间的相互影响程度。如果产品 X 的需求不仅受其价格 $P(X)$ 的影响,还受产品 Y 的价格 $P(Y)$ 的影响,那么这种相互的影响关系就叫作需求交叉弹性。

需求曲线可以通过应用统计方法、价格实验法和询问消费者在不同价格水平下的购买量的方法来估计。统计方法是分析过去的价格、销售数量和其他因素的相关数据以估计它们之间的关系。价格实验法是由贝内特(Bennett)和威尔金森(Wilkinson)发明的一种在商店内估算需求曲线的方法,即在一个折扣店里系统地变动几个销售产品的价格,并观察相应的结果。[1] 询问消费者在不同价格水平下的购买量的方法简便易行[2],但是这一方法的主要问题是,当消费者认为价格较高时他们的购买愿望会下降,这会阻止企业给产品制定高价格。

(三) 估计成本

估计成本需要明确有关成本的一些基本概念。固定成本(fixed cost)是不随生产或销售变化而变化的成本,通常是企业的一般管理费,包括公司定期支付的各种租金、取暖费、利息以及行政人员的薪水等,它们与公司的产量无关。变动成本(variable cost)是随生产水平的变动而直接发生变化的成本。总成本(total cost)是一定产量水平下所需的固定成本和变动成本之和。平均成本(average cost)是一定产量水平下产品的单位成本,等于总成本除以产品数。

世界观察：目标成本法

(四) 分析竞争者产品与价格

竞争者是企业定价的重要参照系,因为消费者会比较不同企业产品的价格,而竞争者的价格则直接反映了其竞争力。企业在分析竞争者的产品时,需要对产品的成本、功能、特点、质量、价格、服务等作一个全面了解,价格并不是一个孤立的要素。如果企业的产品与竞争者的产品存在明显的可区分性,则有相对较大的定价弹性空间;如果消费者对两者的产品比较容易混为一谈,则企业的产品价格就会受到竞争者产品价格的较大影响。

(五) 选择定价方法

不同的定价目标对应不同的定价方法,与此同时,定价方法的选择还受产品的市场需求情况、生产成本以及竞争者情况等因素的影响。如果企业进入了一个相对稳定成熟的市场,而且产品与竞争者的产品很相似,企业对产品的定价会更多地倾向于竞争导向目标,从而选择随行就市定价法。当然,企业营销战略目标也是选择定价方法的重要依据。

---

① BENNETT S, WILKINSON J B. Price-Quantity Relationships and Price Elasticity under In-Store Experimentation[J]. Journal of Business Research, 1974, 2(1): 27-38.

② WEINER J. Consumers Electronics Marketer Uses a Conjoint Approach to Configure Its New Product and Set the Right Price[J]. Marketing Research, 1994, 6(3): 6-11.

（六）确定最终价格

通过选定的定价方法计算出来的产品价格，往往并不适合直接作为销售价格，企业需要根据消费者的消费模式和消费行为，以及以往的销售经验，结合定价策略对其进行相应的调整，从而确定产品的最终价格。

定价策略不同于定价方法，定价方法是一套规范的指导原则或计算方法，而定价策略是企业（营销人员）在实际活动中积累的经验和需要灵活掌握的操作知识。定价策略主要分为新产品定价、折扣与折让、差别定价、促销定价、产品组合定价、地区性定价等类型。例如，地区性定价策略就包括产地 FOB 定价策略、统一交货定价策略、分区定价策略、运费免收定价策略、基点定价策略等。

三、定价的影响因素

世界观察：
国际贸易术语

企业产品价格决策是以经济学理论为基础的。产品价格主要取决于产品所包含的价值及效用。价值反映了产品与其他物品相互交换的能力；效用是产品能够满足消费者的需求或欲望的能力；价格是产品价值和效用的货币度量。除了价值和效用这些基本因素之外，市场上的产品价格还受到其他因素的影响和制约。

（一）市场需求状况

市场需求状况常常是定价的主要参考因素。对于价格与需求的关系，西方经济学进行过相关理论研究。

1. 价格与需求

价格与需求直接相关，通常价格越高，需求越小；价格越低，需求越大。这一规律的内在机制在于，价格高低直接影响消费者的实际购买力，需求会随着价格的变化而波动。在大多数企业的产品市场，需求与价格之间都存在这种规律。因此，每个企业都需要预测各种价格水平下的市场需求状况，根据市场需求的大小，选择合理的价格水平，以便产品不仅能够销售出去，而且可以获取尽可能多的利润。

世界观察

数字技术定价策略

数字技术定价既可根据市场需求动态变化定价，也可以依据消费者差异因人定价，诸如智能动态定价策略和算法驱动的个性化定价策略 。

智能动态定价策略是指基于机器学习和人工智能，根据市场供需关系、季节变化、消费者评价等价格影响因素确定产品最终价格。例如，Uber 峰值定价就是智能动态定价策略的应用，主要基于海量实时数据的建模优化，将时间、地点和用车的紧急程度等纳入算法模型而得到最终价格。

算法驱动的个性化定价策略是指基于数据收集和数据分析工具，根据消费者个体差异（如支付意愿）确定最终价格。例如，成立于 2015 年的美国 Root Insurance 公司，在为 30 个州的驾驶员提供汽车保险产品时，并不是根据人口统计学数据（如年龄、性别等），而是将投保人日常驾驶习惯数据、信用评分和保险欺诈率等信息输入到算法模型分析得到其驾驶安全系数，基于此确定投保资格及其个性化保费。

资料来源：根据相关文献编写。

2. 需求弹性

现实中，各个企业所面临的市场需求的特点存在着差异，有的市场需求对价格变化的反应比较敏感，有的则反应相对迟钝。西方经济学理论将市场需求对价格变化的反应程度称为价格的需求弹性，用数学公式表述为：

$$\text{价格的需求弹性}=\frac{\text{需求量变化的百分比}}{\text{价格变化的百分比}} \tag{11-5}$$

用数学符号表示为：

$$E_{\mathrm{P}}=\frac{(Q_2-Q_1)/[(Q_2+Q_1)/2]}{(P_2-P_1)/[(P_2+P_1)/2]}=\frac{(Q_2-Q_1)(P_2+P_1)}{(P_2-P_1)(Q_2+Q_1)} \tag{11-6}$$

其中，E_{P} 表示价格的需求弹性；P_1 表示产品的初始价格；Q_1 表示产品的初始需求量；P_2 表示变动以后产品的价格；Q_2 表示变动以后的产品需求量。

影响价格需求弹性的主要因素有以下几点。① 消费者对产品需求强度的大小。通常，生活必需品的需求弹性较小；奢侈品的需求弹性较大。② 产品本身的可替代程度。通常，产品功能越易于被替代，产品的需求弹性越大；产品功能越不容易被替代，产品的需求弹性越小。③ 产品用途的广泛性。通常，用途越广泛，产品的需求弹性越大；用途越少，产品的需求弹性越小。④ 产品的耐用性。通常，非耐用消费品需求弹性较大；耐用消费品需求弹性较小。⑤ 消费者需求偏好的变化。消费者需求偏好易变的产品，则其需求弹性较大；消费者需求偏好不易变的产品，则其需求弹性较小。⑥ 产品需求的衡量时间。产品的长期需求弹性通常与短期需求弹性之间存在差异。

3. 需求弹性的类型

根据 E_{P} 的数值大小，需求弹性大致可以分为三种类型：

（1）$E_{\mathrm{P}}=1$，即需求量变动的幅度与价格变动的幅度相等。此时，企业调整价格对其总收益没有影响。因此，当企业所面对的市场产品需求弹性为 1 时，企业可根据自身生产规模的大小在一定范围内自由确定产品价格。

（2）$E_{\mathrm{P}}<1$，即需求量变动的幅度小于价格变动的幅度。此时，企业如果提高产品价格，其总收益会增加。因此，当企业所面对的市场产品需求缺乏弹性时，企业可对产品确定一个相对较高的价格。

（3）$E_{\mathrm{P}}>1$，即需求量变动的幅度大于价格变动的幅度。此时，企业如果调低产品价格，其总收益会增大。因此，当企业所面对的市场产品需求富有弹性时，企业可对产品确定一个相对较低的价格。

4. 需求弹性的应用

世界观察：互联网与价格敏感性

企业产品的需求弹性制约着企业的定价，它在一定程度上构成了企业产品价格的上限区间。若无视这一因素的制约作用，盲目提高价格，就会抑制市场需求，造成企业产品滞销。因此，企业必须重视应用产品价格的需求弹性。但是在应用弹性概念确定价格时切忌机械照搬理论，应注意以下几个问题。第一，有时某些产品价格的需求弹性的大小与调整价格的幅度有关。对价格稍做调整时，弹性也许不大；若调整幅度较大，弹性就会变大。第二，有时某些产品价格的需求弹性的大小与调整价格的方向有关。对价格调高或调低时，价格的需求弹性并不一致。第三，有时某些产品价格的需求弹性的大小与调整价格的时间跨度也有关系。对价格进行长期调整与短期调整时，价格的需求弹性也不同。

（二）产品相关因素

1. 产品成本

产品成本是企业定价的基本依据，它构成企业产品价格的下限。长期而言，任何企业确定的产品价格都会位于其成本之上，否则销售收入无法补偿产品成本，企业必将难以维持长久生存。所以，在定价之前，企业都要对其产品成本有足够的了解。

与定价直接相关的单位产品成本是生产规模的函数，它由企业的总成本和总产量决定。单位产品成本与生产规模之间的函数关系，在短期和长期有所不同，但两种情况下，单位产品成本均随生产规模的变化而变化。开始时单位产品成本随着生产规模的扩大而递减，当达到某一个极值后又随着生产规模的扩大而递增。

2. 产品供给

价格与供给是互为因果又互相影响的。企业在进行国际市场营销过程中，应认真地判断与运用国际市场的供求关系，充分考虑价值规律的作用与影响。产品供不应求，价格可以定得较高；反之，产品供过于求，价格应该定得低一些。

企业在国际市场营销过程中需要灵活把握国际市场供求规律，调节生产和消费这对矛盾，寻求企业利益和消费者利益之间的平衡。

3. 产品生命周期

产品处于生命周期的不同阶段，企业必须采用相应的定价策略。一般而言，产品处于市场导入期时，定价的主要目标不是营利，而是补偿产品在研发、生产等方面的成本费用，产品很可能采用亏本的定价形式；产品在成长期，定价的主要目标是扩大市场份额、提高产品在消费者心目中的地位、培育顾客忠诚度以及实现预期利润等方面，在这个阶段，产品的销售额可能快速增长，价格可能由于规模经济等原因而大幅度下降；产品进入成熟期时，市场竞争更为激烈，单位产品利润开始下降，产品定价需要有一定的竞争性以保持既定的市场占有率；产品进入衰退期时，定价的目标是尽可能快地收回资金，最常用的策略就是大幅度降价，以便尽可能快地和尽可能多地收回资金。

（三）市场竞争格局

企业产品价格决策受到竞争程度的影响。西方经济学根据市场的竞争程度，将市场竞争格局分为四种基本类型：完全竞争市场、垄断竞争市场、寡头垄断市场、完全垄断市场。

世界观察：数字产品定价策略

1. 完全竞争市场

完全竞争市场（completely competitive market）又称自由竞争市场，是指在市场上的任何企业和消费者对商品的价格均不能产生任何影响力的市场。在完全竞争市场条件下，市场上的产品价格是由整个行业的供求关系决定的，买卖双方的行为只受价格因素的支配，没有哪一个买主或卖主能左右市场价格。

在完全竞争市场条件下，企业是价格的接受者，而不是价格的决定者，而且企业无须进行市场调研、促销等工作，因为这样只会增加企业费用而不会带来任何收益。因此，企业只能依靠提高产品的生产效率、降低各种费用来获得更多的利润。

完全竞争市场存在的前提条件是:第一,市场上存在许多卖主和买主,他们买卖的商品只占市场总量的极小部分;第二,他们买卖的商品之间不存在任何差异;第三,新卖主可以自由进入该市场;第四,卖主和买主对市场信息完全掌握;第五,生产要素在各个行业之间可以自由流动。显然,现实中符合这些条件的完全竞争市场并不存在。

2. 垄断竞争市场

垄断竞争市场(monopoly competitive market)是指一种既有垄断又有竞争的市场。其存在的前提条件是:第一,产品之间存在差异,即同样产品之间存在质量、包装、品牌、式样和服务等差别;第二,在市场上仍存在很多的买主和卖主。

在这种市场条件下,由于各个卖主所提供的产品具有一定的差异性,所以他们对于各自的产品具有一定的垄断性,能够控制其产品价格。可另一方面,因为各个卖主所提供的产品并无本质差异,产品之间具有很强的替代性,所以任何卖主如果定价过高,就会失去市场。

在垄断竞争市场条件下,企业已经不再是消极的价格接受者,而是强有力的价格决定者。企业可以通过广告宣传、包装、品牌等方式影响消费者,使他们从心理上感受到不同企业所提供的产品具有的差异性,从而愿意接受企业确定的产品价格。

3. 寡头垄断市场

寡头垄断市场(oligopoly market)是指某种产品的绝大部分由少数几家大企业提供形成的市场。这也是垄断与竞争并存的市场,只是由于几家大企业在市场上占有较大份额,因此对市场价格具有举足轻重的影响。

寡头垄断可分为纯粹寡头垄断和产品差别寡头垄断两种。生产完全相同产品的几个寡头称为纯粹寡头,生产具有差别的产品的几个寡头称为产品差别寡头。两种类型的寡头都不是市场的完全垄断者,但均对市场价格产生重要影响。

在纯粹寡头垄断的条件下,市场价格往往不是由市场供求关系直接决定的,而是由少数寡头通过协议或默契确定的;或者是由一家最大的寡头先行定价,其他寡头随之服从。这种价格一旦形成,在相当长的时期里会比较稳定。因为若某家寡头降低价格,其竞争对手也会随之降价,结果哪家寡头也没有从中获得好处;反之,若某家寡头提高价格,其竞争对手则不会采取相应举措,这样一来,这家寡头必然会放弃提价。

在产品差别寡头垄断的条件下,各家寡头生产的产品各具特色,他们可以通过各种促销方式吸引消费者,培养消费者对其产品的忠诚和偏爱,因此在一定程度上,他们各自可以控制自己产品的价格,而不受竞争对手的左右。

4. 完全垄断市场

完全垄断市场(completely monopoly market)是指某一产品市场完全被一家企业垄断和控制,且这种产品没有替代品的市场。在现实中,这一类型的市场十分少见,只存在于某些国家特许的行业。此外,在某些特殊的地区,由于运输成本或其他因素的影响,也可形成一定时期内局部的完全垄断。

在完全垄断市场的条件下,由于一个行业中只有一家企业,没有与其抗衡的竞争对手,因此,这家企业可以完全控制市场价格,可在国家法律和规定允许的范围内自由定价。

5. 竞争对手的产品价格

市场需求构成企业产品价格的一个上限;产品成本是企业产品价格的下限;竞争对手的产品价格提供企业产品价格决策的参考区间,也是企业产品价格决策的重要依据。

根据竞争对手的产品价格,企业可以进行相应的价格决策。如果企业的产品质量与竞争对手的相似,其价格就必须同竞争对手相近;如果企业的产品质量次于竞争对手,其价格就必须低于竞争对手,并且不能随竞争对手的某些价格变化而变化;如果企业的产品质量高于竞争对手,其价格就可以高于竞争对手,而且在价格决策中比对方具有更大的灵活性和控制权。企业应该善于利用竞争对手的产品价格这一因素,对产品进行市场定位,树立独特的市场形象。

世界观察

定价与影响因素

一、定价和价值前景相结合

葛兰素(Glaxo)制药公司发明了一种治疗胃溃疡的药品扎泰克(Zantac)与同类产品泰胃美(Tagamet)竞争。市场传统的做法是,作为市场上排名第二的生产商的产品,扎泰克的定价应该比泰胃美低10%。葛兰素公司的总裁认为扎泰克要比泰胃美好,因为该药副作用小,而且更便于服用。因此,葛兰素公司的扎泰克市场定价比泰胃美高得多,并且很快获得了市场的领先地位。

二、按照细分价值来定价

巴格斯·伯格(Bugs Burgor)公司生产的伯格杀虫剂的定价是同类产品的5倍! 巴格斯·伯格公司能获得如此丰厚的市场溢价原因在于它把目标顾客选定在对质量特别敏感的那部分消费群体(如旅店和餐馆等),并向他们提供最有价值的利益:保证没有害虫。这样高的价格使它有能力培训服务人员并支付相应的工资,这样就能激励他们提供优质的服务。

三、按照各类细分成本和竞争格局定价

进步(Progressive)保险公司在收集和分析损失资料上比同行做得好。它清楚地了解为各类顾客提供服务的成本是多少,这使得它能够为那些高风险的可获利顾客提供保险服务,而其他保险公司是不愿这样来承接业务的。几乎没有竞争对手能够对客户的成本有一个可靠的认识,这使进步保险公司在为这类客户提供服务中获利不少。

资料来源:DOLAN R J,SIMON H. Power Pricing[M].New York:Simon and Schuster,1996.

(四)政府干预

各国政府对市场经济有不同程度的规管或干预。政府干预是有一定理论支持的,流传最广的是幼稚产业理论。企业定价必然受到东道国法律法规的限制,一国的财经政策、关税和非关税贸易壁垒、反垄断法、价格控制法等均会对市场价格产生直接或间接的影响,从而限制企业的定价空间。

1. 定价空间的限制

企业产品定价有时要受到政府的干预以及政府政策法规的制约。政府的干预可以简单地分为两种情况。一是政府为了扶持某行业的发展,而规定该行业产品的最低限价,以鼓励和支持该行业的企业扩大生产。这一最低限价通常高于市场供求平衡点的价格，由此可能出现供给过剩的现象，而为了维持最低限价，政府通常会采取政府直接购买等措施。西方有些发达国家的农产品就属于这种情况。二是政府为了防止物价上涨而规定某种产品的最高限价。这一最高限价往往低于市场供求平衡点的价格。由于价格偏低有可能出现供给短缺的现象。

政府政策法规对企业产品价格决策具有硬约束。美国存在许多影响企业价格决策的联邦法规：限制各州之间贸易的《谢尔曼反托拉斯法》(1890 年)，禁止不公平竞争的《联邦贸易委员会法》(1914 年)，禁止有损竞争的价格差别待遇的《鲁宾逊-帕特曼法》(1936 年)等。

2. 反倾销

各国一般严禁外国商品倾销。倾销(dumping)是指以低于生产成本的价格进行销售或以低于国内市场销售价格的价格进行销售的行为。世界贸易组织规定，当企业对产品的销售定价低于正常出口价格或低于原产国成本加上合理销售成本和利润，而且这种做法可能有损于进口国经济活动时，应被视为倾销行为，要对其征收反倾销税。

企业定价时，应该首先了解东道国关于反倾销的相关规定，并预测汇率的相关变动，调整出口产品的价格。

3. 政府直接参与市场竞争

在许多国家，政府常常通过直接参与市场竞争的方式调控商品的价格。美国政府曾经动用国家战略库存参与市场竞争来控制铝的价格，此外，还在小麦市场和其他产品市场上采用类似的方法，并最终达到了管理和控制市场的目的。在某些国家，政府往往拥有很大的生产能力，从而为政府控制和管理市场价格提供了坚实的物质基础。

4. 政府补贴

政府补贴也会对价格产生影响。一般来说，政府补贴的目的大多数是支持本国企业在世界市场上的竞争。这种补贴有直接补贴和间接补贴两种。直接补贴是对最终产品的价格补贴；间接补贴是对零部件等中间产品的补贴。

11.1 国际市场的价格升级【登录“爱课程网”搜索“国际市场营销（崔新健）”观看视频】

第二节　国际市场的价格升级问题

一、价格升级

在国际市场上，除了传统意义上的超额利润以外，导致商品价格在东道国和母国之间不成比例的差异的现象被称为价格升级(price escalation)。导致跨国经营中价格升级现象出现的原因有很多，包括装运费、保险费、包装费、关税、较长的分销管道、较高的中间商毛利、专门税费、行政管理费以及汇率波动和通货膨胀等因素。这些因素的共同作用，导致产品在东道国市场上的最终价格要比在母国市场上高出很多。

世界观察

国际市场价格升级的原因和结果

与国内相比，国际市场上价格的变动如表 11-1 所示。

表 11-1　国内与国际市场价格对比　单位:美元

	国内例证	国外例证 1:假定批发商以相同的渠道直接进口	国外例证 2:通过进口商且以相同的毛利和渠道	国外例证 3:同例证 2 但加上 10%的累计流通税
制造商净价	5.00	5.00	5.00	5.00
运费(到岸价)	n. a.	6.10	6.10	6.10
关税(到岸价的 20%)	n. a.	1.22	1.22	1.22
进口商所付金额	n. a.	n. a.	7.32	7.32+0.73
进口商转手给批发商时所获毛利(成本的 25%)	n. a.	n. a.	1.83	1.83
批发商所付卸货成本	5.00	7.32	9.15	9.88
批发商毛利(成本的 33.3%)	1.67	2.44	3.05	3.29+0.99
零售商所付金额	6.67	9.76	12.20	14.16
零售商毛利(成本的 50%)	3.34	4.98	6.10	7.08+1.42
零售价格	10.01	14.64	18.30	22.66

注:到岸价为成本、保险和运费之和。本表假定所有国内运费由中间商承担。运费、关税和中间商毛利因国而异,但为了便于比较,本表只列举了少数几种可能的变化。

资料来源:凯特奥拉,吉利,格雷厄姆,等.国际市场营销学[M].赵银德,沈辉,钱晨,译.原书 17 版.北京:机械工业出版社,2017:521.

(一)税收、关税和行政管理费

税收和关税都影响着产品的最终价格。关税是税收的一个重要项目,国际贸易必然要经过关税环节。在大多数情况下,税收、关税和行政管理费最终会转嫁给消费者。当然,有时企业出于经营战略上的考虑而打入东道国市场,可能减少自己的净收益,使消费者从中获益。但是无论是企业自己承担还是转嫁他人,这些因素都在定价必须考虑的范畴内。

关税(tariff)是一种特殊的税收形式,它是货物从一个国家或地区进入另一个国家或地区所缴纳的费用。与其他形式的税收一样,关税增加了政府的收入。现实中,各国一般都用关税税率按照从量、从价或者混合的方式征收关税。从量税按照进口商品的实物数量征收,从价税按照进口商品价值的一定百分比征收,混合税则是前两者的综合。

关税是一种差别待遇税则,关税和其他形式的税收会限制外国商品的进入。办理进口证的费用以及其他行政管理费用,有时候也可达到很大的数额,以致可以视为一种实际上的进口税。许多国家征收适用于各种商品的交易税、针对商品分销渠道的增值税、流转税以及零售营业税。虽然这些税费不仅仅针对外国企业或外国商品,但是毕竟增加了商品的最终价格。

大量行政管理费与进口直接相关,企业申请进口许可证以及其他单证,把货物从进口港运到买主手里意味着额外的费用,不管金额大小,都加了产品出口的总成本。

世界观察：2018 年世界各城市部分商品/服务价格比较

（二）通货膨胀与通货紧缩

在通货膨胀率高或者汇率波动大的国家，销售价格必须反映产品的成本及重置成本。如果商品价格以低于重置成本和一般管理费用之和来销售，对于卖方而言，卖出商品得不偿失。因此，在签订长期合同或者货款延期几个月支付的时候，必须把通货膨胀的因素考虑在内。实际操作当中，某些发展中国家的通货膨胀率很高，使得这些国家的价格管制行为始终对外国企业具有威胁。此外，通货膨胀还会由于价格上升使一部分消费者流失。

通货膨胀是一个不可控因素。但是，对于外国企业来说，可以采用各种方法降低和转移通货膨胀带来的压力，诸如对额外的服务收取费用，提高内部转移价格，把产品拆分为零部件和半成品且每部分单独定价等。在通货膨胀的市场中，保持低价和增加顾客对品牌的忠诚度是非常重要的。

与通货膨胀相反，因为价格降低，通货紧缩对消费者有积极的影响。但是，通货紧缩同时对供应链每个环节都提出了降低成本的要求。典型的情况是，在通货紧缩之前，产品的高价让分销渠道每个环节都可以获得很高的利润，但随着通货紧缩的出现，分销渠道适应能力不强的企业纷纷破产，新的分销方式逐步成为主流方式。

（三）汇率波动与币值变动

在固定汇率体系下，国际贸易合同拟订简单，因为国际支付使用一种较为固定的货币（如美元）来计价。但是，当主要货币都是自由浮动时，预测某种货币将来的确切价值十分困难。实际操作中，企业越来越倾向以卖方国家的货币计价，进行各种套期保值，以求规避来自货币方面的风险。在长期合同中，汇率因素不能忽视，尤其是从签约到发货期这段时间内，因为汇率变动而带来的额外所得或损失可能十分可观。

除了汇率波动，一国货币相对另一国货币的币值变动也会引起风险。母国货币坚挺会使用东道国货币表示的产品价格上升、需求减少；反之，母国货币疲软会使用东道国货币表示的产品价格下降、需求增加。在货币坚挺的国家销售产品，企业可以选择降价以增大市场份额，也可以维持价格不变而获得更多利润。

汇率和币值的变动是企业国际市场营销定价中的主要问题之一。对于一个既想在国外市场长期经营，又希望保持价格优势的企业而言，价格策略必须反映币值的变动。当本国货币比买方国家货币疲软时，企业通常采用成本加成定价法；当本国货币坚挺时，为了保持价格优势，企业必须设法抵消由于币值引起的价格上升。影响成本变化的因素很多，企业要根据市场、产品、环境等进行决策。

世界观察

不同货币条件下的出口战略

不同货币条件下的出口战略如表 11-2 所示。

表 11-2 不同货币条件下的出口战略

本国货币疲软	本国货币坚挺
强调价格优势	通过缩短交货期、改善质量和售后服务，参与非价格竞争
延伸产品线，增加成本较高的性能	提高生产率，千方百计降低成本
在本国市场采购和制造	到海外市场采购和制造
在所有市场中寻求出口机会	优先出口到货币相对坚挺的国家
实行传统的现金实物交易	与货币疲软的国家开展反向贸易
采用完全成本定价法，而在新进入的竞争性市场采用边际成本定价法	降低利润率，采用边际成本定价法
尽快收兑，把海外收入汇回国内	海外收入留在东道国，不急于收兑
尽量减少东道国货币的支出	尽量增加东道国货币的支出
在国内市场购买所需服务（广告、保险、运输等）	在东道国购买所需服务并用当地货币支付
尽量不要在东道国当地贷款	在东道国当地筹集扩张所需资金
要求国外顾客用外国货币支付	要求国外顾客用本国货币支付

资料来源：根据相关文献编写。

（四）中间商和运输成本

各国之间分销渠道的长短与营销方式的差异很大。由于进入市场可以采用多种多样的分销渠道，而且事实上中间商也不存在统一的加成标准，因此，许多制造商无法知道产品在市场上的最终售价。

除了多样的分销渠道外，许多国家的营销和分销渠道的基础设施薄弱，同样会给企业带来各种各样难以预料的额外成本。另外，仓储以及小额的批发也会给企业带来额外的开支。如果与没有充足流动资金的中间商打交道，企业还必须为此而增加相应的费用支出。

世界观察：不同的国家不同的费用

实际操作当中，往往缺乏关于中间商的现成数据，国际营销者必须进行市场营销调研，辅以必要的经验知识来了解中间商的成本费用问题。同样，进货频率的提高也会增加处理订单和记账开票等的业务费用。

二、降低价格升级的方法

由于国际市场营销中价格升级的存在，成本控制已经成为企业国际市场营销战略的一个重要组成部分，遏制价格升级，必须降低分销渠道各环节的成本。

（一）降低制造成本

降低制造成本，将从源头上对整个产品供应链产生影响。企业在东道国组织生产的一个重要原因就是试图降低制造成本（包括研发成本）。通常，发展中国家拥有廉价的劳动力、新的广泛的资本来源、富有活力的私人企业。

降低制造成本的思路还有很多，如取消产品中某些成本高昂的功能属性，降低产品的总体质量等。某些在母国市场所要求的产品质量和附加特性不一定是东道国市场所需要的。降低制造成本还可以在一定程度上降低关税，因为多数关税都是从价计征的。

（二）降低关税

降低关税是解决价格升级的重要途径之一。为此，企业尤其需要探求降低关税的各种方式。

1. 将产品重新归类，列入关税较低的类别

在美国，一件产品被判定为珠宝的话就应当缴纳 26% 的关税，而如果被视为艺术品则会被免关税。当然，产品归类因国家而异，需要仔细了解各种关税规则和细目。

2. 修改产品以适应较低的关税税率

为了保护本国制鞋产业免受胶底帆布鞋的冲击，美国海关税则规定：任何鞋后加帮（从鞋底一直到鞋面上，鞋面上的部分超过 0.635 厘米）的帆布鞋和尼龙鞋关税率为 48%，而不加帮的鞋子仅为 6%。

3. 散件或半成品当地装配

许多国家，制造业（工业）制成品的关税率和零配件的关税率是不同的，一台装配好的机器的关税率是 20%，但是其散件关税率可能只有约 10%。如果在东道国装配时能够使用当地生产的零配件，关税则可能还会进一步降低。

4. 产品的重新包装

根据关税规则，同一产品不同的包装可能适用不同的关税税率。例如，美国海关税则规定：进口龙舌兰酒，如果是 1 加仑或者以下的小包装，关税为每加仑 2.27 美元；超过 1 加仑的大包装，关税率则为每加仑 1.25 美元。所以，如果重新装瓶的成本低于每加仑 1.02 美元，就可以节省关税支出。

世界观察：是人还是动物？

（三）降低分销成本

缩短分销渠道有助于控制价格升级。如果分销渠道拥有较少的中间商，那么除了减少成本加成以外，还可以减少税费。一些国家征收增值税，货物每流转一次，就征一次税。当然，增值税可以是累计的，也可以是非累计的。累计增值税按照总销售价格计征，货物每转手一次，就要征收一次，显然，减少分销环节有助于减少纳税；非累计增值税是按照中间商进货成本与销售价格之间的差价计征的，缩短分销渠道，同样可以降低分销成本，控制价格升级。

（四）利用自由贸易区降低成本

自由贸易区是控制价格升级的一种重要方式。一些国家为了促进国际贸易，设立了自由贸易区或自由港。自由贸易区（free trade area）实质是一个免税区。从进口管制角度看，自由贸易区是一个独立于国家之外的特殊区域，当货物离开自由贸易区被本国进口时才征收关税。货物在这里储藏和加工，可以在一定程度上减轻因税收、关税、附加费、运费等引起的价格上升，使产品的最终价格更具竞争力。尤其是在自由贸易区内发生的劳务成本和间接费用可以免交关税。

企业有多种方式可以降低把散件运到进口国自由贸易区内的费用。

（1）散件比成品的关税率更低，故可以降低关税。

（2）如果进口国劳动力成本低，那么最终产品的价格就能大幅度降低。

（3）远洋运输价格取决于重量和体积，散件由于体积较小可以节省运费。

（4）运输保险与运输品价格相关，散件的价格低于成品。

(5) 如果装配过程中,产品能够适当添加东道国的某些成分,如包装、零部件等,则可以进一步减少关税。

世界观察:如何利用自由贸易区?

第三节　定价视角的反向贸易

一、反向贸易的目的

反向贸易(counter trade)是一种非传统的贸易方式,指买方不用或较少使用现金支付货款,而是采用其他方式来促成交易的达成。反向贸易与传统的"一手交钱,一手交货"的贸易方式存在根本区别。与其含义相近的术语是"非货币贸易"和"互惠贸易"。

反向贸易产生较早。但是直到20世纪,其国际贸易规模都很有限,主要限于苏联、东欧及第三世界国家。冷战结束以后,包括西方发达国家在内的很多国家加入了反向贸易的行列,在全球国际商业贸易中,这种贸易方式大约占到25%的份额。这就意味着国际营销者需要同了解东道国社会风俗和法律一样,去寻找东道国市场可能存在的反向贸易机会。通常,采用反向贸易的原因有以下几点。

11.2 定价视角的反向贸易【登录"爱课程网"搜索"国际市场营销(崔新健)"观看视频】

(一) 节省硬通货

货币不能自由兑换的国家以及外汇储备不足的国家,希望通过反向贸易来获得用于贸易支出的硬通货。

(二) 减小贸易逆差

贸易逆差国往往希望通过反向贸易来平衡国际收支,或者减轻国际收支的恶化。

(三) 进入新的市场

一些发展中国家的出口在增加,但是往往缺乏向发达国家出口的分销渠道。发展中国家的企业希望通过反向贸易利用发达国家贸易方将其产品销售到发达国家市场。

(四) 提升生产能力

发展中国家希望通过反向贸易,由发达国家企业提供较为先进的设备和技术,然后购买产出的产品。这样一来,发展中国家企业就能获得自己尚未拥有的先进技术,并提高生产能力。

(五) 维护出口商品的价格

在东道国市场,如果现金结算难以使企业获得所期望的高价格,则可以通过反向贸易的方式来实现。发达国家的出口商(卖方)通过在原销售价格上加价,吸收附加成本,而回购商品的名义价格维持不变,卖方可以不透露在世界市场上该商品的价值。相反,如果某种商品在世界市场上的价格被人为地提高,一国则可以用该商品与发达国家进行易货贸易,由此发达国家合作伙伴支付的实际价格低于世界市场价格。

世界观察:反向贸易打开俄罗斯市场大门

二、反向贸易的类型

在国际营销中,反向贸易一般包括易货贸易、补偿贸易、回购贸易和互换贸易四种类型。

（一）易货贸易

易货贸易(barter deal)是买卖双方物与物之间的交换方式。这是一次性交易行为,不涉及现金和第三方,双方贸易额相等,可以避开外汇风险。

这一方式对卖方的变现能力有较高的要求。卖方在没有现金流入的情况下,必须将换来的商品转卖出去,转卖的净收益不能小于正常的现金交易所获得的收益。因此,卖方的营销人员需要了解对方提供货物的相关性质和市场价格。从买方角度讲,易货贸易可以节省国家外汇支出,降低外债。

（二）补偿贸易

补偿贸易(compensation deals)是一部分用实物,一部分用现金结算的交易方式。具体说来,进口方从出口方进口设备和技术,并以这种设备或技术直接生产的产品或其他产品(劳务)分期偿付全部或部分货款。

实际操作当中,补偿贸易的出口一方还可以在得到进口一方同意的前提下,把应向进口方回购的义务转移给第三方,然后进口方将第三方向其回购的货款偿还给出口方,使双边关系发展成多边关系。

与易货贸易相比,补偿贸易可以实现部分货款的现金(立即)结清,但是,余下的货款仍然需要转手实物才能变现。当然,如果卖方需要借助第三方才能将商品转卖掉的话,在补偿贸易的谈判中就应该将第三方协助的费用考虑在内,以保证卖方的净收益与正常的现金交易相一致。

（三）回购贸易

回购贸易(buy-back agreement/buy-back deal)也称直接补偿贸易,通常由出口方向进口方提供设备或技术,进口方则用该设备或技术生产的产品加以偿付。

回购贸易通常有两种情况:一是卖方同意买方将部分货款以产品形式来偿还;二是买方付清全部货款,但是同时卖方同意以后回购部分产品。

回购贸易的主要缺点在于回购的产品和自己生产的产品可能产生竞争而使企业发生内耗。

（四）互换贸易

互换贸易(counter-purchase/offset-trade)也称反向购买、平行贸易,是反向贸易中的一种常见形式。买卖双方签订两份合同:第一份是普通的出口合同,规定卖方提供货物(劳务)给买方,买方以现金支付全部货款;第二份比较关键,是一份购买合同,规定原卖方必须向买方购买价值相当于第一份合同总金额的全部或部分比例的货物(劳务)。第一份合同以第二份合同的履行为前提。而在实际履行当中,两份合同允许分别履行,而两个合同规定的产品可以完全没有任何关系。

这种方式与补偿贸易相比更为灵活,卖方也有更大的灵活性。究其原因,可能在于第二份合同的执行时间往往较第一份合同的执行时间更长。这样,原卖方在为第二份合同的货物寻找市场期间,已经收到第一份合同的全部货款;如果第二份合同不规定具体产品,企业选择的空间就更大。在此期间,双方仅需要每隔一段时间将购销账册清算一次,卖方有义务从买方购买足够数量的货物,以便使购销金额在数量上保持平衡。这一方式在经济欠发达的国家和地区较为流行。

对于卖方而言,反向贸易面临的最大困难就是如何确定对方商品的价值和潜在的市场需求(如果得到对方的商品需要转手的话),现实中,企业常常因为缺乏时间进行必要的市场分析,而在市场竞争中失去机会。

三、主动反向贸易策略

（一）主动反向贸易策略的含义及现状

主动反向贸易策略是指企业将反向贸易作为开拓国际市场的一种有效方式，而不是企业在某种特定情况下的无奈之举。

企业应用主动反向贸易策略的现状并不令人乐观。大多数企业对反向贸易认识不足，往往都是被动地接受反向贸易——只有当反向贸易成为达成交易的必要条件时才会不情愿地使用。一些企业虽然关注反向贸易，但是对反向贸易的重视程度远远不够——仅仅是把反向贸易作为经营中长期坚持的一种方式，而没有将其视为开拓市场的一个强有力的工具。

企业应该明确采用主动反向贸易策略，并把它作为国际市场营销策略的一部分。主动反向贸易策略有时甚至是开拓国际市场最有效的工具。作为国际市场营销者，跨国企业应变被动为主动，将反向贸易作为国际营销定价的一种常用工具，积极主动地加以应用，乐于接受反向贸易给企业带来的竞争机遇和挑战，努力开拓国际市场，而不是消极等待，把反向贸易仅仅视为正常贸易方式的一种补充。

（二）主动反向贸易策略的实施

1. 充分的市场调研

为了对反向贸易产品进行估价，企业应调研该商品的世界市场，包括预测未来的市场发展趋势，特别关注竞争者的反应和价格波动。同时还需要了解反向贸易商品对企业在现有市场上的其他互补品的销售和利润的影响。

企业可以利用所获得的信息估计与反向贸易合作伙伴的合作及合作关系对实现未来计划和目标的重要性。

2. 掌握销售商品的性质

企业要明确进口国进口商品的优先次序，一国的短缺品和必需品一般不会受到相关条件的限制。企业要了解进口国现存的反向贸易协议和规定、相关的其他选择及反向贸易份额。

掌握销售商品在进口国的这些信息，将使企业处于有利的谈判地位，可以第一时间综合考虑可能发生的反向贸易费用与定价方案，避免出现对方坐地起价的窘境。

3. 选择反向贸易类型

选择最适合企业的反向贸易类型，同时要考虑在当地最受欢迎的反向贸易类型。分析时需要考虑对方进行反向贸易的目标。

4. 评估企业进行反向贸易的能力

评估企业是否适合进行反向贸易，不仅要评估企业的能力和资源，而且要扩展到企业以外，考虑企业是否可以利用现有的销售渠道或与其用户和供货方的合同来协助完成反向贸易。同时，要考虑反向贸易的财务和税收状况。

5. 评价潜在的风险

在明确所需货物品种、交货时间、供货方的可靠性以及货物的质量和一致性的前提下，还需要预测世界市场变化可能带来的风险。在大规模交易中，已经确定的价格可能由于供给充足受到影响。

在签订反向贸易协议之前应该考虑好几个问题：① 对方提交的货物有没有现成的市场？② 提交货物的品质如何？③ 是否需要借助专家帮助达成协议？④ 扣除相关费用以后能否获得预期收入？

6. 借用易货商行的优势

企业为了消除反向贸易中不确定因素的影响，可以利用企业外部机构——易货商行。易货商行专门经营通过易货贸易而获得的商品，但是变现可能要花一些时间，而这会使卖方的资金被占用的时间较长，使卖方的资金资源紧张。

在美国，一些机构纷纷涉足这个领域，它们帮助反向贸易中的卖方寻找市场，解决资金周转困难的问题。花旗集团（Citi Group）设立了反向贸易部，提供相关咨询服务和贷款。位于纽约的世界贸易交易所（World Trade Exchange）是反向贸易的商品交流中心，其成员可以交换商品，也可以用现金结账。据估计，美国目前有近 600 家易货商行，多数通过互联网进行交易。

世界观察：反向贸易与互联网交易平台

7. 建立互联网交易平台

互联网将成为巨大的在线电子易货交易工具，以补充和拓展现有的网下交易。易货贸易面临的主要难题是为易货所得的商品寻求市场和合适的市场价格，为此，一些易货商行建立了互联网拍卖网站，使得易货贸易获得了极大的发展。这种交易无须美元或其他世界货币，只需要电子货币来往转账就可以实现。但是，互联网交易的风险也应该受到重视，黑客的攻击可能给交易的双方带来不可忽视的损失。

第四节　转移定价策略

11.3 转移定价【登录"爱课程网"搜索"国际市场营销（崔新健）"观看视频】

一、转移定价及其理论阐释

转移定价（transfer price）又称转移价格，是国际市场营销中的一种定价方式。与其他定价方式不同，它是跨国公司在内部交易中确定的商品和劳务价格。换言之，买卖双方都在同一个企业总部的管理之下。

随着国际经济的发展和跨国公司规模不断壮大，转移定价由最初的一种国际避税方法逐渐演变为一种定价策略。

转移定价理论可以借助市场交易内部化理论来阐释。1937 年，科斯（Ronald H. Coase）在《企业的性质》中指出，市场运行是有成本的，以组织替代市场可以节约市场运行成本。市场运行成本主要包括：寻求合适的交易价格的成本（价格发现成本）；确定交易协议合同的成本（价格确认成本）；实施交易成本（价格实施成本）；应对交易风险的成本（价格风险成本）。科斯认为，当企业的内部交易成本低于公开市场交易成本时，企业就会选择内部交易。

20 世纪 70—80 年代，英国学者巴克利（P. T. Buckley）、卡森（M. Casson）和加拿大的鲁格曼（A. M. Rugman）发展了科斯的理论，并将其运用到跨国公司经营和投资领域，形成内部化优势理论。该理论认为，外部市场的不完全是内部化的基本原因。一个跨国公司有两类市场：一类是通常所说的市场，它存在于跨国公司以外，受供求关系和价值规律的作用；另一类存在于跨国公司内部，由母公司或总部发挥"总揽全局，协调各方"的作用，它排除供求关系的作用，通过转移价格来运转,为公司整体谋求利益最大化,最理想的情况就是转移价格的边际收益与边际成本相同。

企业跨国经营往往受到东道国的关税政策、非关税壁垒、外汇管制,甚至移民政策等诸多不确定因素的制约,这些都会干扰跨国公司的经营行为,降低效率,这些现象即外部市场不完全。而企业的跨国化经营可以降低外部市场的成本,即用内部化过程解决外部市场不完全的问题。

跨国公司转移定价的出现,使得海外市场环境的不确定因素对公司经营的影响有所减小。一方面,如果跨国公司以较高的转移定价将产品出口到它的子公司,或者以较低的价格从子公司进口(原材料等),那么将减少子公司向所在国缴纳所得税,从而减小所在国高赋税对公司整体的影响。另一方面,较高的转移定价对进口关税有较大的影响,尤其当征收从价税的时候,这种影响更为明显。对被视为奢侈品的产品来说,转移价格超过某个额度就有可能导致进口关税大幅增加,从而影响子公司在当地市场的竞争力。这种方法也可能为公司整体的商誉增加风险,尤其是当进入一个新的市场或者原来东道国的相关会计、审计政策发生重大变化时,这种风险更加突出。

世界各国政府都很重视跨国公司通过转移定价来操控税收、财务的可能性。调查发现①,世界绝大部分国家和地区都要求记录转移定价,少数虽然没有明确规定,但也通过其他方面的规定加以限制,相应的惩罚也十分严厉。

二、转移定价方法

(一)以成本为基础的转移定价

以成本为基础的转移定价是指企业转移价格的制定以所转让的货物或劳务的内在成本为依据,在此基础上加一定比例的加成,来确定公司内部交易的价格。

这种定价方法常见于子公司之间的半成品转移。如果转移单位是一个成本中心,则以成本为基础来确定转移价格;如果转移单位是一个利润中心,则以成本加上一定比例的毛利作为转移价格;如果是横向转移,则以成本价格加上管理费作为价格的基础。实际上,以成本为基础的转移定价是一种成本加成方法,该方法的关键在于合理确定产品的成本及适当的加成比例。

从成本的确定来看,通常有实际成本、标准成本、边际成本等之分。实际成本是从生产角度出发,按流程逐项计算的成本;标准成本则是在生产之前,通过各种标准确定的成本;边际成本是企业每增加一个单位产量所增加的成本。实际操作当中,标准成本的运用相对简单,比较广泛;在缺乏标准成本数据时,则以实际成本作为基础;边际成本主要是用来考核随着企业生产能力利用率的变动,单位产品中转移价格所分摊固定费用的增减变动情况。

从加成比例的确定来看,不同企业、不同发展阶段、不同业务所需要的加成比例是不一样的。在一般情况下,加成部分可以通过成本与利润率的乘积(期望利润)来求得。这时,转移价格也就是成本加上一定的利润。有些时候,跨国公司只需要弥补相关的成本,无须从相关业务中获利,为的是把全部利润都转移出去。

以成本为基础的转移定价的主要优点有:使用简单;所用资料容易收集;可以直面东道国有

① BORKOWSKI S C.Transfer Pricing Documentation and Penalties:How Much Is Enough? [J].International Tax Journal,2003,29(2):1-32.

关部门(如审计、税务部门);容易形成常规,从而节约交易成本。①

以成本为基础的转移定价的主要缺点有以下两点。一是缺乏有效的成本控制激励机制。这种定价方式看起来似乎客观公正、无懈可击,但是却无视生产部门的产销率,而由无效率所带来的成本会以提高价格的方式被"合理"地转嫁给购买方。虽然标准成本和预算成本在一定程度上减轻了这种情况,但由于只有计划没有控制,也不能达到最优化生产。二是由于各国的成本会计和管理会计概念不统一,"成本"一词的界定也很复杂。

(二)以市价为基础的转移定价

以市价为基础的转移定价是指在按市场价格进行交易的原则之上,减去一个固定比率的折让,从而形成转移价格。这里的市场交易原则是指,某种产品的转移价格应该与同种产品在相似的环境条件下,在相互独立的法人实体之间进行国际交割的价格相一致(尤其在顾客的认知价格方面)。当然,这个概念在逻辑上没有问题。但是实际操作中,一方面是产品的顾客认知价值如何科学准确地鉴定,这个问题也许可以通过市场调研来确认;另一方面,"独立""法人实体"这些概念在不同的国家有不同的解释,在操作中会遇到问题。

以市价为基础的转移价格通常有两类:一类是纯粹市场价格(pure market price);一类是协商定价(negotiated price),就是在市场价格的基础之上,通过买卖双方协商来达成双方都能接受的价格。

以市价为基础的转移定价的主要优点有以下几点。其一,市场价格作为跨国公司体系的一个(外部)机会成本,可以有效促使体系成员提高效率,从而降低成本。其二,市场价格体现了现代公司治理所需要的所有权与经营权相分离结构。其三,市场价格为评价公司经营业绩提供了较为客观的基础,在此基础上,有利于企业决策者寻找"保本点",进而进行相应的决策。

世界观察:各国跨国公司的转移定价方法存在差异吗?

以市价为基础的转移定价的主要缺点如下所示。其一,随着跨国公司全球化经营的开展,某些中间产品或者专用零部件往往由几家甚至一家厂商专门供货,一个完整意义上的中间市场不复存在,这使得市场价格难以确定。其二,跨国公司在跨国界经营时所面临的市场是不完全竞争的,而且可能是寡头垄断或垄断竞争市场,难以形成一个有比较意义的国际价格。近年来,随着国际期权交易和期货交易的发展,一定程度上规避了这种风险,但还是没有从根本上解决问题。其三,跨国公司在国际市场营销中以市场价格为导向,往往注重成本的"节流"而忽视"开源",对内部应有的成本数据没有足够的重视。其四,在国际市场上,对于利用价格来谋求战略目的的企业来说,市场价格没有多大的实用空间。

(三)各国政府控制转移定价的方法

世界各国政府普遍倾向于接受以市价为基础的转移定价,认为这种价格较为公正,也有利于相关部门进行相关检查。"一臂定价"(arm's length principle)是各国政府通常参照的标准,即东道国在核准跨国公司的财务、税收等方面因素时,不是完全按照其相应的财务报告,而是用假定与无关联的客户做同样的交易时所达成的价格进行检查。这一方法体现了跨国公司内部定价的合理性,在理论上具有无懈可击的逻辑性,但是在现实中有时会遇到麻烦,因为当企业难以

① 乔伊,米勒.国际会计[M].常勋,陆祖汶,等,译.上海:立信会计图书用品社,1988:438-439.

在东道国找到一个无关联交易伙伴时，要想让东道国政府相信的价格的合理性就不是一件容易的事情。

有些国家在控制转移定价的规定中，运用其他方法来对以市价为基础的转移定价方法进行控制。《美国国家税收法》(*Internal Revenue Code*)第 482 款规定，美国税务官员可以依次采用下述四种方法。

1. 可比的非控制价格法(comparable uncontrolled price method)

转移价格的制定主要参考独立公司之间或者公司与非关联方之间进行交易时所用的可以比较的价格。无论从理论上还是逻辑上，这种方法都是很简单的。然而在实际操作中，由于商品质量、品牌、各东道国市场经济发展的程度不同，这种所谓的直接比较有时候并不能顺利进行。

2. 转售价格法(resale price method)

转移价格的确定以产品重新销售给某独立购货商时的价格为基础。在此基础之上，或根据成本适当地加价，或根据利润率适当扣除，从而形成了公司内部交易的转移价格。换句话说，转移价格就是一种“准转售价格”。这种方法在跨国公司的生产子公司和销售子公司处在不同的国家和地区时运用最多。当然，如何确定一个适当比例的加成是主要问题，往往需要公司各有关部门协商。

3. 成本加成法(cost-plus price method)

转移价格的制定以子公司按当地货币计价的成本为依据，然后在此基础之上按一定比例加成，以确定公司内部交易的价格。换句话说，这就是以成本为基础的定价方法。特别是有些国家为了维持本民族的某些产业在国际市场的优势地位，会以各种方式提供一些补贴，这种情况下，成本的核准就比较麻烦。另外，加成的部分还应该包括融资成本、一定比例的制造成本以及其他与出口有关的成本(诸如必要的储藏和国内运输费用等)。

世界观察：《美国国家税收法》第 482 款

4. 第四种方法(fourth method)

这实际上是除上述三种方法以外的其他方法，诸如可比利润法、净收益法等。企业有时候会涉及高技术产品和专用产品，鉴于这些产品的独特性，往往采用这种方法。

三、转移定价策略的优势

跨国公司主要是基于全球经营战略应用转移定价策略，以实现不同的经营目标。在国际市场营销中，转移定价策略的优势有：

(一) 应对东道国的政治风险

当跨国公司预期东道国的政治、经济政策将发生重大变化时，尤其是当其在国外的资产面临被东道国国有化或没收的风险较大时，母公司可以通过较高的转移价格向在该东道国的子公司出口商品，提供各项服务；或者以较低的转移价格向子公司购买商品和劳务。通过这种方式，可以将子公司的利润从东道国大量转移出去。

跨国企业还可应用转移定价策略降低子公司的名义利润，掩盖其获利的真实水平，以免因利润过高引起东道国反感及其劳工组织不满，招致重新谈判甚至被征收资产的风险。此外，转移定价策略还可使跨国企业在因政治因素发生变化而不得不改变原材料供应地的时候，进行内部调整，以保证原材料价格不变，从而避免其在东道国的生产企业因政治风险而受到利益损失。

（二）应对通货膨胀

当跨国公司经营涉及通货膨胀率不同的两个国家时，其经营业绩会受到汇率波动的影响。理论上讲，跨国公司可以采用适当的转移定价来逆风行事，以消除这种影响。如果子公司所在的东道国存在较大的通货膨胀风险，那么，这种风险会消耗子公司宝贵的流动性资产的购买能力。此时，母公司可以通过高价向通货膨胀压力下的子公司提供商品或服务，以低价向该子公司购买产品，在只保留最低限度流动性资产的同时，将子公司的流动性资产（如现金、短期存款等）尽可能多地、快地转移出去。

（三）应对东道国外汇风险、资金管制风险

如果东道国存在外汇配额的话，也就是东道国会对进口某种商品的外汇数量加以限制，那么，母公司可以通过转移价格将产品卖给子公司，以增加产品的进口数量。实际操作当中，除了分别提前或推迟应收账款和应付账款的收付这种常用的做法外，跨国公司还能通过转移价格改变经常项目的转账，以避免东道国对资本项目的限制。同理，如果东道国有限制跨国公司利润返回的相关规定的话，母公司可以高价将产品卖给海外子公司，将利润从子公司转移出去。

（四）实施企业资源的全球有效配置

转移定价是跨国公司内部资源有效配置的重要手段之一，是公司内部有效的调节机制。就组织的组成形式而言，全球性跨国公司为了适应激烈的市场竞争，已经由“高耸式”转变为“扁平式”，运用成本控制等手段，使每一个战略业务单位（SBU）成为一个独立的利润中心。实行转移定价有利于在保证每个利润中心实现各自目标的同时，兼顾合理配置资源，引导战略业务单位的经营不断优化。

（五）有效实现跨国公司长远目标

转移定价是实现跨国公司长远目标和利润最大化的重要手段。转移定价要求企业局部利益服从整体利益、短期利益服从长远利益。它并不完全取决于外部市场的产品供求情况，企业也会出现转移价格与外部市场价格相背离的情况。因此，为了谋求利润最大化以及吸引投资者的继续关注，就有必要利用转移价格来调节现金流以及利润存量等相关数据。

（六）推进跨国公司在东道国的经营战略

转移定价使跨国经营富于弹性，有助于实现跨国公司在东道国的经营战略。在有些国家，由于政府扶持民族工业，给予其优惠政策，使跨国企业子公司处于竞争劣势。此时，跨国企业就以较低的转移价格向子公司提供支持，帮助其挽回劣势，在短期内提升子公司在东道国的竞争力。

在某些特定的行业和国家里，控制原材料供应和市场的企业，还可以通过转移价格来削弱子公司竞争对手的实力，间接帮助子公司提高其在东道国的竞争力。

世界观察

外资企业在华转移定价避税

中国是世界吸收外资最多的发展中国家。在高水平对外开放推动中国高质量发展的背景下,要加大力度开展税基侵蚀和利润转移方案下的转移定价风险管理。利用转移定价进行关联交易操纵,违反了市场交易的公平性,侵害了企业所在地的税收利益,加剧了各国之间的不当税收竞争,因此极易遭受企业所在地的处罚。2015 年经济合作与发展组织发布税基侵蚀和利润转移(BEPS)方案,明确提出就地纳税是跨国企业及其各分公司应履行的基本义务。我国税务部门应用此方案于企业转移定价避税监管之中,为保障本国跨国制造企业利益、维护本国税基、完善税收法案提供了重要助力。根据新华网统计,我国 2015 年反避税收入为 610 亿元,相比 2011 年反避税收入 239 亿元,增长了 1.55 倍。仅从这些数字就可以看出,避税造成的税收流失数量惊人。

税务部门在反避税审核和调查中发现,跨国企业进行转移定价存在的主要问题有以下几点。第一,功能风险与利润不匹配,未保持相对可比企业合理的利润率。如 A 公司是一家主营电子产品的中外合资企业,承担简单生产职能,该企业销售稳步增长,但是年平均利润不到 2%。税务部门审核时发现该企业的加权成本加成率远低于其所在市同类行业,因此认定该企业的转让定价不符合独立交易原则。第二,同期资料举证不足。准备同期资料是企业证明自己的关联交易符合独立交易原则的最有效证据。因为同期资料准备工作难度较大,有些跨国企业缺少专业税务人员,业务不熟练,准备同期资料时不够重视,敷衍了事,容易存在同期资料与财务报表、公开信息不一致的地方,导致被税务机关列入调查对象范围。第三,支付过高的特许权使用费。如某市国税局对 A 汽车配件生产企业的转让定价进行了特别纳税调整。A 汽车配件生产企业只承担生产职能,每年支付给境外关联方的特许权使用费占其年销售收入的 3%,被税务部门认为上述行为明显不符合规定,予以调整。

1988 年 B 集团在中国成立了第一家合资企业——X 有限公司,B 集团对 X 有限公司 100% 控股,X 有限公司是中国最大的日用消费品公司之一。B 集团旗下拥有诸多成功的日用消费品品牌,S 品牌的洗发水、Y 品牌的香皂等都是在中国市场畅销的产品。B 集团享有境外 H 公司 94% 的控股权,与此同时,B 集团将旗下的 S 品牌等转移到了 H 公司名下。X 有限公司需要取得 S 品牌等的特许权,于是与 H 公司签订了品牌特许权合同,根据相关合同可以了解到,X 有限公司要向 H 公司支付一笔特许权使用费,才能在中国境内使用该系列品牌。表面上,X 有限公司与 H 公司不构成控股关系,但是了解该集团在全球范围内的总体架构,分析内部关联关系后,发现 X 有限公司与 H 公司实际构成关联企业关系。该案例是向境外 H 公司支付大额特许权费用,将境内利润转移至低税率地区的转移定价的典型案例。

资料来源:根据相关文献编写。

中国之问与实践探索：跨国公司本外币一体化资金池业务管理

党的二十大报告中指出，“深化国资国企改革，加快国有经济布局优化和结构调整，推动国有资本和国有企业做强做优做大，提升企业核心竞争力”。中国企业“走出去”对国有企业管理制度和方式提出新的要求，国际化经营空间与时间距离的扩大也给国资国企监督检查带来了新的挑战。中国通用技术（集团）控股有限责任公司为了从现金流维度实现动态完善监管权力和责任清单，开展了跨国公司本外币一体化资金池业务的管理实践。

跨国公司本外币一体化资金池业务管理

本章小结

国际市场营销价格策略面临跨越国界引起的许多新问题。本章细致地讲述了市场营销定价的目标、方法、程序及影响因素，阐释了国际市场价格升级产生的原因及降低价格升级的方法，从定价视角分析了反向贸易的目的和类型，探讨了如何实施主动反向贸易策略，解释了转移定价及其作用，评述了转移定价的各种方法。

思考题

1. 举例分析国际市场营销的价格升级问题，以及中国企业应该如何解决这一问题。
2. 中国企业在国际市场上应该主要采用哪种定价方法？为什么？
3. 中国企业怎样主动应用反向贸易策略？
4. 面对外资企业的转移定价问题，中国政府应该采取哪些措施？
5. 中国企业应该如何应对反倾销？

开篇案例讨论

1. 奥利奥的定价面临哪些主要问题？
2. 为什么奥利奥在各国的定价不同？分析奥利奥在中国的定价。
3. 中国企业“走出去”能从中获得哪些启示？应该采用什么样的价格策略？

本章即测即评

第十一章
即测即评

网上练习

主题：各国价格差异及其成因分析

步骤 1：教师提供 10 种中国消费品的市场价格。学生选择一个自己感兴趣的国家。

步骤 2：学生搜索该国 10 种产品价格相关资料，比较分析中外两国 10 种消费品市场价格的差异。

步骤 3：根据价格升级影响因素，收集、阅读和分析相关资料，探求消费品价格差异的成因。

步骤 4：进一步思考和分析从中外两国 10 种消费品市场价格差异及其成因中，是否可以发现中国企业进入该国市场的机会和威胁。

步骤 5：课堂上，根据所有学生的分析，形成中外多个国家 10 种消费品市场价格差异汇总。哪个国家的价格最高？哪个国家的价格最低？这 10 种消费品市场价格差异可以反映各国消费品市场的整体情况吗？

步骤 6：课堂上，教师指导学生讨论交流不同国家 10 种消费品市场价格差异，探讨其成因，以及哪些影响因素在其中发挥主要作用。

国际市场营销技能训练

主题：转移定价有哪些作用？

步骤 1：教师选择一个产品，假设该产品先后经过 A、B、C 和 D 四个生产环节，分别由位于四个国家的企业进行生产，四个生产环节都属于同一跨国公司。教师为学生提供相关基本资料。

步骤 2：教师将班级学生分成 6 个小组（每组 4~7 人），规定第一到四组分别代表位于不同国家的 A、B、C 和 D 四个生产环节的企业；第五组代表跨国公司总部；第六组代表其中某一国家转移定价监管部门。学生根据各自需要进一步收集相关数据和资料。

步骤 3：课堂下，各个小组分别根据其角色，确定转移定价的目标及其方案；公司总部小组分别确定各企业的战略定位；监管部门小组明确监管转移定价的方法。

步骤 4：课堂上，在公司总部小组的组织下，A、B、C 和 D 小组进行讨论，力争形成有利于各自目标实现的转移定价。监管部门小组分析和公开各种转移定价方案的合规性。公司总部小组统筹跨国公司战略和各个小组的讨论结论，形成一个最终的转移定价方案。

步骤 5：课堂上，教师假设 A、B、C 和 D 四国某些国家宏观环境发生变化，学生重复步骤 4，形成适合宏观环境变化的新转移定价方案。

步骤 6：课堂上，根据“转移定价策略的优势“相关内容，教师不断调整 A、B、C 和 D 四国某些国家宏观环境假设，重复步骤 5。重点使学生体会到转移定价的形成过程及作用。

推荐读物

第十二章 国际市场营销的渠道策略

本章学习目标

- 明确分销渠道的职能及关系类型
- 熟悉分销渠道的影响因素及评价标准
- 掌握国际分销渠道的结构类型
- 理解国际分销模式的影响因素
- 熟悉影响国际分销渠道选择的因素
- 了解国内外各类中间商及其特点
- 熟悉中间商的寻找、选择、激励

本章主要概念

分销渠道(distribution channel) 经销商(dealer) 代理商(agent) 分销渠道关系(distribution channel relationship) 松散型渠道关系(loose channel relationship) 公司型渠道关系(corporate channel relationship) 契约型渠道关系(contractual channel relationship) 管理型渠道关系(administered channel relationship) 广泛性分销渠道(wide distribution channel) 选择性分销渠道(option distribution channel) 专营性分销渠道(exclusive distribution channel) 直销(direct distribute) 成本(cost) 资本(capital) 控制(control) 覆盖面(coverage) 产品特性(character) 连续性(continuity) 出口商(export merchant) 出口贸易公司(export trading company) 补充营销(complementary marketing) 出口管理公司(export management company) 制造商的出口代理商(manufacture's export agent) 国际经纪人(international broker) 采购公司(procurement company) 销售代理商(selling agent) 分销商(distributor) 批发商(wholesaler) 零售商(retailer) 国外制造商代理商(foreign manufacture's representative) 经营代理人(operate agent)

开篇案例

雅芳中国：由直销到电商？

国际市场营销渠道策略是接触消费者的路径，并直接决定了消费者购物获得感。数字技术的快速发展开启了营销渠道新纪元，习近平总书记指出“中国将推动跨境电商等新业态新模式加快发展”。雅芳全渠道新零售的战略概念，放弃直销模式转电商零售，开启的是另一个商业故事，一个能够与数字技术时代同步、与东道国适应的全新尝试。中国企业要跟上数字技术迅猛发展步伐，从雅芳的案例中可以获得什么启示？

雅芳中国：由直销到电商？

*第一节　市场营销的渠道策略

一、分销渠道的职能

（一）分销渠道的含义

分销渠道（distribution channel）亦称销售渠道（sale channel）、营销渠道（marketing channel），是指产品（商品或劳务）从生产者流向最终顾客所依赖的一整套相互依存的组织。它主要由营销中介机构、生产者和最终顾客构成。

营销中介机构根据所执行的功能不同，可以分为中间商（包括经销商和代理商）和营销辅助机构。经销商（dealer）是指先向生产者买断商品的所有权，然后进行转售的中间商，经销商具有较大的营销自主权；代理商（agent）是指不取得商品所有权，只接受生产者委托从事销售业务的中间商；营销辅助机构不参与商品交换，但对商品交换的实现提供各种支持。

在复杂的商品交换关系中，使用营销中介机构可以高效率地向目标市场提供产品，减少交易次数，节约社会成本（见图 12-1）。假定有 3 个生产者和 3 个顾客，在没有中间商的条件下，生产者和顾客之间需要进行 9 次交易，而当营销中介机构介入之后，完成同样的工作就只需要 6 次交易了。营销中介机构减少了生产者和顾客联系的复杂性。

（二）分销渠道的职能

分销渠道消除了产品与消费者之间在时间、地点和所有权上的主要差距。它有以下职能。

1. 产品转移

中间商通过采购、运输、储存和销售等环节完成了产品从生产者向最终顾客的转移。采购是分销渠道的起点，销售是分销渠道的终点。中间商承担产品销售的任务，使生产者能够集中力量生产，有利于降低流通成本、提高产品质量。

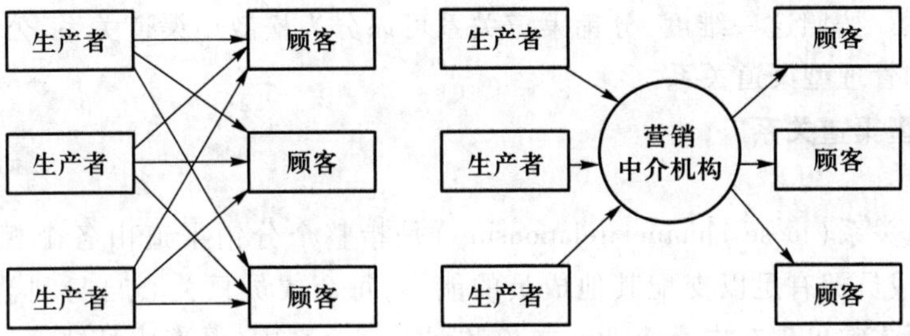

(a) 无营销中介机构的交易次数:3×3=9 (b) 有营销中介机构的交易次数:3+3=6

图 12-1 市场营销中介机构的经济效果①

2. 促进销售

中间商在销售过程中通过谈判与顾客沟通,发布有关广告信息,寻找并与潜在顾客交流,开拓新市场,提高市场占有率,实现对产品的促销过程。

3. 信息反馈

生产者可以通过分销渠道调查研究顾客需求的变化情况,进行市场预测,并及时对消费需求变化情况作出反馈,调节产品在数量、质量、结构、品种及消费时间上与顾客的矛盾,增加企业利润。

4. 提供服务

随着消费理念的改变和市场竞争的加剧,顾客不再仅仅满足于产品的购买,而是需要生产者提供相应的产品售后服务,特别是一些技术含量高的产品。生产者为每一位顾客提供服务是困难的,因此,常常是生产者培训中间商,由中间商向顾客提供服务和指导消费。

5. 资金融通

生产者如果对所有产品都采取零售方式,必然会降低资金回笼速度,影响企业的再投资、再生产。经销商(包括批发商和零售商)会加快企业资金循环速度,加快商品流通,降低企业融资成本。

营销中介机构完成上述职能一般要具有三个方面的特点:能使用有限资源、能专业化经营、能在渠道成员之间相互转换。生产者执行这些职能会增加成本,产品价格就会上升。营销中介机构的存在,最大限度地降低了产品送达目标顾客的成本,使得销售更有效率。

二、分销渠道关系的类型

从分销渠道整体视角看,分销渠道关系(distribution channel relationship)是指渠道系统中各个成员之间的交往状态和合作深度。它指的是组织间的关系(inter-organizational relationship),而不是组织内的关系(intra-organizational relationship),它发生在不同的法人之间。

渠道关系有横向关系、纵向关系、类型间关系和多渠道关系四种不同的形态。横向关系是指同一渠道、同一层次、相似企业之间的关系;纵向关系是指同一渠道、不同层次上的企业之间的关系,比如制造商、批发商与零售商之间的关系;类型间关系是指同一渠道、同一层次、不同类

① 科特勒,阿姆斯特朗.市场营销原理[M].7 版.北京:清华大学出版社,1997:277.

型企业之间的关系;多渠道关系是指一个企业不同渠道之间的关系。通常所说的渠道关系指的是纵向渠道关系。按照这一维度,分销渠道关系可以分为松散型渠道关系、公司型渠道关系、契约型渠道关系和管理型渠道关系。

(一)松散型渠道关系

1. 概念

松散型渠道关系(loose channel relationship)是指整个分销渠道由各个相互独立的成员组成,没有哪一个成员拥有足以支配其他成员的能力,每个成员只关心自身利益的最大化。这种分销渠道关系模式常出现在中小企业。在松散型渠道关系中,渠道成员缺乏长期合作的意识和基础,因而市场价格机制与信息沟通成为这一渠道关系运转的基础。

2. 松散型渠道关系的优点

(1)增强企业的市场灵活性。企业可以根据市场环境的变化,灵活选择进入或者退出市场,选择不同的交易对象,市场适应能力得到增强。

(2)为企业提供创新的动力。由于渠道成员具有高度自主能力,任何企业要想增强其对整个渠道的影响力和控制力,必须不断地进行经营管理的创新。

3. 松散型渠道关系的缺点

(1)合作缺乏长远发展的基础。松散型渠道关系不具备组织系统的实质特征,只是特定时间、特定地点、特定产品的临时性交易关系。

(2)渠道稳定性差,安全系数小。松散型渠道关系缺乏有效的监督、控制机制,渠道的稳定性与安全性完全依赖于渠道成员的道德自律。在市场经济条件不完全成熟、社会信用制度不健全的情况下,这种自律的安全系数很小。

(3)激励机制的缺乏导致了渠道忠诚的缺乏。在松散型渠道关系中,渠道成员只关心自身利益的最大化,极少考虑渠道的整体以及其他成员的利益,因而成员间普遍缺乏信任以及对渠道的忠诚。

(4)分销效率低、收益小。松散型渠道没有形成真正明确的分工协作关系,降低了渠道整体的运行效率。

(二)公司型渠道关系

1. 概念

公司型渠道关系(corporate channel relationship)是指企业通过建立自己的销售分公司、办事处或通过实施产、供、销一体化战略而形成的渠道关系,即企业的生产和分销过程是在一个所有权关系下进行的。

2. 公司型渠道关系的优点

(1)生产者对渠道的控制力大。这种分销渠道从生产到销售的各个环节都在生产者的统一指挥下进行,生产者与分销系统其他成员之间的根本利益是一致的,因而生产者的经营战略和分销策略能够得到彻底的贯彻和执行,减少了渠道网络变动的成本和风险。

(2)经营策略统一化。公司型渠道关系通过产权控制将生产过程和分销过程置于同一个产权企业的控制之下,因而各分销单位可以实现形象、价格、服务、品牌等经营要素的统一,有利于公司品牌形象的树立。

(3)即时反馈市场需求变化。生产者通过向渠道终端的延伸,可以最大限度地掌握顾客的需求、购买行为的变化，提升反应速度，及时对商品和服务作出相应的调整。

世界观察：线上虚拟商店

3. 公司型渠道关系的缺点

（1）销售成本高。公司型渠道关系将产、供、销统一到企业内部，生产者自己投资建立渠道网络，但自己进行渠道管理与控制，必然会分散企业资源，增加企业成本。

（2）整体适应性差。企业通过大量投资建设的分销网络，使整个分销渠道有了巨大的惯性，改变渠道结构或对渠道进行调整都会面临障碍。

（三）契约型渠道关系

1. 概念及类型

契约型渠道关系（contractual channel relationship）是指在产品销售过程中，参与产品分销的各渠道成员通过不同形式的契约来确定彼此的分工协作与权利义务而形成的渠道关系。契约型渠道关系主要分为三种形式：批发商担保的自愿连锁系统、零售商合作社和特许权组织。

批发商担保的自愿连锁系统是指批发商将零售商组织起来，成立自愿连锁系统。由批发商会制定一个计划，将独立零售商的销售和购买活动标准化，以便于分销系统更好地与其他连锁组织竞争。

零售商合作社是指零售商成立一个新兴的、共同拥有的企业，进行批发业务乃至生产业务。零售商从合作社采购产品并共同完成促销活动，零售商根据各自购买的比例分得利润。

特许权组织是指每个渠道成员作为一个特许权享用者参加生产和分销活动。特许权组织又可以分为三种形式：生产者倡办的零售特许经营或代理商特许经营、生产者倡办的批发商特许经营、服务企业倡办的零售商特许经营。

2. 契约型渠道关系的优点

（1）渠道关系建立成本低、稳定性强。契约型渠道关系不涉及产权关系的变更，而是通过法律契约将渠道成员联系在一起，增加了渠道关系的稳定性，同时渠道关系的建立以及渠道系统的组织成本都较低。

（2）合理化社会资源配置。契约型渠道关系不增加新的生产资料，只是将社会资源重新组合，使之增值，渠道成员分享这种增值带来的益处。

（3）灵活性强。契约型渠道关系不涉及产权关系，渠道系统的调整相对容易，当市场环境发生变化时，可以通过修改契约条款改进渠道对环境的适应性。

世界观察：背驮式营销渠道

3. 契约型渠道关系的缺点

（1）控制程度低。契约型渠道关系不涉及产权问题，当渠道成员目标不一致时，会出现渠道成员不遵守契约条款的现象。

（2）机会主义问题。这会导致渠道系统效率下降。

（四）管理型渠道关系

1. 概念

管理型渠道关系（administered channel relationship）是指由单个或少数实力强大、具有良好品牌声望的企业依靠自身的影响力，通过强有力的管理将分销商聚集在一起而形成的渠道关系。

2. 管理型渠道关系的优点

(1) 统一领导。管理型渠道关系的形成和维系基础是规模大、实力强的企业,由它制定渠道的分销策略、规划,各个渠道成员依照计划从事各种分销活动,使渠道变得相对紧密团结。

(2) 渠道成员关系相对稳定。管理型渠道关系是围绕一个核心企业建立的,它具有一定的信誉力和营利能力,这形成了一种相互依存的关系——只要核心企业没有剧烈的变动,渠道就会保持相对稳定。

(3) 利益协调性好。管理型渠道关系中的渠道成员不再把追求自身利润最大化当作唯一目标,而是更多关注渠道整体的利益,只有渠道整体的利益实现,才能保证各个成员的利益最大化。

(4) 实现资源共享。渠道的管理企业可以根据市场的状况及合作伙伴的性质,在资金、信息、技术、设备、人员及管理等方面相互调配,扩大和提高资源共享的范围和效率。

世界观察：数字化分销渠道

3. 管理型渠道关系的缺点

(1) 分销商丧失独立的地位。在管理型渠道关系中,渠道的分销规则、利益分配方法等都由管理者制定,这导致了分销商对管理者的过分依赖,失去了对市场需求的判断和掌握。

(2) 管理者面临合作终结的风险。分销商一方面会因为渠道利润下降而改换经营,另一方面会因为实力增强而违背管理者的制度,影响整个渠道的稳定与均衡。

(3) 渠道成员贡献与收益不对等。渠道成员的地位不同,必然会导致渠道成员收益不均衡。

三、分销渠道的影响因素和评价标准

在设计分销渠道时,生产者必须在理想渠道和可行渠道之间进行选择。一般而言,企业在开始经营之初,因资本有限,只得采用现有中间商。企业一旦经营成功,会将业务扩展到其他新的市场,不仅会利用现有的中间商,而且会在不同地区使用各种不同的分销渠道。分销渠道系统是在适应当地市场机会和条件的过程中逐步形成的。

(一) 分销渠道的影响因素

分销渠道设计的出发点应当是企业所关注的目标市场。从某种意义上说,渠道选择与市场选择是相互依存的。影响企业设计分销渠道的因素主要包括顾客特性、产品特性、竞争特性、企业特性、中间商特性和环境特性。

1. 顾客特性

顾客是分销渠道的终端,是影响分销渠道的决定因素。分销渠道设计首先受到顾客人数、购买者的地理分布和购买习惯的影响。

(1) 顾客人数。一种产品的顾客人数多,说明其市场容量大,企业应该扩大分销渠道的长度和宽度,以便通过更多的中间商使产品到达每一位顾客手中。反之,如果顾客人数少,则应缩小渠道的宽度和长度,甚至选择直销渠道。

(2) 购买者的地理分布。一般来说,如果顾客所在的地理位置比较分散,在企业资源允许的情况下宜采用长渠道,使各个地区的买主都能买到所需的产品。相反,如果顾客比较集中,则可选择短渠道,以节省人力、物力、财力。

（3）购买习惯。购买习惯包括顾客喜欢购买什么商品和服务、何时购买、在什么地方购买、为何购买和怎么去买。对于一般日用品，顾客购买比较频繁，但每次又仅仅是小批量地购买。针对这种情况，企业可选择长渠道，依赖批发商为其销货。而对于耐用消费品，购买者习惯于比较挑选，购买频率相对要低，宜采用较少的中间商和较短的渠道。

2. 产品特性

产品特性也会影响渠道选择。这些特性包括：产品的理化属性、体积和重量、单位价值、技术性（非标准化）和时尚性等。

（1）产品的理化属性。对于易毁、易腐、易碎、易漏产品，应该采取最短的渠道，尽量减少中间环节，以免因为拖延和重复搬运造成巨大损失。

（2）产品的体积和重量。体积大、重量大的产品，如建筑材料、机器设备、大宗家用电器等，应尽可能减少运输距离和装卸次数，以降低搬运过程中可能造成的损失并节省搬运费用。

（3）产品的单位价值。单位价值高的产品一般由公司推销员销售，很少通过中间机构。因为单价高的产品扣除成本外，还能抵偿直接销售的费用。相反，对于单价低的产品，如一般的日用品等，企业则须选择长渠道和宽渠道，使产品经过批发环节被分类编配，以便大量销售和实现广阔的市场覆盖。

（4）技术性（非标准化）的产品。对于专业性强、适用面窄的产品和设备，生产者最好与顾客直接见面，采用短渠道和窄渠道，由企业自己或独家代理商经销。由于中间商缺乏必需的知识，由公司的销售代表直接销售能够减少中间环节可能带来的偏差，同时也便于为用户提供安装、操作和维修等售后服务。

（5）产品的时尚性。时尚性强、花色样式变化极快的产品，应当采用短渠道，以便及时让产品与顾客见面。生产者一般采取直接销售或仅零售商一级环节销售的办法。

3. 竞争特性

（1）竞争规模。竞争规模的大小、程度的强弱对分销渠道的设计有一定的影响。在竞争规模大、范围广、竞争激烈的情况下，企业应选择宽渠道，通过各种渠道把自己的产品销售出去。

（2）竞争者的渠道决策。渠道设计受到竞争者渠道的影响。出于竞争的需要，企业有时选择与竞争者相同的渠道和相近的地点，如食品厂商就期望其品牌能和竞争者的品牌摆在同一个货架上销售。但有时生产者故意避开竞争者常用的渠道，另辟蹊径。

4. 企业特性

企业特性在渠道选择中扮演着极其重要的角色。

（1）企业实力。一般来说，企业的总体规模决定了其市场的规模和获得理想经销商的能力。公司的财力决定了哪些职能可以自己承担，哪些职能可授权给中间商。财力薄弱的企业，一般都采用佣金制的分销渠道，并尽量依靠能够吸收部分储存、运输以及顾客融资等成本费用的中间商。

（2）企业产品组合。企业产品组合的广度越大，公司直接和顾客交易的能力越大；产品组合的深度越大，使用独家销售或选择代理商就越有利；产品组合的一致性越高，则越应使用性质相同或相似的市场营销渠道。

5. 中间商特性

在渠道选择设计过程中，还应该考虑执行不同任务的不同类型中间机构的优缺点。例如，如果制造商代表与顾客接触,所花在每一个顾客上的成本就相对较低,因为总成本由若干个顾客共同分摊。但就销售努力的程度而言,制造商代表就不及中间商的推销员。一般来讲,中间商在运输、广告、储存、接触顾客、信用条件、退货特权、训练人员和送货频率方面,都有不同的特点。

6. 环境特性

(1) 经济环境。经济萧条时,生产者总是希望以最经济的方法将其产品推入市场,即利用较短的渠道,并免除一些会提高产品最终售价且不必要的服务。而当经济繁荣、市场需求上升时,生产者会考虑增加销售点,扩大销售网。

(2) 政治法律环境。许多国家常常通过制定相关的法律、司法政策、管理政策来阻止某些有可能减少竞争或造成垄断倾向的渠道安排。一些具有垄断倾向的渠道安排包括:某些中间商与生产商达成协议,要求生产商不将产品卖给另一些特定经销商;生产商要求其经销商不得销售其他竞争者的产品;生产商企图强迫经销商销售其全部产品;生产商随意取消或拒绝延续经销商的特许权;生产商企图设定地区限制,以减小竞争压力等。

(二) 分销渠道的评价标准

通常情况下,可供企业选择的分销渠道不止一种。企业必须评估所有的分销渠道,考虑营利性、控制力及适应性等方面的问题,选择最符合企业目标的分销渠道。

1. 营利性标准

销售量和成本是营利性标准的两个重要指标。许多企业经常遇到的一个问题是应该使用企业内部的推销人员还是使用中间商。一方面企业需要考虑使用哪一种销售方式的销售量最大,另一方面需要比较销售成本。

(1) 销售量。企业首先要确定与中间商相比,企业销售团队能够完成什么样的销售量。很多企业认为,使用内部销售人员销售量大。这是因为:企业内部销售人员只销售本企业产品,并受过良好的销售训练;他们更富于进取精神,因为销售额的多少直接关系到他们在公司的发展;顾客更愿意与企业直接打交道。所以在通常情况下,企业内部销售人员会完成较多的销售量。

中间商也具有其独特的优势。首先,在人员数量上,企业内部销售人员不可能多于中间商,人数上的差异就可能使中间商更具竞争力。其次,中间商的推销人员会与企业内部销售人员一样积极,尤其是当推销该产品的佣金相对较高时。再次,当企业产品及交易条件标准化时,顾客会觉得没有必要跟企业直接打交道,而选择中间商能接触到更多企业的产品。最后,中间商由于专业经营,在客户来源和渠道方面比企业更加专业。

(2) 成本。营利性分析的第二步是成本分析,即考虑各种销售方式所需花费的成本。利用中间商所花费的固定成本比企业组建自己的销售团队所花费的固定成本要低。但是前者的成本增长快于后者,因为中间商的佣金比企业内部销售人员的要高(见图 12-2)。

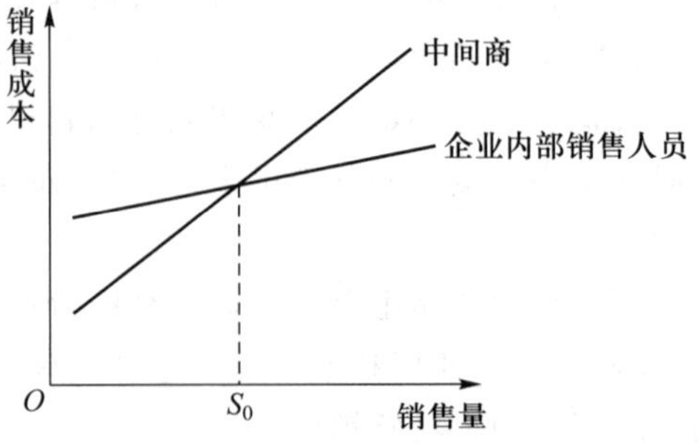

图 12-2 企业内部销售人员与中间商销售成本比较

(3) 收益成本分析。最后进一步比较销售量和成本。如图 12-2 所示,在某一销售量 S_0 时,两种销售方式的销售成本相等。当销售量低于这个水平时,利用中间商的成本低于企业内部销售人员;当销售量高于

S_0 时，利用企业内部销售人员更为合适。

2. 控制力标准

中间商是独立的经营企业，以追求自身利益最大化为目标，如果企业不能对其进行有效控制，就会失去对产品价格、销售额、促销的控制力，从而不能实现企业的销售目标。而企业内部销售人员显然比中间商更易于控制，同时企业内部销售人员更熟悉企业产品的技术细节，可以有效地运用企业的产品优势。因此，企业对销售渠道的控制力是其进行渠道选择的重要评价标准。

3. 适应性标准

每个渠道都涉及长期的合同，然而企业在不同的地区、不同的时间，所适合的分销渠道也不尽相同。如果企业不能及时变更渠道，就会在销售中处于被动地位，销售成本增加，失去市场占有率，生产决策和经营目标受影响。所以，长期承诺的渠道方案只有在渠道营利性和控制力方面都较有优势的情况下，才应予考虑。在迅速变化、非持久和不确定的产品市场上，生产者需要寻求能获得最大控制力的销售渠道结构和政策，以适应不断变化的营销战略。

世界观察：全渠道营销模式

第二节 国际分销渠道

一、国际分销渠道结构

（一）分销渠道结构与国际分销渠道结构

国际分销渠道的基本结构同样是由一系列营销中介机构组成的，这些中介机构承担着将产品及其所有权从生产者转移到最终顾客的全部功能。

1. 直接渠道结构与间接渠道结构

直接渠道与间接渠道的区别在于渠道中有无中间商。在直接渠道中，产品从生产者流向最终顾客不经过任何中间商环节，生产者直接将其产品销售给最终顾客。直接渠道只有两个层次，是最短的分销渠道，也是商品流通最基本、最直接的形态。间接渠道是产品从生产者流向最终顾客的过程中经过若干中间商转手的分销渠道，即生产者通过若干中间商将产品转卖给顾客。间接渠道是两个层次以上的分销渠道。

12.1 国际分销渠道结构【登录“爱课程网”搜索“国际市场营销（崔新健）”观看视频】

2. 长渠道结构与短渠道结构

按产品流通的中间环节、层次（对产品拥有所有权或负推销责任的机构）的多少，分销渠道结构可以分为长渠道和短渠道。长短是相对而言的，最短的渠道是没有中间商的直销渠道，也称“零级渠道”；仅有一个中间商的间接渠道称为“一级渠道”。一般情况下，“零级渠道”和“一级渠道”称为短渠道，二级及以上的渠道称为长渠道（见图 12-3）。

3. 宽渠道结构和窄渠道结构

按产品流通每个环节中使用同类型中间商数目的多少，分销渠道结构可以分为宽渠道和窄渠道。生产者使用同类型中间商多，产品在市场上的分销面广，为宽渠道；生产者使用同类型中间商少，分销渠道窄，为窄渠道。按照宽窄渠道的概念进行划分，则有以下三种渠道类型。

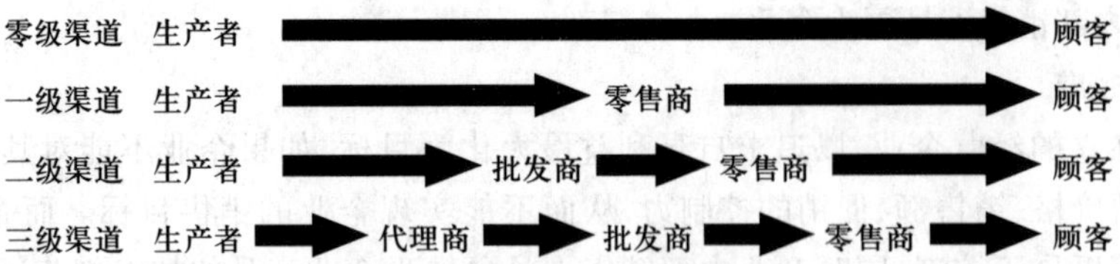

图 12-3　分销渠道的长短模式

(1) 广泛性分销渠道(wide distribution channel)指生产者对中间商的数目不加限制,让尽可能多的中间商来销售产品,积极扩大销售网络,使产品在市场上随处可见。

(2) 选择性分销渠道(option distribution channel)指生产者按照一定条件选择数量不多的若干中间商来销售产品。这种分销渠道便于生产者和中间商互相密切配合,建立良好的协作关系;能对中间商进行有效控制,减少中间商之间的无效竞争,提高产品声誉,节约销售费用。

(3) 专营性分销渠道(exclusive distribution channel)指生产者在一定地区内只让一家中间商经营其产品,规定该中间商在合同有效期内不得再经营其他生产者的同类产品。这种分销渠道有利于生产者在销售价格、促销及其他服务方面对中间商加以控制,节约流通费用,维护声誉,同时还可以带动新产品上市。

4. 单渠道结构和多渠道结构

单渠道是指生产者只通过同一类型的销售渠道来销售产品。多渠道也叫双重分销,是指生产者通过多条渠道来销售产品。多渠道也指生产者在一种特定类型的间接渠道中使用不同类型的中间商进行销售,从而形成一个系统,通常包括主渠道和辅助渠道。多渠道分销策略有两种形式:互补型——不同渠道之间互不影响,共同构成产品的流通网络,使总销量增加;竞争型——不同渠道之间相互竞争影响,促进分销效率提高。

5. 国际分销渠道结构

国际分销渠道结构包括国内营销中介机构和国外营销中介机构,各自执行不同的职能,彼此又协调相关(见图 12-4)。

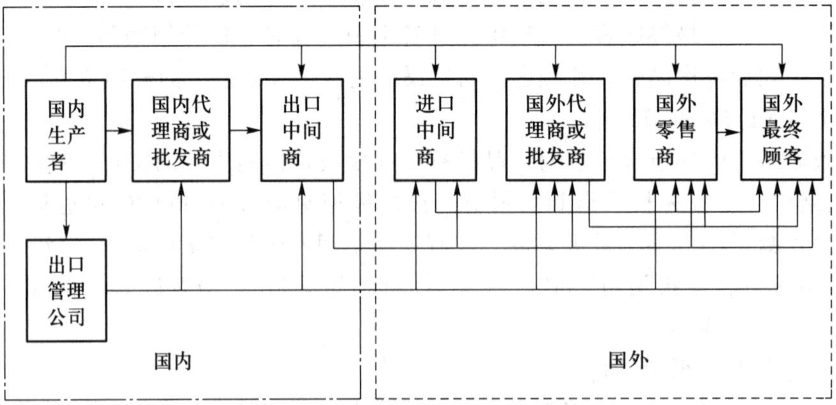

图 12-4　国际分销渠道结构

图 12-4 表明了企业在国际市场营销中可利用的国际分销渠道。图中箭头方向表示生产者

和各中间商可以分销的对象。图中形象地表现出渠道自生产者至最终顾客的全过程。生产者的最终目的是使目标市场能接受其产品并使顾客感到满意,这就意味着生产者应该对两种渠道施加影响:一种是在国内,另一种是在目标市场。由于渠道结构不同,生产者对渠道的影响控制也不同;对于不同产品,不同目标国的渠道结构也会不同。

(二)传统分销渠道结构

发展中国家的传统分销渠道是从依赖进口产品的经济中发展起来的。在进口型分销渠道结构中,进口商一般控制着固定的货源,通过向少数富有顾客销售售价高、销售数量有限的产品来完成销售过程。这种销售方式形成的是一种供不应求的卖方市场。在多数情况下,顾客向为数不多的中间商寻求货源。此时,生产者的市场渗透和大众分销就没有必要。

这种分销结构影响了中间商及其作用的发挥。分销系统在地理范围上仅限于局部地区而不是遍及全国;进口商同时是批发商,它履行了大部分营销职能,而那些已经发展成熟的提供广告、市场调研、仓储、运输、筹措资金和其他服务的独立中间机构就失去了存在的意义。这种销售方式不会形成一体化的分销渠道结构。

在发达国家或工业化国家的传统分销渠道结构中,单个经销商无法控制市场的供应,只能在一定范围内增加或减少供应,在生产能力饱和或接近饱和时获得最大利润。这种分销渠道结构形成的是买方市场,生产者必须努力向市场渗透,把产品推向消费者,其结果是形成了包括多种中间商的、高度发达的渠道结构。

现代国际经济和政治的变化改变着世界各国经济结构的各个层次,也包括分销渠道结构。跨国公司正试图进入传统分销体系服务的那一部分细分市场并从中获益。直销、上门兜售、特大型市场、打折商店、商场、邮购、通过互联网的电子商务以及其他销售方式都被生产者引进,力图构建高效的分销渠道。因此,传统的分销渠道必将被现代分销渠道取代。

世界观察:
传统分销渠道
数字化转型

(三)日本的分销渠道结构

日本的分销体系一直被看作最有效的非关税壁垒。它有四个显著特点:一是小中间商占支配地位;二是生产者控制渠道;三是独特的文化形成的经营哲学;四是保护该体系的基础——小零售商法律。[①] 日本分销渠道结构的特殊性有以下几点。

1. 高密度的中间商

日本消费者的习惯是到附近的小商店去购物,量不多但是经常买,这就决定了市场上必须存在大量的小规模零售商店。同样密度的批发商支持着高密度的存货不多的小商店,商品经过三到四个中间商后才到达顾客手中,即由生产者经过一级、二级、区域性的和当地的各级批发商,最后再经过零售商之手到达顾客手中。

虽然其他国家也有大量的小零售商店,但是日本的小零售商店的特点在于总零售额中小零售商所占的比例较高。日本小零售商店占总销售额的比重在59.1%,而美国的小零售商店占总销售额的比重不到35.7%。

---

① 凯特奥拉,格雷厄姆.国际市场营销学[M].周祖城,赵银德,张璘,译.原书12版.北京:机械工业出版社,2005:276.

2. 渠道控制

日本生产商依赖批发商为分销网上的其他成员提供多种服务。批发商给渠道的其他成员提供融资、货物运输、仓储、库存、促销和收款等服务。这种机制之所以能运作,是因为批发商和所有其他中间商都和生产商联系在一起,其联系纽带是一系列专门设计的做法和激励措施,目的在于为他们的产品提供强有力的销售支持,把竞争对手排除在渠道之外。批发商通常起着代理商的作用,生产商通过分销渠道将控制一直延伸到零售层。

3. 经营哲学

日本企业的经营哲学源于其传统文化,即强调忠诚、和谐和友谊。这种价值体系维系着销售商和生产商之间的长期关系,只要双方觉得还有经济优势,这种关系就难以改变。

日本消费者经常光顾商店,每次购买少量物品,与价格相比更看重服务,对那些被认为具有高质量的品牌忠心不二,这一切使得分销体系的传统特性得以维持。

4.《大规模零售店法》

日本制定的《大规模零售店法》旨在保护小零售商不受大商场的侵害。该法律规定,任何商店如果营业面积超过500平方米,只有得到县级政府批准,才能建造、扩大、延长开门时间或者改变歇业日期。所有建立大商场的计划必须首先经过国际贸易工业省的审批。该法律旨在与大商场的竞争中保护小零售商,不仅限制国内公司,而且限制外国公司。

二、国际分销模式

尽管国际分销模式尚处在发展变化中,特别是经济全球化和科技高速发展促进了新模式不断产生,但是国际营销者仍然需要了解传统的分销模式。传统的分销模式不会在一夜之间发生变化,它的影响在未来很多年中仍会存在。几乎所有的跨国公司都会面临中间商的选择,都会考虑渠道的长度、宽度等问题。相同名称的渠道,在各个国家的实际情况中并不相同。跨国公司只有了解实际分销模式,才能理解分销任务的复杂性。

(一)国际分销模式的影响因素

跨国公司进入东道国进行销售,在构建分销模式时,通常需要考虑以下几个因素。

1. 中间商的服务

无论是在零售还是在批发层次上,不同国家中间商的服务态度相差很大。一些发展中国家只存在简单的贸易体系,其首要目的是实物分销,中间商根本不提供销售服务。另外,如果产品的利润比较低,那么无论是对批发商还是零售商而言,生产商都必须为顾客提供额外的服务,才能使他们的商品对顾客具有吸引力。当中间商对某种商品的促销或销售失去兴趣时,生产商或者提供足够的利益促使中间商完成销售,或者自己去承担大部分促销和销售工作。

2. 中间商的经营范围

每个国家都有独特的分销模式,这与中间商的经营范围有关。一些国家分销体系中的中间商经营范围很广,经销各种产品,而在另一些国家,中间商只经营有限的品种。一些国家的政府还限制了中间商的经营范围,某些商品只有经过批准才能经营。

3. 中间商的成本和利润

各个国家之间的成本水平和中间商利润相差很大,这取决于产品竞争的程度、中间商提供的服务、经营规模的效率、与市场大小有关的地理和周转条件以及顾客的购买力等因素。通常在大城市中，产品竞争激烈，成本低，利润也低；而在农村地区，由于普遍缺少资金，少数商人能够垄断市场，提高价格，获得高额利润。

4. 分销渠道长度

一个国家的分销渠道长度与其经济发展程度相关。发达国家由于物流和实物配送体系完善，其分销渠道较短，而发展中国家的经济发展程度决定了其分销渠道较长。通常情况下，渠道长度和购买量成反比。另外，工业品和高价格的消费品的销售渠道比低价格的消费品的渠道要短。

5. 非正式分销渠道

国际市场营销者发现，在很多国家，通过正式分销渠道几乎不可能获得足够的市场覆盖率。在一些发展中国家，非正式分销渠道的零售额几乎占整个现金零售额的1/4。随处可见的街头市场和走街串巷的小商贩通过低廉的价格，提供了比正式销售公司更广泛的市场渗透。因此，生产商必须考虑通过这些非正式分销渠道将产品渗透到市场的各个部分。

6. 存货限制

信用成本高、通货膨胀、资金短缺以及其他因素使得很多国家的中间商限制库存，这样常常会导致缺货现象，使产品处于不利的竞争地位。在发展中国家，商品运输滞后加剧了这一问题，因此在很多情况下，生产商不得不提供当地的仓储服务或者延长信用，鼓励中间商增加库存。

7. 权力和竞争

在大型批发商数量少而中小零售商众多的国家，分销权力往往比较集中。大型批发商通常为下游的中间商提供资金支持，顾客对他们的忠诚度使其能够有效地控制现有的分销渠道，迫使外来者只能依赖效率低、成本高的分销渠道。

（二）零售模式

各国的零售模式一般随各国的经济水平而变化。在发达国家，零售业态结构比较合理，专卖店、超级市场、购物中心和便利店等较多，零售业的集中程度也较高，露天市场发挥的作用很小。在发展中国家，零售商的规模通常较小，而且业态比较单一，新兴的业态发展迟缓并且很不成熟，传统的业态如杂货店、百货店等在零售业中占据着主导地位。

1. 规模结构

与批发业相比，零售业的结构有更多的变化。在一些国家，零售业主要由经营范围很窄的专门商店组成，而在另一些国家，大多数零售商都不局限于只经营几种商品。零售规模的巨大差异与批发业有点类似。

零售结构及其造成的问题给销售消费品的国际营销公司带来了很大的困难，其可以通过占据统治地位的大零售商直接销售，却缺乏适当途径通过小零售商直接销售，而这些小零售商加起来却控制着大量的市场。同时，小零售商由于缺乏资金、场所和人员，它能提供给生产企业的服务是有限的。零售点的规模小意味着库存少，商品陈列、展示空间小，而且往往管理水平低，效率低，能支持生产企业的营销资源非常有限。

2. 直销

直销（direct distribute）是指生产商直接将产品销售给顾客的分销方式。通过邮寄、电话和上门推销的直销是分销系统不充分和不发达的市场的分销方式。在国际市场上，直销有以下几种方式和途径。

（1）生产商直接接受国外用户订货，按购货合同或协议书销售。

(2) 生产商派推销员到国际市场作个别访问,上门推销。这种方式既可以推销产品,又可以解答用户的疑问,提供咨询服务,开展市场调研。

世界观察:部分国家的零售模式

(3) 生产商在本国开设出口部或在国外设立分支机构,进行现货销售或接受国外客户的订货。

(4) 生产商参加国内外商品博览会、展销会、交易会、订货会等,在会议期间直接与国外客户签订合同。

(5) 生产商采用邮购方式,直接将产品销售给国外最终顾客。

(6) 生产商通过电视、电话、互联网、传真等,将产品直接销售给最终顾客。

3. 发展趋势

零售业发展的一个新趋势是国际化。这一趋势对国际市场分销的影响应引起重视。德国一家折扣零售公司仅仅用了十多年的时间就把它的业务扩展到了7个欧洲国家,在这些国家建立了3 300个商店。一项对26家英国零售公司的国际化经营的调查发现,这些公司从事国际化经营的三个最重要的原因是市场中的获利机会、市场的规模、市场中的经济繁荣水平。

零售业发展的另一趋势是它的规模化和连锁化经营。规模化主要通过连锁经营的途径来实现。连锁经营的基本原理是将进货与销售两种零售功能区分开来,由总部大量集中进货,由众多分散的店铺实现大量销售,并以此来克服零售业固有的小规模、分散性的缺点。

三、国际分销渠道的构建

(一) 构建国际分销渠道的影响因素

12.2 构建国际分销渠道的6C标准【登录"爱课程网"搜索"国际市场营销(崔新健)"观看视频】

国际市场营销人员必须对所进入的市场充分了解,以选择到合适的分销渠道。企业在选择分销渠道之前,必须确定目标市场,以销售量、市场份额和利润要求形成营销目标,明确用于开发国际分销渠道的财力和人力的投入以及确定控制程度、渠道长度、销售条款和渠道所有权。构建一个适合的国际分销渠道需主要考虑以下6个影响因素。

1. 成本

成本(cost)是指产品出厂价与顾客最终支付价之间的全部差价,包括开发渠道的投资成本和保持渠道畅通的维护成本。后一种成本以两种形式出现:企业自行维持销售的直接开支以及中间商所取得的利润、报酬或佣金。中间商的成本包括产品的运输和储存、拆零、信用提供、广告促销、销售展示以及谈判成本等。

分销渠道的高成本会成为企业产品进入国际市场的障碍,因此,最优分销渠道的构建离不开企业对成本最小化目标和其他目标的权衡。企业可以取消效率不高的中间商以缩短渠道,进而降低成本,也可以延长渠道,降低费用。渠道成本高低的选择需要兼顾产品特性和市场因素。

2. 资本

资本(capital)是指建立一个渠道系统所需要的财务能力,其关键要素是使用某一种中间商时的资本要求和现金流动模式。财务能力决定了渠道选择的类型及渠道成员的关系。企业资金优越、财务实力雄厚时,可以建立自己的内部渠道。使用中间商虽然可以减少投资,但企业往往需要提供寄售所需的启动货物、贷款、楼层布置或其他安排。

3. 控制

控制(control)是指企业对分销渠道的控制力。企业参与分销活动越多,对渠道的控制就越强。企业能对自己建立的销售渠道施加最大的控制,但这一做法往往会因为销售成本过高而无法实现。企业对不同渠道的控制各不相同:分销渠道越长,对价格、销售量、促销的控制力越弱。如果企业不能将产品直接销售给最终用户或零售商,那么选择中间商的一个重要标准就是企业能维持多大程度的控制。

4. 覆盖面

覆盖面(coverage)是指分销渠道能够涵盖的市场。扩大市场覆盖面可以在每个市场取得最佳销售额、获得适当市场份额,并达到令人满意的市场渗透程度。覆盖面可以通过地理或细分市场来估算。分销渠道必须因地制宜,以获得足够的市场覆盖面。在高度发达的地区和贫穷的地区,覆盖面都很难扩大,前者是因为竞争激烈,后者是因为渠道不足。

企业在不同国家、不同时间依据市场因素对渠道结构作相应的调整。影响渠道选择的市场因素很多,主要有以下几个方面:① 潜在顾客数量;② 市场的分布;③ 顾客的购买频率;④ 消费者的购买习惯;⑤ 产品的竞争力。

5. 产品特性

产品特性(character)是指分销渠道必须与产品本身的特性相符合,产品本身的特性是决定分销渠道的基本前提。产品影响因素主要表现在:产品价格、产品的体积和重量、产品的社会属性、产品的技术性、产品的售后服务以及产品的单位价值等。在一般情况下,价格高、体积庞大、运输困难的产品需要选择短的分销渠道;新上市的、技术性强的产品也需要较短的分销渠道。

世界观察:网络营销与文化

6. 连续性

连续性(continuity)是指分销渠道的持续性发展进程。分销渠道的连续性反映了中间商对产品的忠诚度。批发商与零售商都不太重视连续性,他们往往在有利可图时为生产商经销产品,如果利润低微则马上就会转而销售其他产品。生产商必须在渠道的下游建立品牌忠诚度,及时调整中间商并对其进行激励。

(二)构建国际分销渠道的要素与备选方案评估

1. 构建国际分销渠道的要素

(1) 营销中介机构的类型。营销中介机构的类型可以分为中间商和企业自己的销售团队。企业可以选择在不同地区或国家委托代理商出售新的产品或寻找愿意合作的经销商,授予其经销权。企业也可以指派自己的销售团队直接与潜在客户接触,进行销售。

(2) 营销中介机构的数目。需要的营销中介机构多,一般就采用广泛性渠道;需要的营销中介机构少,则可以只用一家中间机构,授予其独家经销权;采用中等数目的中间商,即渠道数目介于广泛性与独家之间,则须在目的地选择一些适合企业的渠道成员。

(3) 渠道成员的条件和责任。企业必须确定渠道成员的条件和责任,在渠道设计中要明确有关的价格政策、销售条件、地区权力以及渠道成员应该提供的服务。

价格政策要求企业制定价目表、折扣细则,包含比较公平的折扣率。销售条件是指付款条件和厂商的担保。在国际市场营销中,大多数生产商对付款较早的中间商一般给予现金折扣,生产商也可以向中间商提供有关商品质量和价格下跌等方面的担保,以吸引中间商经销大批量商品。中间商的地区权力是指生产商应明确应允中间商在特定地区经营的权力,同时规定中间

世界观察：按照零售商类型统计的家庭平均销售额

商必须完成的任务，以鼓励中间商积极推销。中间商的权力和责任的制定要兼顾双方利益，既要有利于实现企业的既定目标，又要调动中间商的积极性，使得企业与中间商达成合作共识。这对于特许专营和独家代理等形式尤为重要。

2. 构建国际分销渠道备选方案的评估

如果企业已经准备了若干个国际分销渠道的备选方案，就要分析每个方案的优劣，对备选方案进行评估。评估渠道的指标很多，主要根据构建国际分销渠道的6C标准进行评估。

第三节　国内外中间商的选择

企业将产品销售到国际市场，可以建立自己的销售团队直接向最终顾客销售，也可以依赖中间商分销产品。企业必须慎重选择中间商，因为一旦建立了分销渠道就很难在短期内改变，而如果选择的渠道不恰当，会影响到未来市场的拓展。

国际分销渠道流程包括从生产商到最终顾客的一切活动，这意味着企业必须对国内与国外两部分分销渠道施加影响。企业在国内必须建立一个分销机构，负责管理需要在国家间分销商品的渠道成员；在目标市场国，企业必须监督向最终顾客提供产品的分销渠道。选择渠道成员和进行有效控制是分销渠道管理的重要任务。

一、国内中间商的选择

国内中间商与企业处在同一国家环境，由于社会文化背景相同，彼此之间容易沟通，便于合作。但是，由于远离目标市场国，与最终消费者的接触少，因此在提供目标市场信息方面存在一定的不足。

生产企业由于资源不足或国际销售额不大、缺乏国际市场营销经验，或认为没有必要直接进入目标市场国时一般采用国内中间商。

国内中间商根据是否拥有对出口产品的所有权分为国内经销商和国内代理商两大类（见表12-1）。

（一）国内经销商

1. 出口商

出口商（export merchant）实质上是在国外市场开展业务的国内商人，其基本职能与国内全能批发商相同。出口商以自己的名义买卖商品，自己决定商品的花色品种和价格，自己筹集经营资金，自己备有仓库，从而自己承担经营风险。

一些发达国家的大出口商还能给国外经销商提供融资服务，在目标国市场进行促销宣传。大多数出口商通常长期从事一个行业的出口业务，因此比较了解该行业的情况，能向需要商品出口的生产企业提供一定的专业服务。出口商会经营彼此竞争的产品，对价格拥有充分的控制权，对供应商几乎没有忠诚度。

表 12-1 不同国内中间商的特点[1]

责任类别	国内代理商					国内经销商		
	EMC	MEA	国际经纪人	采购公司	销售代理商	出口商	出口贸易公司	补充营销商
是否拥有货物的所有权	否[2]	否	否	否	否	是	是	是
是否实际占有货物	是	是	否	是	是	是	是	是
长期关系	有	有	无	无	有	无	有	有
国外销售中的比重	全部	全部	不定	小	全部	不定	不定	大部分
委托方的控制程度	较大	较大	零	零	好	无	零	较大
定价权	建议	建议	有(在市场层次)	有(购买)	建议(有时决定价格)	有	无	部分
代表买方或卖方	卖方	自己	任一方	买方	卖方	自己	自己	自己
委托人数目	可多可少	可多可少	多	少	少	多来源	多来源	每个产品只有一个
是否安排运输	是	是	通常不	是	是	是	是	是
商品类别	制成品	常备商品	常备商品	常备商品	常备商品	制成品	制成品	构成补充的产品
商品系列的广度	从专门到范围很广的商品	所有常备商品	所有常备商品	零售商品	所有常备商品	广	广	窄
是否经营彼此竞争的产品	否	否	是	是(利用很多资源)	否	是	是	否
促销努力的程度	好	好	一次性的努力	—	好	零	零	好
是否向委托人提供信用	偶尔	偶尔	极少	极少	极少	偶尔	极少	极少
提供市场信息情况	较好	较好	价格和市场条件	为委托方不为制造商	好	无	无	好

① 资料来源:凯特奥拉,格雷厄姆.国际市场营销学[M].周祖城,赵银德,张璘,译.原书 12 版.北京:机械工业出版社,2005:289.

② EMC 可以拥有所有权,从而成为独立中间商。

2. 出口贸易公司

出口贸易公司(export trading company),有的国家也称之为国际贸易公司(international trading company),日本、韩国等国家称之为综合商社,我国一般称之为对外贸易公司或进出口公司。出口贸易公司的主要业务是出口,但有时也兼营进口业务。出口贸易公司一般在国外有自己的销售人员、代理商,并往往设有分公司。他们的收入来自出口商品的买卖差价,其经营一般集中在某些地区,有时专营某些商品类别。

由于出口贸易公司熟悉出口业务,与国外的客户联系广泛,拥有较多的国际市场信息,一般在国际市场上享有较高的声誉,而且拥有大批精通国际商务、外语和法律的专业人才,因此对一些首次进入国际市场的企业来说,出口贸易公司往往是比较理想的选择。

3. 补充营销商

补充营销(complementary marketing)又称"猪驮式出口"(pig-back exporting)或合作出口、附带出口,它实际上是一种将自己与其他企业的互补产品搭配出售的出口营销方式。只有当某一企业希望凑足某一产品系列或者使得自己季节性的销售渠道能够全年运作时,补充营销才会出现。

在这种出口营销中,两个生产企业的互补产品通过同一国际市场分销渠道被同时出售,其中一个生产企业叫作"运输者"(carrier),另一个生产企业叫作"乘坐者"(rider)。运输者可以做代理,也可以买断销售,销售额较大的补充营销一般采用的是买断销售方式。

补充营销对于那些没有力量进行直接出口的小企业来说是一种简单易行、风险小的进入国际市场的形式。而对于运输者来说,由于增加了与自己互补的产品,因此能方便顾客购买,从而有助于产品的销售和利润的增加。

(二)国内代理商

1. 出口管理公司

出口管理公司(export management company,EMC)对于国际销售额相对较小的企业或那些不愿意自己的人员参与国际营销的企业来说是重要的中间商。出口管理公司的大小不等,小的只有几个人,大的多达数百人,经手约10%的出口制成品。出口管理公司是客户公司营销活动不可分割的一部分。

在生产商的名义下,出口管理公司的作用是一个低成本、独立的营销部门,直接对母公司负责。出口管理公司会对商品促销、信用安排、货物装卸、市场研究以及金融、专利和许可证的信息收集承担全部或部分责任。

出口管理公司的主要优点是可以使生产商以最小的投资进入国际市场,而且它具有某一领域的专门知识,能提供高水平的服务。这样生产商只需投入可忽略不计的金钱或人员就可以扩大国际市场。出口管理公司的主要缺点是一般不会为建立深层次的分销体系进行市场投资,因为公司只有立即得到销售款才能生存。精心选择的出口管理公司能够出色地工作,但是生产商必须清楚出口管理公司是根据销售量获取佣金的,如果生产商的产品种类太多且每一种产品的销售量不大,或者短期内无法获利,那么选择出口管理公司就不合适了。

世界观察:出口管理公司的业务

2. 制造商的出口代理商

制造商的出口代理商(manufacture's export agent,MEA)是一种专业化程度较高的出口代理商,又称制造商出口代表。它们接受生产企业的委托,为其代理出口业务,以佣金的形式获得报酬。

与出口管理公司不同的是,制造商的出口代理商提供的服务相对狭窄,经营的产品品种相对较少,它与生产企业只存在短暂合作关系,以自己的名义而不是客户的名义经销产品。

制造商的出口代理商在价格和其他交易条件上没有决定权,营销渠道及促销策略的选择也必须服从于委托人。由于制造商的出口代理商同时接受许多生产企业的委托,其销售费用可以在不同厂家的产品上进行分摊,因此收取的佣金费率较低。

3. 国际经纪人

国际经纪人(international broker)是对提供低价代理服务的各种中间商的统称,尤其指那些只负责给买卖双方牵线搭桥,既不拥有商品所有权,也不实际持有商品和代办货物运输工作,与进出口双方没有长期固定关系的中间商。国际经纪人在买卖双方达成交易后收取佣金,佣金率一般不超过交易总金额的2%。

适用国际经纪人的情况主要有:① 缺乏国际营销经验的企业;② 季节性强的产品;③ 无力设立国外销售机构的中小企业;④ 没有必要设立国外销售机构的企业;⑤ 目标市场遥远、市场分散或市场规模小等。

国际经纪人可专营一种或几种产品,甚至专营某一国家的产品,他们的业务领域主要涉及农产品、食品、矿产品、房地产、保险、证券、旧机器等,与世界各地的生产商和购买者保持联系。

4. 采购公司

采购公司(procurement company)很多代理商可以简单地划分为采买商和为出口而采买的代理商。其共同特点是以根据委托方的要求寻找和购买商品作为主要任务,而不是提供推销服务。事实上,采购公司的重要性在于发掘货源的灵活性和能力。它们和国内供应商的关系往往并不长久,不提供持久的代理服务。

5. 销售代理商

销售代理商(selling agent)与生产企业间虽然也是委托-代理关系,不取得所销售商品的所有权,但它们通常能够影响甚至决定出口商品的价格、分销渠道和促销方式,因此它们实际上相当于生产企业的销售部门,负责生产企业全部产品的销售。

销售代理商比出口商提供更多的服务,如国际市场广告的企划、国际市场分销渠道的评价与优化、开展人员推销、召开订货会、进行国际市场的调研、提供国际营销咨询等。

(三)其他国内中间商

1. 生产商的零售店

对于许多生产商来说一个重要的分销渠道就是属于自己的,或者是拥有专卖权的零售店。许多知名的奢侈品制造商都采用这种方式。

2. 全球零售商

随着宜家、沃尔玛、西尔斯等全球零售商全球市场的占有率不断扩大,它们逐渐成为国际市场的主要分销商。沃尔玛在美国之外的许多国家市场中拥有分店,是美国供应商进入国际市场的一个诱人的通道。沃尔玛为它们提供有效的进入国际市场的途径,几乎不需要什么经验。随着中国零售商规模不断扩大，它们将会成为中国企业走向国际市场的桥梁。

二、国外中间商的选择

国际市场营销者如果想更多地控制分销渠道，就要选择与国外市场上的中间商合作。这样生产商一方面可以缩短分销渠道；另一方面可以时刻了解国外市场的最新动态，及时调整产品特性及分销策略。与国内中间商类似，国外中间商根据其是否拥有商品的所有权可以划分为国外经销商和国外代理商两大类（见表 12-2）。

（一）国外经销商

1. 分销商

分销商（distributor）是独立的中间商。这一中间商在特定国家往往具有独家销售权，和生产商关系密切。

分销商对供应商的依赖程度相对较高，双方协议一般是长期的、持续的。借助于分销商，制造商能够对价格、促销活动、库存、服务和其他分销活动进行适当的控制。

分销商熟悉所经营的产品和目标国市场，并掌握一套商品的挑选、分级、包装等处理技术和销售技巧，因此国内中间商很难取代分销商的作用。

2. 经销商

经销商（dealer）是一种与出口国的供应商建立长期的合作关系并享有一定价格优惠和货源保证的从事进口业务的中间商。经销商从国外购买商品，再转售给批发商、零售商等中间商，或者直接出售给最终顾客。

出口国的生产商一般会对其在价格、促销、存货、服务及其他营销功能方面施加一定的影响和控制，而经销商在特定的地理区域对生产商的产品享有独家销售权。

3. 批发商

批发商（wholesaler）是专门或主要从事批发活动的中间商，是在目标国国内销售进口产品的重要渠道成员。批发商经营的产品主要由本国经销商供应，也有一些进口批发商（import jobber）直接向生产商进货，然后销售给其他批发商、零售商和工业客户。

国际市场中的批发模式多种多样，反映了各自所处的文化、经济和社会背景的不同。一般来说，国际市场营销者应尽量选择体量较大的批发商，因为批发业主要是从规模经济中获取收益的，与小型的批发商打交道对生产企业来说意味着得到的服务少而负担重。

世界观察：欠发达国家的营销渠道

4. 零售商

零售商（retailer）是将商品或服务出售给最终顾客的中间商，零售商从分销商、经销商、批发商和出口商等处购买产品，然后销售给最终顾客。

零售商按其经营方式可区分为多种业态：百货商店、超级市场、专卖店、便利店、折扣商店、购物中心、仓储商店等。这些零售业态大多可以通过连锁经营实现规模经济。不同的产品在国际市场营销中可能需要选择不同的业态。零售商是消费品国际市场营销中不可缺少的一个渠道成员。

表 12-2　不同国外中间商的特点①

责任类别	国外代理商				国外经销商			
	国外制造商代理商	国外经纪人	经营代理人	买办	分销商	经销商	批发商	零售商
是否拥有货物的所有权	否	否	否	否	是	是	是	是
是否实际占有货物	极少	否	极少	是	是	是	是	是
长期关系	经常	无	有(与买方)	有	有	有	无	通常无
国外销售中的比重	某一地区的全部或部分	小	—	全部(某一地区)	全部(某些国家)	指定地区	小	很小
委托方的控制程度	较高	低	无	较高	高	高	低	零
定价权	无	无	无	部分	部分	部分	全部	全部
代表买方或卖方	卖方	任一方	买方	卖方	卖方	卖方	自己	自己
委托人数目	很少	多	多	很少	少	少数主要的	多源	多
是否安排运输	否	否	否	否	否	否	否	否
商品类别	制成品	日用品和食品	所有种类	制成品	制成品	制成品	制成品	消费性制成品
商品系列的广度	相关产品	广	广	不定	可窄可广	窄	可窄可广	可窄可广
是否经营彼此竞争的产品	否	是	是	否	否	否	是	是
促销努力的程度	较好	无	无	较好	较好	好	无	通常无
是否向委托人提供信用	否	否	否	有时	有时	否	否	否
提供市场信息情况	好	无	无	好	较好	好	无	无

① 资料来源:凯特奥拉,格雷厄姆.国际市场营销学[M].周祖城,赵银德,张璘,译.原书 12 版.北京:机械工业出版社,2005:290.

（二）国外代理商

1. 国外制造商代理商

凡接受出口国制造商的委托，与之签订代理合同，为制造商推销产品、收取佣金的进口中间商，称为国外制造商代理商（foreign manufacture's representative）。国外制造商代理商是负责制造商的产品在某个城市、地区乃至全国或者相邻近的几个国家销售的代理商。当代理商对整个国家的出口国制造商产品销售负责时，常常被称作“独家代理”。

国外制造商代理商与国内制造商代理商类似，通常也不能同时代理互有竞争的委托人的产品。由于代理商与目标顾客的距离近，熟悉当地市场的情况，因此常能有效地捕捉和利用市场机会实现产品的销售，而且能向委托人提供市场信息，经常提出一些有益的营销建议，使其产品和营销策略能不断适应目标国市场的需要。

国外制造商代理商有很多名称，包括销售代理人、国外常驻销售代理人、独家代理人、佣金代理人和订购代理人。它们不承担信用、汇兑或市场风险，但严格履行现场销售代理人的责任。它们不安排货物运输，通常也不实际占有货物。制造商如果希望对海外业务的控制和对市场的渗透达到自己的销售力量可能达到的程度，但又无力派驻自己的销售机构，那么利用国外制造商代理商也许是一个令人满意的选择。

2. 国外经纪人

与出口国的国际经纪人一样，进口国的国外经纪人主要是经营大宗货物的代理人。国外经纪人一般是在某一国家或几个相邻国家经营的中介公司的一部分。它们熟悉当地市场，往往与客户有良好的持久关系，能够以较低的成本较快地占有市场，因此国际经纪人有时也是国际分销中的理想选择。在大多数国家，这类国际经纪人的数量并不多，而且常常是初级产品市场上最重要的中间商。

3. 经营代理人和买办

经营代理人（operate agent）是指与母公司签订合同，在海外某一国家独家经营的代理商。在特殊情况下，经营代理人自己投资经营，但是绝大多数情况下，经营代理人与母公司签订合同经营。经营代理人的报酬一般是成本加上所经营公司的利润一定比例的提成。在一些国家，经营代理人被称为“买办”，事实上，各类代理商之间也存在差异。

第四节　国际分销渠道的管理

国际分销渠道的管理，从广义上讲包括制定渠道目标和选择渠道策略，寻找、选择、激励、控制渠道成员以及渠道改进等。如果国际市场营销者依靠自己的销售团队进行海外市场扩张，那么分销过程就不经过本国和目标市场国的中间商，营销者将不需要考虑中间商的管理问题。但是，大多数情况下国际分销是通过国内外的中间商来完成的，因此如何构筑中间商网络就成为国际市场营销者面临的关键性问题。

构筑中间商网络包括寻找潜在的、符合企业要求的中间商并和他们建立工作关系。在国际市场营销中，渠道建立过程几乎没有一定的程式。企业越希望与顾客保持密切的联系，所需要的销售力量就要越强。产品从生产企业向最终顾客转移过程中的每一个环节的效率都会影响整个分销渠道的效率，因此分销渠道特别是中间商的管理是富有挑战性的，企业必须予以充分的重视。

一、中间商的寻找

寻找中间商之前，企业首先应该做好市场研究，并确定中间商的评价标准。由于中间商不同以及他们与公司关系的性质不同，中间商的评价标准也有所不同。中间商的基本评价标准包括中间商的效率或销售量、中间商的财力、中间商管理的稳定性和能力、中间商的性质和声誉四个方面的内容。

（一）中间商的效率或销售量

这是选择中间商所必须考虑的最关键因素。企业首先要考虑中间商的市场范围、其销售力量所覆盖的市场区域、拥有的网点数量、促销的力度等，以便使企业的产品在各个市场获得最佳销售额以及适当的市场份额，并实现令人满意的市场渗透度。

（二）中间商的财力

中间商能否按时结算，包括在必要时预付货款，取决于中间商的经济实力和财务状况。如果其财务状况不佳、流动资金短缺，中间商往往很难履约。了解中间商的财务状况可以通过审查其财务报表，尤其是中间商的注册资本、流动资金、负债等从而作出判断。

（三）中间商管理的稳定性和能力

中间商管理的稳定性和能力决定着中间商的营销效率和效果，直接影响到产品的销售业绩及其在市场中的声誉，因此选择中间商还必须考虑其社会地位、历史、经营作风、人员素质等因素。

（四）中间商的性质和声誉

中间商的性质是指中间商属于经销商还是代理商，属于哪一种经销商或代理商。不同的中间商具有不同的特点，企业应该选择适合目标市场、目标产品的中间商。此外，信誉不好的中间商不仅自身难以长期生存，而且会损害所经营产品的形象。任何企业在国际分销管理中都应尽可能避开那些信誉不佳、不讲商业道德的中间商。

世界观察：寻找国外中间商资料的来源

二、中间商的选择

找到潜在的中间商与决定他们中间谁能更加胜任工作相比要容易一些。较少的销售量或潜在销售量可以帮助生产企业排除大多数潜在的中间商。在很多情况下，如果生产企业在国外默默无闻，中间商的声誉就成了生产企业的声誉，因此如果选择不慎就会影响企业在国际市场的发展。

（一）筛选

筛选时应遵循如下程序。

（1）给每一个潜在的中间商发一封用当地语言写的包括产品信息和对分销商要求的信。

（2）在回信者中择优进行下一步的联系，获得中间商有关正在经营的产品系列、销售区域、公司规模、销售人员数目以及其他的更具体的背景信息。

（3）通过其他客户和潜在中间商的顾客考察潜在中间商的信用。

（4）如果有可能，实地考察最有希望的公司。

对于有经验的出口商来说,挑选中间商的唯一途径就是亲自到那个国家去,和使用自己产品的最终用户谈一谈,找到用户心目中的最佳分销商。或者先拜访每一个分销商,然后再挑选能代表企业产品的那一个。另外,如果顾客推荐了两到三个分销商,但是它们却不能令人满意,那么在那个国家最好不要设分销商,因为无用的分销商不仅每年会浪费企业的时间和金钱,而且会干涉企业的正常销售。

(二)签订协议

一旦找到了某一个潜在的中间商并完成了对其评估,剩下的任务就是和该中间商敲定协议细节。到目前为止,企业一方是买方,如今则必须向卖方和谈判方转变,劝说中间商经营自己的产品,接受对企业来说可行的分销协议。协议必须明确生产商和中间商的具体责任,包括每年的最低销售额。最低销售额是评价分销商的基础,如果分销商完不成最低销售额,生产商有权终止协议。

有经验的出口商会建议最初的合同只签一年。如果第一年中间商的表现令人满意,就续签合同,签订更长的时间。这样做使得合同更容易终止,更重要的是,经过在市场上一年的合作,一般可以制定出更可行的协议。

三、中间商的激励

在选定了中间商之后,生产商还必须继续激励这些中间商,调动其销售的积极性,使其不断提高销售业绩。无论在哪个层次上,中间商的积极性和销售量之间都存在着明显的正相关关系。用来维持中间商对产品的兴趣和支持的激励技巧大致可以归纳为金钱回报、心理奖赏、沟通、公司支持以及与公司的和睦关系五大类型。

企业存在的目的是营利,对于中间商而言也是一样的。企业只有提供足够的金钱回报,中间商才更有动力销售企业的产品。利润或佣金必须满足中间商的要求,允许其随销售量和所提供的服务水准的变化而变动。如果不把利润和销售量联系起来,中间商就不可能对企业产品给予足够的重视。

精神激励也是对中间商销售人员激励的重要手段。企业可以邀请中间商销售人员到企业总部或地区参观,在企业媒体或公众媒体上对中间商进行嘉奖,对其工作予以认可,提高中间商的身份,这会对中间商产生巨大的精神激励,提高其对企业的忠诚度。

无论在何种情况下,企业都应该保持与中间商的沟通。这些沟通越有人情味越好。对出口商的一项研究表明,生产商与分销商之间的联系越密切,分销商的工作就做得越好。接触越多、联系越密切,冲突自然而然就越少,工作关系就会越顺畅。

中国之问与实践探索:邮政企业海外仓业务市场的开拓

党的二十大报告中指出:“推动货物贸易优化升级,创新服务贸易发展机制,发展数字贸易,加快建设贸易强国。”中国企业要加快塑造外贸新优势和发展外贸新业态新模式,海外仓即是产生外贸新动能的一种新业态,它有助于促进中小微企业“借船出海”。中国邮政集团有限公司浙江省分公司的实践验证了这一点,海外仓服务浙江本土企业超过600家,助力跨境企业电商交易额超过30亿元,有效地培育了当地适应跨境电商发展的外贸新动能。

邮政企业海外仓业务市场的开拓

本章小结

分销渠道是国际市场营销中最具挑战性的策略组合要素,尤其是在发展中国家。本章介绍了分销渠道的职能及关系类型,探讨了分销渠道的影响因素及评价标准,阐述了国际分销渠道的结构类型,讨论了构建国际分销模式的影响因素,阐释了国际分销渠道选择的影响因素,细致讲述了国内外各类中间商及其特点,阐明了国际分销渠道的管理。

思考题

1. 结合实例,分析分销渠道的影响因素。
2. 结合国际分销渠道结构图,分析适合中国企业“走出去”的分销渠道。
3. 讨论分销模式的影响因素及发展趋势。
4. 构建国际分销渠道的标准有哪些? 中国企业应该特别注意什么?
5. 中国企业在国际分销渠道管理中要特别注意哪些问题?

开篇案例讨论

1. 雅芳在中国市场的历程说明什么?
2. 雅芳在中国市场是否应该采用全渠道模式?
3. 为什么雅芳全直销模式移植到中国市场后没有成功?
4. 雅芳的案例对于中国企业在国外市场建立分销渠道有何启示?

本章即测即评

第十二章
即测即评

网上练习

主题:某发展中国家的分销渠道现状

步骤1:学生选择一个自己感兴趣的发展中国家,搜索该国典型消费品分销渠道的资料。

步骤2:阅读和分析资料,重点研究该国现有分销渠道及其构成、现有销售中介类型以及典型消费品各种分销渠道的分布情况。

步骤3:阅读和分析资料,重点比较分析该国分销渠道与中国分销渠道的异同,关注在该国不存在的分销渠道及其原因。

步骤4:进一步归纳总结该国分销渠道现状是否适合中国企业进入,适合哪些类型消费品进入,哪些分销渠道应该是中国企业进入时重点考虑的并分析其原因,对于不存在的分销渠道中国企业是否可以自行建立。

步骤5:撰写和提交"某发展中国家的分销渠道现状"报告。

步骤6:课堂上,教师选择学生报告进行讨论交流,从中选择分销渠道现状比较适合中国进入的发展中国家;并引导学生探讨对于分销渠道现状不适合中国企业进入的发展中国家,中国企业应该如何构建国际分销渠道。

国际市场营销技能训练

主题:应该进入发展中国家市场,还是发达国家市场?

步骤1:教师选择一个企业及其产品,假设企业计划进入国际市场。为学生提供相关基本背景资料。学生根据各自需要进一步收集相关数据和资料。

步骤2:教师将班级学生分成6个小组(每组最好4~7人),规定第一、二、三小组进入发展中国家;第四、五、六小组进入发达国家。各小组充分讨论后,选择确定计划进入的国家。

步骤3:课堂下,各个小组分别根据构建国际分销渠道6C标准,通过收集、整理和分析该国分销渠道现状及变化趋势,设计该国构建国际分销渠道的方案,并根据6C标准对方案进行评估。

步骤4:课堂上,各小组首先分别介绍其方案及其评估情况,并说明存在的欠缺或潜在风险。其他小组学生可以提问,介绍小组负责回答。

步骤5:课堂上,教师指导学生,对各个小组的方案及其评估进行评分排序。评分规则为:各个小组给其他小组评分,大于等于90分的小组1个;低于70分的小组1个;其他位于71~89分。根据各小组评分加总,最后对各小组方案及其评估排序。

步骤6:课堂上,教师指导学生进一步讨论,重点是比较分析发展中国家与发达国家进行国际分销渠道构建的异同,并提出为中国企业进入发展中国家和发达国家市场构建国际分销渠道的创新性思路和举措。

推荐读物

第十三章
国际市场营销的促销策略

本章学习目标

- 掌握促销组合的含义及影响因素
- 学会应用各类促销工具
- 学会应用国际市场营销的沟通模型
- 明确国际销售人员的目标和推销步骤
- 辨识国际销售人员的类型及其特点
- 熟悉国际销售人员的招聘、培训、激励、评估和控制方法
- 明确国际广告的目标与策略
- 思考国际广告的制约要素以及媒体的选择
- 掌握国际广告的规划和实施
- 了解国际销售促进的影响因素及策略制定
- 了解国际公共关系的任务和实施工具

本章主要概念

促销组合(promotion mix)　广告(advertising)　人员推销(personal selling)　营业推广(sales promotion)　公共关系(public relations)　信息源(information source)　编码(encoding)　信息渠道(message channel)　解码(decoding)　接收者(receiver)　反馈(feedback)　噪声(noise)　外派人员(expatriate)　当地人员(local nationals)　第三国人员(third-country nationals)　通知型广告(information advertising)　说服型广告(persuasive advertising)　提醒型广告(reminder advertising)　泛欧广告(pan-European advertising)

开篇案例

中国新势力新能源车企的新媒体营销问题在哪?

国际市场营销促销策略是直接推进销售进程的手段。数字技术快速发展极大地丰富了促销策

略备选方案。习近平总书记指出:“数字经济具有高创新性、强渗透性、广覆盖性,不仅是新的经济增长点,而且是改造提升传统产业的支点,可以成为构建现代化经济体系的重要引擎。”中国新势力新能源汽车企业应用新媒体营销,通过微信、微博、抖音等社交媒体平台发布促销信息。这些实践为企业海外促销带来哪些启示?

中国新势力新能源车企的新媒体营销问题在哪?

*第一节 市场营销的促销策略

一、促销组合

(一)促销与促销组合

促销(promotion)是指企业为促使目标顾客购买其产品或服务所进行的一系列说服与沟通活动。促销的实质是企业与用户之间的信息沟通,促销的目的是向顾客传递产品的存在及其性能、特征,帮助顾客认识产品所带给他的利益,从而引起顾客的兴趣,激发其购买欲望及购买行为。从短期来看,促销活动的直接目的是增加企业的销售量;从长期来看,促销活动的最终目的是树立良好的企业形象,建立良好的公共关系,保证企业的长期稳定发展。

促销组合(promotion mix)是指企业根据促销活动的需要,对广告、人员推销、营业推广、公共关系等各种促销工具进行适当的选择和综合编配(见表13-1),以使各促销工具相辅相成、取长补短,实现整体最佳效能。促销活动的开展要借助促销组合工具。从历史发展看,依次出现的促销工具是人员推销、广告、营业推广、公共关系,企业营销实践的发展促使新的促销工具不断涌现。

表 13-1 各种促销工具的优缺点比较

促销工具	优点	缺点
广告	辐射面广,可重复多次宣传,可根据产品特点和消费者的分布状况灵活地选择广告媒体	购买行为滞后,信息量有限,说服力较小
人员推销	面对面,有利于沟通,便于解答顾客所提出的各种问题,促成及时成交	成本高,对推销人员的素质要求高
营业推广	刺激快,吸引力大,能改变消费者的购买习惯	短期刺激,可能导致消费者的顾虑和不信任
公共关系	获得公众信任、树立形象和信誉	见效较慢

世界观察

社交媒体营销

社交媒体营销是指企业、个人或机构在社交网络平台上进行营销推广等一系列行为。社交媒体营销主要有以下几种类型。

一是社交广场营销,是指以博客、微博等社交媒体平台为营销媒介,以制造热点为特征。

二是即时通信营销,是指以微信、QQ 等社交媒体平台为营销媒介,以即时互动性为特征。

三是内容社区营销,是指以图文内容分享社区(如知乎、小红书等)和视频分享社区(如抖音、快手、B 站等)为营销媒介,以鼓励受众参与内容创造和分享为特征。

四是虚拟世界社交营销,是指侧重于为受众创建虚拟体验,全面、客观地展示产品或服务及其使用过程,以此增强受众对企业及产品或服务的认知,有助于提升品牌形象,以 AR、VR、Web4.0 等数字技术支撑为特征。

资料来源:根据相关文献编写。

(二)促销组合的作用

促销在现代市场营销中起着重要的作用。有效的促销组合直接影响企业的近期市场销售状况和远期发展前景,影响企业在市场中的形象和地位。促销组合的主要作用有以下几点。

1. 传播信息

通过各种形式的促销活动,企业可以向包括目标顾客在内的公众传播有关企业及其产品的信息,使顾客及其他公众及时、充分地了解企业及其产品,从而引发顾客的购买。

2. 促进销售

在促销活动中,企业往往会对目标顾客提供某种程度的暗示性许诺,劝说和提示其购买本企业的产品,从而达到扩大销售的目的。

3. 树立企业和产品形象

在扩大销售的同时,企业通过特定的促销活动还可以树立良好的企业形象和产品形象,建立良好的公共关系,培养顾客对企业及产品的偏好,为企业的长远发展创造有利条件。

(三)影响促销组合的因素

企业在开展促销活动时,必须根据总体营销目标的要求制定相应的促销方案,综合运用多种促销组合工具,以取得最佳的沟通效果。为制定最佳促销组合,必须综合考虑以下主要影响因素。

1. 目标市场特性

企业进行促销时首先必须考虑目标市场的特性,这主要包括市场的地理位置、范围大小、市场类型以及潜在顾客的数量。对于规模小、距离近的市场,应以人员推销为主,而在较大规模的市场如全国市场进行促销时,则应采用广告和公共关系宣传;消费品市场的买主多而分散,由推销人员与消费者广泛接触不太现实,应主要靠广告宣传介绍产品吸引顾客,工业品市场用户数量少而购买量大,应以人员推销为主。

2. 促销目标

企业促销包含着很多具体的目标,如提高企业及产品的知名度、使顾客了解本企业的产品并产生信任感、扩大产品销量和提高市场占有率等。同一促销工具在实现不同的促销目标上所起的作用相差很大,而不同的促销工具在同一促销目标上的投入效果也存在差异。广告和公共关系在提高企业知名度和声望方面远远超过人员推销。在促进顾客对企业及产品的了解方面,广告和人员推销的成本效益最好。在促销订货方面,人员推销的成本效益最大,营业推广则起协调作用。

3. 产品类型

各种促销工具对不同类型的产品所起的作用也不尽相同。通常,工业品购买者希望在掌握大量信息的基础上进行选择,人员推销可以更好地满足这方面的要求;消费品购买者则更多地注重产品的形象,高知名度的产品容易受欢迎,这时广告的促销效果就比较明显。

4. 产品生命周期

在产品生命周期的不同阶段,各促销工具的投入效果各不相同(见图 13-1)。在产品介绍期,广告与公共关系具有很高的投入效果,人员推销和营业推广可推动产品使用,以取得分销覆盖面积。在产品的成长期,市场需求会保持较高的增长率,所有促销工具的成本效应都会降低。在产品的成熟期,营业推广比广告与公共关系的投入效果更大,广告与公共关系的投入效果比人员推销更大。在产品的衰退期,营业推广的投入效果继续增强,广告与公共关系的投入效果则降低了,销售人员只需给产品最低限度的曝光即可。

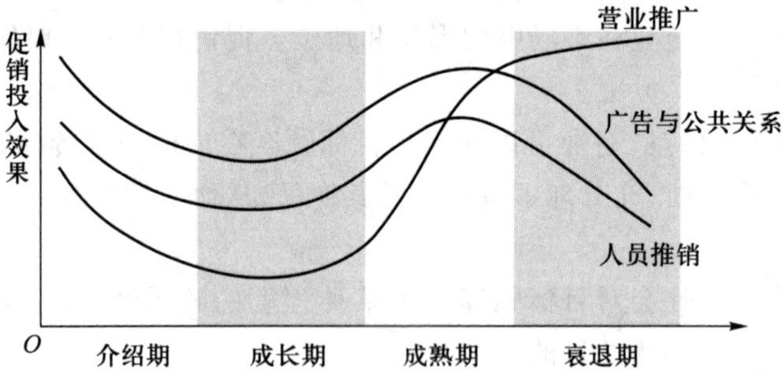

图 13-1 在产品生命周期的不同阶段各种促销工具的投入效果

5. 消费者的购买阶段

在不同的购买阶段,各促销工具的投入效果也不同(见图 13-2)。在消费者知晓阶段,广告与公共关系的作用最显著;在了解阶段,广告与公共关系的作用较大,其次是人员推销;在确信阶段,人员推销的作用最大,其次为广告与公共关系及营业推广;在购买阶段,主要是人员推销和营业推广在发挥作用;在消费者重复购买阶段,营业推广及人员推销对消费者影响较大,广告与公共关系也有一定的影响。

6. 促销费用

不同的促销工具需要不同的促销费用。增加促销费用有利于扩大销售,但同时也增加了销售成本。企业应根据促销目标的要求及促销费用的多少,结合其他有关因素综合考虑、全面衡量,从实际出发,采用经济而有效的促销组合形式。

二、促销组合的工具

促销组合的工具包括广告、人员推销、公共关系和营业推广四种。每种促销工具都可以起

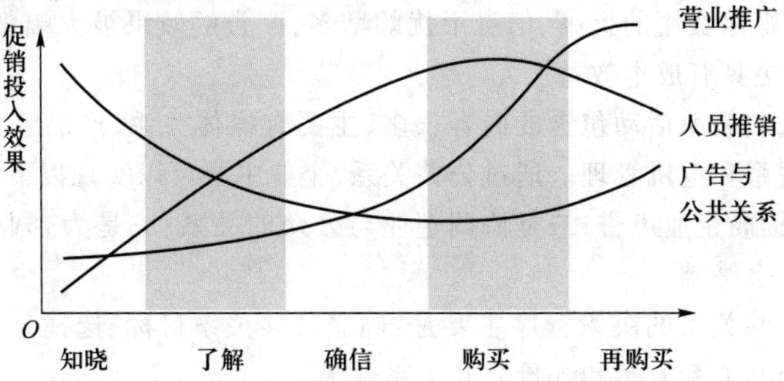

图 13-2 不同的促销工具在购买不同阶段的投入效果

到刺激购买、增加销售的作用,只是在程度上有所不同,因此,各种促销工具之间在一定程度上可以相互替代。企业的市场营销人员必须根据促销活动所要达到的目标来协调各种促销工具的使用程度,以取得最佳的沟通效果。

(一) 广告

广告(advertising)是指由明确的发起者在付费的基础上,采用非人际传播方式对商品、服务、观念进行的介绍、宣传活动。

世界观察:内容营销

广告具有两个主要功能。一是传播信息,促进销售。通过广告可以使目标顾客深入、充分、及时、准确地了解企业及其产品或服务的有关信息,并激发顾客的购买欲望,促使其购买行为的实现,促进企业产品的销售。这是广告的短期效应。二是提高品牌知名度,增强企业竞争力。广告在促进销售的同时,也是对企业及其品牌形象的长期投资。塑造企业和品牌的形象,培养大众对企业及其产品的忠诚,巩固企业的市场地位,实现长期的、稳定的销售。这是广告的长期效果。

广告决策是促销决策的重要组成部分,广告决策的实施必须与企业的整体促销策划相配合。广告决策主要包括确定广告目标、编制广告预算、设计广告策略、选择广告媒体、进行广告效果评估五个步骤。

(二) 人员推销

人员推销(personal selling)是指企业通过派出销售人员与一个或一个以上可能的购买者交谈,作口头陈述以推销商品,促进和扩大销售。在工业品市场中,人员推销是最重要的促销工具。

人员推销具有注重人际关系、灵活性较大、针对性强、适用于价格高昂且性能复杂的产品、推销成本高等特点。

人员推销除了具有推销产品功能以外,还具有其他重要功能:一是寻找顾客;二是沟通信息;三是提供服务;四是收集信息。

人员推销的管理包括对推销人员的招聘、培训、激励、评估等一系列管理和控制活动。

(三) 公共关系

公共关系(public relations)是指企业为取得公众的理解、信赖与支持,为自身发展创造最佳的社会关系环境所采取的一系列决策和行动。与其他促销方式相比,公共关系有许多优势。与广告相比,公共关系更具可信度,更易为公众所接受,而且企业不需要花钱购买媒体的版面和时间。与此同时，随着媒体费用的提高、信息干扰的增多，广告的效果被大幅削弱。从这个意义上说，公共关系比广告更具有成本效益。

世界观察：关键意见领袖与 UP 主一样吗？

公共关系活动包含的内容很多，主要有媒体关系、产品宣传、公共事务、游说、投资关系和危机管理。通过公共关系，企业主要可以实现以下目的：一是树立企业形象，提高企业声誉；二是协调企业与公众的关系；三是为企业的长远发展奠定良好的社会基础。

公共关系的决策程序主要是：确立公共关系目标、选择公共关系信息和工具、实施公共关系方案和评价公共关系效果。

（四）营业推广

营业推广（sales promotion）是指除了广告、人员推销、公共关系以外的刺激消费者购买和提高经销商效率的各种市场营销活动，例如陈列、演出、展览会、示范表演以及其他推销努力等。

营业推广的范围广泛、形式多样。它运用多种非常规的、非经常性的短期促销工具，向顾客提供特殊的购买机会和优惠条件，目的是刺激消费者或经销商对特定产品和服务的较快或较多购买，从而在短期内迅速扩大销售。

营业推广使用的多种短期促销工具大致可归纳为三大类。一是针对消费者的营业推广工具。营业推广在消费者市场的发展最为迅速，所使用的促销工具种类繁多，经常使用的营业推广工具有样品、优惠券、特价品、附送赠品、竞赛抽奖、惠顾奖励、购买现场陈列（point of purchase，POP）和示范表演。二是针对中间商的营业推广工具。制造商为取得批发商和零售商的合作，可以运用购买折让、津贴、免费样品等方式说服中间商经营自己的品牌、购买数量更多的商品或激励中间商通过广告、展示等方式推销产品。此外，生产商还经常赠送附有公司名称的特别广告赠品，如记事本、烟灰缸等。三是针对产业的营业推广工具。用于产业推广的主要工具有贸易展览和会议、销售竞赛。此外，许多用于消费者推广和中间商推广的工具同样适用于产业推广。

企业的营业推广决策主要包括确定营业推广目标、选择营业推广工具、设计营业推广方案、实施营业推广方案、评价推广效果五个步骤。

第二节　国际市场营销的沟通

13.1 国际市场营销沟通模型【登录“爱课程网”搜索“国际市场营销（崔新健）”观看视频】

一、国际市场营销沟通模型

国际市场营销中的促销活动实际上是一种跨文化的沟通行为。文化差异没有改变沟通的一般属性，但是文化差异增加了沟通的复杂性和难度。

国际市场营销沟通模型由七个因素构成（见图 13-3），任何一个因素都会影响沟通进程及效率。沟通模型的构成因素包括：① 信息源（information source），是信息发出的一方，即有产品信息需要沟通的国际市场营销者；② 编码（encoding），是将来自信息源的信息转换成可以发送给接收者的有效符号；③ 信息渠道（message channel），也称信息媒介，是将编码信息传递给接收者所经过的沟通途径；④ 解码（decoding），是接收者对来自信息源的符号的解释；⑤ 接收者（receiver），是信息接收的一方，即接收信息的人及由信息所导致的消费行为；

⑥ 反馈(feedback),是有关传递效果的信息从接收者流回到信息源,有助于评估沟通过程的有效性;⑦ 噪声(noise),是沟通过程中出现的意外干扰或歪曲,它可能致使接收者接收的信息与信息源的信息产生偏差,噪声包括竞争活动、混乱等无法控制、不可预料的影响因素。噪声会干扰整个沟通过程,对其他六个因素产生影响。

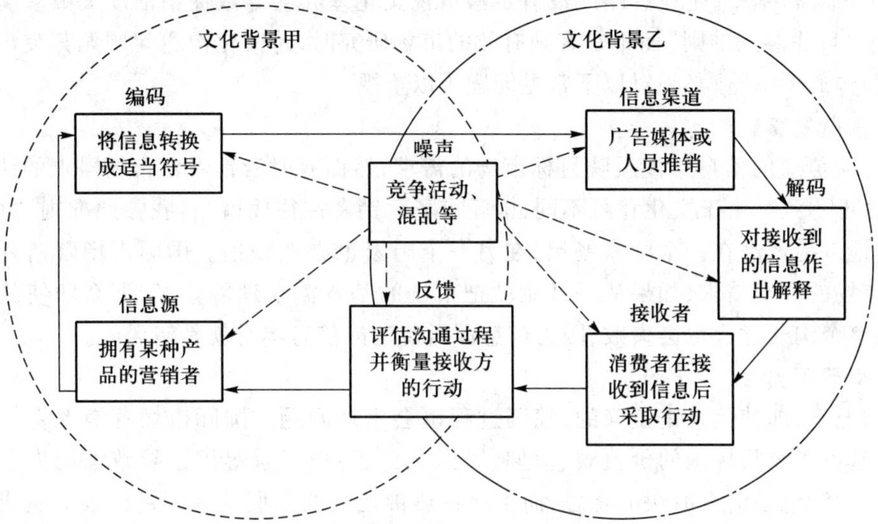

图 13-3 国际市场营销沟通模型

信息源和接收者是信息沟通过程的两个主要因素,有效的沟通过程必须使信息源的编码过程与接收者的解码过程相契合。许多因素会影响两者的契合。其一,信息源与信息目标之间的契合程度取决于信息源与接收者的经验。二者的经验领域重叠越多,信息有效性成分越多。其二,环境中存在的大量噪声会干扰人们对信息的接收,从而导致信息未被接收或未被准确接收。

在国际市场营销沟通中,实现有效沟通所面临的问题更加突出。信息源和接收者处于不同的文化背景中,两者的契合程度较小。当一种文化的信息编码在另一种文化中解码时,会因为双方理解的不同导致信息的失真。此外,在跨文化的沟通中,噪声的范围更加广泛,影响更加深刻,企业如果没有经过研究而草率进行促销活动,有可能导致整个营销计划失败。

世界观察

移动营销

移动营销是指营销人员根据受众位置、时间、环境等即时信息,通过移动设备(如短信、应用程序等)设计和交付高度相关和个性化内容的过程。移动营销特征可以概括为4I,即分众识别(individual identification)、即时信息(instant message)、互动沟通(interactive communication)、独特个性(individualization)。

主要类型包括:一是传统式移动营销,是指以短信、彩信、彩铃等方式开展的营销活动;二是终端预装式营销,是指移动终端(手机或平板计算机等)出厂自带、用户无法自行删除的内置应用软件,如苹果的App Store应用软件,三是移动网站式营销,是指企业在移动网站投放广告的活动，四是应用程序营销，是指利用移动 App 开展的营销活动，包括 App 广告植入和投放、品牌 App、联盟 App 等。

资料来源：根据相关文献编写。

二、国际市场营销沟通的问题

在国际市场营销中，企业忽略或没有足够重视文化差异会导致促销活动失败。当国际市场营销者基于"自我参照准则"而不是客观有效的市场研究时，跨文化沟通问题尤其突出。在国际市场营销的沟通中，企业必须对以下常见问题予以重视。

（一）信息失真

信息源所传递的信息应该反映目标市场的需求，然而有时营销者对市场需求的认识和实际市场需求并不一致。由于文化背景不同，国际市场营销者往往凭借"自我参照准则"判断目标市场，想当然地以为产品在一个国家畅销，在另一个国家也必然畅销。国际市场营销者必须认真研究目标市场的真实需求，如果从一开始就把市场的基本需求理解错了，那么即使其余的工作正确无误，整个沟通过程也会失败，因为信息源所传达的信息本身就是错误的。

（二）编码不当

很多情况下，即使信息是正确的，编码过程也会出现问题。国际市场营销者将信息转换的时候，会由于不了解目标国的价值观、信仰、风俗文化、历史背景等因素导致编码失误。温带地区的国家认为绿色是清爽凉快的意思，而生活在热带地区的人们认为绿色代表危险或者与疾病有关。如果编码者不了解这一差别，在热带地区国家使用绿色来表达清爽之意，就会导致广告宣传失败。

目标国可供选择的媒体以及媒体种类在沟通过程中也会引起编码问题。如果营销者要想更有效地传达给消费者产品信息，就必须选择适当的信息渠道。比如，当电视在目标市场的覆盖率很低时利用电视作为媒体，或者大多数的目标用户不能阅读媒体所使用的文字却利用印刷媒体作为信息渠道时，这种编码就达不到预期的效果。

（三）解码错误

解码中出现的问题通常是由编码不当造成的。由于各国语言文化、生活习惯的差异，人们对相同的事物会产生不同意思的理解。解码错误有时也可能是由接收者造成的。

（四）无效反馈

反馈作为对其他阶段效果的评价及核实，在沟通中也起着非常重要的作用。不对沟通效果进行衡量往往不能及时纠正信息源、编码、信息渠道、解码和接收者方面的错误。

无效反馈通常是由信息发出者不重视反馈效果造成的。接收者收到的信息与信息源的信息往往相差很大，如果不进行信息反馈，产生的后果将与企业的目标相去甚远。

世界观察：在日本行不通与行得通的广告

（五）噪声干扰

国际沟通过程的效果还会受到噪声干扰。噪声包括所有其他外在的、会降低沟通效果的影响因素，如可能影响最终沟通效果的竞争对手的广告、其他销售人员以及接收端的混乱。

噪声具有破坏性的力量，它干扰着沟通的每一个步骤，常常不受信息发送者和接收者的控制。噪声可能是因任一文化中的行动引起的,也可能是因文化内容的重叠造成的。

国际市场营销沟通的每一个步骤都会受到文化因素或营销者的“自我参照准则”的影响。在进行国际市场促销时,只有国际市场营销者以国际信息沟通模型作为指导,对所有潜在的限制和问题进行周详考虑,最后接收者接收到的信息和采取的行动才可能与企业的促销意图保持一致。

第三节　国际销售人员与管理

人员推销是最古老的但又是很重要的一种促销工具。在许多国家和地区,国际广告促销和营业推广受到不同程度的限制,有些国家甚至缺乏有效的广告媒体,而国际公共关系的建立则需要一个长期的过程,因此诸如此类的环境因素迫使企业不得不加强对人员推销的重视。发展中国家相对廉价的劳动力也为企业在国际市场重点发挥人员推销的作用创造了有利的条件。从某种意义上讲,人员推销在国际市场上的地位比在国内市场显得更为重要。

一、销售人员的任务与推销步骤

销售人员是企业与顾客最直接的联系纽带,在大多数顾客眼中销售人员就是企业;作为企业产品的提供者以及顾客信息的收集者,销售人员是企业促销策略取得成功的最终环节。

(一)销售人员的任务

1. 发掘潜在需求,开拓国际市场

销售人员必须具备一定的开拓能力,能够发现市场机会、发掘市场潜在需求、培养国际市场的新客户。企业在国际市场的发展很大程度上取决于销售人员的努力,这就要求销售人员:具有一定的知识(特别是世界各地文化背景知识、国际市场知识);了解国际市场行情变化和国际市场环境,有较好的社交、推销能力和较高的外语水平;稳重而富于进取精神,还要有强烈的事业心和忠诚度。

2. 说服目标顾客,扩大产品销售

销售人员的最基本任务是扩大企业产品的销售量,扩大市场份额,提高市场占有率。国际市场推销的对象是国外的各种顾客,他们的需求差别很大,加上文化背景的差异、人类本能的排外心理以及语言沟通的障碍,说服目标顾客成为一项艺术性很强的工作。这就要求销售人员懂得跨文化沟通的核心,理解不同文化对沟通的影响,掌握高语境语言的含义及非语言动作的含义。

3. 做好销售服务,树立企业形象

销售人员需要完成的销售服务包括:提供咨询服务、免费送货上门安装、开展技术协助、做好产品维修、必要时帮助用户和中间商解决财务问题。这就要求销售人员熟悉业务、精通技术。

世界观察:虚拟代言人

4. 进行市场研究,反馈市场信息

国际销售人员要深入现场取得第一手资料,与中间商座谈获得有关本企业产品、竞争者产品以及整个市场的具体状况和信息。国际销售人员还要了解顾客的消费动态和消费观念、产品的使用方式和顾客对未来产品发展的意愿。根据销售人员反馈的信息,企业可以改进产品属性、改善销售渠道、改变促销方式,使企业立于不败之地。

(二)销售人员的推销步骤

1. 推销准备

推销准备包括鉴别潜在顾客、确定访问计划等。

鉴别潜在顾客要对不同类型的顾客加以区分,选择目标顾客,同时对"准顾客"进行资格审查,即对其需求、购买力、资信等状况作出评价。选择目标顾客应该遵循"MAN 法则":money——购买力,authority——购买决定权,need——需要。

访问计划应该包括工作日程、访客名单、有效路线和访问时间表。走访前,一般应该通过信函、电话等形式先同访问对象预约,约定在顾客方便的时间见面。准备工作包括有关知识准备、心理准备、仪容准备和物质技术准备。

国际销售人员在推销准备工作中还必须考虑当地的行为习惯、时间观念、交谈方式、身体语言的含义以及宗教信仰、价值观等,避免在沟通过程中出现理解的偏差,甚至由于不了解当地的文化背景而破坏企业形象,造成恶劣影响。

2. 接近推销对象

接近推销对象即与顾客正式接触、见面,是决定整个推销活动能否成功的一个比较关键的步骤。国际销售人员要给顾客良好的第一印象。比如以诚恳的态度、适当的称呼、热情的问候和受欢迎的话题来缩短自己与顾客的距离,消除顾客对自己的戒备和不信任心理。

3. 正式洽谈

国际销售人员要灵活巧妙、自然轻松地及时引入推销话题,向顾客宣传介绍推销品,刺激其需求,引发其购买动机。

在推销洽谈过程中,国际销售人员的语言要简洁、准确、通俗,提供的信息要可靠;身份、口气要平等,主动创造和保持和谐、合作的气氛,鼓励顾客参与,让顾客积极反应,努力谋求一致;尽量利用实物,发挥各种感官的功能,尽快发展、增强顾客对推销员和推销品的信任;洽谈要适可而止。

4. 应付、处理顾客异议

国际销售人员应正确认识顾客异议。它表面上是推销的障碍,但实际上是顾客需求意向的一种表达,表示顾客对该商品已经注意并产生了兴趣,可以说是一种购买信号。对顾客异议不要急于回答,要先复述再答,如果同时有几个异议则按先易后难的顺序回答。

国际销售人员应准备随时应对异议的适当措辞和论据,还应选择好处理异议的最佳时机或在提出之前抢先释疑,消除顾客的疑虑。

5. 成交及后续工作

成交率是衡量国际销售人员成绩的重要标准,只有善于成交的才是优秀的销售人员。但成交不是瞬间行为,而是一个反复进行信息沟通的过程。国际销售人员要随时注意、善于捕捉成交信号,即顾客通过语言、表情、行为有意或无意表现出来的各种成交意向。

办完成交手续并非意味着销售工作结束,而是与顾客正式建立关系的开始。应充分利用客户关系管理(CRM)系统,做好售后跟踪服务工作。

二、国际销售人员的招聘与培训

（一）国际销售人员的类型

13.2 国际销售人员类型与培训【登录“爱课程网”搜索“国际市场营销（崔新健）”观看视频】

1. 外派人员

外派人员（expatriate）是指企业选用本国人员去国外开展国际市场营销工作。外派人员接受的企业的培训更多，更为了解企业情况及其产品，忠诚可靠，能与企业总部进行有效的沟通。如果企业产品的技术含量较高或者产品推销需要具备广泛的信息和应用背景知识，那么，选用外派人员组成销售队伍是最佳选择。此外，外派人员有时候能够提高产品在国外顾客中的形象和声誉。

外派人员的劣势在于：成本高，存在文化与法律方面的障碍，后备力量缺乏。很多企业发现，大部分优秀的员工并不喜欢到海外就职，他们觉得在两三年的任期内举家迁到一个陌生的环境困难重重，并担心海外工作会影响自己日后在国内的晋升。

2. 当地人员

当地人员（local nationals）是指企业录用东道国人员作为企业的销售人员。与外派人员相比，当地人员能绕过文化与法律的双重障碍，更了解东道国的商业结构和商业习惯，从而能更好地利用当地错综复杂的分销体系和销售网络。使用当地人员的另一个优势是较低的成本。尽管外派人员的薪水也许并不比当地同行高，但维持一支由外派人员组成的销售队伍与维持一支相同的由当地人员组成的销售队伍相比，费用仍然要高出两倍多，因为前者需要一些生活补贴、搬家费、税收和其他一些维持外派人员在国外工作的费用。

当地人员的主要问题是：企业总部员工容易忽视他们的建议，即便多数外籍员工都非常审慎地与企业维持着密切的关系，但常常由于语言交流技能有限，以及对总部决策制定程序缺乏了解，其影响力大打折扣。另一个明显缺点是当地缺乏合适的销售人员特别是既懂外语又具有产品销售经验的人才，如果销售人员选择不当，反而会影响企业的销售业绩，破坏企业在当地的形象。

3. 第三国人员

第三国人员（third-country nationals）是指离开自己的国土到别的国家为第三国的企业工作的销售人员，其国籍不同于所工作的国家和企业。以往在国外度过大部分职业生涯的第三国人员较少，而现在则已经开始出现真正的全球经理。

第三国人员具有前面两种销售人员所不具备的优点：由于拥有很多国家的生活经历，他们精通几种语言，受“自我参照准则”的影响很少，文化敏感性较高，而且熟悉某个行业在各个国家的发展状况。因此，越来越多的企业选择第三国人员进行销售。

（二）国际销售人员的招聘

1. 招聘标准

为了有效地招聘各类国际销售人员，跨国企业必须制定明确的招聘标准。这些标准除了规定一般销售岗位的职责以外，还应该包括进行跨文化沟通的一些特殊要求。

通常情况下，外派人员或第三国人员应当具备下列基本素质。① 成熟。外派人员必须具有很强的独立工作能力，遇到特殊情况可以作出正确的决策，不必事事向总部汇报，能够独当一面。② 情绪稳定。不管生活在哪个国家，外派人员都生活在与本土文化不同的文化环境中，必须时刻关注东道国的细微差异以及自己的言行举止。③ 知识广博。外派人员应该掌握多种语言,而且了解东道国当地的各种知识,包括与工作和生活相关的常识。④ 适应能力强。无论是在国外还是在国内工作,国际销售人员必须具备很强的适应能力。尤其是外派人员必须仔细研究东道国的文化,如果与东道国文化格格不入或者对其认识不清,肯定不可能成功。⑤ 精力充沛,喜欢旅行。许多国际销售人员 2/3 的夜晚都在世界各地的酒店中度过,常常面临着刚下飞机,马上又上飞机的情形,如果没有充沛的精力和忍受能力,是不能成为一名合格的销售人员的。

对于当地销售人员,除了要求他们具备东道国销售人员所应有的能力基础外,还需要重点考察他们的语言能力及忠诚度,因为他们需要与总部进行沟通,同时总部对他们的控制远不如对外派人员那样容易。

2. 招聘方式

与企业其他员工的招聘方式一样,国际销售人员的招聘也需要经过简历筛选、笔试、面试等程序,通过角色扮演、情景模拟等方式考核应试者的判断能力、快速反应能力及团队合作能力。

企业在招聘当地人员时,还必须考虑当地的有关法律和规定,大多数发展中国家和许多欧洲国家都制定了强有力的法律来保护雇员的权利,对解雇员工制定了相应的惩罚措施。如果选拔失误,不仅会造成企业资金的浪费,同时也浪费了企业的时间和机会,代价将非常高昂。

（三）国际销售人员的培训

针对不同类型的销售人员,企业应该制定不同的培训计划。对于外派人员,培训主要集中介绍目标国的风俗习惯和在海外销售时遇到的各种问题;对于当地人员,则应该重点介绍企业、产品、技术信息以及推销方法。长期根深蒂固的观念和行为是培训中面临的最大障碍,外派人员难以摆脱自己的行为习惯和生活方式,而当地人员会固守当地文化不断强化的行为习惯。

国际销售人员与国内销售人员相比,更要注意加强不间断的在职培训,因为外派人员身处异国他乡,缺乏与总部及其营销人员的日常接触,制定不间断培训方案时,应该注意培训内容要与外派人员的需求相吻合。对总部负责国际市场营销业务的人员也应该进行培训,以使他们能够对海外业务提出的各种要求迅速作出反应。好的企业会对总部人员进行跨文化培训并定期派其出国,以增强他们对国外市场的了解。

三、国际销售人员的激励与薪酬制度

（一）国际销售人员的激励

1. 激励的方式

国际销售人员的激励可以分为物质奖励和精神鼓励两个方面。物质奖励通常是指薪水、佣金或者奖金等直接报酬;精神鼓励包括职业生涯规划、海外培训、晋级提升或特权授予等多种方式。企业对销售人员的激励应综合运用物质奖励和精神鼓励等手段,充分调动销售人员的积极性,提高他们的工作业绩。

有效沟通也是激励销售人员的重要方式。一方面,外派人员需要知道总部对他们工作的重视程度,需要总部对他们的业绩进行肯定;另一方面,他们需要了解母国的情况,了解企业的最新政策。企业应该经常关心外派人员的工作情况,了解他们的生活以及遇到的困难,在肯定销售人员工作业绩的同时掌握他们对市场的反馈,从而及时调整营销策略。

2. 激励的复杂性

由于企业面临的是不同文化、不同国籍的销售人员,这些销售人员有着不同的社会文化背景、行为准则和价值观念,因此激励变得十分复杂。同样的激励方式针对不同国家的销售人员会产生不同的反应。美国的销售人员关心的是舒适的工作环境、物质奖励和晋升机会,对他们应该更多地采用物质奖励的方式;日本的销售人员重视家长制和集体精神,终身雇佣制下讲究论资排辈,注重同事之间的关系,因此靠个人刺激来激励员工行不通;东欧国家比美国更重视薪酬计划;对于发展中国家的销售人员,提供免费的海外旅游或度假机会也是一种重要的激励措施。不同的价值观念导致激励方式各不相同。企业应该兼顾公平的原则,否则会导致员工心理不平衡,影响工作业绩及企业目标的实现。

(二)国际销售人员的薪酬制度

在国际经营中,设计一套公平的、具有可操作性的、能够长期调动员工积极性的薪酬制度是一项极具挑战性的任务。外派人员喜欢将所得报酬与母国职位相同的人员进行比较,而东道国当地人员则喜欢将所得报酬与外派人员进行比较。如果外派国家的生活水平较低,则外派人员与母国人员的工资可适当拉开差距,但这会严重挫伤外派人员工作的积极性;制定当地人员与外派人员不同的薪酬制度,同样也会影响当地人员的工作热情。

企业不可能制定一个全球统一的薪酬制度。企业设计本国外派人员的薪酬制度时需要考虑:

1. 个人纳税

销售人员的个人所得税是企业设计薪酬制度必须考虑的因素。在海外工作的员工通常面临双重征税的情况。许多在高税率国家工作的外派人员希望增加报销开支和额外福利,因为这些收入不用纳税,而直接收入要缴纳很高的税款。在欧洲,公司额外福利方面的费用很高,占员工薪酬的35%~60%。

2. 消费水平

不同国家的生活水平各不相同,销售人员在国外赚的钱实际上比国内高很多,而回国消费则意味着实际收入的减少和生活水平的降低。因此,企业在设计薪酬制度的时候要充分考虑不同国家的生活水平,尽量做到公平合理。

3. 海外补贴

短期外派人员常常要求海外补贴,包括家庭成员不能陪同前往的分居津贴、额外开支以及税收级差补贴等。而长期外派时,外派人员还会要求包括离家津贴或者配偶旅行补贴、艰苦地区额外补贴等。企业给予外派人员适当的补贴会激励他们努力工作,提高销售业绩,但企业必须同时兼顾国内外员工的感受。

世界观察:IBM面向全球销售人员的薪酬制度

4. 员工间的攀比

本国员工、外派员工和当地员工之间在薪酬上存在着互相攀比的情况,企业如果不能很好地解决这一问题,会打击某些员工工作的积极性。

四、国际销售人员的评估与控制

（一）国际销售人员的评估

国际销售人员的评估指标分两个方面。一是直接的销售效果，即个人销售业绩。个人销售业绩很容易通过销售量来衡量（通常是与历史记录、销售预测和销售定额进行比较）。二是间接的销售效果，如访问顾客人数与频率、产品与企业知名度的增加程度、顾客服务与市场调研任务的完成情况。

企业在进行销售人员评估时，应考虑到不同社会文化因素的影响。在西方国家，销售人员的评估比较简单，许多销售岗位只看重个人业绩，优秀的销售人员的销售额高。然而在许多国家，评估并不那么简单，特别是在那些关系导向型文化里，人们更注重集体协作而不是个人努力，业绩衡量需要比较密切的考察，也许还要考虑顾客、同事以及主管人员的意见。

企业进行销售人员评估还必须考虑当地市场的特点。产品在某些地区可能难以销售，因此要相应降低销售限额或者提高酬金。若企业同时在多个海外市场上进行销售，可按市场特征进行分组，规定小组考核指标，从而更好地分析比较不同市场条件下销售人员的业绩。

（二）国际销售人员的控制

大多数企业对国际销售人员采用的主要控制工具是激励机制。在一些西方国家，随着互联网与传真机的使用，很多销售人员不在办公室而在家里处理业务，很少与主管人员见面，因此企业对销售人员的控制也就相对减弱。

近年来，组织结构出现扁平化趋势，控制跨度也不断拓宽。然而在一些东方国家，控制跨度还相当狭窄，在日本，主管人员要花相对较多的时间与相对较少的下属接触。在关系导向型国家，企业文化、同事及主管人员之间的频繁交流都是激励与控制销售人员的工具。

第四节 国际广告

一、广告目标和策略

世界各地广告的目标大相径庭，所采用的广告策略也千差万别。中国企业正在致力于建立本土品牌，而俄罗斯企业却试图改善其质量形象，美国企业则希望广告能帮助其打开东亚市场。市场的激烈竞争和消费者的日趋成熟要求广告策略更加成熟，而广告成本的增加又使得企业不得不在广告的标准化和差异化之间做出抉择。

（一）广告目标

国际广告按照广告目标不同可以分为三类（见表 13-2）。

表 13-2 三类广告的细分目标

广告类型	可能的广告目标	
通知型广告	向市场告知有关新产品的情况 揭示一种产品的新用途 通知市场有关价格的变化情况 介绍产品功能	描述所提供的服务 更正错误的印象 减少消费者的忧虑 树立公司形象

续表

广告类型	可能的广告目标	
说服型广告	建立品牌偏好 鼓励顾客转向企业的品牌 改变顾客对产品属性的直觉	说服顾客立刻购买 说服顾客接受推销访问
提醒型广告	提醒顾客不久可能用到此产品 提醒顾客购买的地点	促使顾客在淡季仍能记住产品 维持很高的知名度

1. 通知型广告

通知型广告(information advertising)主要目标是使消费者对企业的产品或服务产生初步的需求,主要用于新产品的市场导入阶段。广告信息的主要内容是介绍企业及其产品的有关情况,目的在于树立企业及其产品的形象,诱发和建立基本需求。

2. 说服型广告

说服型广告(persuasive advertising)主要目标是劝说和诱导消费者更多地购买本企业的产品,主要用于产品的成长期,尤其是存在竞争性产品时。广告信息的内容一般以产品的品质、用途、特色和用户利益为主,目的在于诱发消费者的消费欲望和购买行为,培养消费者对特定品牌的选择性需求,使其形成品牌偏好,促成产品的持续、大量销售。

3. 提醒型广告

提醒型广告(reminder advertising)主要目标是提醒消费者不要忘记本企业的产品,主要用于产品的成熟期。广告信息通常以企业与产品品牌形象或消费提示为主,目的在于提醒而不是通知或说服消费者购买,旨在使已有用户保持对产品的记忆,继续购买产品。

世界观察

视频营销

视频营销是指将视频元素整合到市场营销活动当中,服务于构建顾客关系和提升品牌、产品、服务的形象等市场营销目标。一般而言,成功的视频营销与吸引和维持消费者对视频的注意力密不可分。视频营销主要有以下几个类型：一是根据视频制作技术划分的实拍视频营销、动画视频营销和文字视频营销;二是根据视频时长划分的短视频营销和长视频营销;三是根据视频发布主体划分的企业号视频营销、个人号视频营销和KOL(关键意见领袖)视频营销;四是根据企业广告植入形式划分的硬广植入视频营销、软广植入视频营销和贴片宣传视频营销。

资料来源:根据相关文献编写。

(二)广告策略

广告策略是指企业在分析环境因素、广告目标、目标市场、产品特性、媒体可获得性、政府控制和成本收益关系的基础上,对广告活动的开展方式、媒体选择和宣传劝告重点作出的决策。

1. 广告定位策略

广告定位策略是市场定位战略在广告活动中的具体运用,是首要的、决定性的广告策略。企业根据产品的特殊优势,通过突出产品符合顾客心理需求的个性特点,确定产品在市场竞争中的位置,并将此定位反映到企业的广告当中。广告定位可分为针对产品的实体定位和针对顾客的心理定位。

2. 国际广告内容策略

广告内容是广告的主题,是传达给顾客的信息。国际广告内容策略可分为国际广告标准化策略和国际广告差异化策略两种。国际广告标准化策略是指企业在不同国家的目标市场上使用主题相同的广告宣传。国际广告差异化策略是指企业针对各国市场的特性,使用不同的广告主题和广告信息进行宣传。

企业采用国际广告标准化策略或国际广告差异化策略应该取决于消费者的购买动机,而非仅仅考虑地理条件。当不同地域市场的消费者具有相同的购买动机时,企业就可以采取国际广告标准化策略。国际广告标准化策略并不意味着不能因为地区差异对广告进行一定程度的修改,而是强调广告的定位是相同的。当消费者对企业产品购买动机差异很大时,应采用国际广告差异化策略。

国际广告标准化策略的优势是可以降低企业广告促销活动的成本,以及易于保持企业的统一形象。其劣势主要是没有考虑到各国市场的特殊性,特别是在特殊性成为矛盾的主要方面时,广告不易被不同的文化接受。

国际广告差异化策略的主要优势是可以适应不同文化背景的消费者需求,以及克服东道国市场的进入障碍。许多国家政府对广告宣传实行严格的控制,采用针对当地市场的广告可以在不同国家文化、政策差异很大时避免广告宣传的失误。其主要劣势是促销成本高,对各国市场广告宣传的控制程度低。

3. 广告形式策略

广告形式的设计是一项较为复杂的工作,既要有科学性,又要有艺术性,而且必须与广告目标紧密相连,为实现广告目标服务。广告形式设计要在情感与理性、对比与陈述、主题长期不变与经常改变等方面进行抉择。

世界观察

直播营销

直播营销是以数字服务平台为媒介,由直播人员(主播)在直播间采用多种演示技巧,实时为受众解说各种产品或服务,并通过数字屏幕与消费者同一时间共享同一线上空间来产生多样化的即时互动,促进受众作出购买决策的一系列活动。一方面,按照不同内容可以将直播营销划分为娱乐类直播营销、游戏类直播营销、购物类直播营销、专业知识类直播营销和社交类直播营销。另一方面,按照主播类型可以将直播营销划分为自营式直播营销、他营式直播营销和公益式直播营销。

资料来源:根据相关文献编写。

二、国际广告的制约因素和媒体选择

(一)国际广告的制约因素

在促销组合的所有因素中,广告决策更易受不同国家文化的影响。由于广告是通过消费者的需求、欲望、渴望来诠释产品或服务满足需求的特性,其情感诉求、象征符号、说服方法必须和文化规范相一致,因此广告设计必须考虑目标市场国的经济环境、风俗习惯、宗教信仰、价值观念、理解力以及生活水平、法律管制等因素。通常主要分析的制约因素包括以下几个方面。

1. 经济发展水平

广告与经济发展水平具有相互促进的作用。广告受经济发展水平的影响体现在两个方面：一是如果经济发展水平较低，则广告投入预算将受到极大的制约；二是随着广告大量投入，广告信息越来越庞杂，单位广告支出的效果会受到影响。这种复杂的关联性增加了国际广告决策的难度。

13.3 国际广告的制约因素【登录“爱课程网”搜索“国际市场营销（崔新健）”观看视频】

2. 法律与税收

很多国家设立了广告管理机构，制定了有关法规，以维护本国消费者的利益，维护本国中小企业的竞争力。近年来，各国政府对广告活动的控制或限制的趋势还在加强。

3. 语言

国际广告的主要障碍之一就是语言，对此至少存在三个方面的问题。

（1）不同国家的语言不同。例如，在讲西班牙语的国家，同一个词在不同的国家具有不同的含义。

（2）同一国家中有不同的语言或方言。例如，以色列人口的多样性决定了其国内存在 50 多种语言，而像瑞士这样的小国也有 4 种不同的语言。

（3）语言的内涵和文化背景不同。抽象、简洁、地道的广告语对于广告人员来说是最有效的工具，但却会给翻译者带来很大的困难。一个国家内部文化遗产和教育的巨大差异使得人们对简单的概念有不同的解释，也妨碍了沟通。除了上述原因以外，很多国家的高文盲率也严重妨碍了沟通。

世界观察：各国对广告的规定

4. 文化

不同国家或地区文化的差异是国际广告的主要障碍之一。如果人们的观念不同，人们对接收到的信息的理解自然也不同。国际营销者必须适应文化的变化。

文化多样性问题并不都是了解了就可以解决的，传统及继承的文化常常是难以逾越的。传统也是在不断变化的，人们在一定程度上固守传统的同时也在接收新的文化。

同一个国家内的亚文化也会对广告产生影响。一个国家的年轻人总是会形成一种与老年人不一样的文化，城里人与农村人也有很大的差异。

5. 广告媒体及其制作

不同国家或地区受教育程度的差异、政府对广告媒介的限制程度都会对当地市场的选择和广告媒体的选择产生影响。在文盲比例较高的国家和地区，广告制作就会受到较大制约。在一些国家和地区，由于当地生产条件的限制，广告的制作也会受到影响。

（二）国际广告媒体的选择

1. 广告媒体选择的影响因素

尽管大多数国家都具有相同的广告媒体，但是各国之间仍然存在着许多差异和特有的问题。在制作国际广告时，企业会受到广告媒体的适用性、费用和覆盖面三个因素的影响。

在适用性方面，一些国家的广告媒体少得可怜，而另一些国家的广告媒体又多得令人眼花缭乱。在费用方面，不同的国家之间在费用上差别很大，而且多数国家广告媒体的价格是可以商谈的。在覆盖面方面，往往存在难以针对特定广告受众进行宣传、缺乏覆盖面的有关信息等问题。

2. 广告媒体的主要类型

(1) 报纸。报纸是最普遍的广告媒体之一。它的主要优点是传播面广、及时、费用低;主要缺点是内容庞杂、易分散读者对广告的注意力、表现形式有限、持续时间短。报纸在不同国家的情况差异也很大,有些国家的报纸缺乏竞争,而有的国家报纸数量又十分庞大。

(2) 杂志。杂志的主要优点是宣传对象明确、针对性强、表现力好、持续时间长;主要缺点是传递速度慢、缺少灵活性。国际广告很少刊登在外国消费者杂志上,因为一般杂志发行量极其有限或者难以得到可靠的数据。

(3) 广播。广播的主要优点是信息传递迅速、方式灵活、传播广泛、价格相对低廉;主要缺点是持续时间极短,有声音而无文字使受众记忆困难,效果难以评价。在许多国家广播仍然是一个特别重要的广告媒体,因为它是唯一可以适应语言细分市场的重要广告媒体。

(4) 电视。电视的主要优点是形象生动、感染力强、可信度高、覆盖面广;主要缺点是持续时间有限、难以记忆、制作复杂、费用较高、缺少可靠的观众数据。各国政府对电视广告媒体的管理存在不同的政策,全球主要可分为三种模式:竞争性商用电视体系、垄断性商用电视体系和非商用电视体系。

(5) 直接邮寄。直接邮寄的优点是地理选择性好、针对性强、灵活性大;主要缺点是成本高、可信度低。直接邮寄在许多国家是一种有价值的广告媒体。

(6) 互联网。互联网的优点是信息传递迅速、形象生动、信息量大、便于检索;主要缺点是可信度低,对于计算机拥有量少的国家覆盖面小。

(7) 其他媒体。企业在国际市场上可以使用的广告媒体还有户外广告牌、交通工具新媒体等,可以用来解决某些地区的特殊问题。在很多国家,电影院和广告牌以及其他形式的户外广告都是重要的媒体。在文盲率高的国家,广告牌尤其重要。

世界观察

2024 年中国广告市场 1 251 亿美元

电通发布了最新版 2024 全球广告支出预测:全球广告支出到 2024 年将同比增长 4.6%,增加 330 亿美元,达到 7 528 亿美元的规模,远高于 2023 年的增速。但如果按照固定价格计算,2024 年全球广告支出预计同比仅增长 2.5%。不断飙升的人均广告支出也警醒从业者调整媒体衡量指标,转向基于吸引用户注意的策略。

美洲地区广告支出预计到 2024 年同比增长 5.8%,达到 3 531 亿美元,其中数字支出占 55.9%。排名第二的是亚太地区,预计其广告支出到 2024 年将增长 4%,达到 2 409 亿美元,其中数字占 64.4%。欧洲、中东和非洲地区的广告支出预计同比增幅最小,为 2.7%,达到 1 587 亿美元,其中数字支出占到 56.6%。

2024 年,中国将占据亚太地区广告支出的 51.9%,中国广告市场规模将达到 1 251 亿美元,全年广告支出将实现季度的均衡增长。中国市场的数字支出占比还将保持高位,占总支出的 80.0%,同比增长 7.7%。其社交媒体平台上的广告支出将以 26.0% 的速度快速增长,仍然是数字支出增长的重要推动力。但中国作为人口大国,谈到人均时的数字就不那么亮眼了。电通预测 2024 年全球广告人均支出将达到 139 美元,比 20 年前增加了 75%,而中国市场的人均广告支出在 2024 年仅为 89 美元(见图 13-4)。

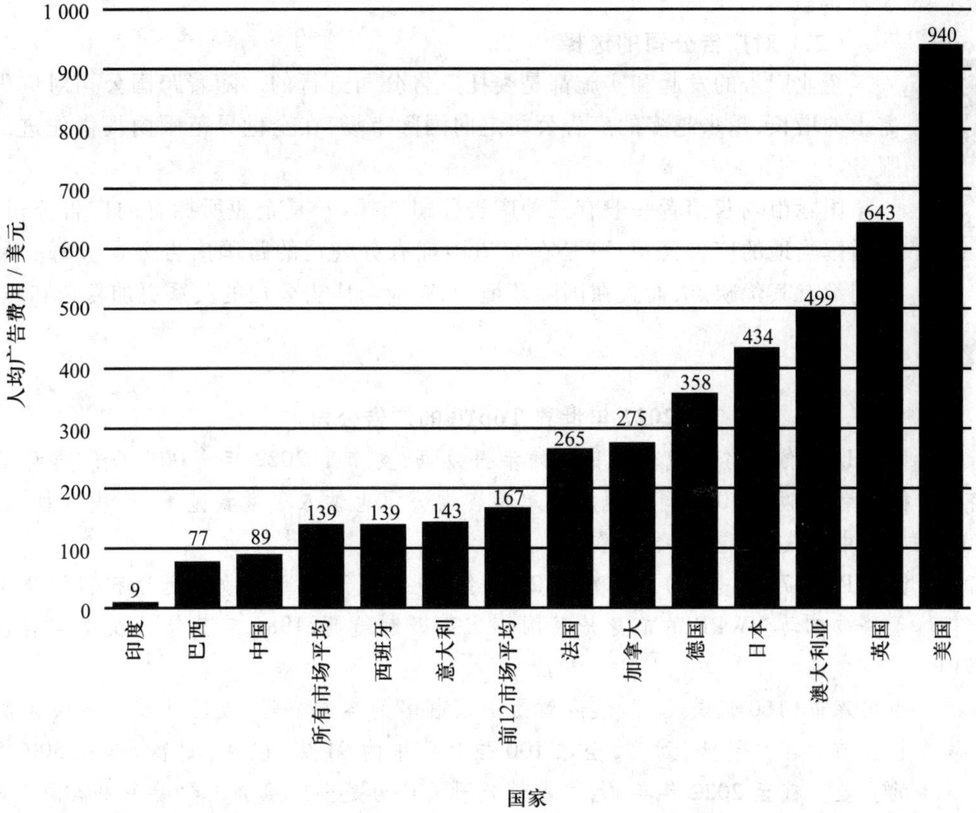

图 13-4 电通预测的 2024 年全球广告主人均支出

资料来源:根据相关文献编写。

三、广告的规划与实施

(一)国际广告战略的选择

由于各种原因,各个企业不可能奉行同样的国际广告战略。根据广告国际化的程度不同,广告战略可以分为以下三种类型。

1. 全球广告战略

全球广告战略即企业实行全球市场战略,在全球范围内运用相同的品牌、相同的设计和相同的进入战略。全球广告成功的结果就是形成国际名牌。

2. 区域广告战略

区域广告战略即对世界某一区域实行相同的市场战略,运用同样的广告促销方式。“泛欧广告”(pan-European advertising)就是一种典型的区域广告。由于欧盟的形成,许多企业都将欧洲各国视为同一市场,推行同样的品牌和广告促销战略。

3. 细分广告战略

细分广告战略即在对全球市场进行细分的基础上,对不同的细分市场制定不同的市场战略。这里,细分市场可以以国界划分也可以包括不同的国家,主要取决于同一细分市场内消费者的需求、欲望和消费行为是否一致。

世界观察：NBA的全球运作

(二) 对广告公司的选择

企业广告的发起和实施都是委托广告公司进行的。随着跨国公司对广告服务需求的增长,越来越多的广告公司走向国际市场,在全世界范围内提供先进的代理服务。

国际市场营销者一般有三种广告公司选择:一是企业所拥有的广告公司;二是东道国当地的广告公司;三是在东道国拥有分公司的跨国广告公司。每一种广告公司都有其优缺点,而且在国际环境中,企业与广告公司的关系更加复杂和脆弱。

世界观察

2022年世界Top10的广告公司

行业媒体AdAge依据各个代理商集团的年报数据,发布了2022年全球广告代理商Top10。这里将完整榜单营业额前10公司呈现。榜单将咨询公司也纳入了考量范围,如埃森哲、德勤咨询、IBM咨询等,中国代理商未被包含在内。

第一名为WPP(178亿美元)。这家从20世纪80年代开始通过收购迅速膨胀的公司目前的地位仍然无法被撼动。WPP的前身是英国一家茶壶制造商,1985年苏铭天获得控股权后更名为WPP。

第二名为埃森哲(160亿美元)。埃森哲是美国著名的咨询公司,专门从事信息技术服务和咨询。埃森哲目前的客户包括《财富》全球100强企业中的91家,以及《财富》全球500强企业中超过3/4的企业。截至2022年年底,埃森哲公司被认为是全球雇员人数最多的咨询公司。

第三名为阳狮(150亿美元)。阳狮是世界上历史最悠久、规模最大的营销和传播公司之一。阳狮由20岁的马塞尔·布鲁斯坦-布兰切特(Marcel Bleustein-Blanchet)于1926年创立。1945年后,这家鲜为人知的巴黎广告公司迅速发展壮大,成为世界四大广告公司之一。

第四名为宏盟(143亿美元)。1986年,艾伦·罗森肖恩(Allen Rosenshine)、基思·莱因哈德(Keith Reinhard)和威廉·伯恩巴克之子约翰·伯恩巴克(John Bernbach)共同创建了宏盟。依据其2023年第一季度业绩报告,宏盟在2022年被阳狮超越之后,与阳狮的差距开始拉大。

第五名为埃培智(190亿美元)。1930年,麦肯与埃里克森(Erickson)合并成立了埃培智(IPG)。在当时,它是广告业最大的广告公司。现在埃培智是四大代理公司之一,与WPP、阳狮和宏盟并驾齐驱。

第六名为德勤数字(103亿美元)。2000年,著名的四大会计师事务所之一的德勤(Deloitte)收购了Eclipse,将互联网规划纳入其咨询能力。德勤数字(Deloitte Digital)成立,是世界上最大的数字咨询机构之一。

第七名为电通(95亿美元)。电通目前是日本最大的广告代理商。电通与日本几乎所有大型机构都有业务往来,其业务约占日本全国广告预算的28%。

第八名为博报堂(74亿美元)。博报堂是日本历史最悠久的广告公司之一,1895年10月由关裕直创立。它也是仅次于电通的日本广告公司。

第九名为IBM咨询(68亿美元)。2021年IBM Global Business Services更名为IBM咨询公

司。它是 IBM 的专业服务和咨询部门,它为公司、全球政府组织、非营利组织和非政府组织提供服务。它在全球拥有大约 16 万名员工,其业务涵盖战略和管理咨询、经验设计、技术和系统集成以及运营。

第十名为第一企划(33 亿美元)。第一企划是三星集团旗下一家提供广告、公共关系、购物者营销、体育营销、数字营销等服务的营销公司。该公司成立于 1973 年,是韩国最大的广告公司。它的主要客户包括三星、阿迪达斯、可口可乐公司、通用电气、通用汽车、乐高集团、微软、雀巢和壳牌。

资料来源:根据相关文献编写。

企业实施广告策略的最佳选择是与有当地分公司的跨国广告公司合作,因为这样的公司既具备较强的业务能力,又熟悉当地的文化氛围。此外,跨国公司还能够统筹安排企业在全球范围内的广告策略,发起全球协调一致的广告战。

企业实行差异化的广告策略时,东道国当地广告公司也有其独特的优势。当地广告公司能够为企业提供最好的文化诠释,并且对市场的时机把握最准。当然,当地广告公司也有其固有的缺陷:第一,企业与当地广告公司之间的跨文化交流存在障碍;第二,当地广告公司的业务能力不如跨国广告公司,可能无法实现企业的广告目标。企业是否采用当地广告公司还受东道国法律的制约。例如,越南的法律要求必须有当地广告公司参与广告实施。

广告公司的选择还受公司佣金的影响。在世界各国,代理佣金随媒体不同而各异。很多公司正从佣金制度转向基于效果的奖励制度,一开始就把报酬条件制定好。企业销售额上升时,代理商的相应奖励就会增加。

不同的广告公司提供的服务也存在很大差异。企业在选择广告公司时应当综合考虑各方面的因素,确保企业广告的正常实施和目标的实现。

第五节 国际销售促进与国际公共关系

一、国际销售促进

国际销售促进是企业在目标国市场上刺激消费者购买欲望、提高中间商工作有效性和加强相互之间合作的营销活动。国际销售促进能够对整个促销组合中的广告和人员推销起到补充作用,已经成为国际营销活动的重要方式。

13.4 国际销售促进【登录“爱课程网”搜索“国际市场营销(崔新健)”观看视频】

国际销售促进的目的通常有两个:一是诱发消费者尝试新的产品,尤其是刚进入国际市场的产品;二是刺激现有产品增加销量。

(一) 影响国际销售促进的因素

1. 当地政府的限制

许多国家对销售促进方式加以限制。有的国家规定,企业在当地市场上进行销售促进活动要事先征得政府有关部门的同意。有的国家则限制企业销售促进的规模,限定赠送的物品不得超过消费者所购买商品的一定百分比,如法国的限制为 5%以下。有的国家对销售促进的形式进行限制,规定赠送的物品必须与推销的商品有关,诸如杯子可作为咖啡购买者的赠品,而餐具就不能作为推销洗衣机的赠品。

2. 中间商的合作态度

国际销售促进活动的成功需要得到当地中间商的支持与协助。例如，由经销商代为分发赠品或优惠券，由零售商负责交易引发处理、进行现场示范或者商店陈列等。

对于那些零售商数量多、规模小的国家或地区，企业要想得到零售商的有效支持与合作就比较困难，因为零售商数量多、分散、不易联系，商场规模小，无法提供必要的营业面积或是示范表演场地，加上缺乏销售促进经验，难以达到满意的促销效果。

3. 目标市场的竞争程度

目标市场的竞争程度以及竞争对手在促销方面的动向或措施，将会直接影响到企业的销售促进活动。竞争对手推出新的促销举措来吸引顾客、争夺市场，企业若不采取相应的对策，就会失去顾客并丧失市场。同样，企业在海外目标市场的销售促进活动也可能遭到当地竞争者的反对或阻挠，他们甚至会通过当地商会或政府部门以法律或法规的形式来进行阻止。

世界观察：奥利奥就要这样吃

就像广告一样，促销的成功与否取决于能否因地制宜。研究表明，对销售促进的反应随促销形式和文化差异而不同。

（二）国际销售促进策略

企业要制定一套良好的国际销售促进策略，不仅要选择一种或几种促销方式，还要结合产品、市场等方面的情况慎重确定销售促进推广的范围、销售促进对象的条件、销售促进的途径、销售促进的时机和期限、销售促进的目标。在销售促进实施过程中和实施结束以后，企业还有必要不断地进行销售促进效果评价，以调整相应的策略。

1. 销售促进推广的范围

销售促进推广的范围并非越大越好，鼓励的规模应适当。通常情况下，应该按照促销的边际成本等于边际收益的原则确定规模。低于这个规模，销售促进不能充分发挥作用；而超过这个规模，会导致促销成本上升，得不偿失。

2. 销售促进对象的条件

在国际市场上，销售促进对象通常是商品的购买者或消费者，但企业有时应该有意识地限制那些不可能成为长期客户的消费者或购买量很少的消费者参加。企业可以通过制定限制条件来达到控制销售促进对象的目的，但限制条件不可过宽或过严。

3. 销售促进的途径

企业要确定向国际市场的顾客展开销售促进的途径。若销售促进活动是发行奖券，这种奖券既可以放在出口商品的包装中，也可以附在国际市场广告中；既可以通过国外进口商、经销商或代理商分发，也可以直接邮寄给国际市场消费者。销售促进的途径和方式不同，所需要的费用和产生的效益也不同。

世界观察：Windows 7 特大汉堡包

4. 销售促进的时机和期限

不同的商品在不同的市场、不同的条件下，销售促进的时机是不同的。市场竞争激烈、产品同质化严重的商品，促销策略多在销售淡季或其他特殊条件下运用。

对于销售促进的期限，企业应根据消费的季节性、产品供求状况及产品在国际市场的生命周期、商业习惯等确定。在国际市场上开展销售促进活动，期限大都以消费者的平均购买周期为佳。有关资料统计，在北美地区，每季度进行三周左右的销售促进效果最佳；在西欧，销售促进的期限可能有长有短，消费品以一个月最佳；中东、非洲和亚洲的许多地区，由于交通不便利，乡村和城镇的促销期限应长于城市。

5. 销售促进的目标

销售促进的目标必须根据企业国际市场营销战略来制定。销售促进的目标同时又决定着销售促进的方式、期限等。

世界观察：婴儿的满意就是我们的成功

与经常性有计划地进行国际市场广告和人员推销不同，销售促进主要针对国际目标市场的一定时期、一定任务，是为了特定的目标而采取的短期促销方式。销售促进能够弥补广告和人员推销的不足，直接引导、刺激顾客立即作出购买行为，三种方式配合使用能够相互呼应、相得益彰。

二、国际公共关系

（一）国际公共关系的任务

国际公共关系的主要任务是使企业与社会公众建立良好关系，帮助企业把信息传递给社会公众。只有在公共关系状态良好、形象优秀的情况下，企业的产品才能畅销不衰。

企业开展国际公共关系的具体任务，与目标市场所在的国家或地区、企业所处的国际地位、产品的性质、企业经营范围以及东道国分销渠道的复杂程度息息相关。

1. 加强与传播媒体的关系

大众传播媒体承担着传播信息、引导舆论等社会职能，传播媒体对企业的报道对公众具有极强的引导作用，因而也在很大程度上影响着企业的公众形象。企业必须充分利用传播媒体来为其服务，与之建立良好的合作关系，及时提供信息，使媒体了解企业，同时积极创造具有新闻价值的事件，争取媒体的主动报道。

2. 改善与消费者的关系

与消费者的关系是国际企业的生命线，国际上任何一家享有信誉的公司几乎都把改善与消费者的关系列为头等重要的问题来处理。运用公共关系可以向消费者传达企业的经营理念、价值观念和社会地位，使消费者对企业形象产生良好的感情。同时，企业应积极收集和听取目标市场国公众对本公司政策、产品方面的意见和态度，及时处理意见，消除公众的误解和偏见。此外，企业还需要开展市场宣传活动，以各种方式向顾客介绍产品的用途和性能，并帮助顾客迅速掌握产品的使用办法；对来访、来电、来函的顾客热情接待、及时答复。

3. 调整与政府的关系

与在国内经营不同，国际企业面临着来自各个国家和政府的截然不同的要求或压力。一方面国际企业必须随时调整自己的行为以适应外国政府政策的变化；另一方面国际企业要左右逢源，以协调可能发生的目标冲突和利益矛盾。

企业要通过公共关系加强与东道国政府的关系，了解国家政策和法律，以求得企业经营活动的长期发展。企业可以建立固定的公开往来制度，经常向目标市场的政府和社会组织说明本企业对公众和社会作出的贡献。为了达到这一目的，企业可以做一些公益活动。如为公用事业捐款，扶助残疾人事业，赞助文化、教育、卫生、环保事业等，树立要为目标市场的社会与经济发展做出积极贡献的形象。

（二）国际公共关系的工具

1. 新闻报道

公关人员的一个主要任务是善于发现或创造与企业和产品相关的新闻并加以渲染和扩大，以吸引媒体和公众的注意，增加新闻报道的频率，扩大企业和产品的影响。公关人员不仅要鼓励媒体对企业进行正面的报道，而且要对不利的谣言、传说和事件作出反应。

世界观察：做对了，才有效

2. 赞助公益和社会活动

虽然企业赞助与广告的联系很明显，但无疑它已被归为公共关系的一种工具。

3. 特殊活动

企业可以通过举办一些特殊活动来吸引公众对企业及其产品的注意，如召开新闻发布会、研讨会、展览会，举办周年庆祝活动、有奖比赛等。特殊活动可以用于企业新产品上市、推销滞销产品或企业的社会影响力逐渐减弱时。

4. 制作企业宣传材料

企业可以将年度报告、小册子、企业刊物等文字材料向目标顾客散发，传递有关企业及产品的信息。随着传播手段的进步，企业还可以用幻灯、录音带、光盘等传递信息。视听材料和文字材料各有优缺点，企业可以根据需要选择使用，达到最佳的沟通效果。

世界观察：士力架街头奥运会

5. 互联网咨询服务

企业可以在自己的主页上设置专栏介绍企业及其产品，并利用论坛等方式解决消费者在使用产品过程中的问题。同时，可以开辟消费者自由发言的板块，倾听消费者的反馈。企业不仅可以利用互联网解决售后服务的问题，还可以澄清一些消费者的误会和偏见，改善企业形象。

中国之问与实践探索：大型能源装备集团海外市场拓展策略转型

党的二十大报告提出要加快建设贸易强国，习近平总书记进一步指出，要推动货物贸易优化升级，创新服务贸易发展机制，发展数字贸易，加快建设贸易强国。从贸易大国迈向贸易强国，需要每一个企业的共同努力，依托我国超大规模市场优势探索创新国际市场营销策略组合。上海电气电站集团海外市场拓展进行了策略转型，从单一的煤电产品转变为多种新能源在内的全系列产品，显著提升了企业国际化业务运营能力。

大型能源装备集团海外市场拓展策略转型

本章小结

国际市场营销的促销策略是企业进入和拓展国际市场的重要工具。本章在介绍促销组合及其影响因素、促销组合各类工具的基础上，展开国际市场营销的促销策略阐述；理论阐释了国际市场营销的沟通模型以及易于出现的问题；探讨了国际销售人员的类型及特点；讲述了国际销售人员的目标和推销步骤；细致地解释了国际销售人员的招聘、培训、激励、评估和控制方法；阐述了国际广告的目标、策略、规划和实施；分析了国际广告的制约要素以及媒体的选择问题；讨论了国际销售促进的影响因素及策略的制定；解释了国际公共关系的任务和实施工具。

思考题

1. 运用国际市场营销的沟通模型分析国际促销的特殊性。
2. 你认为各类国际销售人员各有哪些特点?
3. 在中国，跨国公司对于国际销售人员的激励应该注意哪些问题?
4. 跨国公司在中国做广告应该注意哪些问题? 应该选择哪些媒体?
5. 结合实例，谈谈你对跨国公司在中国进行销售促进的看法。

开篇案例讨论

1. 中国新势力新能源汽车企业为什么应用新媒体营销?
2. 新能源车企应用新媒体营销存在哪些问题? 如何破解?
3. 新能源车企应用新媒体营销现状是否适合企业开拓国际市场? 为了更好助力企业“走出去”，应该如何提升企业新媒体营销?

本章即测即评

第十三章
即测即评

网上练习

主题：在华国际广告成败案例分析

步骤 1：学生选择一个自己感兴趣的在华国际广告，搜索该国际广告相关资料。

步骤 2：阅读和分析资料，了解和分析该国际广告播出的国家/地区范围，根据相关数据资料判断该国际广告的成败。

步骤 3:基于“国际市场营销沟通模型”,分析该国际广告在华成败的原因。

步骤 4:根据个人结论及其分析,提出该国际广告修改完善的举措和方案,并预估由此可能增加的费用。

步骤 5:撰写和提交“某在华国际广告分析”报告。

步骤 6:课堂上,教师选择学生报告进行讨论交流,归纳总结在华国际广告面临的主要误区、问题及对策。

国际市场营销技能训练

主题:三类销售人员招聘与培训方案

步骤 1:教师选择一个中国企业,并为学生提供相关基本背景资料。假设该企业正在为其非洲肯尼亚市场组建销售团队。学生的重点任务是为销售团队制定招聘和培训方案。

步骤 2:教师将班级学生分成 6 个小组(每组 4~7 人),规定第一、二小组负责招聘和培训外派人员;第三、四小组负责招聘和培训当地人员;第五、六小组负责招聘和培训第三国人员。各小组根据需要进一步收集相关数据和资料。

步骤 3:课堂下,各个小组根据三类销售人员各自特点,通过收集、整理和分析企业和东道国环境,制定针对各类销售人员的招聘和培训方案(包括费用预算)。

步骤 4:课堂上,首先按照不同销售人员类型分为三个大组分别进行讨论交流,即第一、二小组共同讨论交流;第三、四小组共同讨论交流;第五、六小组共同讨论交流。讨论交流中,两个小组取长补短,形成大组的最终方案。

步骤 5:课堂上,三个大组依次介绍其方案。各大组的学生可以相互提出问题,并且就问题进行讨论和辩论。

步骤 6:课堂上,教师指导学生讨论,比较分析三个方案之间的异同。根据中国企业在肯尼亚市场的营销目标、销售团队任务和三类销售人员在肯尼亚每人每年成本及作用,讨论形成组建肯尼亚销售团队的可行方案和预算。

推荐读物

参考文献

[1] 习近平.习近平谈治国理政:第四卷[M].北京:外文出版社,2022.

[2] 习近平.发展新质生产力是推动高质量发展的内在要求和重要着力点[J].求是,2024,(11).

[3] 中共中央党史和文献研究院.二十大以来重要文献选编:上册[M].北京:中央文献出版社,2024.

[4] 中共中央党史和文献研究院.习近平谈“一带一路”(2023 年版)[M].北京:中央文献出版社,2023.

[5] 白远.国际商务谈判:理论、案例分析与实践[M].6 版.北京:中国人民大学出版社,2022.

[6] 陈文汉,甄冰,李小光,等.国际市场营销理论与实务[M].2 版.北京:人民邮电出版社,2017.

[7] 陈拥军,孟晓明.电子商务与网络营销[M].2 版.北京:电子工业出版社,2012.

[8] 菲利普·凯特奥拉,等.国际营销[M].英文版·18 版.崔新健,改编.北京:中国人民大学出版社,2020.

[9] 崔新健,王生辉.跨国公司管理[M].2 版.北京:中国人民大学出版社,2021.

[10] 甘碧群,曾伏娥.国际市场营销学[M].4 版.北京:高等教育出版社,2021.

[11] 科特勒,凯勒.营销管理[M].何佳讯,于洪彦,牛永革,等,译.15 版.上海:格致出版社,2016.

[12] 基根,格林.全球营销[M].傅慧芬,杜颖,译.8 版.北京:中国人民大学出版社,2020.

[13] 黄群慧.新中国管理学研究 70 年[M].北京:中国社会科学出版社,2020.

[14] 霍夫斯坦德.文化之重:价值、行为、体制和组织的跨国比较[M].2 版.上海:上海外语教育出版社,2008.

[15] 贾利军.数字经济学[M].北京:高等教育出版社,2023.

[16] 金润圭.国际企业管理[M].3 版.北京:中国人民大学出版社,2015.

[17] 克劳.四万万顾客[M].徐阳,译.北京:九州出版社,2022.

[18] 迈克丹尼尔,盖兹.市场调研精要[M].范秀成,杜建刚,译.8 版.北京:电子工业出版社,2015.

[19] 卢森斯,多.国际企业管理:文化、战略与行为[M].周路路,赵曙明,译.原书 8 版.北京:机械工业出版社,2015.

[20] 津科特,朗凯恩.国际市场营销学[M].陈祝平,译.6 版.北京:电子工业出版社,2004.

[21] 彭维刚.全球商务[M].刘益,谢恩,王龙伟,译.北京:中国人民大学出版社,2011.

[22]《世界经济概论》编写组.世界经济概论[M].2 版.北京:高等教育出版社,人民出版社,2020.

[23] 霍伦森．国际市场营销学[M]．张昊，梁晓宁，徐亮，译.原书7版.北京：机械工业出版社，2019.
[24] 孙国辉，崔新健，王生辉．国际市场营销[M].2版.北京：中国人民大学出版社，2012.
[25] 基根．全球营销管理[M]．张政，译.8版.北京：清华大学出版社，2020.
[26] 王巾英，崔新健．国际经济学[M]．北京：清华大学出版社，2010.
[27] 王晓东．国际市场营销[M].5版.北京：中国人民大学出版社，2019.
[28] 王永贵，项典典．数字营销：新时代市场营销学[M]．北京：高等教育出版社，2023.
[29] 希尔，霍特．国际商务[M]．郭羽诞，等，译.11版.北京：中国人民大学出版社，2019.
[30] 许晖．国际企业管理[M]．北京：中国人民大学出版社，2011.
[31] 卡伦，帕博蒂阿．国际企业管理[M]．崔新健，闫书颖，等，译.6版.北京：中国人民大学出版社，2018.
[32] 克兰．国际企业伦理：全球政治经济中的决策[M]．崔新健，陈雨松，译校.2版.北京：中国人民大学出版社，2013.
[33] 张为付，等．国际经济学[M].3版.北京：高等教育出版社，2023.
[34] 周茂君．数字营销概论[M]．北京：科学出版社，2019.